Jörg Schieb

Das große Buch zu MS-DOS/PC-DOS

inkl. Version 3.3

DATA BECKER

6. unveränderte Auflage 1988

ISBN 3-89011-034-7

DATA BECKER GmbH
Merowingerstr. 30
4000 Düsseldorf

Text verarbeitet mit Word 4.0, Microsoft
Ausgedruckt mit Hewlett Packard LaserJet II
Druck und Verarbeitung Mohndruck, Gütersloh

Wichtiger Hinweis:
Die in diesem Buch wiedergegebenen Schaltungen, Verfahren und Programme werden ohne Rücksicht auf die Patentlage mitgeteilt. Sie sind ausschließlich für Amateur- und Lehrzwecke bestimmt und dürfen nicht gewerblich genutzt werden.

Alle Schaltungen, technischen Angaben und Programme in diesem Buch wurden von dem Autoren mit größter Sorgfalt erarbeitet bzw. zusammengestellt und unter Einschaltung wirksamer Kontrollmaßnahmen reproduziert. Trotzdem sind Fehler nicht ganz auszuschließen. DATA BECKER sieht sich deshalb gezwungen, darauf hinzuweisen, daß weder eine Garantie noch die juristische Verantwortung oder irgendeine Haftung für Folgen, die auf fehlerhafte Angaben zurückgehen, übernommen werden kann. Für die Mitteilung eventueller Fehler ist der Autor jederzeit dankbar.

Inhaltsverzeichnis

1. Das ist DOS

Wenn Sie an *Computer* denken, so mögen Ihnen zunächst Begriffe wie Bildschirm, Tastatur, Drucker, Systemeinheit und Diskettenlaufwerk einfallen. Das ist die *Hardware*. Aber Ihnen kommen dann sicherlich auch Ihre Textverarbeitungsprogramme, Ihre Dateiverwaltung oder alle sonst so teuer erstandene Programme in den Sinn. Man spricht hier von *Software* oder von *Anwenderprogrammen*, seltener auch von *Applikationen*.

«Ohne Software läuft nichts!», das haben Sie sicherlich auch schon gehört. Damit auf alle Fälle etwas läuft, wurde Ihnen - vielleicht ganz unbemerkt - neben der Hardware auch schon Software verkauft, das *DOS*. DOS ist eines der wichtigsten Stücke Software überhaupt: DOS ist ein *Betriebssystem*.

Betriebssysteme sind die *Schnittstelle* zwischen Mensch und Maschine. Sie sind dafür verantwortlich, daß die vom Benutzer gemachten Eingaben verstanden und ausgeführt werden. Dabei regelt es den Programmablauf und alle notwendigen Ein- und Ausgaben am Bildschirm.

Neben dieser - zugegeben nicht immer einfachen - Aufgabe regeln Betriebssysteme noch den Zugriff auf den oder die Drucker, auf das Diskettenlaufwerk oder die Festplatte. Dabei muß das Betriebssystem immer den Überblick behalten, wo sich welche Information auf der Diskette oder Platte befindet. Das Betriebssystem entlastet also den Benutzer.

Betriebssystem heißt in der englischen Sprache *Operating System*, und damit haben wir schon fast den eigentlichen Namen von DOS gefunden. DOS heißt

Disk Operating System

Unter dem Namen DOS versteckt sich also der Begriff *Disketten-Betriebssystem*. Dabei ist *Diskette* nicht zu Unrecht im Namen des DOS enthalten; der Schwerpunkt dieses Betriebssystems liegt auf der Verwaltung der Diskettenlaufwerke und der Festplatte. Natürlich erledigt DOS aber auch die anderen zuvor erwähnten wichtigen Aufgaben eines Betriebssystems.

Sie sind im Besitz eines *MS-DOS* oder eines *PC-DOS*. Beide Versionen sind von der Bedienung her absolut identisch. Dies ist auch nicht weiter verwunderlich, da beide Betriebssysteme aus demselben Stall kommen: von der Firma *Microsoft*, wofür auch das kurze, aber prägnante *MS* steht. Nun, IBM vertreibt in Lizenz stets die aktuelle Version von MS-DOS unter eigenem Namen: PC-DOS. Erlauben Sie mir deswegen auch, daß ich in diesem Buch einfach nur noch von DOS spreche, ohne wenn (*PC*) und aber (*MS*).

Eine der Stärken von DOS ist, daß man praktisch auch ohne DOS auskommen kann. Was das bedeutet? Bei der entsprechenden Programmierung kann man den Benutzer vollkommen von DOS befreien. Der Rechner lädt beim Einschalten automatisch DOS, und dies startet dann die gewünschte Software, ohne daß der Benutzer auch nur ein einziges DOS-Kommando eingeben muß - vollautomatisch -, nur die richtige Diskette muß sich beim Einschalten im Rechner befinden, und selbst diese Bedingung fällt bei Festplattenrechnern unter den Tisch.

Nun, für diese Benutzer ist das DOS-Buch mit Sicherheit nicht geschrieben. Wer wissen will, was in DOS alles steckt - und das ist bestimmt nicht wenig -, der kann DOS Schritt für Schritt erlernen. Vielleicht kommen Ihnen auch erst beim Lesen der Möglichkeiten von DOS Ideen, die sonst unausgebrütet geblieben wären. Endlich selber Dateien kopieren, erstellen und löschen, Dateien drucken und schützen, Batchdateien erstellen und und und.

In diesem Buch wollen wir Ihnen aber auch Hilfen geben, wie Sie Ihre Festplatte einrichten, wie Sie Sicherheitskopien der Festplatte oder wichtiger Disketten anfertigen und vieles andere mehr.

1.1 DOS und seine Einsatzmöglichkeiten

Wie bereits oben erwähnt, erfüllt DOS die Aufgaben eines "ganz normalen" Betriebssystems. Daneben gibt es aber noch eine ganze Menge anderer Einsatzgebiete, in denen DOS Ihnen unter die Arme greift. Damit Sie auf die Frage Ihrer interessierten Verwandten und Bekannten: «Und was kann man damit machen?» auch eine Antwort haben, wollen wir hier schon einmal ganz kurz die weiteren Einsatzmöglichkeiten des DOS erwähnen.

Bereits angeschnitten wurde die Möglichkeit, daß man den Benutzer (fast) vollkommen von DOS fernhalten kann. Durch die entsprechende Programmierung kann man DOS mitteilen, daß es sich erst gar nicht

TRACK 14
SEKTOR 12 !

melden soll. Alle Eingaben, die eigentlich von der Tastatur erwartet werden, kommen dann - vorprogrammiert gewissermaßen - aus einer präparierten Datei. Vom Einschalten bis zum Ausschalten: alles vollautomatisch.

Dateien sind das A und O im Computeralltag. In ihnen sind Programme und die dafür notwendigen Daten gespeichert. Damit man diese Daten auch wiederfindet, gibt man den einzelnen Datengruppen Namen: die *Dateinamen.* Häufig sind die Dateinamen so klar und deutlich, daß auch ein Laie direkt versteht, was darin enthalten ist. Es wird wohl keiner in der Datei *Lohn* eine Umsatzstatistik erwarten, obwohl dies denkbar - wenn auch nicht empfehlenswert - wäre.

Das DOS übernimmt die nicht einfache Aufgabe, diese Daten auf den *Datenträgern*, das sind die Disketten und die Festplatten, so zu ordnen und zu organisieren, daß es alle Informationen sofort wiederfinden kann. Hierfür müssen Daten und Dateien in einer festen Zuordnung abgelegt werden. DOS führt über diese Zuordnungen an verschiedenen Stellen Buch.

Sie werden auch von DOS unterstützt, wollen Sie sich Dateien auf dem Bildschirm oder Drucker ausgeben lassen, eine Liste dieser Dateinamen ansehen, Dateien löschen oder schützen. Eine Unterstützung können Sie auch erwarten, wollen Sie aus Sicherheitsgründen Ihre Daten kopieren.

Beim Einschalten wird auch erkannt, welche Geräte am Rechner angeschlossen sind: Tastatur? Bildschirm? Drucker? Wieviel Speicher ist eingebaut? Nicht angeschlossene Geräte können dann eben nicht mehr angesprochen werden. Sie können auch stolz berichten, daß der Computer beim Einschalten einen Selbsttest macht. Werden Fehler in der Hardware gefunden, beispielsweise in der Tastatur oder im Speicher, so werden diese Fehler gemeldet. Wollen Sie dies einmal vorführen, so drücken Sie beim Einschalten einfach eine Taste und halten Sie diese fest. Nach einer kurzen Zeit erhalten Sie eine Fehlermeldung auf dem Bildschirm, die auf eine Fehlfunktion der Tastatur hindeutet. Doch hierzu später mehr.

Nun, DOS erledigt noch vieles mehr. Sie können mit DOS Listen sortieren, programmieren, Dateien oder Disketten vergleichen und viel, viel mehr. Am besten können Sie auf diese Frage wahrscheinlich antworten, wenn Sie DOS selbst beherrschen.

1.2 Die Entwicklung des DOS

Verschiedene Programmversionen und deren Unterschiede werden Sie wohl in der Computerei bei allen Programmen stets begleiten, bei DOS ist dies nicht anders. Die verschiedenen DOS-Versionen werden mit *Version x.y* bezeichnet. Es handelt sich aber nicht um bruchstückhafte Software, wenn Sie eine Version 3.2 besitzen. Die Angabe vor dem Dezimalpunkt kennzeichnet die größeren Ergänzungen und Änderungen am Betriebssystem bzw. am eigentlichen Konzept. Wurden kleinere Veränderungen vorgenommen, so ändert sich entsprechend nur die Zahl hinter dem Dezimalpunkt.

DOS 1.0

Die erste Version von DOS wurde im August 1981 mit dem Original IBM PC ausgeliefert. Damals konnte man lediglich einseitige Disketten mit einer Kapazität von 163 840 Zeichen bearbeiten. Die meisten Rechner, die damals ausgeliefert wurden, hatten eine Speicherkapazität von 16 bis 64 KByte. Nach und nach wurde diese Version ohne Änderung der Versionsbezeichnung schon ergänzt.

DOS 1.1

Wichtigste Neuerung: Zweiseitige Disketten konnten bearbeitet werden. Die Diskettenkapazität stieg sprunghaft an auf 327 680 Zeichen pro Diskette. Ansatzweise wurde auch schon der serielle Drucker am IBM PC unterstützt.

DOS 2.0

März 1983 wurde der IBM PC/XT vorgestellt. Durch die Festplatte war ein Speichermedium mit 10 MByte verfügbar, das von DOS unterstützt werden mußte. Ab dieser Programmversion wurde - angelehnt an das Betriebssystem *XENIX* - die hierarchische Dateistruktur eingeführt. Es konnten also Directorys (Verzeichnisse) und Unterdirectorys (Unterverzeichnisse) angelegt werden - unentbehrlich für das Arbeiten mit einer Festplatte. Ferner wurde der erste Hintergrund-Druckspooler vorgestellt.

DOS 2.1

Die Version 2.1 wurde ausschließlich an IBM vergeben. Dies war im März 1984. Microsoft hatte zunächst eine Version 2.05 für den PCjr angekündigt, jedoch wurde diese Version verworfen. Ab dieser Programmversion werden die länderspezifischen Eigenheiten von DOS unterstützt (Datumsformat etc.). Der intern unterstützte Speicher steigt auf immerhin 128 KByte.

DOS 2.11

Im Gegensatz zur Version 2.1 wurde die Version 2.11 ausschließlich an Nicht-IBM-Firmen vergeben. Die größte Verbreitung von DOS fand mit dieser Version statt, die nun immerhin in 60 Sprachen übersetzt wurde.

DOS 3.0

Eigentlich sollte DOS 3.0 schon im August 1984 die Leistungsmerkmale von DOS 3.1 aufweisen, jedoch reichte es lediglich zur Unterstützung der 1,2-MByte-Laufwerke des IBM AT und dessen größeren Festplatten.

DOS 3.1

Die Auslieferung von DOS 3.1 im November 1984 fand deutlich später als die des IBM AT statt, obwohl diese eigentlich zeitgleich geplant war. DOS war nun netzwerkfähig[1]; der Zugriff auf die Netzwerkdateien, -drucker und -verzeichnisse wurde von DOS kontrolliert.

DOS 3.2

Die Neuerung für diese Version im März 1986 brachte die Unterstützung von 3½-Zoll-Laufwerken und natürlich, wie bei allen anderen neuen DOS-Versionen auch geschehen, einige zusätzliche neue Kommandos.

---

[1] Ein Netzwerk ist der Zusammenschluß mehrerer Rechner in einem Verbund. Dabei können alle Rechner beispielsweise auf eine Festplatte zugreifen.

DOS 3.3

Die bislang letzte Version 3.3 vom April 1987 weist als grundlegende Neuerung auf, daß verschiedene sogenannte länderspezifische Zeichensatztabellen mit entsprechenden Sonderzeichen, die im ohnehin schon umfangreichen IBM-Zeichensatz nicht enthalten sind, am Bildschirm und auf dem Drucker unterstützt werden. Hiervon profitieren leider nicht alle Benutzer, sondern lediglich die Anwender mit besonderen Farb-/Grafik-Karten sowie zwei speziellen IBM-Druckern, von denen einer in der BRD leider noch nicht angekündigt ist. Ferner wurden einige zusätzliche Kommandos aufgenommen und einige bestehende Kommandos erweitert (siehe hierzu auch Kapitel 1.4).

DOS 4.0

Die Version 4.0 wurde im Juli 1988 offiziell der Öffentlichkeit vorgestellt. Erstmals wurde DOS selbst mit einer grafischen Benutzeroberfläche versehen, die auch dem unerfahrenen Anwender das Arbeiten mit DOS ermöglichen soll. Diese sogenannte DOS-Shell arbeitet mit Pull-Down-Menüs, die sowohl mit der Tastatur als auch der Maus bedient werden können. Ferner wurden einige Handicaps beseitigt, so beispielsweise die Begrenzung von Festplatten-Partitions auf 32 MByte. Ab DOS 4.0 kann jede Festplatte bis zu 2 GByte (1 GByte = 1 Milliarde Byte) beinhalten. Die Installation des DOS wurde durch das *SELECT*-Kommando deutlich erleichtert. Dazu wurde das *SELECT*-Programm komplett überarbeitet (siehe auch Kapitel 1.5).

1.3 Das Kombinieren verschiedener DOS-Versionen

Ein *Mischen* der verschiedenen DOS-Versionen ist nicht möglich. Das bedeutet, daß Sie nur die DOS-Kommandos ausführen können, die dieselbe Versionsnummer haben wie der Kommandoprozessor, der beim Booten des Systems im Speicher installiert worden ist. Nehmen wir an, Sie sind im Besitz einer DOS-Version 3.3. Haben Sie diese Version gebootet und wollen dann ein DOS-Kommando der Version 3.2 ausführen, so erhalten Sie die Fehlermeldung:

```
Falsche DOS-Version!
```

Mit welcher DOS-Version Sie arbeiten, wird Ihnen beim Einschalten des Rechners zumeist mitgeteilt. Sie können dies aber auch jederzeit erfragen, indem Sie das Kommando *VER* eingeben:

```
A>VER

IBM Personal Computer DOS-Version  3.30
```

Geben Sie nur die Buchstaben ein, die in diesem Beispiel unterstrichen sind, alles andere wird von DOS ausgegeben. Nachdem Sie die drei Buchstaben *V-E-R* eingegeben haben, betätigen Sie bitte die Taste <Enter>, die Sie bereits kennen dürften. Mit dieser Taste werden fast alle Eingaben abgeschlossen.

Häufig wird bei Anwenderprogrammen eine DOS-Version als Mindestvoraussetzung angegeben. Sind Sie im Besitze dieser angegebenen Version oder einer, die später veröffentlicht worden ist, so muß das Programm auf Ihrem Rechner unter Ihrer DOS-Version laufen. Sollte dies nicht der Fall sein, so hat man sich bei der Programmierung des Anwenderprogrammes nicht an alle für DOS maßgeblichen Standards gehalten. Sie sollten das Programm dann wieder an den Hersteller zurückgeben.

DOS ist *aufwärtskompatibel*, das heißt, daß alle Programme, die für eine beliebige DOS-Version geschrieben wurden, auch unter den später veröffentlichten DOS-Versionen laufen. Eine Grundvoraussetzung für alle Betriebssysteme, ohne die DOS sicherlich nicht diesen Erfolg hätte.

1.4 Die Neuerungen durch DOS 3.3

Als IBM im April 1987 die neue PS/2-Geräteserie der Weltöffentlichkeit vorstellte, war damit nicht nur die Präsentation des neuen Betriebssystemes OS/2 verbunden, es wurde gleichzeitig die neue DOS-Version 3.3 veröffentlicht. Wie bei allen anderen neuen DOS-Versionen wurde auch DOS 3.3 um einige neue Kommandos bereichert, andere wurden korrigiert bzw. erweitert.

Eine wesentliche Neuerung des DOS 3.3 ist allerdings die Unterstützung von zahlreichen Sonderzeichen mit Hilfe der sogenannten länderspezifischen Zeichensatztabellen, auch kurz Code Pages genannt. Mit Hilfe dieser Zeichensatztabellen können Sonderzeichen auf den Bildschirm und auf speziellen Druckern ausgegeben werden, die im Standard-Zeichensatz nicht enthalten sind. Der Standard-Zeichensatz ist zwar sehr umfangreich, enthält aber dennoch nicht alle bekannten Sonderzeichen. So sind beispielsweise griechische Sonderzeichen, die auch in der Mathematik und Physik verstärkt genutzt werden, im Standard-Zeichensatz nur vereinzelt vorhanden.

Da DOS weltweit immer stärkeren Einsatz findet, sahen sich die beiden Firmen IBM und Microsoft gezwungen, den Bedürfnissen immer mehr Länder entsprechend Rechnung zu tragen. Dies ist in Form der länderspezifischen Zeichensatztabellen geschehen. Augenblicklich werden vier solcher Zeichensatztabellen neben der Standard-IBM-Zeichensatztabelle angeboten. In Zukunft wird dieses Angebot an Zeichensatztabellen mit entsprechenden Sonderzeichen sicherlich weiter ausgebaut, so daß bei der Darstellung von Sonderzeichen am Bildschirm keine Engpässe mehr entstehen können.

Allerdings kommen leider nicht alle Anwender in den Genuß dieser neuen Möglichkeiten, denn es werden nur die Grafikkarten unterstützt, die auch offiziell von IBM angeboten werden. Es handelt sich hierbei im einzelnen um folgende Karten:

Karte	Erläuterung
MGA	Monochrom Graphics Adapter
CGA	Color Graphics Adapter
EGA	Enhanced Graphics Adapter
VGA	Video Graphics Adapter
LCD	Der LCD-Bildschirm des IBM Convertible

Alle Besitzer der Hercules-Karte oder der Hercules-Plus-Karte kommen leider nicht in den Genuß der neuen Möglichkeiten des DOS 3.3, obwohl diese Karten technisch mindestens genausogut geeignet wären. Natürlich ist DOS 3.3 auf Rechnern mit diesen Karten lauffähig, Sie können jedoch keinen Gebrauch von den länderspezifischen Zeichensatztabellen machen. Doch vielleicht arbeiten die Entwickler des DOS bereits ein entsprechenden Gerätetreibern auch für diese Kartenbesitzer, da die Hercules-Karte und entsprechend Kompatible stark auf dem Markt verbreitet sind. Zu hoffen ist dies.

Die Informationen für die Zeichendarstellung sind in den Dateien mit der Kennung CPI gespeichert, die sich auf Ihrer Systemdiskette befinden. Es gibt vier dieser Dateien, die im einzelnen in folgender Tabelle bezeichnet sind:

Datei	Inhalt
EGA.CPI	Zeichenmatrix für alle Grafikkarten
LCD.CPI	Zeichenmatrix für den LCD-Bildschirm des IBM PC AP
4201.CPI	Zeichenmatrix für den IBM Grafikdrucker II
5202.CPI	Zeichenmatrix für den Quietwriter III Model 5202

Jede dieser Dateien beinhaltet fünf komplette Zeichensatztabellen (die Standard-IBM-Zeichensatztabelle sowie vier weitere länderspezifische Zeichensatztabellen). Je nach verwendetem Gerät werden die notwendigen Daten aus den Dateien in den Speicher des Rechners gelesen.

Auch bei der Verwendung von Drucker sind einige Einschränkungen zu nennen: Lediglich die beiden Drucker IBM Grafikdrucker Model II 4201 sowie der IBM Quietwriter Model III 5202 sind in der Lage, die länderspezifischen Zeichensatztabellen zu verwenden und entsprechend die neuen Möglichkeiten des DOS 3.3 zu unterstützen. Für die gängigen Drucker von Epson oder NEC gibt es bislang leider keine entsprechenden Gerätetreiber. Bleibt zu hoffen, daß auch diese Einschränkung möglichst bald behoben wird.

Jede Zeichensatztabelle wird durch einen dreiziffrigen Code eindeutig definiert. Neben der bislang bekannten Standard-IBM-Zeichensatztabelle existieren vier neue Zeichensatztabellen, die Sie auch der folgenden Tabelle entnehmen können:

Code der Zeichentabelle	Beschreibung
437	Standard-IBM-Zeichensatz
850	Mehrsprachiger Zeichensatz
860	Portugiesischer Zeichensatz
863	Französisch-kanadischer Zeichensatz
865	Norwegischer Zeichensatz

Im Anhang finden Sie den kompletten ASCII-Zeichensatz jeder Zeichensatztabelle komplett abgedruckt.

Durch die länderspezifischen Zeichensatztabellen sind mehrere DOS-Kommandos betroffen, darunter auch bereits in älteren Versionen bekannte Kommandos:

DOS-Kommando	Befehl in CONFIG.SYS
CHCP *	COUNTRY
GRAFTABL	DISPLAY *
KEYB *	PRINTER *
MODE	
NLSFUNC *	

* *Dieses Kommando ist in Version 3.3 neu*

Wenn die länderspezifischen Zeichensatztabellen auch einen breiten Raum einnehmen, so sind die damit verbundenen Änderungen und Erweiterungen nicht die einzigen in DOS 3.3.

Erstmals ab DOS 3.3 haben Sie die Möglichkeit, mehr als eine DOS-Partition auf Ihrer Festplatte anzulegen (Unter dem Begriff Partition wird ein Bereich einer Festplatte verstanden, der von einem Betriebssystem wie beispielsweise DOS zur Speicherung von Daten verwendet wird). Bis inklusive DOS 3.2 konnte lediglich eine Partition mit einer maximalen Kapazität von 32 MByte angelegt werden. Selbst wenn Sie über eine Festplatte mit einer größeren Kapazität verfügen, können Sie diese bis DOS 3.2 nicht tatsächlich nutzen. Da die externen Speichermedien immer günstiger werden und gleichzeitig die Speicherkapazität der Festplatten sprunghaft ansteigt, mußte dieses Übel behoben werden.

Ab DOS 3.3 können Sie nun eine Festplatte in bis zu vier DOS-Partitions aufteilen. Hierzu dient Ihnen das *FDISK*-Kommando. Jede Partition für sich darf allerdings weiterhin lediglich 32 MByte Speicherkapazität umfassen. Jede Partition muß seperat über eine logische Laufwerksbezeichnung angesprochen werden. Das bedeutet in der Praxis: Wenn Sie beispielsweise über eine 100-MByte-Festplatte verfügen, müssen Sie diese in vier Partitions aufteilen, beispielsweise in drei zu je 30 MByte und eine mit 10 MByte. Sie verfügen dann über die vier logischen Festplattenlaufwerke C, D, E und F. Ab DOS 4.0 ist auch diese Begrenzung auf 32 MByte je Partition behoben, so daß Sie endlich eine Festplatte auch über eine einzige Laufwerksbezeichnung adressieren können. Erst dann können Sie auch Dateien mit einer Kapazität mit mehr als 32 MByte erstellen und verwalten.

Mehr nebenbei wurden mit DOS 3.3 auch die 3½-Zoll-Laufwerke mit einer Kapazität von 1,44 MByte unterstützt. Dies wird durch eine doppelte Schreibdichte bei den kleinen kompakten Disketten erreicht.

1.5 Die Möglichkeiten der neuen Generation: DOS 4.0

Eins steht fest: Die Entwicklung von DOS geht weiter. Mit der Veröffentlichung des neuen Betriebssystemes OS/2 sollte DOS zwar deutlich an Bedeutung verlieren, jedoch ist dies bislang noch nicht geschehen. Und dies aus mehreren guten Gründen:

1. Die Entwicklung des OS/2 geht nur sehr schleppend voran. Die Einführung des Presentation Managers - das ist die grafische Benutzeroberfläche des OS/2 - hat sich um etliche Monate verschoben. Software konnte so bislang nicht oder nicht vollständig für OS/2 erstellt werden.

2. Die Ausführungsgeschwindigkeit von Programmen unter OS/2 ist noch nicht sehr befriedigend. Bessere Hardware schafft hier Abhilfe, d.h., schnellere Prozessoren wie beispielsweise der 80386 mit 20 MHz Taktfrequenz und mehr müssen heran. Diese Prozessoren werden dann jedoch auch wieder nicht voll ausgelastet (viele Möglichkeiten liegen brach).

3. Der immense Speicherbedarf ist ebenfalls ein Handicap. Speicher ist nicht billig und 2 MByte sollten für den ordentlichen Betrieb mit OS/2 schon zur Verfügung stehen, besser 4 MByte. Doch wer hat bislang schon so viel Speicher im Rechner installiert? Erst mit den neuen PS/2-Geräten werden häufiger Rechner mit deutlich mehr als 1 MByte Speicher an den Kunden ausgeliefert.

4. Schnelle und vor allem große Festplatten benötigt man wegen der Speicherauslagerungen des OS/2 ebenfalls. Festplatten mit einer mittleren Zugriffszeit von mehr als 35 ms sind für den Betrieb mit OS/2 vollkommen ungeeignet.

Microsoft selbst teilt mit, daß vom friedlichen Nebeneinander der beiden Betriebssysteme MS-DOS/PC-DOS und OS/2 sowie der grafischen Benutzeroberfläche MS-Windows für die nächsten Jahre ausgegangen werden kann. Dabei sollen auch die Möglichkeiten des DOS weiterentwickelt werden. Windows ist von DOS abhängig, da Windows unter dem Betriebssystem DOS läuft. Sie können mit Windows jedes DOS-Programm starten. Da Windows aber eine ganze Reihe an Programmierschnittstellen zur Verfügung stellt, gibt es auch Programme, die nur unter DOS in Zusammenarbeit mit Windows lauffähig sind..

Die grafische Benutzeroberfläche

Nun wurde im Juli 1988 die neue DOS-Version 4.0 veröffentlicht. Eine wesentliche Neuerung ist sicherlich die grafische Benutzeroberfläche, die auch DOS-Shell genannt wird. Unter einer Shell (dt.: Muschel) versteht man in der Computerei ein übergeordnetes Programm, das als Schnittstelle zwischen dem Anwender und den der Shell untergeordneten Programme dient.

Die Idee für eine grafische Benutzeroberfläche ist dabei nicht neu. Sie kennen alle grafische Benutzeroberflächen wie beispielsweise GEM und Windows. Von Fremdanbietern werden seit längerer Zeit auch grafische Benutzeroberflächen angeboten, die unter DOS arbeiten und dem Anwender die Arbeit erleichtern sollen, so beispielsweise der Norton Commander aus dem Hause der bekannten Norton Utilities.

Die Zeit war reif, auch DOS mit einer grafischen Benutzeroberfläche auszustatten - und dies ist mit der DOS-Shell (auch DOS-Manager genannt) endlich geschehen. Unerfahrene Computer-Anwender werden es den Entwicklern von MS-DOS danken, daß die Bedienung endlich einfacher und übersichtlicher vonstatten geht, da die Syntax von DOS-Kommandos auf diese Weise nicht mehr im Kopf zur Verfügung stehen muß. Erfahrene und an den Befehlsmodus des DOS gewöhnte Anwender brauchen keine Angst zu haben: Die DOS-Shell ist optional, muß also nicht verwendet werden, um mit DOS 4.0 arbeiten zu können.

Hinter der DOS-Shell verbirgt sich auch das neue Firmenkonzept der IBM. SAA heißt dieses neue Konzept, die Kurzform für Systems Applications Architecture. Mit Hilfe dieser "Architektur" sollen alle Anwendungsprogramme in der IBM-Welt standardisiert werden. Vom großen Mainframe bis zum kleinsten PC soll überall dieselbe Bedienerführung angeboten werden. Für den Benutzer hat das den Vorteil, daß er sich in jedem Programm auf jedem Rechner sofort zurecht findet. Microsoft hat diesen Standard bereits in dem neuen Programmpaket MS-Works verwirklicht. Nun ist dieser Standard auch ab DOS 4.0 nahezu Wirklichkeit für alle DOS-Benutzer, die sich der DOS-Shell bedienen (das Arbeiten mit der DOS-Shell ist natürlich nicht obligatorisch), denn die DOS-Shell ist sehr stark an den genannten SAA-Standard angelehnt.

Mit Hilfe von Pull-Down-Menüs können Sie sich auf diese Weise auch bei der neuen DOS-Shell des DOS 4.0 durch die wichtigsten Funktionen des DOS arbeiten, Funktionen also wie Disketten formatieren, Dateien kopieren oder umbenennen etc. Sollten Sie im Besitz einer Maus sein, umso besser, denn auch die Maus können Sie hier verwenden. Die DOS-Shell ist konzeptionell auf den Betrieb mit einer Maus ausgerichtet, jedoch ist auch die Bedienung über die Tastatur möglich.

Auch Anwendungen kann der Benutzer direkt von der DOS-Shell aus aufrufen. Dazu muß nicht einmal in das dafür vorgesehene Verzeichnis gewechselt werden (natürlich kann man auf diese Weise jedes Programm aufrufen). Der Anwender kann sich eine Liste seiner am häufigsten verwendeten Anwendungsprogramme einfach in der DOS-Shell installieren. Diese werden dann in der Menüleiste angeboten und können einfach aufgerufen werden. Es erscheint in der Menüleiste dann nicht *WORD* oder *TEXTOMAT*, sondern beispielsweise *Textverarbeitung*.

Sie haben sogar die Möglichkeit, Dateikennungen zu spezifizieren, bei deren Verwendung eine Anwendung aufgerufen werden soll. Definieren Sie beispielsweise, daß die Dateikennung TXT mit Ihrer Textverarbeitung verbunden sein soll, so ruft die DOS-Shell automatisch die Textverarbeitung auf, sollten Sie eine Datei mit der Dateikennung TXT anwählen. Und der entsprechende Text wird von der Textverarbeitung automatisch geladen. So einfach ist das.

Im Gegensatz zu OS/2 und Windows ist die DOS-Shell aber keine Programmierumgebung, sondern lediglich eine eigene DOS-Anwendung. Das bedeutet, daß es kein sogenanntes API (Applikations-Programmierungs-Interface) für die DOS-Shell gibt wie bei OS/2 und Windows. Es können also keine Anwendungen *für* die DOS-Shell geschrieben werden; so besteht keine Möglichkeit, die Optionen der DOS-Shell in ein Anwendungsprogramm zu integrieren. Auch ist die DOS-Shell kein Ersatz für den Kommandoprozessor des DOS COMMAND.COM. Die DOS-Shell ist lediglich Mittel zum Zweck.

Die Installation des Systems

Auch die Installation des Systems wird dem Anwender durch ein deutlich verbessertes *SELECT* weitgehend abgenommen. Den Befehl *SELECT* gibt es zwar schon seit DOS 3.0. Jedoch setzte die korrekte Verwendung von *SELECT* so gute Kenntnisse des Systems voraus, daß das Installieren des Systems "von Hand" einfacher war. Mit der DOS-Version 4.0 wurde auch diese Installations-Prozedur überarbeitet. Auch hierfür war die Zeit bereits reif. Bei jedem Anwendungsprogramm setzt man eine einfach zu bedienende, aber dennoch präzise Installationsroutine voraus, die dem ungeübten Anwender die Installation des Programmes ermöglichen soll. Nur für das Betriebssystem selbst war dies bislang ein schwieriges Unterfangen.

Das "neue" *SELECT* führt den Benutzer Schritt für Schritt durch den Installations-Dschungel, der notwendig ist, um DOS 4.0 auf einer Diskette oder einer Festplatte zu installieren. Dabei werden gleichzeitig auch die Datei AUTOEXEC.BAT sowie die Konfigurationsdatei CONFIG.SYS erstellt.

Die Partitionierung der Festplatte

Bereits in Kapitel 1.4 wurde die Problematik der Partitionierung der Festplatte angesprochen. Die Begrenzung auf 32 MByte je Partition - also je logische Laufwerksbezeichnung - gehört mit DOS 4.0 endgültig der Vergangenheit an. Der Anwender ist nun nur noch durch die Speicherkapazität des Mediums beschränkt. Dies wurde durch eine Erweiterung der FAT (File Allocation Table) erzielt. Bisher wurden die Sektoren einer Festplatte durch 16-Bit-Zeiger verwaltet (unter einem Zeiger können Sie sich eine "Adresse" oder "Hausnummer" vorstellen, die beispielsweise einen Disketten- oder Festplattensektor eindeutig bezeichnet. Dies reichte für genau 65.536 Sektoren aus, was multipliziert mit 512 Byte je Sektor die magische Grenze von 32 MByte ergibt. Die Zeiger sind nun auf 32 Bit erweitert worden. Mit DOS 4.0 können aber auch die "alten" Formate noch gelesen werden.

Zugriffsoptimierung bei Festplatten

Durch Cache-Algorithmen sind die Zugriffe auf die Festplatte optimiert worden. Stark vereinfacht ausgedrückt verzeichnet ein Cache-Algorithmus, wann welcher Sektor der Festplatte gelesen wurde. Sektornummer und Inhalt des Sektors werden in einem Puffer zwischengespeichert. Wird ein solcher Sektor erneut gelesen, so kann er aus dem Puffer entnommen und muß nicht erneut von Platte nachgeladen werden. Sie sparen auf diese Weise Plattenzugriffe und somit Zugriffszeit.

Speichererweiterungen

Bisher konnten Sie Speichererweiterungen jenseits der 640 KByte nur für die RAM-Disk nutzen. Oder für ein Programm, das durch entsprechende Algorithmen sich der Speichererweiterung bedient, wie beispielsweise Lotus 1-2-3. Ab DOS 4.0 können Sie diesen Speicher auch noch anderweitig nutzen.

Mit Hilfe des EMS 4.0 - dem Expanded Memory Manager - kann die Speichererweiterung auch für alle DOS-Diskettenpuffer verwendet werden sowie für die bei *FASTOPEN* (siehe hierzu auch Kapitel 4.4) anfallenden Daten. Jeder Diskettenpuffer belegt 528 Byte, so daß bei den üblichen 20 Puffern schnell mehr als 10 KByte des Hauptspeichers verloren gehen. Diese Puffer können Sie nun in die Speichererweiterung auslagern, so daß Ihnen mehr Hauptspeicher für Ihre Anwendungsprogramme zur Verfüfung stehen. Auch die Daten, die bei DOS in Verbindung mit dem *FASTOPEN*-Kommando anfallen, können in die Speichererweiterung ausgelagert werden, so daß auch hier der Hauptspeicher entlastet wird.

Kompatibilität

Eine häufig gestellte Frage ist die Kompatibilität einer neuen Version. Es gilt die Garantie von Microsoft, daß die gesamte Software, die unter der DOS-Version 3.3 funktionsfähig ist, auch unter DOS 4.0 laufen wird. Das schließt auch die Erweiterung der Festplatten-Partitions ein.

Voraussetzungen für DOS 4.0

DOS 4.0 setzt einen Hauptspeicher von mindestens 256 KByte voraus. Die Teile des Betriebssystemes, die resident im Speicher gehalten werden, sind um 10 KByte umfangreicher als noch unter DOS 3.3.

2. Der erste Kontakt mit DOS

Den ersten Kontakt mit DOS haben Sie bereits nach dem Einschalten des Rechners, wenn sich DOS selbst lädt. Was dann zu tun ist und was notwendig ist, um sich die DOS-Disketten zu kopieren (aus Sicherheitsgründen), das soll Ihnen in diesem Kapitel erläutert werden.

2.1 DOS wird gestartet

Im Computer selbst schlummert in einem *ROM* ein Programm mit Namen *BIOS*. Wird der Rechner eingeschaltet, so wird es automatisch gestartet. Den Vorgang, der dann folgt, nennt man *Booten des Systems*. Die Bedeutung von boot (ausgesprochen: *buht*) aus dem Englischen ist eigentlich *hochholen*; bei einem Stiefel heißen die Schlaufen zum Hochziehen *Bootstrap*.

Die am Computer angeschlossenen Geräte werden identifiziert, der Speicher (*RAM*) auf Funktionstüchtigkeit überprüft; Hardwarefehler werden erkannt und sofort gemeldet. Nachdem der interne "Check" positiv abgeschlossen worden ist, wird DOS geladen.

Da das BIOS beim Laden von DOS nicht wissen kann, in welchem Laufwerk sich die Diskette befindet, auf dem das DOS gespeichert ist, versucht es zunächst, DOS vom ersten Laufwerk zu starten. Das erste Laufwerk trägt intern die Bezeichnung A, das zweite den Namen B usw. Die erste Festplatte wird immer mit C bezeichnet, selbst wenn Sie nur ein Laufwerk haben sollten (in seltenen Fällen hat die erste Festplatte auch den Namen D, wenn der Benutzer das Laufwerk C lieber für andere Zwecke wie RAM-Disks freihalten will). Das erste Laufwerk ist meistens das oberste bzw. linke, sofern Sie überhaupt mehrere Laufwerke haben. Sie erkennen es schnell daran, daß bei diesem Laufwerk die Kontrolleuchte nach dem Einschalten als erstes aufleuchtet.

Befindet sich im ersten Laufwerk keine Diskette, so wird der Ladeversuch vom zweiten Laufwerk unternommen usw. Festplattenbesitzer kennen den Vorgang: Erst summen alle anderen Laufwerke kurz, bis DOS von der Festplatte geladen werden kann.

Wird in einem der Diskettenlaufwerke eine Diskette vorgefunden, so muß es sich auch um eine Systemdiskette handeln. Kann das System nicht gefunden werden - etwa weil kein System aufkopiert ist oder weil die Diskette nicht gelesen werden kann -, so wird der Suchvorgang *nicht* fortgeführt. Sie erhalten vielmehr eine Fehlermeldung, die häufig in englischer Sprache verfaßt ist, da sie vom BIOS kommt. Die Fehlermeldung sieht so oder ähnlich aus:

```
Non-System disk or disk error
Replace and strike any key when ready
```

bzw.

```
Fehler: Keine Sys-Dskt oder fehlerh. Dskt.
Austauschen, eine Taste betätigen
```

Wechseln Sie nun die eingelegte Diskette, und betätigen Sie eine beliebige Taste. Der Bootvorgang wird dann wiederholt.

Traten beim Booten keine Komplikationen auf, so wird DOS in den Hauptspeicher Ihres Rechners installiert und die wichtigsten Einstellungen (man könnte auch *Anpassungen* sagen) werden automatisch vorgenommen. Wir kommen auf diese Einstellungen aber noch einmal gesondert zu sprechen. Haben Sie DOS mit Hilfe der Systemdiskette im A-Laufwerk gebootet, so erscheint folgende Meldung auf Ihrem Bildschirm:

```
Systemdatum: Di.  01.01.1980
Neues Datum (tt.mm.jj) eingeben:_
```

Falls Ihr Rechner mit einer Festplatte ausgestattet ist und Sie DOS von der Festplatte aus gebootet haben, so erscheint die Datumsanzeige evtl. nicht. Sind Sie Besitzer eines IBM AT oder eines entsprechend kompatiblen Gerätes oder eines Gerätes der neuen PS/2-Serie, so ist Ihr Rechner mit einer sogenannten batteriegepufferten Uhr ausgestattet. Das bedeutet, daß sowohl die Systemzeit als auch das Systemdatum durch eine Batterie im Speicher des Rechner gehalten werden und diese Daten selbst dann nicht verloren gehen, wenn Sie den Rechner ausschalten sollten. Sowohl die Zeit als auch das Datum werden sogar weitergeführt, während der Rechner ausgeschaltet bleibt.

Dies hat den immensen Vorteil, daß der Rechner sowohl die Systemzeit als auch das Systemdatum eigenständig führt und Sie diese Daten nicht zu kontrollieren brauchen. Es ist lediglich eine Korrektur notwendig, wenn ein Wechsel von der Sommerzeit zur Winterzeit oder umgekehrt stattfindet.

Sofern die Abfrage des Systemdatums überhaupt auf dem Bildschirm erscheint, geben Sie das aktuelle Tagesdatum in Ihren Rechner ein, vorausgesetzt, das angezeigte Datum ist nicht korrekt, wie es bei einem Rechner mit batteriegepufferter Uhr der Fall wäre.

Geben Sie bitte das Tagesdatum ein, und betätigen Sie die Taste <Enter>. Es erscheint nun die Systemabfrage für die Systemzeit:

```
Systemzeit: 0.00.00,00
Neue Zeit (hh.mm.ss) eingeben:_
```

Hier gilt entsprechend: Sollte in Ihrem Rechner eine batteriegepufferte Uhr eingebaut sein, so erscheint die korrekte Tageszeit. Bestätigen Sie diese lediglich durch die Taste <Enter>. In jedem anderen Fall geben Sie bitte die Tageszeit ein.

DOS meldet sich nun, wenn alles gut gegangen ist, mit dem sogenannten Systemprompt - es sei denn, es wurde ein Anwenderprogramm automatisch gestartet; doch dazu mehr in Kapitel 6. Dieses Systemprompt zeigt Ihnen das Laufwerk an, von dem gebootet wurde, gefolgt von einem Größerzeichen. Dem Größerzeichen folgt dann der Cursor, der Eingabebereitschaft signalisiert.

```
A>_
```

Immer wenn Sie dieses Systemprompt und den Cursor sehen, können Sie ein DOS-Kommando eingeben.

Sie können als Benutzer jederzeit ein Booten des Rechners hervorrufen. Die erste Methode ist die, durch das Aus- und Einschalten des Rechners einen Neustart des System hervorzurufen. Diese Methode ist allerdings nicht besonders empfehlenswert, weil unter anderem häufig auch der Monitor aus- und eingeschaltet wird, was keinem Monitor auf die Dauer gut bekommt. Ferner wird auch einer evtl. eingebauten Festplatte die Stromversorgung entzogen. Wenn Sie nun Ihren Rechner sofort wieder einschalten, könnten evtl. Probleme durch die Spannungsspitzen - die beim Einschalten des Rechners normal sind - auftreten, da die Festplatte noch nicht in Ruheposition gewesen ist, als sie erneut gestartet wurde.

Die zweite Methode ist das Betätigen von drei Tasten auf Ihrer Tastatur. Es handelt sich hierbei um drei bewußt weit auseinanderliegende Tasten, damit man nicht *aus Versehen* das System zurücksetzt, denn dabei gehen alle Daten im Hauptspeicher des Rechners nämlich verloren. Diese Tastenkombination lautet:

```
<Ctrl>-<Alt>-<Del>      auf der amerikanischen Tastatur sowie
<Strg>-<Alt>-<Lösch>    auf der deutschen Tastatur
```

Es gibt mehr Anlässe, als Ihnen Recht sein kann, um diese Tastenkombination zu verwenden. Es soll Programme geben, die haben keinen Menüpunkt zum Verlassen vorgesehen, oder die Programme verlassen Sie einfach von selbst (ein sogenannter *Programmabsturz*). Häufig will man durch Rücksetzen des Systems die Sicherheit haben, alle Einstellungen wie nach dem Einschalten des Systems vorzufinden, beispielsweise um ein Programm zu starten.

2.2 Die verschiedenen Laufwerke

Es gibt verschiedene Laufwerksarten für die PC- und PS/2-Familie. Sie unterscheiden sich in der Größe der Disketten, die sie aufnehmen, und deren Kapazität, also die Menge an Zeichen, die auf einer solchen Diskette Platz finden. DOS unterstützt mittlerweile zwei Laufwerksgrößen: die 5¼-Zoll- und die 3½-Zoll-Laufwerke.

Neben diesen Laufwerken, die man mit auswechselbaren Datenträgern (Disketten) bestücken kann, gibt es seit der Einführung des IBM XT auch die sogenannte *Festplatte*, die man nicht auswechseln kann, deren Fassungsvermögen und Zugriffsgeschwindigkeit aber ungleich höher ist. Es soll nun kurz auf die Unterschiede der verschiedenen Laufwerke eingegangen werden.

Die 5¼-Zoll-Laufwerke

Das 5¼-Zoll-Format ist das momentan geläufige und hat das früher übliche 8-Zoll-Format (die ersten Disketten überhaupt waren 8-Zoll-Disketten) vor einigen Jahren abgelöst. Fast alle PCs sind mit 5¼-Zoll-Laufwerken ausgerüstet - auch wenn der Trend nun beispielsweise bei den Lap Tops und den PS/2-Geräten deutlich zu den kleineren 3½-Zoll-Laufwerken geht. Die folgenden Diskettenformate werden bislang durch DOS bei 5¼-Zoll-Diskettenlaufwerken unterstützt:

Diskettentyp		Laufwerk	Spuren	Sektoren	tpi	Ab DOS
5¼"	1S/SD	160 KByte	40	8 (320)	48	1.0
5¼"	1S/SD	180 KByte	40	9 (360)	48	2.0
5¼"	2S/SD	320 KByte	40	8 (640)	48	1.1
5¼"	2S/SD	360 KByte	40	9 (720)	48	2.0
5¼"	2S/HD	1,2 MByte	80	15 (2400)	96	3.0

1S = 1seitig SD = Single Density (Einfache Dichte)
2S = 2seitig HD = High Density (Hohe Dichte)

In der Spalte Sektoren entnehmen Sie die Anzahl der Sektoren pro Spur, während der Wert in Klammern die Gesamtanzahl an Sektoren auf der gesamten Diskette wiederspiegelt. In jedem Sektor können 512 Zeichen gespeichert werden. Die Kurzbezeichnung tpi wird immer dann verwendet, will man die Speicherdichte einer Diskette oder Festplatte spezifizieren. Der Begriff tpi steht kurz für Tracks Per Inch und bedeutet nichts anderes aks Spuren pro Zoll. Sollten Sie auch in der Groß-EDV zuhause sein, so kennen Sie sicherlich auch die Abkürzung bpi für Bits Per Inch im Zusammenhang mit Bandgeräten.

Heutzutage beschreibt sicherlich kaum ein Anwender seine Diskette noch einseitig - zu viel Platz wird dabei verschenkt. Dennoch haben Sie unter DOS nach wie vor die Möglichkeit, diese alten Formate zu lesen, zu schreiben und sogar zu formatieren. Als gängig kann man die beiden letztgenannten Formate bezeichnen. Jeder PC beschreibt die Disketten im 360-KByte-Format, während Sie mit den Hochkapazitätslaufwerken der AT-Generation durchaus eine Speicherkapazität von 1,2 MByte je Diskette erreichen - vorausgesetzt allerdings, daß Sie entsprechend qualitativ hochwertige Disketten vom Typ High Density verwenden.

3½-Zoll-Laufwerke

Mit der Einführung des ersten tragbaren PCs von IBM mußten erstmals auch andere Diskettenformate unterstützt werden, da in diesen Rechnern die Laufwerke der Zukunft - die 3½-Zoll-Laufwerke - eingebaut sind. Heute sind die meisten tragbaren PCs, die Lap Tops und vor allem die Geräte der PS/2-Serie mit 3½-Zoll-Laufwerken ausgestattet. Dabei darf man besonders die Tatsache, daß die PS/2-Geräte mit 3½-Zoll-Laufwerken ausgestattet sind, als Hinweis für die zukünftige Entwicklung werten.

Die 3½-Zoll-Disketten sind im Gegensatz zu den 5¼-Zoll-Disketten in einer nicht-flexiblen Plastikhülle verpackt, die die Disketten vor Knicken, Berühren und Verschmutzen sichern. Das Fassungsvermögen ist ferner mit 720 KByte bzw. mittlerweile 1,44 MByte weit höher als das der zweiseitigen Disketten in den "gängigen" PC-Rechnern oder gar der Hochkapazitätslaufwerke der AT-Generation.

In der nachfolgenden Tabelle können Sie die beiden unterstützten 3½-Zoll-Formate erkennen.

Diskettentyp	Laufwerk	Spuren	Sektoren	tpi	Ab DOS
3½" 2S/DD	720 KByte	80	9 (1440)	135	3.2
3½" 2S/HD	1,44 MByte	80	18 (2880)	270	3.3

1S = 1seitig
2S = 2seitig

SD = Single Density (Einfache Dichte)
DD = Double Density (Doppelte Dichte)
HD = High Density (Hohe Dichte)

Auch in dieser Tabelle werden in der Spalte Sektoren die Anzahl der Sektoren je Spur angegeben, während der Wert in Klammern die Gesamtanzahl an Sektoren pro Diskette darstellt. In jedem Sektor werden 512 Byte gespeichert.

Die Festplatten

Die erste Festplatte in einem PC wurde im IBM PC/XT eingebaut. Sie faßt 10 MByte und machte eine neue DOS-Version notwendig. Mit dem IBM AT und dessen 20 MByte-Platte (die eigentlich 21 MByte faßt), wurde diese Kapazität schon verdoppelt. Dem Speicherbedarf scheinen keine Grenzen gesetzt. Festplatten mit einer Kapazität von 40, 60 oder 80 MByte sind keine Seltenheit mehr. Compaq bietet 110-MByte-Festplatten ganz selbstverständlich an. Da nimmt es kaum noch Wunder, daß IBM nun eine Festplatte mit einer Gesamtkapazität von 600 MByte anbieten will - das ist die Kapazität von 30 Festplatten des 20-MByte-Formates.

Festplatten sind nicht größer als normale Disketten, jedoch sind sie aus einem festeren Material, drehen sich viel schneller und sind vollkommen hermetisch abgeschlossen. Ein Staubkorn würde ausreichen, um den Inhalt einer Festplatte für immer unlesbar zu machen. Das liegt daran, daß der Schreib-/Lesekopf der Festplatte die Oberfläche nicht berührt, sondern in sehr geringem Abstand über der Oberfläche *schwebt*. Ein Haar, Fingerabdruck oder Staubkorn würde sich zwischen Oberflächenmaterial der Festplatte und dem Schreib-/Lesekopf schieben und den befürchteten *Headcrash* verursachen, der eigentlich nichts anderes als eine Berührung der Oberfläche durch den Schreib-/Lesekopf ist. Die Platte ist für immer zerstört. Deswegen ein wichtiger Tip: In regelmäßigen Abständen die gesamte Festplatte auf Disketten sichern - zwischendurch noch alle wichtigen Dateien kopieren. Sie werden es sonst im Fall der Fälle bereuen.

Die Abbildung 1 soll Ihnen verdeutlichen, in welch geringer Höhe der Schreib-/Lesekopf über der Oberfläche der Festplatte schwebt. Sie sehen, daß nicht nur ein Staubkorn, sondern bereits ein Nikotinpartikel ausreicht, um sich zwischen den Schreib-/Lesekopf und der Festplatte zu schieben.

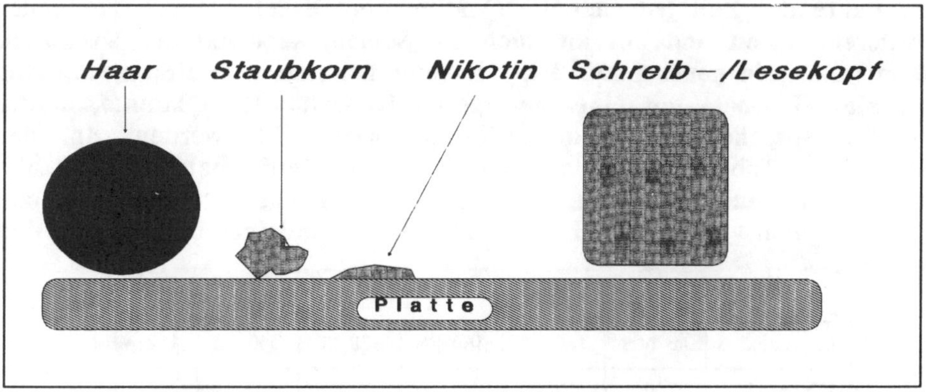

Abb. 1: Schreib-/Lesekopf einer Festplatte

Der Größenvergleich in der Abbildung macht die Verhältnisse deutlich, mit der ein Schreib-/Lesekopf über die Oberfläche der Festplatte schwebt. Vorsichtsmaßnahmen bei der Behandlung einer Festplatte sind also nicht nur unnötige Sicherheitsmaßnahmen, sondern tatsächlich notwendig. Besonders beim Transport einer Festplatte oder eines Rechners mit eingebauter Festplatte ist deshalb darauf zu achten, daß der Schreib-/Lesekopf der Platte sich in der sogenannten Parkposition befindet. Diese Position erreichen Sie durch spezielle Programme wie beispielsweise *SHIPDISK* oder auch *PARK*. Der Kopf wird dann in einen Bereich der Platte bewegt, in der er selbst bei Spannungsspitzen oder heftigen Bewegungen keinen Schaden anrichten kann.

2.2.1 Kompatibilität der Diskettenformate

Alle Personal Computer und natürlich auch die Personal Systems (also die neue PS/2-Gerätereihe) und die vielen Kompatiblen Geräte sind zwar untereinander kompatibel - man unterscheidet gar zwischen hardware- und software-kompatibel -, jedoch ist dies bei den verschiedenen Laufwerken nicht unbedingt der Fall, denn hier gibt es einige kleine, wenn auch feine Unterschiede. Das aber bedeutet, daß Sie eine Diskette, die auf dem Rechner A formatiert und beschrieben worden ist, nicht unbedingt vom Rechner B gelesen werden kann.

Dies mag Sie nicht stören, weil Sie nur mit Ihrem eigenen Rechner arbeiten, jedoch wird die Sache schwierig, wollen Sie Daten austauschen oder Programme starten, die mit einem anderen Format geschrieben wurden.

Im Laufe der Zeit hat sich die Qualität der Diskettenlaufwerke immer weiterentwickelt und mit ihr auch die Speicherkapazität der Disketten. Damit aber ein neues Laufwerk mit einer höheren Kapazität wenigstens die alten Formate mit einer geringeren Kapazität lesen konnte, mußte eine entsprechende Lesekompatibilität hergestellt werden. In der folgenden Tabelle sind alle 5¼-Zoll-Diskettenformate sowie alle Laufwerkstypen verzeichnet. Sie können der Tabelle entnehmen, welche Formate vom jeweiligen Laufwerk gelesen und geschrieben werden können.

Laufwerk	Ab DOS	160 KB	180 KB	320 KB	360 KB	1,2 MB
Einseitig	1.0	X				
Einseitig	2.0	X	X			
Zweiseitig	1.1	X		X		
Zweiseitig	2.0	X	X	X	X	
Hochkapaz.	3.0	X	X	X	X	X

Von den jeweiligen DOS-Versionen unterstützte Diskettenformate

Das Hochkapazitätslaufwerk kann garantiert alle Diskettenformate lesen und schreiben, jedoch wird sogar von IBM selbst eingeräumt, daß keine hunderprozentige Garantie gewährt werden kann, daß geschriebene Fremdformate auch von den anderen Laufwerken gelesen werden können. Damit ist gemeint, daß das Hochkapazitätslaufwerk zwar in der Lage ist, eine Diskette im 360-KByte-Format zu lesen und auch zu beschreiben, daß jedoch unter Umständen durch das Beschreiben die Diskette für herkömmliche 360-KByte-Diskettenlaufwerke unlesbar gemacht wird. Dies passiert zwar nicht häufig, *kann* aber geschehen.

Das liegt daran, daß kleinste Unterschiede in den Spurabständen zu Leseschwierigkeiten führen können. Deswegen sollte man *niemals* eine Diskette mit der Kapazität von beispielsweise 360 KByte lesen *und* beschreiben, wenn man sie nicht zuvor kopiert hat - schon mancher hat seine Daten dabei verloren. Die Zuverlässigkeit der Laufwerke hat zwar auch hier in den letzten Jahren deutlich zugenommen, jedoch kommt es vereinzelt immer noch zu Schwierigkeiten.

Von den genannten Diskettenlaufwerken werden heute ohnehin nur noch die letzten beiden verwendet - also das 360-KByte-Laufwerk in den PCs und das Hochkapazitätslaufwerk in den AT-Rechnern.

Für die 3½-Zoll-Disketten gibt es bislang lediglich zwei Formate. Mit 720 KByte können Sie 3½-Zoll-Disketten ab DOS 3.2 formatieren und ab DOS 3.3 mit der doppelten Kapazität von 1,44 MByte - dies wird durch eine doppelte Speicherdichte erreicht, weswegen auch qualitativ hochwertigere Disketten verwendet werden müssen (High Density).

2.2.2 Die Laufwerksbezeichnungen

Jedes an Ihren Rechner angeschlossene Laufwerk und jede Festplatte erhält beim Booten des Systems einen Namen. Wie bereits kurz erwähnt, ist dies eine Buchstabenbezeichnung. Das erste Laufwerk ist das Laufwerk A *(A-Laufwerk)*; verfügen Sie über ein weiteres Laufwerk, so ist dies das Laufwerk B (*B-Laufwerk*).

Unabhängig davon, ob Sie über ein zweites Diskettenlaufwerk verfügen oder nicht, hat das erste Festplattenlaufwerk den Namen C, die zweite Festplatte ist entsprechend das D-Laufwerk. Übrigens schreibt man als Laufwerksbezeichnung hinter der eigentlichen Buchstabenbezeichnung einen Doppelpunkt, damit DOS erkennt, daß es sich nicht um einen Dateinamen, sondern um ein Gerät (Laufwerk) handelt.

Wozu diese Namensgebung? Wenn Sie Daten wiederfinden oder Programme starten wollen, so können Sie auf diese Weise angeben, wo diese Daten gespeichert sind. Ohne Angabe einer Laufwerksbezeichnung erreichen Sie immer nur ein Laufwerk, und das ist das *Standardlaufwerk*. Standardlaufwerk wiederum ist das Laufwerk, von dem DOS geladen wurde, oder das man später als Standardlaufwerk ausgewählt hat. Nach dem Laden des DOS erscheint das Systemprompt, mit der Angabe des Standardlaufwerkes. Wurde DOS vom A-Laufwerk gebootet, so erscheint folgendes Systemprompt:

```
A>_
```

Beim Booten von Festplatte ist das Standardlaufwerk das C-Laufwerk, was auch im Systemprompt ersichtlich ist:

```
C>_
```

Wollen Sie eine Laufwerksangabe machen, sei es vor einem Dateinamen oder zum Umschalten des Standardlaufwerkes, so muß dem Buchstaben, der das Laufwerk auswählt, ein Doppelpunkt folgen. Haben Sie DOS von Festplatte gebootet, wollen aber das A-Laufwerk als Standardlaufwerk haben, so geben Sie *A:* ein, und es geschieht folgendes:

```
C>A:
A>_
```

Nachdem Sie den Doppelpunkt eingegeben haben, betätigen Sie die <Enter>-Taste, mit der nahezu alle Eingaben abgeschlossen werden. Wir wollen sowohl auf diesen Hinweis als auch auf die Darstellung des Cursors im Rest dieses Buches verzichten.

Wenn ein Standardlaufwerk ausgewählt wird, so muß sich in diesem Laufwerk unbedingt eine Diskette befinden, da sonst eine Fehlermeldung auf dem Bildschirm erscheint, wenn Sie das erste Kommando eingeben. Probieren Sie es aus: Wählen Sie nach obigen Beispiel einmal das A-Laufwerk als Standardlaufwerk aus, öffnen Sie die Laufwerksklappe und geben Sie ein beliebiges Kommando ein...

```
Nicht bereit.
Lesefehler Laufwerk A:
A(bbruch), W(iederholen), U(ebergehen)?
```

Diese Fehlermeldung teilt Ihnen mit, daß zwar das A-Laufwerk adressiert wurde, um ein Kommando durchzuführen, dies aber fehlgeschlagen ist. Das A-Laufwerk ist hierzu nicht bereit, was sich beispielsweise durch eine offene Diskettentür auszeichnet. DOS erkennt diesen Fehler und meldet Ihnen den Mißstand durch obige Fehlermeldung. Sie könnten nun eine Diskette einlegen, den Hebel umlegen und anschließend die Taste <W> betätigen. DOS versucht dann erneut den Zugriff auf die Diskette und arbeitet bei entsprechendem Erfolg weiter, als wenn nichts geschehen wäre. Durch die Taste <A> würden Sie das Kommando abbrechen und DOS entsprechend einen Fehlercode an das aufrufende Programm übermitteln. Mit Hilfe der Taste <U> wird der Fehler praktisch ignoriert und im Programm normal fortgefahren, was eigentlich niemals zu empfehlen ist.

2.2.3 Das virtuelle Laufwerk

Sollten Sie lediglich über ein Diskettenlaufwerk verfügen (und evtl. eine Festplatte), so ist die Laufwerksbezeichnung B sozusagen frei, da ihr kein Laufwerk zugeordnet ist. Das erste Diskettenlaufwerk trägt die Laufwerksbezeichnung A, während das erste Festplattenlaufwerk die Bezeichnung C führt.

Da das Kopieren von Dateien sich mit nur einem Diskettenlaufwerk ein wenig schwierig darstellt, haben die Entwickler von DOS sich für die AT-Generation mit nur einem Laufwerk etwas ganz spezielles ausgedacht: das *virtuelle* Laufwerk. Virtuell bedeutet laut Duden: "Der Kraft od. Möglichkeit nach vorhanden". Auf den Benutzer eines ATs mit nur einem Diskettenlaufwerk übertragen bedeutet dies, daß ein zweites Diskettenlaufwerk vom Betriebssystem simuliert wird, so daß der Benutzer dies wie ein tatsächlich vorhandenes Laufwerk verwenden kann. Man spricht in diesem Zusammenhang von dem tatsächlich vorhandenen Laufwerk auch vom physikalisch vorhandenen Laufwerk, während das simulierte Laufwerk lediglich logisch vorhanden ist.

Das physikalisch vorhandene Laufwerk A stellt dabei abwechselnd sowohl das logische Laufwerk A als *auch* das logische Laufwerk B dar. Das klingt zunächst ein wenig kompliziert, ist es in Wirklichkeit aber gar nicht. Nach dem Einschalten des Rechners stellt das Diskettenlaufwerk ganz normal das Laufwerk A dar. Sie können mit dem Laufwerk arbeiten, Disketten formatieren, Programme starten und vieles andere mehr. Sprechen Sie nun aber das Laufwerk B an, so erhalten Sie keine Fehlermeldung wie etwa *Laufwerk unbekannt*, sondern DOS erkennt, daß Sie das virtuelle Laufwerk ansprechen wollen, und macht aus dem A-Laufwerk ein B-Laufwerk. Da aber der Wechsel der Laufwerksbezeichnung alleine nicht viel bringt, fordert DOS Sie durch folgende Meldung auf

```
Diskette in Laufwerk B: einlegen
Wenn bereit, eine Taste betätigen
```

die Diskette ins A-Laufwerk einzulegen, die in einem sonst vorhandenem B-Laufwerk tatsächlich eingelegen hätte. Sie haben also die Möglichkeit, die Disketten zu tauschen. Wechseln Sie die Diskette und betätigen Sie eine beliebige Taste. Nun 'weiß' DOS, daß das einzig vorhandene Diskettenlaufwerk nicht mehr das A-Laufwerk darstellt, sondern vielmehr das B-Laufwerk. Adressieren Sie nun das B-Laufwerk, so können Sie ohne eine Meldung auf dem Bildschirm bestätigen zu müssen, mit dem Diskettenlaufwerk arbeiten.

Wird vom Diskettenlaufwerk gerade das B-Laufwerk simuliert, so wird bei Adressierung des A-Laufwerkes wieder zum Wechseln der Disketten aufgefordert:

```
Diskette in Laufwerk A einlegen
Wenn bereit, eine Taste betätigen
```

Sie können nun wieder die Disketten wechseln und eine Taste betätigen - das jeweils verwendete Programm wartet so lange, bis Sie den Wechsel der Datenträger vollzogen haben. Das Interessante an der Angelegenheit ist, daß diese Methode mit allen DOS-Kommandos und auch allen Programmen funktioniert, weil das Betriebssystem hier übergeordnet eingreift. Auf diese Weise haben Sie sogar mit nur einem Laufwerk die Möglichkeit, Dateien oder sogar komplette Disketten zu kopieren, ohne die Festplatte als Zwischenspeicher zu verwenden o.ä. - dies war in früheren DOS-Versionen (vor der AT-Generation) nicht möglich.

2.2.4 Die RAM-Disk

Neben den physikalisch vorhandenen Laufwerken und dem durch DOS evtl. simulierten virtuellen Laufwerk besteht die Möglichkeit, eine oder mehrere sogenannte *RAM-Disks* einzurichten (siehe auch **VDISK.SYS** im Kapitel 6).

Eine RAM-Disk ist ein simuliertes Laufwerk mit eigener Laufwerksbezeichnung. Alle Daten, die in ein solches Laufwerk geschrieben werden, werden lediglich im flüchtigen Speicher (RAM) des Rechners abgelegt und dort verwaltet. Sie gehen - und das ist ein Nachteil der RAM-Disk - nach dem Ausschalten des Rechners verloren. Fast alle Diskettenzugriffe werden anstandslos ausgeführt; nur einige wenige Kommandos lassen sich auf eine RAM-Disk nicht anwenden, so beispielsweise das *FORMAT*-Kommando zum (physikalischen) Formatieren der (logischen) RAM-Disk. Sie erhalten bei einem solchen Versuch folgende Fehlermeldung auf Ihrem Bildschirm:

```
Format auf Laufwerk E: nicht möglich
```

Sie können als Benutzer selbst bestimmen, wie groß eine RAM-Disk sein soll und wie viele RAM-Disks Sie einrichten wollen. Sie sind lediglich durch den verfügbaren Hauptspeicher beschränkt. Zu viele und zu große RAM-Disks sind natürlich zu vermeiden, da dieser Speicherbedarf vom Hauptspeicher abgezogen werden muß und damit den Anwendungsprogrammen nicht mehr zur Verfügung steht. Arbeiten Sie mit Programmen, die sehr viel Speicher benötigen, so können Sie nur sehr wenig oder gar keinen Speicher für eine RAM-Disk entbehren. Verfügt Ihr Rechner aber über mehr als 1 MByte RAM, so können Sie diesen brachliegenden Speicher für die RAM-Disks verwenden, *ohne* daß die Kapazität des Hauptspeichers beschnitten wird.

Der Vorteil einer RAM-Disk liegt klar auf der Hand: Schneller als ein Zugriff auf den Rechnerspeicher kann kein anderer Zugriff auf ein externes Datenspeicherungsgerät sein. Zum Vergleich: Dynamischer Speicher hat in der Regel eine mittlere Zugriffszeit von 100 ns (Nanosekunden = Millionstel Sekunden), während eine Festplatte mit einer mittleren Zugriffsgeschwindigkeit um die 27 ms (Millisekunden = Tausendstel Sekunden) schon zu der schnelleren Gattung zu zählen ist. Zwischen diesen Zugriffsgeschwindigkeiten liegen also "Welten".

Ein klarer Nachteil der RAM-Disk ist die Tatsache, daß darin gespeicherte Informationen nach dem Ausschalten verloren gehen. Entweder müssen Sie vor dem Ausschalten des Gerätes wichtige Daten auf die Festplatte oder eine Diskette kopieren - doch was machen Sie, wenn einmal der Strom ausfällt oder der Rechner sich "aufhängt", und Sie keine Möglichkeit mehr haben, die Daten zu sichern? Oder Sie schreiben nur unkritische Daten in die RAM-Disk, also Daten, die temporär benötigt werden, aber nicht von permananter Bedeutung sind. Solche Dateien fallen bei fast allen Programmen an, beispielsweise beim Compilieren oder bei Datenbanken. Temporäre Daten werden nach einer gewissen Zeit nicht mehr benötigt und deswegen in der Regel ohnehin vom jeweiligen Programm gelöscht. Hier können Sie mit Hilfe der RAM-Disk ganz entscheidend zur Beschleunigung der jeweiligen Programme beitragen.

Ganz vorzüglich eignen sich die RAM-Disks zur Speicherung von Befehlsdateien, die häufig genutzt werden. Ganz besonders Batchdateien, die vom Kommandoprozessor zeilenweise analysiert werden und aus der RAM-Disk ungleich schneller gelesen werden können als von Festplatte oder gar Diskette. Nach dem Einrichten der RAM-Disk sollten Sie deswegen alle wichtigen Batchdateien einfach in die RAM-Disk kopieren.

Noch eine kleine Anmerkung zum Thema Datenverlust bei RAM-Disks: Seit einiger Zeit gibt es Speichererweiterungskarten, mit deren Hilfe man RAM-Disks betreiben kann, die auch bei Ausschalten des Gerätes die gespeicherten Daten weiterhin konservieren. Diese Karten sind durch eine Batterie gepuffert, so daß die RAM-Bausteine auch im ausgeschalteten Zustand mit Strom versorgt werden.

2.3 Die Dateinamen

Um ein Datenchaos auf den Disketten oder Festplatten zu vermeiden, muß man die darauf gespeicherten Daten organisieren. Diese Organisation ist die eigentliche Aufgabe Ihres Betriebssystemes DOS - Sie werden hier also kräftig unterstützt. Es werden bestimmte zusammengehörige Daten in einer sogenannten *Datei* zusammengefaßt. Eine solche Datei kann eine Personaldatei umfassen, ein Kapitel dieses Buches darstellen oder einfach eine Abbildung sein. Eine Datei kann man sich auch als eine elektronische Aktenmappe vorstellen, die Blätter mit Texten beinhalten kann, aber durchaus auch Karteikarten, Fotos oder Abbildungen. Allgemein formuliert ist eine Datei nichts anderes als eine Informationsansammlung einer bestimmten Gattung, beispielsweise eine Ansammlung von Textzeichen (Briefe, Artikel oder Bücher), eine Sammlung von geometrischen Figuren (Abbildungen etc.) oder von Programmzeilen.

Eine Datei kann aus nur einem Zeichen bestehen; die maximale Größe einer Datei ist ausschließlich durch die Kapazität des Datenträgers begrenzt. Bei einer Festplatte könnte eine Datei also 20 Millionen Zeichen (und mehr) enthalten. Eine Datei muß übrigens nicht zwingendermaßen auf einmal in den Speicher eines Rechners passen: Man spricht bei Diskettenlaufwerken von *externen Speichermedien*, die die Aufgabe haben, Daten dauerhaft außerhalb des Rechners zu speichern, damit diese nicht verloren gehen, wenn der Rechner ausgeschaltet wird. Ferner sollen sie es ermöglichen, auf einen Datenpool zuzugreifen, der *größer* als der Speicher des Rechners ist. Anders wären beispielsweise Datenbanken mit riesigen Datenmengen gar nicht zu realisieren.

Man unterteilt den Oberbegriff *Dateien* in *die* sogenannten *Programmdateien* und *Datendateien*. Eine Programmdatei unterscheidet sich weder physikalisch noch strukturell von einer Datendatei, jedoch muß eine solche Unterscheidung stattfinden, um Dateien mit ausführbarem Code von denen mit Daten unterscheiden zu können. Eine Programmdatei können Sie in den Speicher des Rechners laden und dann das Programm ablaufen lassen - dies ist mit den Datendateien nicht möglich. Diese Unterscheidung findet durch eine entsprechende Markierung statt, wird allerdings von DOS selbst vorgenommen, sollte dies nötig sein. Sie können als Benutzer von DOS mit beiden Datei-Arten gleichermaßen umgehen. Beide Dateitypen können gelöscht, kopiert oder angezeigt werden.

Damit DOS die Daten auf einer Diskette oder Festplatte auch tatsächlich organisieren kann, erhält jede Datei einen eigenen Dateinamen. Anhand eines solchen Dateinamens können Sie DOS mitteilen, mit welcher Datei Sie arbeiten, welches Programm Sie laden und verarbeiten wollen. Der Dateiname sollte natürlich prägnant für den Inhalt der Datei sein, jedoch ist für die Namensvergabe alleine der Benutzer verantwortlich. Natürlich gibt es einige Beschränkungen durch das Betriebssystem, damit auch die Namensvergabe organisiert verläuft. Die folgende Abbildung verdeutlicht, wie ein Dateiname sich zusammensetzt:

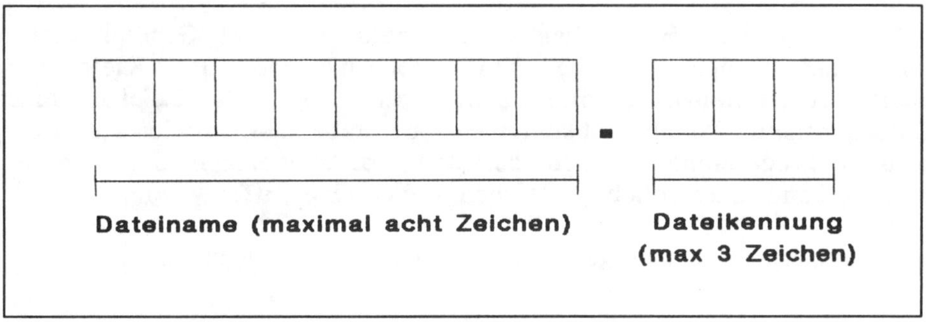

Abb. 2: Wie sich ein Dateiname unter DOS zusammensetzt

Sie erkennen, daß sich der eigentliche Dateiname im wesentlichen in folgende zwei Teile gliedert:

- *Dateiname*
- *Dateikennung*

Der Dateiname wird auch häufig Dateibeschreibung genannt, da er den Inhalt einer Datei sinnvoll wiederspiegeln soll. Die Dateikennung - auch Extension genannt - definiert hingegen den Typ, dem die Datei angehört. Um Dateien mit gleicher Art von Inhalt gruppieren zu können, hat man Dateikennungen geschaffen, die unabhängig von der Dateibeschreibung den Datei-Inhalt spezifizieren. Diese sinnvolle Regelung wurde von dem vor wenigen Jahren noch sehr populären Betriebssystem CP/M übernommen. So erkennen Sie beispielsweise Textdateien von Textverarbeitungen häufig an der Dateikennung TXT. Oder alle Programmdateien an den Dateikennungen EXE und BAT. Sie können die Dateikennung mit den ersten Buchstaben vor dem Bindestrich des amtlichen Kennzeichens eines Kraftfahrzeuges vergleichen, die die Herkunft - also den Ort oder den Kreis - des jeweiligen Fahrzeuges spezifizieren.

Wie bereits erwähnt werden Dateibeschreibung und Dateikennung durch einen Dezimalpunkt getrennt. In jedem Dateinamen kommt der Punkt vor, selbst wenn die Datei keine Dateikennung haben sollte (die Dateikennung besteht dann faktisch aus drei Leerzeichen).

Der erste Teil des Dateinamen darf aus bis zu acht Zeichen bestehen, der zweite Teil, die Kennung, aus bis zu drei Zeichen. Dabei sind folgende Zeichen und jede Kombination daraus erlaubt:

- Die Buchstaben A bis Z
- Die Ziffern 0 bis 9
- Einige Sonderzeichen: !#$%^()&-_~{}'@

Alle eingegebenen Buchstaben werden automatisch in Großbuchstaben umgewandelt; eine Unterscheidung zwischen Groß- und Kleinschrift findet bei Dateinamen also nicht statt. Das erste Zeichen eines Dateinamens muß nicht unbedingt ein Buchstabe sein, so wie dies in den meisten Programmiersprachen bei den Variablennamen der Fall ist, sondern kann jedes beliebige Zeichen - auch eine Ziffer - sein.

Nicht zugelassen sind hingegen im Dateinamen die folgenden Zeichen:

- +=[]*?:;".,<>|/\"
- <Leerzeichen>, <Tabulator>
- Alle anderen Zeichen

Die in der ersten Zeile angegebenen Zeichen haben zumeist eine Bedeutung in den verschiedenen DOS-Kommandos und können aus diesem Grunde nicht in Dateinamen verwendet werden, um Verwechslungen auszuschließen. Das <Leerzeichen> gilt als Trennzeichen von Eingaben aller Art und kann deswegen verständlicherweise auch nicht im Dateinamen vorkommen, obwohl nicht benutzte Stellen in Dateiname und -kennung oft durch Leerzeichen aufgefüllt werden. Adäquates gilt auch für den Tabulator.

Nachfolgend nun eine kleine Beispiel-Tabelle mit gültigen, aber auch fehlerhaften Dateinamen. Den fehlerhaften Dateinamen ist eine Begründung dazu nachgestellt, warum sie fehlerhaft sind und vom System abgelehnt würden.

Korrekter Dateiname	Fehlerhafter Dateiname	Begründung
DEMO.TXT	DEMO.2.TXT	Zwei Punkte
DBASEIII.DAT	DBASE II.DAT	Leerzeichen nicht erlaubt
PIPER.LST	P¦PER.LST	Zeichen ¦ nicht erlaubt
UMSATZ.LST	UMSATZDATEI.DAT	Zu viele Zeichen

Die folgende Liste soll Ihnen helfen, den Charakter einer beliebigen Datei bestimmen zu können. Ferner können Sie vermeiden, bestehende Dateien versehentlich zu verändern oder zu löschen, wenn Sie keine der hier angegebenen Dateikennungen verwenden. Diese Liste enthält die wichtigsten und am häufigsten verwendeten Dateikennungen, erhebt also nicht den Anspruch auf Vollständigkeit. Vergeben Sie Dateikennungen, so sollten Sie aus Gründen der leichteren Übersichtlichkeit sich auch dieser Kennungen bedienen. Diese Liste befindet sich ebenfalls im Anhang dieses Buches, so daß Sie sie bei Bedarf schnell und gezielt finden können.

Ext	Dateiart
C	C-Quellprogramm
$$$	Temporärdatei
APP	Application-Datei (GEM)
ASM	Assembler-Quellprogramm
BAK	Automatisch erstellte Sicherheiskopie
BAS	BASIC-Quellprogramm
BAT	Batchdatei
BIN	Binärdatei (Beispielsweise durch EXE2BIN erzeugt)
CHK	Durch CHKDSK rekonstruierte Daten (Hilfsdatei)
COM	Befehlsdatei
CPI	Code Page (Zeichensatztabelle)
CRF	Cross-Reference-Datei (XREF)
DBF	DBASE-Datenbank-Datei
DIF	Lotus-Dateien
DOC	Textverarbeitungsdatei (WordPerfect, Multimate)
EXE	Befehlsdatei
FW	Framework-Arbeitsdatei
FW2	Framework2-Arbeitsdatei
GEM	GEM-Datei
GEN	Ventura-Arbeitsdatei
HEX	Hexadezimal-Datei (Zwischencode)
LOG	Logbuch des BACKUP-Programms
LIB	Bibliotheksdatei (Für Linker)
LST	List-Datei (Bearbeitetes Quellprogramm)
MAP	Kontrolldatei des Linkers
OBJ	Objektdatei (Compiliertes/Assembliertes Programm)
PAS	Pascal-Quellprogramm
REC	Durch RECOVER erzeugte Hilfsdatei
REF	Cross-Reference-Datei des Assemblers
SIK	Sicherheitskopie (WORD)
SLD	Arbeitsdatei von AUTOCAD
SYS	Systemdatei (DEVICE-Befehl)
TMP	Temporärdatei
TXT	Textdatei (Textomat, Word)

Abb. 3: Dateikennungen und ihre Bedeutung

Wenn Sie eine Datei mit einem Namen versehen müssen, so empfiehlt es sich, einen möglichst aussagekräftigen Namen auszuwählen. Auf einer Festplatte haben sich schnell mehr als 1.000 Dateien zusammengefunden.

Nach mehreren Monaten sind Sie froh, wenn Sie den Inhalt einer Datei noch kennen. Hier kann der Dateiname eine sinnvolle Gedankenstütze sein. Häufig kommen Sie nicht in die Verlegenheit, auch die Dateikennung zu bestimmen, weil nahezu alle Anwenderprogramme selbst solche Extensions vergeben. Sollten Sie selbst die Kennung bestimmen, so halten Sie sich an den in Abbildung 3 definierten Standard, weil Sie oder andere Anwender ansonsten Opfer eines Namenswirrwarrs werden könnten.

Wollen Sie im Dateinamen nicht nur Namen und Dateikennung bestimmen, sondern auch noch das Laufwerk, auf dem diese Datei gespeichert ist, so setzen Sie die Bezeichnung des Laufwerkes *vor* den Dateinamen. Laufwerksbezeichnung und Dateiname werden durch einen Doppelpunkt sauber voneinander getrennt. Hier nun drei Beispiele für Dateinamen - mit und ohne Laufwerksangabe:

```
A:PETER.TXT
WORD.COM
C:TEXTOMAT.EXE
```

Der erste und der letzte Dateiname werden automatisch auf das A-Laufwerk bzw. das C-Laufwerk bezogen, während die zweite Datei - ganz ohne Laufwerksangabe - auf dem Standardlaufwerk gespeichert sein muß. Weiterführende Informationen über die Definition von Dateinamen, die Verwendung von Laufwerken und Verzeichnissen finden Sie im Kapitel 3.2 über Pfadnamen.

2.4 Kommandos - eingeben und editieren

Das Betriebssystem DOS besteht aus einer ganzen Reihe an Kommandos, die Ihnen die Arbeit erleichtern und den Betrieb Ihres Rechners erst möglich machen. Diese Kommandos und viele Daten müssen allerdings über die Tastatur in den Rechner eingegeben werden. In diesem Kapitel soll bechrieben werden, wie Sie die Kommandos eingeben können und welche Möglichkeiten zur Korrektur und Editierung dieser Kommandos unter DOS zur Verfügung stehen.

Wie bereits erwähnt, erscheint das sogenannte Systemprompt auf dem Bildschirm, sobald Sie ein DOS-Kommando eingeben können. Normalerweise stellt dieses Systemprompt das aktuelle Laufwerk und ein Größerzeichen dar, wie Sie aber später noch sehen werden, können Sie dieses Systemprompt Ihren ganz speziellen Anforderungen anpassen (siehe auch *PATH*-Befehl in Kapitel 4). Der blinkende Cursor hinter dem Systemprompt zeigt Ihnen ebenfalls Eingabebereitschaft an. Das Systemprompt, gefolgt vom Cursor, sieht auf Ihrem Bildschirm etwa wie folgt aus:

```
C>
```

Der Cursor wird unter DOS immer durch einen *Unterstreicher* dargestellt; in Anwenderprogrammen ist dies oft auch ein ausgefülltes Kästchen, das das Zeichen unterm Cursor invertiert. Bei jedem Zeichen, das Sie nun eingeben, bewegt sich der Cursor um eine Stelle weiter nach rechts. Geben Sie beispielsweise das Kommando *DIR* ein, um den Inhalt der Festplatte oder Diskette auf dem Bildschirm zu erhalten. Dazu betätigen Sie bitte nacheinander die Tasten D, I und R. Der Cursor erscheint unmittelbar hinter dem Zeichen R, das Sie als letztes eingeben haben:

```
C>dir_
```

Sie schließen ein Kommando mit Hilfe der Taste <Enter> ab. Diese Taste teilt DOS mit, daß das Kommando nun komplett und korrekt eingegeben ist. DOS analysiert Ihr Kommando und führt es aus, sofern es fehlerfrei ist. In unserem Fall erkennt DOS das Kommando *DIR* und registriert, daß sich dieses Kommando stets im Hauptspeicher befindet, es ist *resident*. Alle Kommandos, die resident sind, können von DOS sofort ausgeführt werden. Dies verhält sich bei den transienten Kommandos ein wenig anders. Hier muß bei Eingabe eines solchen Befehls das entsprechende Programm zuerst von Platte geladen werden (siehe auch Kapitel 4, *Eingabe von DOS-Kommandos*).

Ein Kommando besteht - wie ein Dateiname - aus bis zu acht Zeichen. Es dürfen auch hier nur die Zeichen verwendet werden, die im Kapitel 2.3 für Dateinamen zugelassen worden sind. Es ist bei der Eingabe der Kommandos unerheblich, ob Sie die einzelnen Zeichen als Groß- oder als Kleinbuchstaben eingeben, sie werden intern nach der Bestätigung der Eingabezeile alle in Großbuchstaben umgewandelt. Sollten Sie mehr als acht Zeichen eingeben, so werden ausschließlich die ersten acht Zeichen berücksichtigt und die restlichen ignoriert.

Es wurde bereits kurz erwähnt, daß zwischen den residenten (internen) und transienten (externen) Kommandos unterschieden werden muß. Ein residentes Kommando kann sofort ausgeführt werden, weil sich das Programm zur Realsisierung des Befehls ständig im Speicher des Rechners befindet. Es wird mit dem Kern des Betriebssystemes beim Starten des Systems geladen und im Speicher fest installiert. Die meisten residenten Kommandos sind die Befehle, die in der Regel am häufigsten verwendet werden - damit jederzeit und ohne Zeitverlust dieses Kommando ausgeführt werden kann.

Die transienten Kommandos sind hingegen als ganz normale Programmdateien auf Ihrer Systemdiskette oder Festplatte gespeichert. Die Programmdateien unterscheiden sich nicht von den Programmdateien Ihrer Anwendungsprogramme wie beispielsweise Ihre Textverarbeitung oder Ihre Datenbank. Bevor diese Kommandos ausgeführt werden können, muß die Programmdatei gesucht, in den Rechner geladen, bearbeitet und dann schließlich abgearbeitet werden. Da das jeweilige Programm zunächst gesucht und in den Rechner geladen werden muß, wird ein solches transientes Kommando natürlich nicht so prompt reagieren wie ein residentes. Wer Besitzer einer Festplatte ist, wird hier allerdings kaum einen großen Unterschied verspüren.

Ausführbare Programmdateien sind alle Dateien mit den Kennungen COM, EXE oder BAT. Eine Programmdatei wird dadurch aktiviert, daß Sie den Dateinamen eingeben. DOS sucht eine solche Programmdatei, lädt sie in den Speicher und startet sie, sofern sie gefunden werden kann. Natürlich berücksichtigt DOS dabei, daß es prinzipiell drei verschiedene Arten von Programmdateien gibt. In der nachfolgenden Abbildung ist die Unterscheidung in transiente und residente Kommandos noch einmal verdeutlicht:

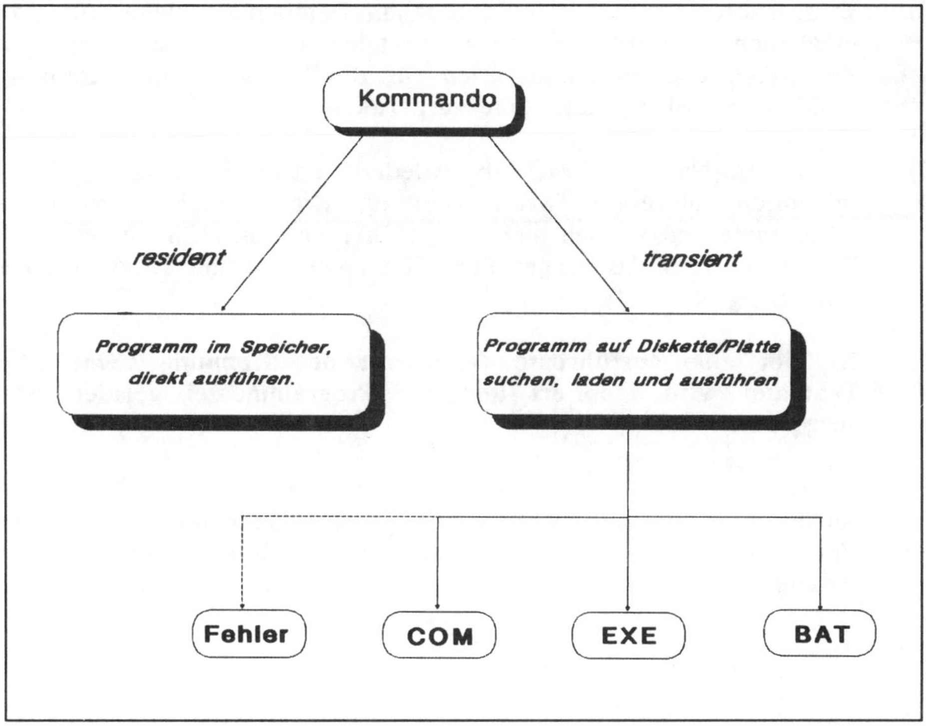

Abb. 4: Residente und transiente Kommandos

Was soll DOS aber tun, wenn zwei oder gar alle drei Dateien mit dem eingegebenen Namen und einer der drei Kennungen COM, EXE und BAT existieren? In diesem Fall muß sich DOS für eine dieser Dateien entscheiden; in den folgenden vier Beispielen existieren jeweils mehrere Dateien unter demselben Namen DEMO, aber mit unterschiedlicher Kennung. Was aber passiert, wenn man nun das Kommando *DEMO* eingibt?

1)	2)	3)	4)
DEMO.BAT	DEMO.COM	DEMO.TXT	DEMO.COM
DEMO.BAK	DEMO.EXE	DEMO.BAK	DEMO.TXT
	DEMO.BAT		

1) Im ersten Beispiel gibt es nur eine Datei mit einem ausführbaren Programm, die Datei DEMO.BAT. Dies wird von DOS erkannt und die Stapelverarbeitung wird entsprechend gestartet.

2) Es existieren unter dem eingegebenen Dateinamen gleich alle drei möglichen ausführbaren Programmdateien. DOS setzt in diesem Fall Prioritäten und entscheidet sich für die Datei mit der Kennung COM. Diese wird geladen und ausgeführt.

3) Unter dem Namen DEMO gibt es lediglich zwei Textdateien, wahrscheinlich von einer Textverarbeitung. Diese Dateien sind keine Programme und können nicht ausgeführt werden. DOS meldet einen Fehler, weil es das eingegebene Kommando weder resident noch transient gibt.

4) Es gibt eine ausführbare Datei mit der Kennung COM. Die Textdatei wird ignoriert und die Programmdatei geladen und ausgeführt.

Gibt es also zwei oder sogar alle drei Arten von Programmdateien, so wird bei der Eingabe eines Befehls eine Reihenfolge beibehalten, in der nach den Dateikennungen gesucht wird. Diese Reihenfolge ist nicht alphabetisch:

Priorität	Dateikennung
1	COM
2	EXE
3	BAT

Editiermöglichkeiten bei der Eingabe

Sollten Sie sich beim Eingeben eines Kommandos einmal verschrieben haben, so können Sie diesen Fehler selbstverständlich korrigieren. DOS stellt eine ganze Reihe an Möglichkeiten parat, bereits eingebene Kommandos zu korrigieren. Aber auch die aktuell einzugebende Befehlszeile kann editiert werden.

Fehlerhafte Zeichen löschen

Mit den beiden Tasten <Cursor-Links> und <Backspace> (Backspace ist die Pfeil-Links-Taste, die sich direkt über <Enter> befindet) wird jeweils das zuletzt eingegebene Zeichen links vom Cursor gelöscht und der Cursor entsprechend um eine Position nach links bewegt. Sie können diesen Löschvorgang so oft wiederholen, bis Sie alle bislang eingegebenen Zeichen gelöscht haben und am Systemprompt angelangt sind.

Der Abbruch einer kompletten Eingabezeile

Wollen Sie alle bisher eingegebenen Zeichen löschen, beispielsweise weil ein eingegebenes Kommando dennoch nicht ausgeführt werden soll, so betätigen Sie einfach die Taste <Esc> bzw. <Abbr>. (Eine Gegenüberstellung der amerikanischen und der deutschen Tastatur befindet sich im Anhang; in diesem Buch werden die amerikanischen Tastenbezeichnungen verwendet.) Auf dem Bildschirm wird die Zeile nicht gelöscht; es erscheint vielmehr das Zeichen \ hinter dem letzten Zeichen der Zeile, der Cursor steht allerdings in der folgenden Zeile:

```
A>formatt\
_
```

Sie können nun eine komplett neue Zeile eingeben, das zuvor eingegebene Kommando wird verworfen. Diese Methode ist sicherlich schneller, als eine Eingabezeile komplett mit Hilfe der Taste <Backspace> zu löschen.

Wiederholfunktionen

Die Editiermöglichkeiten des DOS gehen aber über diese Löschmöglichkeiten etwas hinaus. Die jeweils zuletzt eingegebene Zeile wird in einem speziellen DOS-Puffer gespeichert. Auf diesen Speicher können Sie mit den drei Tasten <F1>, <F2> und <F3> zugreifen. Wurde zuletzt die Taste <Esc> betätigt, so ist allerdings auch dieser Puffer gelöscht.

Die Taste <F1> kopiert genau ein Zeichen aus dem Puffer. Befinden Sie sich beispielsweise an der fünften Eingabestelle der neuen Eingabezeile, so wird auch das fünfte Zeichen aus dem DOS-Puffer kopiert. Auf diese Weise können Sie jedes beliebige Zeichen im zuvor eingegebenen Kommandos korrigieren; im folgenden Beispiel wird das falsch eingegebene Zeichen *t* korrigiert:

```
A>fotmat
Falscher Befehl oder Dateiname

A>_                                    <F1>
A>f_                                   <F1>
A>fo_                                   <r>
A>for_                                 <F1>
A>form_                                <F1>
A>forma_                               <F1>
A>format_
```

Hinter dem Kommando *FORMAT* sind jeweils die Tasten verzeichnet, die Sie zur Korrektur der letzten Eingabezeile nacheinander betätigen müssen.

Diese Form der Editierung kann unter DOS noch ein wenig komfortabler gestaltet werden. Die Taste <F3> kopiert ähnlich der Taste <F1> von der aktuellen Position an *alle restlichen* Zeichen des DOS-Puffers in die Eingabezeile. In unserem Beispiel bedeutet das, daß Sie die drei letzten Tasten <F1> durch einmal <F3> ersetzen können, was sich natürlich erst recht bei größeren Kommandos lohnt:

```
A>fotmat
Falscher Befehl oder Dateiname

A>_                                   <F1>
A>f_                                  <F1>
A>fo_                                  <r>
A>for_                                <F3>
A>format_
```

Nun kann nur noch die Taste <F2> fehlen. Auch mit dieser Taste können Sie Zeichen aus dem DOS-Puffer kopieren. Wenn Sie die Taste <F2> betätigt haben, geschieht erst einmal gar nichts; das liegt daran, daß eine weitere Eingabe erforderlich ist. Mit <F2> kopieren Sie alle Zeichen aus dem DOS-Puffer ab der aktuellen Position bis zum ersten Auftreten eines beliebigen Zeichens, das nicht mehr mitkopiert wird. Das ausgewählte Zeihen geben Sie direkt nach Betätigen der Taste <F2> ein, es ercheint nicht auf dem Bildschirm.

```
A>fotmat
Falscher Befehl oder Dateiname

A>_                                <F2><t>
A>fo_                                  <r>
A>for_                                <F3>
A>format_
```

Neben diesen drei Funktionstasten ist unter anderem noch die Taste <F6> belegt; diese Taste läßt bei Betätigung auf dem Bildschirm die beiden Zeichen ^Z erscheinen. Der Hochpfeil ^ signalisiert stets die sogenannten *Kontrollzeichen*, die durch die Kontrolltaste <Ctrl> bzw. <Strg> (wir wollen die Kontrolltaste stets mit <Ctrl> bezeichnen) in Verbindung mit einer zweiten Taste eingegeben werden können. Da diese Kontrollzeichen zumeist nicht druckbare Zeichen sind, werden sie auf dem Bildschirm durch den Hochpfeil (^) gefolgt von einem entsprechenden ASCII-

Zeichen dargestellt. Betätigen Sie die entsprechende durch das ASCII-Zeichen repräsentierte Taste auf der Tastatur in Verbindung mit der Taste <Ctrl>, wird das Kontrollzeichen generiert. Sie können auf diese Weise durch die Taste <Ctrl> und jede beliebige Buchstabentaste jedes Kontrollzeichen generieren; Sie brauchen verschiedene Kontrollzeichen später beispielsweise um die Bildschirmein-/ausgabe zu steuern. Wenn Sie die Löschtaste betätigen, so werden auch beide Zeichen auf dem Bildschirm gelöscht. Probieren Sie es aus!

Das Kontrollzeichen ^Z ist das sogenannte *Dateiendekennzeichen*, auch End of File (*EOF*) genannt. Dieses Zeichen ist stets das letzte in einer Datei und markiert somit das Ende einer Datei. Da man dieses Zeichen häufiger eingeben muß - beispielsweise wenn man eine Datei über Tastatur und *COPY*-Kommando generieren will -, wurde dieses Kontrollzeichen auf eine Funktionstaste gelegt.

Hier eine Tabelle, der Sie die Bedeutung der verschiedenen Funktionstasten entnehmen können:

Key	Bedeutung
F1	Kopiert ein Zeichen aus dem DOS-Puffer in die Eingabezeile.
F2x	Kopiert alle Zeichen aus dem DOS-Puffer bis zum ersten. Auftreten des Zeichens x, das nicht mehr kopiert wird.
F3	Kopiert ab der aktuellen Position alle Zeichen aus dem DOS-Puffer in die Eingabezeile.
F4x	Überspringt alle Zeichen bis zum ersten Auftreten von x.
F5	Die aktuelle Zeile wird in den DOS-Puffer kopiert, ohne daß die Zeile mit <Enter> abgeschlossen werden muß.
F6	Dateiendezeichen ^Z
INS	Einschalten/Ausschalten des Einfügemodus.
DEL	Löscht ein Zeichen aus dem DOS-Puffer.

Abb. 5: Die Editierungsmöglichkeiten unter DOS

Alle anderen Funktionstasten sind ohne jede Bedeutung, es sei denn, ein beliebiges Anwenderprogramm hat diesen Funktionstasten Bedeutungen zugeordnet, oder Sie haben diese Tasten mit Zeichenketten belegt (siehe auch *PROMPT*-Kommando bzw. *ANSI-Sequenzen*).

Löschen von Zeichen

Neben den erwähnten Editiermöglichkeiten durch die Funktionstasten wird die Arbeit noch durch die beiden Tasten <Inst> und <Del> bzw. <Einfg> und <Lösch> unterstützt. Durch die Taste <Del> wird das nächste Zeichen aus dem DOS-Puffer gelöscht, es steht also nicht mehr zum Kopieren zur Verfügung:

```
A>forrrmat
Falscher Befehl oder Dateiname

A>_                                   <F2><r>
A>fo_                                   <Del>
A>fo_                                   <Del>
A>fo_                                    <F3>
A>format_
```

Nur Dank der Taste <Del> haben Sie die Möglichkeit, die Fehleingabe zu korrigieren, ohne einen Großteil des Kommandos neu eingeben zu müssen. Betätigen Sie die Taste <Del> mehrfach, so werden auch mehrere Zeichen aus den DOS-Puffer herausgelöscht. In der folgenden Grafik wird dieses Verfahren deutlich:

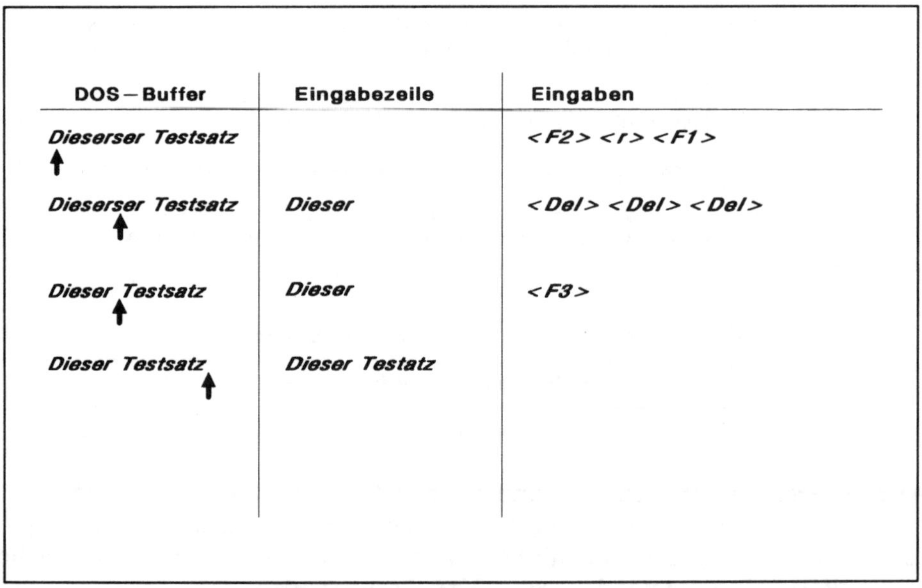

Abb. 6: Eingabepuffer des DOS bei <Del>.

Einfügen von Zeichen

Wollen Sie die im DOS-Puffer befindliche Eingabezeile zwar kopieren, jedoch an einigen Stellen etwas einfügen, so erreichen Sie dies durch die Taste <Inst>. Sobald Sie die Einfügetaste einmal betätigt haben, werden alle nachfolgend eingegebenen Zeichen eingefügt, bis Sie eine der Funktionstasten oder erneut die Taste <Inst> betätigen. Nachdem Sie die Taste <Inst> also ein zweites Mal gedrückt haben, befinden Sie sich wieder im Überschreibmodus. Im folgenden Beispiel soll lediglich das fehlende Zeichen *r* im Kommando eingefügt sowie eine Laufwerksangabe angehängt werden:

```
A>fomat
Falscher Befehl oder Dateiname

A>_                                   <F1>
A>f_                                  <F1>
A>fo_                            <Inst><r>
A>for_                                <F3>
A>format_                           <a><:>
A>format a:_
```

Im nun folgenden Beispiel soll das fehlende *r* eingefügt und das *m* durch ein korrektes *n* ersetzt werden - ferner wird die Laufwerksangabe an das Kommando angehängt:

```
A>fonat
Falscher Befehl oder Dateiname

A>_                                   <F1>
A>f_                                  <F1>
A>fo_                            <Inst><r>
A>for_                           <Inst><n>
A>form_                               <F3>
A>format_                           <a><:>
A>format a:_
```

Aber auch für die Anwendung der Funktionsweise der Taste <Inst> steht ein weiteres übersichtliches Beispiel zur Verfügung:

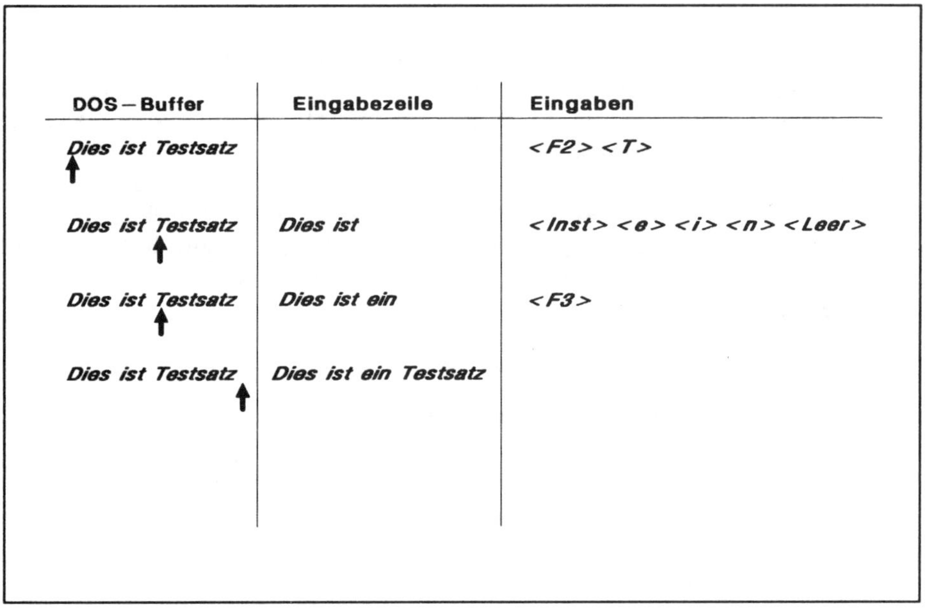

Abb. 7: Eingabebuffer des DOS bei Inst.

2.5 Das Organisieren einer Diskette

Disketten sind, das haben wir bereits geklärt, ein externes Speichermedium, auf dem wir Daten und Programme dauerhaft speichern können. *DOS* hilft uns, diese Daten auf den Disketten zu verwalten und wiederzufinden - zu diesem Zweck wird jede Diskette von DOS organisiert.

Es gibt verschiedene Organisationsarten, die DOS für Disketten kennt. Welche davon gewählt wird, hängt nicht zuletzt von der Qualität der Diskette ab. Dabei können wir DOS bei der Organisation einer solchen Diskette mitteilen, welche Organisationsform wir wünschen. Man nennt diese verschiedenen Organisationsformen auch *Formate* und die eigentliche Aktion des Organisierens entsprechend *Formatieren.*

2.5.1 Verschiedene Diskettenformate unter DOS

Es wurde auch bereits kurz in Kapitel 2.2 besprochen, daß es verschiedene Laufwerksarten gibt. Durch die verschiedenen Laufwerke und deren Leistungsmerkmale sind auch verschiedene Diskettenformate notwendig. Die verschiedenen Diskettenformate zeichnen sich insbesondere durch die unterschiedlichen Kapazitäten aus, die wiederum auf verschiedene Aufteilungsverfahren des zur Verfügung stehenden Raumes auf der Diskette zurückzuführen sind.

Für die verschiedenen Diskettenformate benötigt man auch Disketten unterschiedlicher Güte. Wollen Sie Ihre Disketten lediglich einseitig formatieren, so brauchen Sie auch nur einseitige Disketten mit einfacher Dichte. Sie erkennen diese Disketten an der Aufschrift *SSSD* (*Single Sided Single Density*). Für Diskettenformate, die die Disketten zweiseitig beschreiben benötigen Sie entsprechend die etwas teureren doppelseitigen Disketten. Häufig kann man auch die einseitigen Disketten doppelseitig verwenden - jedoch garantieren die Hersteller nur bei doppelseitigen Disketten dafür, daß beide Diskettenseiten einwandfrei arbeiten. Schließlich und endlich gibt es noch das Format mit hoher Kapazität, um in diesem Format zu arbeiten, benötigen Sie die hochwertigsten (und damit auch teuersten) Disketten mit der Bezeichnung *High Density*; Disketten mit dem Qualitätssiegel *Quad Density* sind *nicht* ausreichend. Der folgenden Tabelle können Sie die verschiedenen Diskettenformate und die dafür benötigten Diskettenarten entnehmen:

Format	Zoll	Disketten	Seiten	Spuren	Sektoren	Kapazität
Einseitig	5¼	SSSD	1	40	8	163.840
Einseitig	5¼	SSSD	1	40	9	184.320
Zweiseitig	5¼	DSSD	2	40	8	327.680
Zweiseitig	5¼	DSSD	2	40	9	368.640
Hohe Kapaz.	5¼	DSHD	2	80	15	1.228.800
Zweiseitig	3½	DSDD	2	40	9	737.280
Zweiseitig	3½	DSHD	2	80	18	1.474.560

Tabelle 1: Diskettenformate

SSSD *Single Sided Single Density*. Diese Diskettenqualität stellt die einfachste auf dem Markt dar. Es sind zwar beide Diskettenseiten beschichtet, jedoch ist nur eine Seite mit Sicherheit beschreibbar. Häufig handelt es sich bei diesen Disketten um Ausschußware der beidseitigen Disketten, weil eine Diskettenseite nicht hundertprozentig fehlerfrei verwendbar ist. Beschreiben läßt sich diese Seite nur mit einfacher Dichte - ausreichend also für das erste und zweite Format in der Tabelle.

SSDD *Single Sided Double Density*. Mit dieser Beschriftung versehene Disketten sind ebenfalls lediglich einseitig beschichtet, jedoch mit einer doppelten Schreibdichte beschreibbar. Als PC-Besitzer profitieren Sie von dieser doppelten Schreibdichte nicht.

DSSD *Double Sided Single Density.* Diese Disketten sind beiseitig beschreibbar in einfacher Dichte. Disketten diesen Typs sind ausreichend für die 360-KByte-Laufwerke.

DSDD *Double Sided Double Density.* Disketten mit dieser Beschriftung sind ebenfalls beiseitig beschreibbar mit einer doppelten Schreibdichte. Diese Disketten sollten bevorzugt werden für 360-KByte-Laufwerke, da sie wegen der dichteren Beschreibbarkeit auch zuverlässiger sind.

DSQD *Double Sided Quad Density.* Diese deutlich teureren Disketten können mit vierfacher Dichte beschrieben werde; Allerdings haben Sie keinen Vorteil davon, weil sie zur Benutzung in den Hochkapazitätslaufwerken nicht von ausreichender Qualität sind.

DSHD *Double Sided High Density.* Erst mit dieser Diskettenqualität können Sie Hochkapazitätslaufwerke (1,2 MByte) bestücken und die entsprechende Speicherkapazität auf der Diskette erzielen.

Neben den Rechnern, die mit 5¼-Zoll-Diskettenlaufwerken ausgestattet sind, gibt es mittlerweile auch eine ganze Reihe PCs (vor allem die tragbaren Geräte), die mit den 3½-Zoll-Diskettenlaufwerken ausgerüstet werden. Besonders mit der neuen PS/2-Familie hält das neue Diskettenformat Einzug in die PC-Welt, nachdem es sich bereits im Homecomputer-Bereich (Atari und Amiga) bestens bewährt hat.

Die 3½-Zoll-Disketten werden seit DOS 3.2 unterstützt. DOS 3.2 formatiert 3½-Zoll-Disketten mit einer Speicherkapazität von 720 KByte. Ab DOS 3.3 gibt es dann noch ein weiteres Format für 3½-Zoll-Disketten: Mit hoher Dichte werden diese Disketten formatiert (high density) und erreichen so eine Kapazität von 1,44 MByte.

Die 3½-Zoll-Disketten werden immer populärer und in naher Zukunft die unhandlicheren 5¼-Zoll-Laufwerke sicherlich ablösen, und zwar aus folgenden Gründen:

- *Die Disketten sind leichter zu handhaben, da kleiner.*
- *Die Disketten unterscheiden sich in Material und Aufbau von 5¼-Zoll-Disketten, sie befinden sich praktisch immer in ihrer "Hülle" und sind damit sicher vor Knicken und Beschmutzen.*
- *Die Miniaturisierung schreitet auch bei den Speichermedien voran (Kostengründe).*

Doch lassen Sie uns einmal die Kapazität Ihrer Disketten überprüfen. Legen Sie hierzu eine Diskette ins A-Laufwerk, und geben Sie folgendes Kommando ein:

```
chkdsk a:
```

Es werden nun Informationen über die Diskette im A-Laufwerk auf dem Bildschirm ausgegeben:

```
362496 Byte Gesamtkapazität
 37888 Byte in 2 geschützten Dateien
224256 Byte in 36 Benutzerdateien
100352 Byte verfügbar auf Platte

524288 Byte Gesamtspeicher
309008 Byte frei
```

In der ersten Zeile wird die Gesamtspeicherkapazität der Diskette genannt. Der hier angegebene Wert ist um genau 6144 Byte niedriger, als tatsächlich auf der Diskette gespeichert werden kann. DOS benötigt 12 Sektoren - also genau 6144 Byte - für das sogenannte Directory, also für das Inhaltsverzeichnis der Diskette. Da hier keine Daten gespeichert werden können, wird der für das Directory beanspruchte Platz von der Gesamtkapazität subtrahiert.

In der zweiten Zeile ist vermerkt, daß die Diskette zwei unsichtbare (versteckte) Dateien beinhaltet, die in einem Inhaltsverzeichnis nicht ausgegeben werden. In der folgenden Zeile ist der Gesamtbedarf der 36 Benutzerdateien vermerkt. Schließlich wird der noch zur Verfügung stehende Speicherplatz auf der Diskette ebenfalls ausgewiesen.

Durch eine Leerzeile abgetrennt von den diskettenbezogenen Daten gibt *CHKDSK* auch Informationen zum Hauptspeicher aus. In unserem Beispiel umfaßt der Hauptspeicher 524.288 Byte RAM (nach der Konfigurierung). Davon stehen dem Benutzer augenblicklich lediglich noch 309.008 Byte zur Verfügung. Die Differenz wird für den Kommandoprozessor und evtl. installierte residente Programme benötigt.

2.5.2 Der Aufbau einer Diskette

Um alle Daten auf der Diskette verwalten zu können, muß man die Diskette in verschiedene Einheiten unterteilen. Vielen dürften diese Einheiten schon bekannt sein, anderen aber noch nicht: Disketten unterteilt man in sogenannte *Spuren* und in *Sektoren*. (Beide Angaben finden Sie auch in der Tabelle 2.5.1 des Kapitel 2.5.1 wieder.) Die Spuren sind konzentrisch um den Diskettenmittelpunkt angeordnete "Reifen" mit einer bestimmten Breite. Je nach Diskettenformat gibt es davon 40 oder 80 Spuren pro Diskettenseite. Da aber lediglich *eine* Unterteilung der Diskette sehr unpraktisch ist (man müßte zu große Datenmengen laden und speichern), kann man noch Teile einer Spur ansprechen. Diese weitere Unterteilung hat den Namen *Sektor*; diese Sektoren unterteilen die Diskette dann praktisch in "Tortenstücke".

Will man einen beliebigen Teil der Diskette adressieren, so spricht man diesen Teil durch Angabe von Spur und Sektor an - man nennt dies auch häufig *Block*. Der Einzelschrittmotor des Diskettenlaufwerkes bewegt sich zur gewünschten Spur; dann wartet das Diskettenlaufwerk darauf, daß der Beginn des gewünschten Sektors sich unter bzw. über dem Schreib-/Lesekopf befindet. Wenn dies der Fall ist, können die Informationen von der Platte gelesen oder auf die Platte geschrieben werden.

Jeder Block umfaßt genau 512 Byte, die stets komplett in den Speicher des Rechners geladen werden. Wird hieraus lediglich ein kleiner Teil als Information benötigt, so sucht DOS sich diese Information nach dem Einlesen aus dem Puffer heraus.

Beim Vorgang des Formatierens werden die Spuren und Sektoren auf der Diskette angelegt. Sie können das leicht verfolgen, da beim Formatieren das Diskettenlaufwerk langsam, aber stetig leise knackt. Immer wenn es einmal knackt, bewegt sich der Kopf um eine Spur weiter, da eine Spur mit allen Sektoren fertig formatiert worden ist.

Nachdem alle Spuren und Sektoren formatiert worden sind, werden noch einige Informationen auf der Diskette gespeichert. Einmal werden Datum und Zeit des Formatierens gespeichert, dann evtl. ein Diskettenname. Ferner wird auf der Diskette Platz geschaffen für das Inhaltsverzeichnis sowie vermerkt, daß sich noch keine Datei auf der Diskette befindet. Wurde eine Systemdiskette formatiert, so werden noch einige Informationen auf die Diskette übertragen.

In der Abbildung 8 ist eine typische 5¼-Zoll-Diskette abgebildet. Sie erkennen ganz oben das sogenannte Diskettenlabel. Hier beschriften Sie eine Diskette und vermerken in kurzen Stichworten, was sich auf der Diskette befindet. Sinnvoll ist auch immer, das Datum zu vermerken, an dem die Diskette das letzte Mal beschrieben wurde.

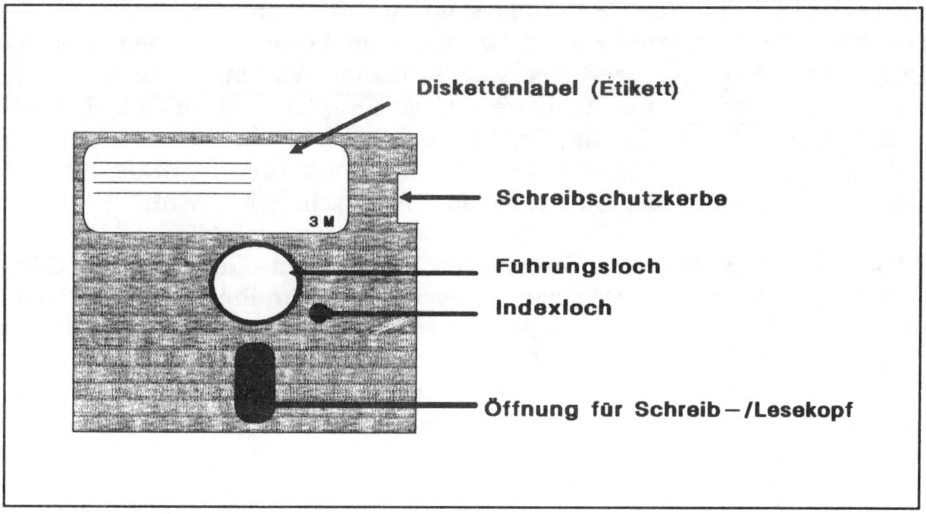

Abb. 8: Der Aufbau einer Diskette

An der rechten oberen Ecke erkennen Sie die Schreibschutzkerbe. Bleibt sie ausgespart, so kann die Diskette beschrieben werden. Ist die Kerbe hier allerdings verschlossen, also beispielsweise zugeklebt, so können Sie die Diskette nur lesen, nicht aber beschreiben - auch ein Formatieren ist nicht möglich.

Das Führungsloch in der Mitte dient zum Transport der Diskette. Hier greift ein Metallzylinder ein, mit dessen Hilfe die Diskette beschleunigt wird. Disketten besserer Qualität sind hier mit einem zusätzlichem Gummi- bzw. Plastikring verstärkt.

Das Indexloch benötigt der Controller des Diskettenlaufwerkes, um die jeweils genaue Position der Drehscheibe bestimmen zu können. Auf der Höhe des Indexloches befindet sich in der Scheibe selbst auch ein Loch. Mit Hilfe einer Lichtschranke kann dann die Drehbewegung synchronisiert und so jeder Sektorbeginn errechnet werden.

Schließlich erkennen Sie noch die Öffnung für den Schreib-/Lesekopf des Diskettenlaufwerkes. Hier bewegt sich der Kopf spurweise, um Informationen zu lesen und zu schreiben. Dies ist gleichzeitig die Schwachstelle der Diskette - Verschmutzung und Berührung dieses Teils sollte absolut vermieden werden.

2.5.3 Das Formatieren einer Diskette

Alle Arten von Disketten, aber auch alle Festplatten müssen vorbereitet werden, bevor Sie sie verwenden können. Diesen Vorgang der Vorbereitung für das Betriebssystem nennt man Formatieren. Die Diskette oder Festplatte wird dabei mit dem Format versehen, das von DOS verstanden und verwaltet werden kann. Wie im vorigen Kapitel beschrieben, wird die Diskette oder Festplatte dazu in logische Teilabschnitte unterteilt: In Seiten, Spuren und Sektoren. Bei dieser Arbeit wird gleichzeitig die Qualität der Diskette überprüft, so daß später beim Beschreiben ein Fehlerfall unwahrscheinlich wird.

Wollen Sie eine Diskette formatieren, so müssen Sie sich des DOS-Kommandos *FORMAT* bedienen (siehe auch Beschreibung von *FORMAT* in Kapitel 4). Wenn Sie Festplattenbesitzer sind, so brauchen Sie die DOS-Diskette nicht ins A-Laufwerk einzulegen, für alle anderen ist dies jetzt nötig. Geben Sie folgendes Kommando dann in Ihren Rechner ein, und legen Sie eine unbenutzte leere Diskette bereit:

```
FORMAT a:/4
```

Nach dem eigentlichen Kommando *FORMAT* werden sogenannte *Parameter* angegeben, die die Arbeitsweise des Programmes *FORMAT* beeinflussen. Der erste Parameter *a:* gibt an, daß sich die zu formatierende Diskette im A-Laufwerk befindet. Der zweite Parameter */4* ist bei allen Rechnern nötig, die über ein 1,2-Megabyte-Laufwerk verfügen, um eine 360-KByte-Diskette zu formatieren. Sollten Sie aber über eine entsprechende Diskette verfügen (*High Density*), so kann dieser Parameter entfallen. Sie formatieren dann keine 360-KByte-Diskette, sondern vielmehr eine mit einer Kapazität von 1,2 MByte.

Nachdem Sie dieses Kommando eingegeben haben, erscheint folgende Meldung auf dem Bildschirm:

```
Neue Diskette in Laufwerk A einlegen
Wenn bereit, EINGABE betätigen
```

In allen DOS-Versionen vor 3.0 wurde mit dem Formatieren nun sofort begonnen, ohne eine entsprechende Meldung. Es kam vor, daß auf diese Weise ungewollt Disketten gelöscht wurden. **Bedenken Sie stets: Beim Formatieren einer Diskette werden alle darauf befindlichen Daten unwiederbringlich gelöscht!**

Nachdem diese Meldung auf dem Bildschirm erschienen ist, können Sie Ihre neue unbenutzte Diskette einlegen und die Taste <Enter> betätigen. Auf dem Bildschirm erscheint nun folgende Meldung:

```
Formatieren läuft...Formatieren beendet

   362496 Byte Gesamtplattenbereich
   362496 Byte auf Platte verfügbar

Weitere Dskt./Platte formatieren (J/N)?
```

Beantworten Sie die Frage, ob eine weitere Diskette formatiert werden soll, erst einmal mit <N> gefolgt von <Enter> für Nein. Wenn Sie obiges Bild auf Ihrem Bildschirm erhalten, so ist die Diskette ordnungsgemäß formatiert worden. Es kann aber auch passieren, daß während des Formatiervorganges Schwierigkeiten aufgetreten sind, beispielsweise weil die Diskette defekt oder nicht von ausreichender Güte ist. Auf Ihrem Bildschirm erhalten Sie dann eine der folgenden Meldung ähnliche Ausgabe auf dem Bildschirm:

```
Formatieren läuft...Formatieren beendet

   362496 Byte Gesamtplattenbereich
     6656 Byte in fehlerhaften Sektoren
   355840 Byte auf Platte verfügbar

Weitere Dskt./Platte formatieren (J/N)?
```

Wenn eine Diskette fehlerhafte Sektoren beinhaltet, so erkennt DOS dies während der Formatierung und merkt sich diese nicht verwendbaren Sektoren. In der FAT (File Allocation Table), in der alle Sektoren als belegt oder nicht belegt gekennzeichnet werden, markiert DOS diesen Sektor als unbrauchbar, so daß ein solcher Sektor später niemals benutzt wird. Die Diskette selber kann dann dennoch benutzt werden, jedoch hat sie eine zumeist deutlich niedrigere Speicherkapazität. Diese Kapazität wird in unserem Beispiel um 6.656 Byte auf 355.840 Byte reduziert. Empfehlenswert ist allerdings, eine schadhafte Diskette nicht zu verwenden, da das Risiko zu hoch ist, daß Daten verlorengehen.

Die Diskette, die Sie jetzt formatiert haben, können Sie zum Speichern von Programmen und Daten verwenden. Eine reine Datendiskette unterscheidet sich von einer sogenannten *Systemdiskette* dadurch, daß eine Systemdiskette auch als Boot-Diskette verwendet werden kann

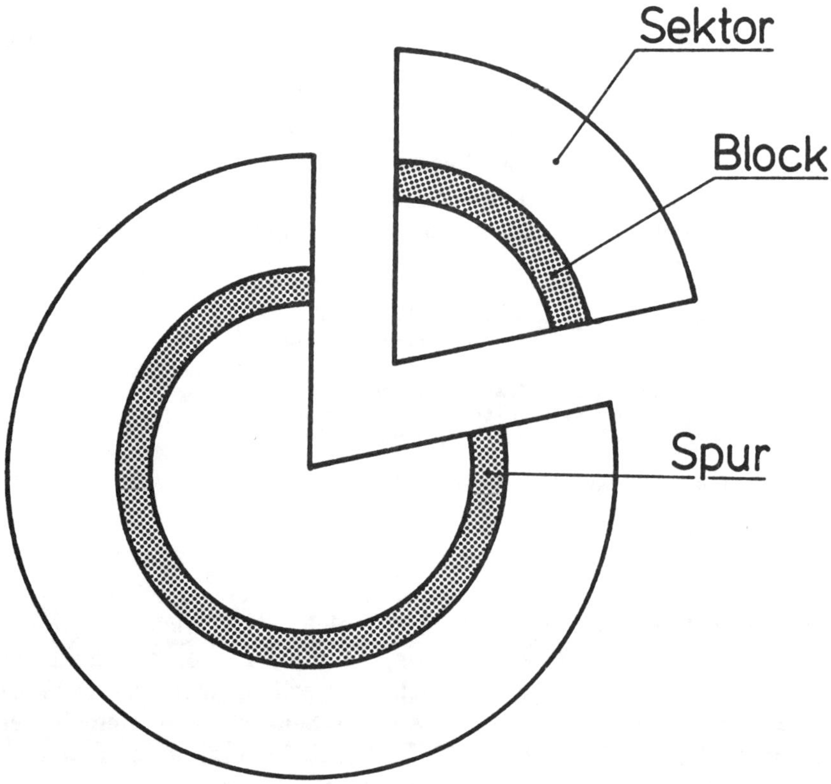
Sektor
Block
Spur

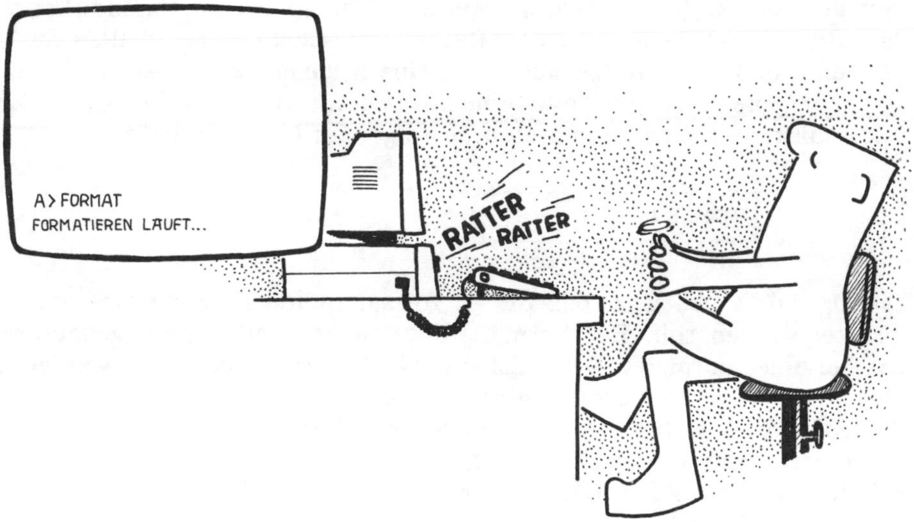
A> FORMAT
FORMATIEREN LÄUFT...
RATTER
RATTER

A> FORMAT
FORMATIEREN LÄUFT...
... BEENDET
KENNSATZ ? PIZZA NAPOLI
0.55 KG GESAMTKAPAZITÄT
0.40 KG MIT SALAMI BELEGT
0.35 KG EßBAR

(wenngleich auf einer Systemdiskette natürlich trotzdem Daten gespeichert sein können); befindet sich eine Systemdiskette beim Starten des Systems im Diskettenlaufwerk, so kann mit Hilfe dieser Diskette das System gebootet (hochgefahren) werden. Wenn Sie eine Datendiskette in das A-Laufwerk legen und den Rechner einschalten, so erhalten Sie die Meldung, daß sich im A-Laufwerk keine Systemdiskette befindet. Legen Sie aber eine Systemdiskette ein, so beginnt der Boot-Vorgang. Eine Systemdiskette formatieren Sie durch folgendes Kommando:

```
FORMAT A:/4 /s
```

Die Option /s bedeutet, daß die zu formatierende Diskette eine Systemdiskette werden soll. Der Formatierungsvorgang selbst sieht genauso aus wie bei einer normalen Datendiskette. Nach der Formatierung werden bei der Systemdiskette aber einige Blöcke reserviert - also von der Plattenkapazität abgezogen - und das System auf diese Diskette aufkopiert. Es werden *nicht* alle DOS-Kommandos kopiert, sondern lediglich die folgenden drei Dateien:

MS-DOS	PC-DOS	Status
IO.SYS	IBMBIO.COM	Versteckt
MSDOS.SYS	IBMDOS.COM	Versteckt
COMMAND.COM	COMMAND.COM	Normal

Alle drei Dateien werden nach dem Starten automatisch geladen und sind für den Arbeitsablauf des DOS wesentlich. Die Datei IO.SYS (bzw. IBMBIO.COM) enthält sogenannte I/O-Routinen, die sowohl die Eingabe von Geräten als auch die Ausgabe auf Geräte regelt. Die Datei MSDOS.SYS (bzw. IBMDOS.COM) hingegen enthält die Routinen zur Verwaltung der Disketten und Festplatten, also alle Routinen für das Disketten- und Plattenmanagement. Die Datei COMMAND.COM schließlich ist als Kommandoprozessor bekannt. Er regelt die Befehlsausführung und beinhaltet die residenten Kommandos. Diese Datei ist im Gegensatz zu den anderen beiden deshalb nicht versteckt, weil COMMAND.COM häufig auch aufgerufen werden muß.

Das Formatieren von Disketten überhaupt ist jedoch nur unter einer Bedingung möglich: die Diskette darf nicht schreibgeschützt sein. Darunter versteht man im einzelnen folgendes:

Die meisten 5¼-Zoll-Disketten haben eine sogenannte Schreibschutzkerbe, eine Aussparung etwa 3 cm unterhalb der Ecke rechts vom Diskettenaufkleber der Herstellerfirma. Wenn diese Kerbe zu sehen ist, kann man auf der Diskette Daten speichern. Ist die Kerbe zugeklebt oder ist diese Ecke gar nicht eingekerbt, was häufig bei gekaufter Software der Fall ist - auch bei Ihrer DOS-Diskette -, so können Sie die Diskette nur lesen, aber nicht beschreiben. Man kann auf diese Weise verhindern, daß Daten versehentlich überschrieben werden. Wollen Sie also eine Diskette formatieren, die noch mit einem Schreibschutz versehen ist, so müssen Sie diesen zuvor entfernen.

Bei den 3½-Zoll-Disketten gibt es keine derartige Kerbe, sondern einen kleinen Plastik- oder Metallschieber, der je nach Stellung Schreibschutz oder nicht schreibgeschützt bedeutet - zumeist ist die Bedeutung des Schiebers auf der in der Diskettenhülle befindlichen Beschreibung vermerkt. Ist dieser Schieber herausgebrochen, so sind die Disketten schreibgeschützt, und Sie können nur noch durch Überkleben der dadurch entstandenen Kerbe die Diskette wieder beschreiben.

2.6 Erstellen einer Sicherheitskopie von DOS

Bevor Sie weiter mit DOS arbeiten, sollten Sie eine Sicherheitskopie der DOS-Diskette anfertigen, was problemlos möglich, erlaubt und zudem extrem empfehlenswert ist. Sie sollten nach der Anfertigung der Kopie nur noch mit der Kopie arbeiten und das Original gut aufheben. Sind Sie Besitzer eines Rechners mit einer Festplatte, so brauchen Sie zwar keine DOS-Systemdiskette mehr, um das System zu booten, Sie sollten sich aber dennoch eine Sicherheitskopie der Systemdiskette anfertigen.

Kopieren mit einem Laufwerk

Legen Sie Ihre Original-DOS-Diskette ins A-Laufwerk ein und eine leere, ungebrauchte Diskette bereit - die Diskette muß nicht formatiert sein. Geben Sie dann folgendes Kommando ein:

```
diskcopy a: b:
```

Verfügen Sie nur ein Laufwerk, so wird das zweite Laufwerk B von DOS simuliert. Das A-Laufwerk stellt abwechselnd das A- und das B-Laufwerk dar. Es erscheint dann folgende Meldung auf Ihrem Bildschirm:

```
Quellendiskette in Laufwerk A einlegen
Wenn bereit, eine Taste betätigen . . .
```

Da sich die zu kopierende Diskette (Quelldiskette) bereits im Laufwerk befindet, können Sie eine beliebige Taste drücken. Nach einer Weile wird folgende Meldung erscheinen:

```
Kopiert werden 40 Spuren
9 Sektoren/Spur, 2 Seite(n)
```

Diese Information gibt *DISKCOPY* aus, um anzuzeigen, daß das Format der Quelldiskette ermittelt worden ist. Die Zieldiskette wird im selben Format direkt beim Kopieren formatiert; Sie brauchen also die Zieldiskette nicht vorher zu formatieren. Nach einiger Zeit erscheint dann die folgende Meldung auf dem Bildschirm:

```
Zieldiskette in Laufwerk B: einlegen
Wenn bereit, eine Taste betätigen . . .
```

Wechseln Sie die Disketten aus, und betätigen Sie eine beliebige Taste. Je nachdem, über wieviel Speicher Ihr Rechner verfügt, müssen Sie die Disketten mehrfach austauschen. Bei einem PC mit 512 KByte Speicher ist dieser Austausch allerdings nur einmal erforderlich.

Möglicherweise unterstützt Ihr Rechner oder Ihre DOS-Version aber nicht das virtuelle Laufwerk B:. In diesem Fall geben Sie anstelle oben genannten Kommandos einfach das folgende ein:

```
diskcopy a: a:
```

Sie werden nun ebenfalls am Bildschirm zum Wechseln der Disketten aufgefordert. Legen Sie die zu kopierende Systemdiskette ein, wenn die Quelldiskette eingelegt werden soll und entsprechend die unformatierte Diskette, wenn DOS die Zieldiskette anfordert.

Kopieren mit zwei Laufwerken

Sollten Sie über zwei Diskettenlaufwerk verfügen, so brauchen Sie die Disketten nicht auszutauschen. Der Kopiervorgang wird viel schneller durchgeführt, da nicht im Hauptspeicher des Rechners Daten zwischengespeichert werden müssen - es kann direkt ein Datentransport von Laufwerk A zu Laufwerk B stattfinden. Geben Sie folgendes Kommando zum Kopieren der Diskette ein:

HÖR AUF ZU HEULEN!
HIER IST DIE
SYSTEM-DISKETTE.

```
diskcopy a: b:
```

Es ist allerdings nicht möglich, eine Diskette mit Hilfe von *DISKCOPY* zu kopieren, wenn das A-Laufwerk ein 5¼-Zoll-Laufwerk ist und das B-Laufwerk ein 3½-Zoll-Laufwerk oder umgekehrt. Beide Laufwerke müssen das Format der Quelldiskette unterstützen. Sie können also auch keine HD-Diskette (HD = High Density, entspricht 1,2 MByte) kopieren, wenn nur ein Laufwerk das HD-Format unterstützt.

Am Anfang erscheint folgende Meldung auf Ihrem Bildschirm:

```
Quellendiskette in Laufwerk A einlegen
Zieldiskette in Laufwerk B: einlegen
Wenn bereit, eine Taste betätigen . . .
```

Die Quelldiskette befindet sich bereits im A-Laufwerk; wenn Sie die Zieldiskette in das B-Laufwerk eingelegt haben, können Sie eine beliebige Taste betätigen. Der Kopiervorgang beginnt und wird in einem Durchgang durchgeführt. Achten Sie aber darauf, daß die Zieldiskette nicht mit einem Schreibschutz versehen ist. Sie erhalten dann eine Fehlermeldung, und der Kopiervorgang wird abgebrochen.

Ist der Kopiervorgang erfolgreich beendet, erscheint in beiden Fällen auf dem Bildschirm die Meldung:

```
Weitere Kopien anfertigen? (J/N)
```

Da DOS zumeist mit zwei Disketten ausgeliefert wird, sollten Sie diese Frage mit *J* für Ja beantworten und zunächst auch die zweite Systemdiskette kopieren, damit Sie auch diese aus Sicherheitsgründen zweifach haben.

Sollte während des Kopierens eine Fehlermeldung auf dem Bildschirm erscheinen, so ist wahrscheinlich Ihre Zieldiskette nicht ganz in Ordnung oder vielleicht nicht formatierbar. Sie sollten dann auf eine andere leere Diskette zurückgreifen und den Vorgang wiederholen.

Kopieren von kopiergeschützten Disketten

Mit Hilfe des *DISKCOPY*-Kommandos können Sie natürlich nicht nur die DOS-Systemdisketten kopieren, sondern prinzipiell alle Disketten. Der Vorteil von *DISKCOPY* ist, daß *DISKCOPY* das Format der Quelldiskette selbständig erkennt und entsprechend auch die Zieldiskette formatiert.

Kopiergeschützte Programme lassen sich allerdings nicht mit *DISKCOPY* kopieren. Je nach Art des Kopierschutzes erhalten Sie eine Fehlermeldung oder aber auch nicht. In jedem Fall können Sie die Zieldiskette nicht verwenden. Wollen Sie sich Sicherheitskopien von kopiergeschützten Programmdisketten anfertigen, so verwenden Sie entsprechend auf dem freien Markt verfügbare Programme wie beispielsweise COPY II oder das bekannte COPYWRITE. Es muß an dieser Stelle dann allerdings auch darauf hingewiesen werden, daß das Kopieren von Originaldisketten - ob mit oder ohne Kopierschutz - nur für den eigenen Bedarf gestattet ist. Sie dürfen also keine Kopien für Freunde oder Bekannte machen, zum Tauschen, Verschenken oder gar Verkaufen. Auch dürfen Sie eine Programmversion jeweils auf nur einem Gerät verwenden. Sonst könnte beispielsweise eine Universität mit 200 Geräten eine Programmversion kaufen, würde diese 200mal unter dem Aspekt des Eigenbedarfes kopieren und auf allen Geräten verwenden. Dies ist strafbar - es sei denn, Sie haben eine schriftliche Genehmigung des Software-Produzenten vorliegen.

Die meisten guten Software-Häuser gehen seit längerer Zeit dazu über, die Disketten aus Gründen der Anwenderfreundlichkeit nicht mehr mit einem Kopierschutz zu versehen. Zu viele Probleme traten in der Praxis dabei auf. Sie sollten diesen guten Willen der Software-Hersteller allerdings nicht als Zeichen für freies Kopieren mißverstehen, sondern nur als das, was es auch ist: Ein Schritt in Richtung Anwenderfreundlichkeit.

2.7 DOS auf Festplatte installieren

Folgende Warnung direkt vorweg: Eine Sicherheitskopie von DOS sollten Sie auch als Festplattenbesitzer machen (siehe Kapitel 2.6) und erst dann DOS auf Ihrer Platte installieren. Wollen Sie eine neue DOS-Version auf Ihrer Festplatte installieren, so gehen Sie bitte vor wie im Kapitel 2.8 beschrieben.

Eine Installation des DOS auf Festplatte ist unbedingt ratsam, da das Arbeiten mit DOS erheblich vereinfacht wird. Das ständige Wechseln von Disketten entfällt dann völlig. Alle DOS-Kommandos stehen ständig zur Verfügung und werden praktisch ohne Zeitverzögerung ausgeführt. Deswegen sollte die Installation von DOS auf der Festplatte eine Ihrer ersten Aufgaben sein.

Wenn Sie ein AT-Besitzer sind, so muß die Festplatte in der Regel erst einmal angemeldet werden. Dies geschieht durch das Programm *SETUP*, oder ein Programm ähnlichen Namens (häufig heißen diese Programme auch Diagnoseprogramm) das sich im Diagnosepaket des IBM AT befindet. Hat diese Anmeldung noch nicht stattgefunden, so kennt DOS die Festplatte nicht und jeder Versuch, die Festplatte anzusprechen, wird zurückgewiesen. Da dieser Vorgang aber ein wenig schwierig für den ungeübten Anwender ist, wird diese Anmeldung zumeist von Ihrem Hardware-Händler übernommen. Häufig formatiert der dann gleich auch noch die Festplatte.

2.7.1 Die Festplatte wird formatiert

Wie Disketten müssen auch Festplatten formatiert werden, bevor sie genutzt werden können. Wegen der immensen Speichermöglichkeiten einer Festplatte sind die Vorbereitungen, die zu treffen sind, bevor eine Festplatte zum ersten Mal formatiert werden kann, ein wenig umfangreicher als bei einer Diskette. So ist es durchaus denkbar, daß auf einer Festplatte mehrere verschiedene Betriebssysteme nebeneinander Platz finden. Jedes Betriebssystem erhält dann einen bestimmten Teil der Speicherkapazität der Festplatte, der von den anderen Betriebssystemen weder gelesen noch beschrieben werden kann. Der Bereich jedes Betriebssystemes ist unabhängig von den anderen. Ein solcher Bereich auf der Festplatte wird auch *Partition* genannt.

Sie können Ihre Festplatte je nach DOS-Version in bis zu vier solcher Partitions unterteilen. Jede dieser Partitions ist genau einem beliebigen Betriebssystem zugeordnet und kann von den anderen Betriebssystemen nicht gelesen oder beschrieben werden. Im Normalfall benötigt man aber ohnehin nur eine einzige Partition für DOS, die man dann *DOS-Partition* nennt. Auf einer Festplatte ist bis inklusive DOS 3.2 nur eine DOS-Partition erlaubt, ab DOS 3.3 ist es hingegen möglich, mehr als eine DOS-Partition zu installieren.

Diese Korrektur war dringend nötig, da immer mehr Festplatten Kapazitäten von mehr als 30 MByte haben. Nun unterstützt DOS aber Festplatten-Partitions nur bis zu 32 MByte; alles was darüber hinaus geht, liegt für DOS brach, da eine Partition nicht mehr als 32 MByte enthalten kann und lediglich eine DOS-Partition erlaubt ist. Mit DOS 3.3 können Sie nun beispielsweise eine 40-MByte-Platte in zwei 20-MByte-Partitions zerlegen. Jede Partition für sich wird dann wie ein Laufwerk behandelt (C- und D-Laufwerk). Sie haben dann zwar nicht die gesamten 40 MByte auf einem logischen Laufwerk, aber immerhin können Sie die gesamte Plattenkapazität auslasten. Natürlich ist auch eine Zuteilung wie eine 10-MByte-Partition und eine 30-MByte-Partition denkbar.

Sofern Sie DOS 3.3 besitzen und zwei DOS-Partitions einrichten, muß eine dieser Partitions zur sogenannten primären DOS-Partition ernannt werden. Die anderen Partitions werden entsprechend sekundäre (oder erweiterte) DOS-Partitions genannt. In der primären DOS-Partition ist das Betriebssystem selbst abgelegt, d.h. mit Hilfe dieser Partition wird auch das System gestartet. Sofern Sie mit einer Festplatte arbeiten, die weniger als 32 MByte Speicherkapazität besitzt, wird diese Partition sicherlich auch die einzige Partition sein. Legen Sie zwei Partitions an, so können Sie mit der sekundären Partition nicht das System starten. Dafür können Sie die sekundäre Partition in verschiedene logische Laufwerke unterteilen, die jeweils eine Kapazität von weniger als 32 MByte haben müssen.

Anmerkung: Ab DOS 4.0 ist die Beschränkung auf 32 MByte je Festplatte endgültig aufgehoben. Der Hersteller Compaq bietet wahlweise eine erweiterte DOS-Version 3.31 an, deren Hauptunterschied zu DOS 3.3 die Tatsache darstellt, daß Sie bereits mit dieser Version Laufwerke mit mehr als 32 MByte verwalten können.

Die Partitionsverwaltung des DOS wird durch das Kommando *FDISK* geregelt (siehe auch Beschreibung des *FDISK*-Kommandos in Kapitel 4). Legen Sie hierzu Ihre DOS-Diskette in das A-Laufwerk ein und geben Sie folgenden Befehl ein:

```
FDISK
```

Hinweis: Das Partitionieren der Festplatte löscht alle darauf befindlichen Daten. Evtl auf der Festplatte befindliche sensitive Daten sollten also vor der Partitionierung unbedingt gesichert werden.

FDISK dient ausschließlich zum Anlegen und Verwalten einer DOS-Partition (bzw. ab DOS 3.3 der verschiedenen DOS-Partitions) auf Ihren Festplatten. Sie können die Größe dieser Partition frei bestimmen, allerdings nicht in Byte oder MByte, sondern in Zylindern (Clustern), was eine gewisse Umrechnung notwendig macht.

FDISK ist komplett menüorientiert und wird sich nach dem Aufruf wie folgt melden:

```
IBM Personal Computer
Festplatten-Einrichtungsprogramm Version 2.00
(c) Copyright IBM Corp. 1983, 1984

FDISK-Menü
Momentanes Festplattenlaufwerk: 1

Eine Auswahl angeben:
1. Erstellen DOS-Partition
2. Ändern aktive Partition
3. Löschen DOS-Partition
4. Partitionsdaten anzeigen
5. Nächste Festplatte anwählen

Auswahl: [1]
```

Der Menüpunkt 5. erscheint nur dann auf dem Bildschirm, wenn in Ihrem Rechner mehr als eine Festplatte eingebaut ist. Der restliche Text auf Ihrem Bildschirm kann im Detail ein wenig unterschiedlich von dem hier abgebildeten sein, jedoch liegt dies an den verschiedenen möglichen *FDISK*-Versionen. Dies hat keinerlei Einfluß auf die Bedienung von *FDISK*.

Hinweis: Wollen Sie eine Partition für ein anderes Betriebssystem wie beispielsweise XENIX erstellen, so können Sie dies nicht mit Hilfe des *FDISK*-Kommandos unter DOS, sondern müssen das entsprechende Kommando des anderen Betriebssystemes verwenden. Mit *FDISK* können Sie lediglich Platz lassen für andere Betriebssysteme - einrichten können Sie ausschließlich DOS-Partitions.

Wählen Sie den Menüpunkt 1 aus. Auf dem Bildschirm erscheint nun folgende Abfrage, sofern Sie mit einer DOS-Version bis inklusive DOS 3.2 arbeiten:

```
Soll die gesamte Festplatte für DOS benutzt werden (J/N)....? [J]
```

Arbeiten Sie mit DOS 3.3, so erscheint zunächst ein weiteres Menü auf Ihrem Bildschirm:

```
Erstellen einer DOS-Partition

Aktuelles Festplattenlaufwerk: 1


1. Erstellen einer Primären
   Partition
2. Erstellen einer Erweiterten
   Partition


Auswahl: [1]

ESC --> Zum FDISK-Menü
```

Sie wollen zunächst eine sogenannte primäre Partition anlegen, weshalb Sie die Auswahl 1 bestätigen können. Betätigen Sie einfach die Taste <Enter>. Es erscheint nun folgendes auf Ihrem Bildschirm:

```
Erstellen einer DOS-Partition

Aktuelles Festplattenlaufwerk: 1

Soll die maximale Größe für eine
DOS-Partition benutzt und die DOS-
Partition aktiviert werden(J/N)?  [J]



ESC --> Zum FDISK-Menü
```

Sie sollten diese Frage auf jeden Fall bejahen - ansonsten müssen Sie definieren, wie viele Zylinder der Festplatte für die DOS-Partition reserviert werden sollen. Nachdem Sie die Frage bejaht haben, erscheint sofort auf dem Bildschirm die Meldung:

```
System führt nun einen Warmstart durch
DOS-Diskette in Laufwerk A einlegen
Wenn bereit, eine Taste betätigen . . .
```

Legen Sie nun die DOS-Diskette in das A-Laufwerk, und betätigen Sie eine Taste. DOS wird gebootet, und damit ist die gesamte Festplatte als DOS-Partition angelegt. Sofern Ihre Festplatte eine Speicherkapazität von mehr als 32 MByte hat, sollten Sie entsprechend noch eine Sekundärpartition anlegen und entsprechende logische Laufwerke einrichten.

Die Festplatte muß nun noch formatiert werden. Dies geschieht ganz normal durch das *FORMAT*-Kommando:

```
FORMAT c:/v/s
```

Der Parameter */v* gibt an, daß die Platte nach dem Formatieren auch einen Namen erhalten soll; der Parameter */s* definiert, daß die Platte eine als Systemplatte eingerichtet werden soll. Nachdem Sie diesen Befehl eingegeben haben, erscheint auf dem Bildschirm:

```
ACHTUNG. ALLE DATEN AUF PLATTENLAUF-
WERK C: GEHEN VERLOREN!
Formatieren fortsetzen (J/N)?
```

Nachdem Sie diese Sicherheitsabfrage mit *J* für Ja beantwortet haben, wird die Festplatte formatiert. Da die Platte ungleich mehr Spuren und Sektoren hat als eine normale Diskette, dauert das Formatieren einige Minuten. Auf dem Bildschirm erscheint

```
Formatieren läuft...
```

woran Sie erkennen, daß gearbeitet wird. Bei den neueren DOS-Versionen wird am Bildschirm angezeigt, welche Spur und welche Seite der Platte gerade formatiert wird. Wenn die Formatierung beendet ist, erscheint auf dem Bildschirm:

```
Formatieren läuft...Formatieren beendet
System übertragen
Name: Max. 11 Zeichen.  Kein Name --> EINGABE
```

Die Meldung *System übertragen* besagt lediglich, daß die beiden unsichtbaren Dateien auf die Festplatte kopiert worden sind. Ferner wird automatisch der Kommandoprozessor kopiert, der durch die Datei COMMAND.COM repräsentiert wird. Damit können Sie von der Festplatte booten, indem Sie aus allen angeschlossenen Laufwerken die Disketten entnehmen und den Rechner rücksetzen oder neu einschalten.

Die Frage nach dem Namen können Sie einfach mit der Taste <Enter> übergehen, dann hat die Platte keinen Namen, oder Sie geben der Platte einen Namen, der maximal 11 Zeichen umfassen darf, und betätigen anschließend die Taste <Enter>. Wenn Sie einen anderen Name wünschen, so können Sie ihn jederzeit mit dem Kommando *LABEL* wieder korrigieren.

Nach dieser Prozedur ist Ihre Festplatte betriebsbereit. Geben Sie einmal das Kommando *DIR* ein, damit Ihnen die Plattenkapazität ausgegeben wird.

2.7.2 DOS auf Festplatte installieren

Wenn Sie Ihre Festplatte installiert und formatiert haben, sollten Sie alle DOS-Kommandos auf die Platte kopieren, damit diese immer zugänglich sind. In der Praxis hat sich gezeigt, daß es nicht empfehlenswert ist, alle DOS-Kommandos einfach in das Hauptverzeichnis (siehe auch Kapitel 3) zu kopieren. Es ist sinnvoller, die DOS-Diskette unter dem Sammelbegriff *DOS* in ein speziell angelegtes Unterverzeichnis zu kopieren. Dies erreichen Sie, indem Sie die folgenden Befehle der Reihe nach eingeben. Legen Sie zunächst die DOS-Systemdiskette ins Laufwerk A ein.

```
A>md c:\dos
A>copy a:*.* c:\dos
```

Das erste Kommando legt das Verzeichnis \DOS auf der Festplatte an. Den Schrägstrich \ erhalten Sie, indem Sie die Tasten <Ctrl> und <Alt> gleichzeitig betätigen und dann die Taste, auf der dieser Schrägstrich vorne aufgedruckt ist. Die zweite Möglichkeit ist, Sie drücken die Taste <Alt> und dann die Zifferntasten <9> und <2> nacheinander auf der rechten Zifferntastatur.

Mit dem zweiten Kommando werden alle Dateien der DOS-Diskette in das DOS-Verzeichnis der Festplatte kopiert. Manchmal befinden sich noch einige DOS-Dateien auf einer zweiten Diskette, meistens ist jedoch die erste Diskette als Systemdiskette oder Startdiskette bezeichnet während die zweite als Diskette mit Beispielprogrammen ausgewiesen wird. Legen Sie nun diese zweite Diskette in das A-Laufwerk ein und und geben Sie die beiden folgenden Befehle ein:

```
copy a:*.exe c:\dos
copy a:*.com c:\dos
```

Da sich alle DOS-Befehle nun auf der Festplatte befinden, können Sie die Original-DOS-Diskette aber auch die Kopie, beruhigt weglegen, Sie werden sie so schnell nicht wieder benötigen.

Alle DOS-Kommandos befinden sich nun in einem speziellen Verzeichnis, das nicht jederzeit zugänglich ist. Um diese Tatsache zu ändern, stellt DOS einen bestimmten Befehl bereit. Durch das Kommando *PATH* kann man angeben, in welchen Verzeichnissen (Path = Pfad) nach einem eingegebenen Kommando gesucht werden soll. Lassen Sie uns zunächst eine kleine Batchdatei erstellen, die diesen Suchpfad nach dem Booten automatisch auf das Unterverzeichnis \DOS lenkt. Umfassende Informationen hierzu finden Sie zusätzlich im Kapitel 6.

Das nun folgende Kommando erstellt die Datei AUTOEXEC.BAT, die nach jedem Booten automatisch aufgerufen und ausgeführt wird. Sollte die Datei bereits existieren, so wird sie überschrieben! Nötigenfalls kopieren Sie zvor die bereits bestehende Datei.

```
C>copy con: autoexec.bat
C>path \dos
^Z

1 Datei(en) kopiert
```

Zu Erinnerung: Das Zeichen ^Z erhalten Sie auf dem Bildschirm, indem Sie die Taste <F6> betätigen. Schließen Sie auch diese Zeile durch <Enter> ab. Nun können Sie Ihren Rechner noch einmal zurücksetzen (*reseten*), dann sind alle DOS-Kommandos jederzeit verfügbar.

Im Kapitel 6.4 wird genau behandelt, wie sich die Datei AUTOEXEC.DAT zusammensetzen sollte. Sie finden hier auch entsprechende Beispiele und Vorschläge für die automatische Batchdatei des Systems.

2.8 Eine neue DOS-Version auf Festplatte installieren

Sobald Sie eine neue DOS-Version erhalten haben, wollen Sie diese natürlich auch auf Ihre Festplatte kopieren - sprich, diese neue Version auf der Festplatte installieren. Nun ist das Installieren einer neuen Version auf die Festplatte leider nicht immer ganz umproblematisch, da die verschiedenen DOS-Versionen einen unterschiedlichen Speicherbedarf auf der Festplatte haben.

Es wurde bereits erwähnt, daß für das Betriebssystem auf der Festplatte, aber auch auf jeder Systemdiskette ein gewisser Speicherplatz reserviert wird. Mit Hilfe des *SYS*-Kommandos werden diese unsichtbaren Systemdateien in den reservierten Bereich einer Diskette oder Festplatte kopiert. Auch Sie sollten dies als erstes tun, wenn Sie Ihre neue Version auf die Festplatte kopieren wollen. Legen Sie hierzu die neue Systemdiskette ins erste Diskettenlaufwerk ein, und machen Sie dieses Laufwerk zu Ihrem Standardlaufwerk.

```
C>a:
```

Nachdem dies geschehen ist, können Sie mit Hilfe des *SYS*-Kommandos die Betriebssystemdateien auf die Festplatte kopieren. Geben Sie hierzu bitte folgendes Kommando ein:

```
A>sys c:
```

Es bestehen nun im wesentlichen zwei Möglichkeiten. Entweder Sie erhalten einer Meldung wie

```
Systemdateien übertragen
```

auf dem Bildschirm - in diesem Fall können Sie ganz zufrieden sein -, oder Sie erhalten eine Fehlermeldung wie

```
Systemgröße nicht kompatibel
```

oder

```
Kein Platz für Betriebssystem auf Zieldiskette
```

In diesem Fall wird die Installation Ihres Betriebssystemes ein wenig aufwendiger. Es kann vorkommen, daß der auf der Festplatte reservierte Speicherplatz nicht ausreicht, um die neuen Systemdateien aufzunehmen. Ein nachträgliches Erweitern dieses reservierten Speicherplatzes ist leider nicht möglich. Sofern Sie die erste Meldung erhalten haben, reichte der reservierte Platz aus, um die neuen Dateien aufzunehmen. Kopieren Sie dann die beiden Systemdisketten in das Systemverzeichnis Ihrer Festplatte, das ja mit dem Namen \DOS versehen sein sollte. Legen Sie also die erste Systemdiskette ins A-Diskettenlaufwerk und geben Sie folgendes Kommando ein:

```
A>copy *.* c:\dos
```

Sofern Ihr Betriebssystem aus zwei Disketten besteht, legen Sie auch die zweite Diskette ins Diskettenlaufwerk ein, und wiederholen Sie obenstehendes Kommando.

Die Datei COMMAND.COM muß sich im Hauptverzeichnis der Festplatte befinden. Aus diesem Grund müssen Sie diese Datei aus dem Systemverzeichnis zusätzlich ins Hauptverzeichnis kopieren:

```
A>c:
C>copy \dos\command.com \
```

Die Konfigurationsdatei CONFIG.SYS sowie die AUTOEXEC-Datei können Sie belassen, wie sie sind - diese beiden Dateien haben Sie ja auch schon mit der "alten" DOS-Version erstellt und benutzt. Beachten Sie lediglich, daß sich das Kommando *KEYB* bei DOS 3.3 geändert hat. Die AUTOEXEC-Datei muß entsprechend abgeändert werden (siehe auch Kapitel 6.2). Nachdem Sie diese Befehle eingegeben haben, befindet sich das komplette neue Betriebssystem auf Ihrer Festplatte. Öffnen Sie das A-Laufwerk, und booten Sie den Rechner erneut. Er müßte mit dem neuen Betriebssystem starten.

Hatten Sie nicht genügend Platz zum Installieren des Systems mit Hilfe von *SYS*, so muß der gesamte Festplatteninhalt durch *BACKUP* gesichert werden, denn Ihre Festplatte müssen Sie erneut formatieren. Legen Sie genügend freie Disketten bereit, die Sie als Zieldisketten zum Kopieren verwenden können. Natürlich sollten Sie auch alle Disketten vorher formatieren. Geben Sie dann das Kommando zum Kopieren des gesamten Festplatteninhaltes ein:

```
A>backup c: a: /s
```

Sie verwenden am besten das *BACKUP*-Kommando der neuen Betriebssystemversion. Booten Sie deswegen Ihren Rechner mit der neuen DOS-Version. Danach können Sie obiges Kommando eingeben. Sofern Sie mit *BACKUP* einer DOS-Version x.y eine Sicherheitskopie anlegen, kann es beim *RESTORE* - also dem Zurückkopieren - mit einer anderen Version a.b Probleme geben. Aus diesem Grund verwenden Sie am besten das *BACKUP* und *RESTORE* einer identischen DOS-Version.

Je nachdem, wie groß Ihre Festplatte ist und wieviel Daten Ihre Disketten aufnehmen können, kann der Kopiervorgang schon recht lange dauern. Natürlich können Sie auch jedes andere Kopierprogramm verwenden, um den gesamten Festplatteninhalt zu sichern, beispielweise *FASTBACK*.

Vergewissern Sie sich, daß alle Dateien ohne Fehler kopiert worden sind, nötigenfalls legen Sie eine zweite Kopie des gesamten Festplatteninhaltes an. Nachdem alle Dateien kopiert wurden, muß die Festplatte erneut formatiert werden. Hierzu muß allerdings das neue *FORMAT*-Kommando genutzt werden. Sofern Sie nicht mit der neuen Systemdiskette das System gestartet haben, holen Sie dies nun nach. Geben Sie dann folgendes Kommando ein:

```
A>format c: /s/v
```

Je nachdem, ob Sie einen Namen für Ihre Festplatte definiert haben, müssen Sie den Namen der Platte einmal eingeben - aus Sicherheitsgründen. Sollte Ihnen der Name augenblicklich nicht präsent sein, so geben Sie vorher folgendes Kommando ein:

```
vol c:
```

und verwenden Sie den ausgegebenen Namen zur Bestätigung bei der Sicherheitsabfrage. Bestätigen Sie auch alle anderen Sicherheitsabfragen. Wenn DOS mit der Formatierung der Festplatte fertig ist, können Sie einen neuen Namen für die Festplatte definieren. Nachdem auch das abgeschlossen ist, müssen die Sicherheitskopien wieder auf die Festplatte aufgebracht werden. Dies erreichen Sie mit Hilfe des folgenden Kommandos:

```
A>restore a: c: /s
```

Legen Sie nun die Disketten in der korrekten und gewünschten Reihenfolge ins Diskettenlaufwerk ein. Es werden auf diese Weise alle Verzeichnisse neu angelegt und alle Dateien kopiert. Nun müssen die neuen Systemdateien auf die Festplatte kopiert werden - wie bereits beschrieben. Legen Sie die erste Systemdiskette ins A-Laufwerk und geben Sie folgendes Kommando ein:

```
A>copy a:*.* c:\dos
```

Sollte Ihr Betriebssystem aus zwei Systemdisketten bestehen, so wiederholen Sie obiges Kommando ein weiteres Mal, nachdem Sie die Systemdisketten im A-Laufwerk ausgewechselt haben. Nachdem dies erreicht ist, müssen Sie die Datei COMMAND.COM in das Hauptverzeichnis der Festplatte kopieren, denn nur so ist ein Booten des neuen Betriebssystemes möglich. Geben Sie hierzu folgendes Kommando ein:

```
A>copy \dos\command.com c:\
```

Die Konfigurationsdatei sowie die AUTOEXEC-Datei können Sie zunächst aus dem Systemverzeichnis in das Hauptverzeichnis kopieren. Die AUTOEXEC-Datei muß entsprechend Ihren Bedürfnissen abgeändert werden (siehe auch Kapitel 6.2), ebenso die Konfigurationsdatei (siehe Kapitel 7).

Nachdem alles erfolgreich abgeschlossen ist, können Sie Ihren Rechner erneut booten - entnehmen Sie hierzu die Diskette aus dem A-Laufwerk und starten Sie den Rechner. Ihr neues Betriebssystem müßte nun gestartet werden und sich auf dem Bildschirm melden...

2.9 DOS und die Speicherverwaltung

DOS ist leider kein Speicherriese: Lediglich 640 KByte RAM können durch DOS maximal verwaltet werden. Dies ist kein Fehler im Betriebssystem, wie manchmal zu hören oder zu lesen ist. Diese Beschränkung hat viel mehr logische und technische Gründe, die hier erläutert werden sollen.

Als DOS 1.0 im August 1981 entwickelt wurde, verfügte der erste IBM PC über immerhin 64 KByte RAM - das war für damalige Verhältnisse sehr viel Speicher. Da mußte die für die Zukunft vorgesehene logistische Beschränkung auf 640 KByte RAM ausreichend erscheinen.

Jeder IBM PC ist mit einem 20-Bit-Adreßbus ausgestattet. Aber auch jeder AT und alle PS/2-Geräte verfügen lediglich über einen solchen 20 Bit breiten Adreßbus, sofern sie sich im PC-Modus befinden (auch Real Mode genannt), um absolut kompatibel zum PC zu sein. Der Adreßbus wird benutzt, um Speicher zu adressieren. Soll eine Speicherstelle ausgelesen werden, so wird die physikalische Adresse auf dem Adreßbus angelegt. Dann wird der Inhalt aus dieser Speicherstelle gelesen und auf dem Datenbus zum Prozessor geschickt.

Wie Sie vielleicht wissen, ist der 8088/8086 - der Prozessor jedes PCs - ein sogenannter 16-Bit-Prozessor, der standardmäßig mit 16-Bit-Werten arbeitet. Mit 16 Bit decken Sie einen Wertebereich von 0 bis 65.535 ab. Auch die größeren Prozessoren, wie sie im AT, in den PS/2-Geräten und anderen Rechnern eingebaut sind, verhalten sich unter DOS aus Kompatibilitätsgründen weitgehend wie ein 8088/8086 und arbeiten so ebenfalls mit 16-Bit-Werten.

Da aber 16 Bit gerade ausreichen, um 64 KByte RAM zu adressieren, mußte man den Adreßbus etwas großzügiger auslegen. So entschied man sich für einen 20-Bit-Adreßbus, und jeder Assembler-Programmierer kennt die Problematik, die damit verbunden ist. Mit einem 20-Bit-Adreßbus ausgestattet zu sein bedeutet aber gleichzeitig, einen Speicherbereich von 1 MByte (1 MByte = 1 Million Byte) adressieren zu können. Dies ergibt sich aus:

$$2^{20} = 1\,048\,576 \text{ Byte}$$

Nun fragen Sie vielleicht, warum man dann nicht 1 MByte RAM adressieren kann. Leider kann ein Computer nicht nur mit RAM arbeiten. Er benötigt vielmehr auch geschützte Speicherbereiche für das ROM - in dem beispielsweise beim PC das BIOS gespeichert ist - sowie Speicherbereiche für die Ein- und Ausgabegeräte. So hat man den gesamten Speicherbereich von ein MByte in 16 gleichgroße Speicherbereiche von jeweils 64 KByte aufgeteilt. In der nachfolgenden Tabelle können Sie diese 16 Speicherbereiche mit Adreß- sowie Funktionsangabe entnehmen:

#	Speicherbereich	Funktion
1)	0000:0000 - 0000:FFFF	RAM bis 64 KByte
2)	1000:0000 - 1000:FFFF	RAM bis 128 KByte
3)	2000:0000 - 2000:FFFF	RAM bis 192 KByte
4)	3000:0000 - 3000:FFFF	RAM bis 256 KByte
5)	4000:0000 - 4000:FFFF	RAM bis 320 KByte
6)	5000:0000 - 5000:FFFF	RAM bis 384 KByte
7)	6000:0000 - 6000:FFFF	RAM bis 448 KByte
8)	7000:0000 - 7000:FFFF	RAM bis 512 KByte
9)	8000:0000 - 8000:FFFF	RAM bis 576 KByte
10)	9000:0000 - 9000:FFFF	RAM bis 640 KByte
11)	A000:0000 - A000:FFFF	Zusätzlicher Video-RAM (bei EGA genutzt)
12)	B000:0000 - B000:FFFF	Video-RAM (B000: Monochrom, B800: Farbe)
13)	C000:0000 - C000:FFFF	Reserviert für zusätzliches BIOS-ROM
14)	D000:0000 - D000:FFFF	Frei für ROM-Cartridge
15)	E000:0000 - E000:FFFF	Frei für ROM-Cartridge
16)	F000:0000 - F000:FFFF	BIOS-ROM

Die Speicherbelegung unter MS-DOS/PC-DOS auf dem PC

In obenstehender Tabelle erkennen Sie die 16 möglichen Speicherseiten im PC zu je 64 KByte. Neben der Numerierung der Seiten ist die Start- und Endadresse jeder Speicherseite angegeben. Beim PC besteht jede Speicheradresse aus einem Segmentteil und einen Offsetteil, die durch einen Doppelpunkt voneinander getrennt sind. Im Segmentteil erkennen Sie, daß parallel zur Numerierung der Seiten die erste Stelle der Segmentadresse ebenfalls von 0 bis 15 durchnumeriert wird.

Die Speicherbereiche 1 bis inklusive 10 sind für RAM reserviert. Die anderen Speicherbereiche werden für den Bildschirmspeicher, für ROM, Cartridges und vieles andere mehr reserviert. Wenngleich nicht alle Speicherbereiche in allen Rechnern auch tatsächlich genutzt werden, so mußten doch die Speicherbereiche einmal definiert, zugeordnet und reserviert werden. Sie erkennen in dieser Tabelle leicht, daß lediglich 10 Speicherbereiche für RAM zur Verfügung stehen. Und genau diese 10 Bereiche werden durch DOS auch maximal unterstützt. Sie erhalten auf diese Weise die magische Speichergrenze von 640 KByte RAM.

Nun sind ja eine ganze Reihe von Rechnern mit weit mehr Speicher ausgestattet. Viele ATs werden heute mit 1 MByte RAM ausgeliefert, manche Hersteller sind noch großzügiger. Bedenkt man, daß ein Betriebssystem wie beispielsweise OS/2 unter 2 MByte RAM überhaupt nicht lauffähig ist, so kann man diese Speicherausstattungen durchaus verstehen. Wieso aber Rechner mit soviel Speicher ausstatten, der gar nicht genutzt werden kann?

Alle AT-Computer, die PS/2-Geräte ab Modell 50 sowie alle Computer, die mit einem 80386 ausgestattet sind, verfügen hardwaremäßig über einen 24-Bit-Adreßbus. Mit Hilfe dieses Adreßbusses können nun 16 MByte adressiert werden, also 16mal mehr als mit einem 20-Bit-Adreßbus. Nur nützt Ihnen dies leider nichts unter DOS, da DOS auf allen Prozessoren im sogenannten Real Mode arbeitet. Im Real Mode verhalten sich alle Prozessoren wie ein 8088/8086-Prozessor, der aber wiederum lediglich mit einem 20-Bit-Adreßbus ausgestattet ist. Vielleicht verstehen Sie nun, warum häufig gesagt wird, daß ein AT nur mit halbem Dampf gefahren wird. In den Genuß des 24-Bit-Adreßbusses kommen Sie nur mit Betriebssystem wie OS/2, XENIX oder Windows/386.

Die Anwendungsprogramme von heute werden immer umfangreicher und sollen immer größere Datenmengen verarbeiten. Zunehmende Bedienerfreundlichkeit bei den Programmen von heute bedarf einer Menge an Programmcode und entsprechend viel Speicher. So sind 640 KByte schnell verbraucht. Dieser Speicherplatz-Engpaß ließ die Entwickler der größen

Software-Häuser nicht ruhen. In Zusammenarbeit von Lotus (1-2-3), Intel (Hersteller von Speichererweiterungskarten) sowie Microsoft (MS-DOS, WORD) wurde versucht, dieses Problem zu lösen. Als Ergebnis dieser Zusammenarbeit wurde eine Spezifikation für Speichererweiterungen erschaffen:

Expanded Memory Spefication

auch kurz EMS genannt. Mit Hilfe von EMS sollten Speichererweiterungen auch unter DOS genutzt werden können. Selbst PCs, die nun tatsächlich nur mit einem 20-Bit-Adreßbus ausgestattet sind, können auf diese Weise von entsprechenden Speichererweiterungskarten profitieren. Entsprechend den Anfangsbuchstaben der Firmen, die an diesem Speicherkonzept gearbeitet haben, wurde dieser Standard auch unter LIMS bekannt.

Der Trick bei dem zusätzlich verfügbaren Speicher, auch Expanded Memory genannt, ist das sogenannte *Bank Switching*. Eine sehr alte Technik, die sich jedoch schon häufig bewährt hat - und ihre Wirkung auch bei EMS nicht verfehlt. Beim Bank Switching existieren verschiedene Speicherbereiche nebeneinander. Beispielsweise existiert der Speicherbereich C000:0000 bis C000:FFFF (insgesamt 64 KByte) 4mal nebeneinander. Es befindet sich aber jeweils nur einer dieser Speicherbereiche im aktuellen Zugriff des Prozessors, die anderen Speicherbereich ruhen, bis diese aktiviert und der andere Speicherbereich entsprechend deaktiviert wird.

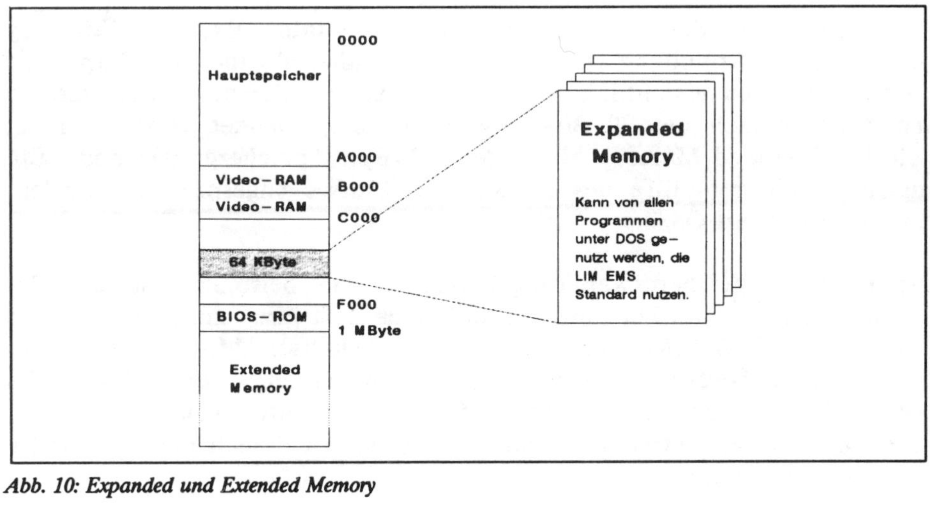

Abb. 10: Expanded und Extended Memory

In der Abbildung wird deutlich, wie Expanded Memory unter DOS genutzt wird. Ein Teil des Expanded Memory wird in Blöcken zu je 64 KByte an einer freien nicht genutzten Stelle im Speicher eingeblendet. Dort wird durch entsprechende Software auf diesen Speicherbereich zugegriffen. Diesen Zugriff erledigt der sogenannte Expanded Memory Manager - auch kurz EMM genannt - für Sie. Das gesamte Expanded Memory wird quasi seitenweise in 64-KByte-Blöcken in den für DOS adressierbaren Speicher eingeblendet (man nennt dies auch ein Speicher-Fenster).

Diesen zusätzlich zur Verfügung stehenden Speicherbereich können Sie für RAM-Disks nutzen, für einen Drucker-Spooler, der bei den meisten Speichererweiterungskarten mitgeliefert wird, sowie für alle Programme, die sich des erweiterten Speichers bedienen. Die Programme müssen natürlich besonders für diese Art des Speicherzugriffs programmiert worden sein. Programme wie Lotus-1-2-3, dBase III, Focus, Framework beherrschen dies. Achten Sie auf einen entsprechenden EMS-Hinweis auf der Verpackung der Software. Mit dieser Software können Sie die Ketten der 640-KByte-Beschränkung sprengen.

Hinweis: Ab DOS 4.0 wird standardmäßig EMS 4.0 mit der Systemdiskette des DOS ausgeliefert. Nun unterstützt auch DOS selbst teilweise Speichererweiterungen, um hier beispielsweise die Diskettenpuffer abzulegen.

Expanded und Extended Memory

Sicherlich haben Sie auch schon vom sogenannten Extended Memory gehört. In der Abbildung ist sowol das Extended als auch das Expanded Memory deutlich ersichtlich. Während Expanded Memory seitenweise in den Adreßbereich des 20-Bit-Adreßbusses eingeblendet wird, befindet sich das Extended Memory hinter der 1-MByte-Speichergrenze und kann ausschließlich mit Hilfe des 24-Bit-Adreßbusses angesprochen werden, beispielsweise mit OS/2.

Die meisten Speichererweiterungskarten - wie beispielsweise die der Firma Intel - werden mit Installations-Software ausgeliefert (das Programm *SETBOARD* auf der Systemdiskette). Mit Hilfe dieser Installations-Software können Sie auswählen, ob Sie die Speichererweiterung als Expanded Memory oder als Extended Memory verwenden wollen. Extended Memory ist unter DOS auch nicht mit Hilfe von EMS verfügbar.

Nötigenfalls können Sie den verfügbaren Speicher sogar aufteilen auf Extended und Expanded Memory. Wollen Sie die Speichererweiterung also in einem Anwendungsprogramm unter DOS nutzen, so richten Sie die Speichererweiterung als Expanded und nicht als Extended Memory ein. Bei allen AT-Rechnern muß eine nachträglich eingebaute Speichererweiterung dem Diagnoseprogramm - beispielsweise *SETUP* - mitgeteilt werden.

3. Dateinamen und Verzeichnisse

Der IBM PC/XT verfügt als erster PC über eine serienmäßige Festplatte mit einer Kapazität von 10 MByte, deren komplexe Verwaltung ohne die *Pfadtechnik* nicht mehr möglich wäre. Diese Pfadtechnik wird ab DOS 2.11 unterstützt (DOS 2.11 wurde mit dem IBM PC/XT ausgeliefert).

Schon wenn Sie sich das Inhaltsverzeichnis einer Diskette ausgeben lassen, sind darauf nicht selten 30 oder mehr Dateien enthalten. Eine Festplatte hingegen mit einer Kapazität von 20 MByte hat nahezu die 60fache Kapazität einer gängigen Diskette und beinhaltet damit schnell mehr als 1.000 Dateien. Die Folge wäre eine absolute Unübersichtlichkeit. Lassen Sie sich also einmal das Inhaltsverzeichnis einer solchen Festplatte ausgeben: Aus einer ungeordneten Liste mit 1.000 Dateien, die auf dem Bildschirm ausgedruckt werden, kann auch der geübte Benutzer nur sehr schwer eine Datei heraussuchen.

Um diesem Datei-Chaos Einhalt zu gebieten, wurde die sogenannte Pfadtechnik eingeführt - die übrigens angelehnt an UNIX in DOS verwirklicht worden ist. Anstatt alle Dateien in einem Verzeichnis zu speichern, ist es mit der Pfadtechnik möglich, verschiedene Verzeichnisse anzulegen, die getrennt voneinander behandelt werden können. So ist jedes Verzeichnis vollkommen unabhängig von den anderen, was zur Folge hat, daß in den verschiedenen Verzeichnissen durchaus Dateien mit demselben Namen vorkommen können. Beispielsweise gibt es sowohl in Essen als auch in Düsseldorf ein *Rathaus*. Beide Häuser haben zwar denselben Namen, sind aber dennoch unterschiedliche Gebäude und werden von einem Ausgangspunkt aus betrachtet auf ganz anderem Weg (*Pfad*) erreicht. Genauso verhält sich das bei den Dateien: Da sie sich in verschiedenen Verzeichnissen befinden, ist eine Verwechslung ausgeschlossen.

In jedem Verzeichnis können wieder beliebig viele weitere Unterverzeichnisse angelegt werden. In der englischen Sprache wird von *Directories* und *Subdirectories* gesprochen. Diese Kette läßt sich beliebig fortsetzen. Gerne wird diese Technik auch *baumstrukturiert* genannt, weil man eine Wurzel hat (das Hauptverzeichnis) und dann die verschiedenen Äste (Verzeichnisse), die wiederum Äste (Unterverzeichnisse) tragen etc. Folgende Grafik soll diese baumstrukturierte Verzeichnistechnik weiter verdeutlichen:

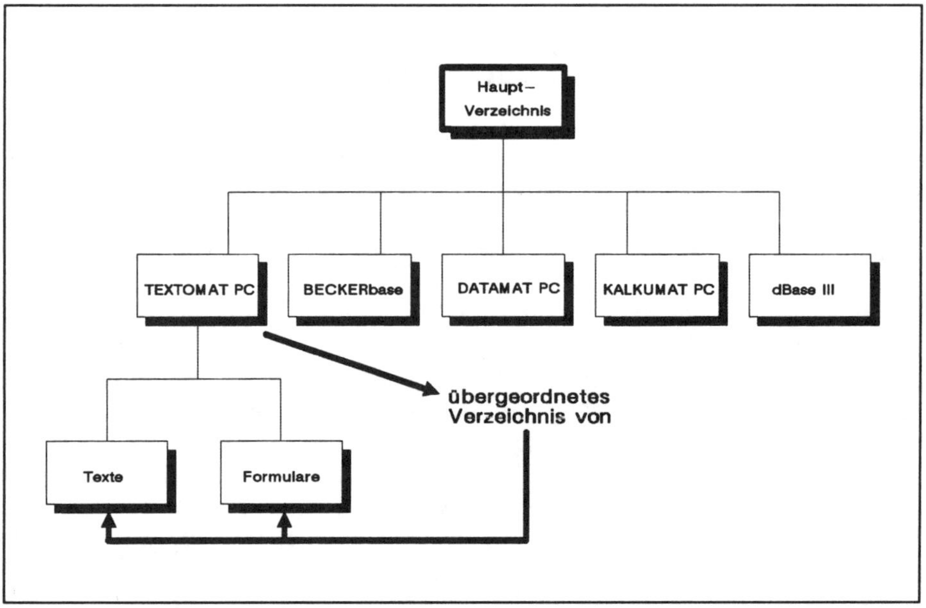

Abb. 11: Baumstruktur von Verzeichnissen unter DOS

Jede Diskette und jede Platte verfügt über ein Hauptverzeichnis, von dem alle anderen ausgehen; es wird von DOS erzeugt, wenn die Diskette oder Platte formatiert wird. Wenn kein weiteres Verzeichnis angelegt wird, dann bleibt das Hauptverzeichnis auch das einzige - dies ist bei Disketten häufig der Fall.

Man spricht bei all den Verzeichnissen aber deswegen auch von Pfaden oder Pfadangaben, weil man den Weg einer Datei beispielsweise wie folgt beschreiben könnte:

«Gehe zunächst zu den *Textverarbeitungsprogrammen*, dann zu der Textverarbeitung *TEXTOMAT*. In diesem Verzeichnis findest Du ein weiteres Unterverzeichnis mit Namen *Texte*, das wiederum in *private* und *gewerbliche* unterteilt ist. Wähle die *privaten*, und dort wirst Du den Text *Urmel.txt* finden.»

Diese Aussage definiert einen genauen Weg - einen Pfad - der zum gewünschten Text führt. In der folgenden Grafik ist dieser Weg durch die verstärkte Linie leicht nachzuverfolgen:

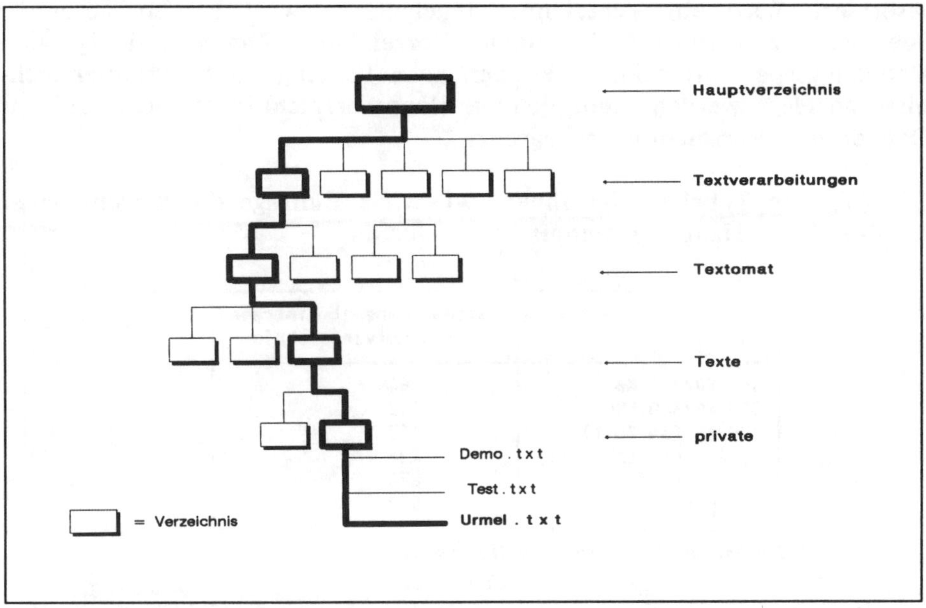

Abb. 12: Definition eines Pfades

3.1 Anlegen eines Verzeichnisses

Jedes Verzeichnis hat einen Namen, der aus bis zu acht Zeichen bestehen darf; es dürfen dieselben Zeichen verwendet werden wie bei normalen Dateinamen. Folgende Verzeichnisnamen wären beispielsweise möglich bzw. nicht erlaubt:

Erlaubt	Fehlerhaft	Begründung
UTILITIES	<UTILITY>	Spitze Klammern nicht zugelassen.
DBASE3	DBASE III	Leerzeichen nicht gestattet.
PIPER	P¦PER	Zeichen ¦ nicht zugelassen.

Weitgehend unbekannt ist die Möglichkeit, auch Verzeichnisnamen mit einer Kennung (Extension) zu versehen. So können Sie beispielsweise ein Verzeichnis DBASE.III oder auch TEXTE.NEU nennen.

Die maximal mögliche Anzahl an Verzeichnissen, die im Hauptverzeichnis angelegt werden können, ist abhängig vom verwendeten Laufwerk bzw. vom Diskettenformat. Der Platz für Einträge im Hauptverzeichnis wird bereits beim Formatieren der Diskette oder Festplatte reserviert. Wird ein Verzeichnis angelegt, so wird hierfür gesondert Speicherplatz reserviert. In einem Verzeichnis können beliebig viele Dateien gespeichert sein, es können auch beliebig viele Unterverzeichnisse angelegt werden. Lediglich im Hauptverzeichnis ist die Anzahl an Dateien und Verzeichnissen begrenzt.

Die folgende Tabelle zeigt Ihnen, wie viele Einträge die verschiedenen Laufwerke im Hauptverzeichnis haben dürfen.

Laufwerk	Maximale Anzahl Einträge im Hauptverzeichnis
160 KB/180 KB	64
320 KB/360 KB	112
720 KB (3½-Zoll)	112
1,44 MByte (3½-Zoll)	224
1,2 MByte	224
Festplatte	512

Maximal mögliche Einträge im Hauptverzeichnis

Damit sind wie gesagt *nicht* ausschließlich Unterverzeichnisse gemeint, die angelegt werden können. Auf einer Festplatte beispielsweise könnten Sie nicht mehr als 512 Dateien speichern, ohne wenigstens ein Unterverzeichnis anzulegen.

Durch das DOS-Kommando *MD* oder *MKDIR* können Sie ein Verzeichnis anlegen. Nehmen wir an, Sie verfügen über eine leere Diskette, auf der sich lediglich die Datei COMMAND.COM befindet. Sie wollen auf dieser Diskette das Verzeichnis für die DOS-Befehle anlegen und geben diesem Verzeichnis sinnvollerweise den Namen \DOS. Die Diskette befindet sich im A-Laufwerk, das auch Standardlaufwerk ist. Geben Sie bitte ein:

```
A>md \dos
```

Das Diskettenlaufwerk läuft kurz an, und schon ist das Verzeichnis auf der Diskette angelegt. Lassen Sie sich nun einmal das Inhaltsverzeichnis der Diskette durch das Kommando *DIR* ausgeben. Es werden folgende Zeilen auf Ihrem Bildschirm ausgegeben:

```
Dskt/Platte in Laufwerk A hat keinen Namen
Verzeichnis von A:\

COMMAND  COM    22474    2-18-87  10:41
DOS            <DIR>     7-31-88  23:58
```

Bei "normalen" Dateien wird bei *DIR* die Größe der Datei ausgegeben, bei der Datei COMMAND.COM sind dies in unserem Beispiel 22.474 Byte. DOS ist ein Unterverzeichnis des Hauptverzeichnisses und wird im Inhaltsverzeichnis mit der Kennung <DIR> versehen. DIR steht für Directory, also für Verzeichnis. Manche deutsche DOS-Versionen geben an dieser Stelle auch <KAT> aus für Katalog - eine weitere verbreitete Bezeichnung für ein Verzeichnis. Bei Verzeichnissen entfällt die Angabe der Dateigröße, da dazu die Dateigrößen alle darin enthaltenen Dateien aufaddiert werden müßten. Sie erkennen aber auf jeden Fall, an welchem Datum und zur welcher Zeit das Verzeichnis eingerichtet worden ist. In unserem Beispiel ist dies der 31.7.1988 gewesen, genau um 23^{58} Uhr.

Angelegte Verzeichnisse können aktiviert und auch wieder gelöscht werden, sollte dies einmal notwendig sein. Im nächsten Kapitel 3.2 werden diese beiden Möglichkeiten unter anderem beschrieben.

3.2 Die Definition eines Pfadnamen

Das Hauptverzeichnis verfügt nach der Anlage des Verzeichnisses über den Eintrag der Datei COMMAND.COM sowie des Unterverzeichnisses \DOS. Alle Dateien, die sich im Verzeichnis DOS befinden - wenn dort also bereits Dateien gespeichert wären -, erscheinen in dieser Liste *nicht.*

Um die Definition eines Pfadnamen erläutern zu können, muß noch neben dem Begriff Standardlaufwerk der Begriff *Standardverzeichnis* geklärt werden.

Das Standardverzeichnis (aktuelle Verzeichnis)

Ähnlich wie beim Standardlaufwerk verhält sich es auch beim *Standardverzeichnis.* Das Standardverzeichnis ist das Unterverzeichnis, das defaultmäßig (ein *Defaultwert* ist ein Standardwert, der vom Rechner vorgegeben wird) angenommen wird, sofern kein anderer Verzeichnisname bei der Definition eines Dateinamens angegeben ist - der Datei wird also unterstellt, daß sie sich im Standardverzeichnis befindet. Dies verhält sich analog zu den Laufwerksbezeichnungen. Wird keine Laufwerksbezeichnung vor einem Dateinamen angegeben, so wird ebenfalls standardmäßig das aktuelle Laufwerk angenommen, d.h. die entsprechende Datei muß sich auf dem Standardlaufwerk befinden. Nur wenn explizit eine Laufwerksangabe erfolgt, wird auf diesem Laufwerk und nicht auf dem Standardlaufwerk nach der Datei gesucht - aber auch nur dort.

Beachten Sie auch unbedingt, daß es für jedes Laufwerk ein eigenes Standardverzeichnis gibt, welches Sie durch das Kommando *CD* definieren können. Wenn Sie ein Laufwerk ansprechen und dabei kein Verzeichnis angeben, so wird das für das entsprechende Laufwerk eingestellte aktuelle Verzeichnis vorausgesetzt (dabei haben die beiden Begriffe *Standardverzeichnis* und *aktuelles Verzeichnis* stets dieselbe Bedeutung).

Wenn Sie bei unserer Beispieldiskette nur *DIR* eingeben, so wird Ihnen das aktuelle Verzeichnis des Standardlaufwerkes ausgegeben - das ist augenblicklich das Hauptverzeichnis der Diskette im Laufwerk A. Sie können sich aber auch den Inhalt des Verzeichnisses \DOS ausgeben lassen, ohne das aktuelle Verzeichnis ändern zu müssen. Geben Sie hierzu nur das gewünschte Verzeichnis beim *DIR*-Kommando an:

```
A>dir dos
```

Auf dem Bildschirm erscheint nun folgende Ausgabe:

```
Dskt/Platte in Laufwerk A hat keinen Namen
Verzeichnis von A:\DOS

.            <DIR>      7-31-87  23:58
..           <DIR>      7-31-87  23:58
```

Die ersten beiden Einträge jedes Verzeichnisses (mit Ausnahme des Hauptverzeichnis) sind die hier gezeigten Pseudo-Einträge . und ... Sie werden automatisch beim Anlegen eines Verzeichnisses durch *MD* von DOS angelegt. Dabei steht das Verzeichnis . repräsentativ für das Verzeichnis selbst und .. für das sogenannte übergeordnete Verzeichnis. Beispielsweise ist das Verzeichnis \DOS das übergeordnete Verzeichnis der beiden Verzeichnisse \DOS\UTILITY und \DOS\DEMOS. Unter einem *übergeordneten Verzeichnis* versteht man also das Verzeichnis, in dem ein Verzeichnis selbst Unterverzeichnis ist.

Diese Punkt-Directories werden von DOS benötigt, um die Baumstruktur der Verzeichniseinträge verwalten zu können. Anhand dieser Punkt-Einträge kann DOS den Weg zum Hauptverzeichnis zurückverfolgen, was für die Verwaltung der Verzeichniseinträge notwendig ist. Der DOS-Benutzer kann sich aber durchaus dieser Punkte bedienen, was besonders bei .. attraktiv und hilfreich ist, da man durch die Eingabe zweier Punkte den kompletten Pfadnamen des übergeordneten Verzeichnisses ersetzen kann. So geben Sie beispielsweise *DIR ..* ein, um das Inhaltsverzeichnis des übergeordneten Verzeichnisses zu erhalten.

Durch das Kommando *CD* (*Change Directory*) können Sie das aktuelle Verzeichnis eines Laufwerkes ändern. Wollen Sie beispielsweise das Verzeichnis \DOS als Standardverzeichnis (aktuelles Verzeichnis) auswählen, so geben Sie folgendes Kommando ein:

```
A>cd dos
```

Dieses Beispiel wirkt auf das Standardlaufwerk, ändert also das aktuelle Verzeichnis des Standardlaufwerkes A. Wollten Sie beispielsweise das aktuelle Verzeichnis des Festplattenlaufwerkes ändern, so geben Sie bitte folgendes Kommando ein:

```
A>cd c:dos
```

Wenn Sie nun das Kommando *DIR* verwenden, um sich das Inhaltsverzeichnis ausgeben zu lassen, ohne einen Parameter anzugeben, so wird Ihnen das Verzeichnis DOS des Standardlaufwerkes ausgegeben:

```
Dskt/Platte in Laufwerk A hat keinen Namen
Verzeichnis von A:\DOS

.            <DIR>       7-31-88  23:58
..           <DIR>       7-31-88  23:58
```

Es wurde bereits kurz die Bedeutung der beiden "Punkt-Directories" erwähnt. Probieren Sie die Bedeutung dieser beiden Einträge aus, indem Sie die beiden Schein-Verzeichnisse mit Hilfe des *DIR*-Kommandos einmal ausgeben lassen:

```
A>dir .

Dskt/Platte in Laufwerk A hat keinen Namen
Verzeichnis von A:\DOS

.            <DIR>       7-31-88  23:58
..           <DIR>       7-31-88  23:58

A>dir ..

Dskt/Platte in Laufwerk A hat keinen Namen
Verzeichnis von A:\

COMMAND  COM     22474   2-18-87  10:41
DOS          <DIR>       7-31-88  23:58
```

Das erste Kommando hat dieselbe Wirkung, als hätten Sie keinen Parameter angegeben. Es wird der Inhalt des aktuellen Verzeichnisses \DOS ausgegeben. Beim zweiten Kommando wird Ihnen der Inhalt des übergeordneten Verzeichnisses ausgegeben - in diesem Fall ist das übergeordnete Verzeichnis das Hauptverzeichnis.

Wie aber gelangen Sie nun wieder in das Hauptverzeichnis zurück? Ganz einfach, Sie bedienen sich der beiden Punkte und geben ein:

```
A>cd ..
```

Sie befinden sich augenblicklich wieder im Hauptverzeichnis. Lassen Sie uns aber unser Interesse einen Augenblick noch auf das Verzeichnis \DOS richten. In der Ausgabe, die Sie durch das Kommando *DIR* erhalten haben, steht in der zweiten Zeile:

```
Verzeichnis von A:\DOS
```

Den Querbalken vor DOS haben Sie gar nicht eingegeben - DOS hat ihn automatisch vor den Verzeichnisnamen gesetzt. Bei Pfadnamen, besonders bei mehrfach geschichteten Pfaden, hat dieser Querbalken eine besondere Bedeutung. Man nennt diesen Balken *Backslash* - eine adäquate deutsche Übersetzung wäre beispielsweise "Rückstrich". Verwechseln Sie den Backslash nicht mit dem sogenannten *Slash*, der eine Linie von links unten nach rechts oben bildet und auch als Divisionszeichen verwendet wird. Leider ist der Backslash trotz seiner Bedeutung auf der Tastatur nur sehr schwer zugänglich. Sie müssen dafür die Tasten <Ctrl>, <Alt> und die Taste mit dem Größer- und Kleinerzeichen gleichzeitig betätigen. Auf manchen Tastaturen liegt der Backslash auch auf einer anderen

Taste - allerdings befindet sich der Backslash immer von vorne sichtbar auf dieser Taste. Eine zweite Möglichkeit, die immer funktioniert, ist das Betätigen der Taste <Alt> (und festhalten!), dann die beiden Tasten <9> und <2> auf der Zifferntastatur nacheinander drücken - dann können Sie die <Alt>-Taste wieder loslassen.

Wir befinden uns nun wieder im Hauptverzeichnis und wollen erneut in das Verzeichnis DOS wechseln - diesmal geben wir den Backslash mit ein:

```
A>cd \dos
```

Die Wirkung ist also dieselbe - allerdings nur, weil wir uns zuvor im Hauptverzeichnis befunden haben. Lassen Sie uns nun noch ein dem DOS-Verzeichnis untergeordnetes Verzeichnis mit Namen UTILITY anlegen. In diesem Verzeichnis könnten Sie später beispielsweise alle möglichen Hilfsprogramme abspeichern. Sie legen das Verzeichnis durch folgendes Kommando an (ohne Backslash!):

```
A>md utility
```

Wechseln Sie nun das Standardverzeichnis, indem Sie das Verzeichnis UTILITY anwählen und lassen Sie sich das Inhaltsverzeichnis ausgeben - dabei wird nun kein Backslash vorangestellt:

```
A>cd utility
A>dir

Dskt/Platte in Laufwerk A hat keinen Namen
Verzeichnis von A:\DOS\UTILITY

.            <DIR>      8-01-88   0:41
..           <DIR>      8-01-88   0:41
```

Der komplette Name des Verzeichnisses setzt sich nun aus mehreren Komponenten zusammen und enthält bereits zwei Backslashs. Dem Namen \DOS\UTILITY kann man entnehmen, daß sich das Verzeichnis UTILITY im Verzeichnis DOS befindet, das wiederum im Hauptverzeichnis abgelegt ist.

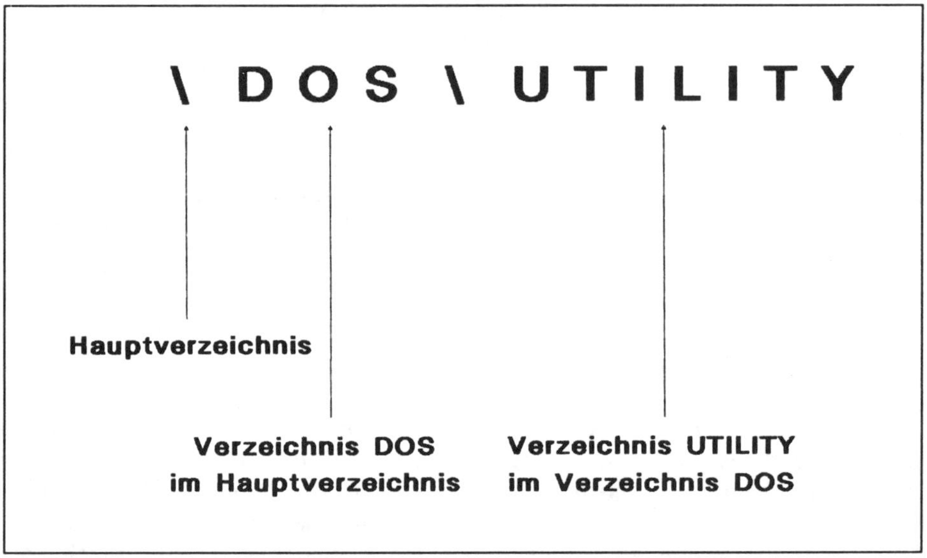

Abb. 13: Pfadname

Wir befinden uns momentan im Verzeichnis \DOS\UTILITY und kommen an die Dateien (es ist momentan ja nur die eine COMMAND.COM) in den anderen Verzeichnissen nicht heran. Wenn wir aber den kompletten Pfadnamen einer Datei angeben, so ist das kein Problem mehr. Die Datei COMMAND.COM befindet sich im Hauptverzeichnis, so daß sich die Pfadangabe denkbar einfach gestaltet; man muß Dateien aus dem Hauptverzeichnis lediglich den Backslash voranstellen:

```
\COMMAND.COM
```

Lassen Sie sich einmal die Informationen, die über diese Datei gespeichert sind, mittels des *DIR*-Kommandos ausgeben:

```
A>dir \command.com
```

Sie können sich auch das komplette Inhaltsverzeichnis des Hauptverzeichnisses ausgeben lassen, indem Sie lediglich das Hauptverzeichnis mit dem Backslash auswählen:

```
A>dir \
```

PATH \ POST \ ZOO \
RATHAUS \ PARK \
SCHWIMM.BAD
D-OS 3.2

Wenn Sie nun aber die beiden berühmten Punkte verwenden, so wird Ihnen nicht der Inhalt des Hauptverzeichnis gezeigt, sondern das Inhaltsverzeichnis des übergeordneten Verzeichnisses, und das ist in diesem Fall das von \DOS:

```
A>dir ..

Dskt/Platte in Laufwerk A hat keinen Namen
Verzeichnis von A:\DOS

.            <DIR>      7-31-88  23:58
..           <DIR>      7-31-88  23:58
```

Lassen Sie uns nun einmal die Datei COMMAND.COM aus dem Hauptverzeichnis in das aktuelle Verzeichnis kopieren. Folgende drei Kommandos sind dabei vollkommen identisch, sofern das Verzeichnis \DOS\UTILITY das aktuelle Verzeichnis ist:

```
A>copy \command.com
A>copy \command.com \dos\utility
A>copy \command.com \dos\utility\command.com
```

Es gibt nun zweimal die Datei COMMAND.COM; durch die Angabe eines kompletten Pfadnamens ist eine Verwechslung der beiden Dateien jedoch ausgeschlossen. Die beiden Dateien haben folgende Namen:

```
\command.com
\dos\utility\command.com
```

Nur wenn die jeweiligen Verzeichnisse Standardverzeichnis sind, sind die Namen der Dateien *scheinbar* gleich - da der Pfadname der Datei dann nicht angegeben wird. Von der Wurzel eines Verzeichnisses aus - dem Hauptverzeichnis einer Festplatte oder Diskette - kann jede Datei aber eineindeutig definiert und auch unterschieden werden. Der komplette Pfadname einer Datei ist einzigartig auf jeweils einer Diskette oder Festplatte.

Wenn Sie nun vom Verzeichnis \DOS\UTILITY in das Hauptverzeichnis zurückwollen, so haben Sie zwei Möglichkeiten. Entweder Sie geben zweimal das Kommando CD .. ein:

Aktuelles Verzeichnis	Befehl
\DOS\UTILITY	CD ..
\DOS	CD ..
\	

Oder Sie wählen den schnelleren Weg - Sie können DOS nämlich auch sofort mitteilen, daß Sie in das Hauptverzeichnis wollen:

```
A>cd \
```

Vom Hauptverzeichnis aus können Sie sich nun den Inhalt des Verzeichnis \DOS sowie den Inhalt des Unterverzeichnisses \DOS\UTILITY ansehen:

```
A>dir \dos
```

oder

```
A>dir \dos\utility
```

Da Sie sich im Hauptverzeichnis befinden, können Sie den ersten Backslash auch weglassen. Aus jedem anderen beliebigen Verzeichnis müssen Sie den ersten Backslash aber angeben. Wenn Sie einen Dateinamen angeben, so wird von DOS der aktuelle Verzeichnisname automatisch vorausgesetzt und entsprechend intern dem Dateinamen vorangestellt - es sei denn, Sie geben selbst explizit einen Verzeichnisnamen vor dem Dateinamen an. Befinden Sie sich beispielsweise im Pfad \DOS\UTILITY und geben lediglich den Dateinamen URMEL.TXT an, so macht DOS daraus den Dateinamen \DOS\UTILITY\URMEL.TXT. Geben Sie jedoch \URMEL.TXT an, so unterläßt DOS das Voranstellen des aktuellen Pfadnamen, da als Verzeichnisname der Name des Hauptverzeichnisses \ definiert worden ist.

Man kann diese Aussage sogar noch etwas präzisieren: Ist das erste Zeichen eines Dateinamen, den Sie angeben, der Backslash, so stellt DOS den aktuellen Pfad *nicht* voran - sonst immer.

Befinden Sie sich nun im Verzeichnis \DOS und wollen die Datei \DOS\UTILITY\URMEL.TXT ansprechen, so bestehen zwei Möglichkeiten, diese Datei zu adressieren. Im folgenden Beispiel sind beide Möglichkeiten dargestellt:

```
     utility\urmel.txt
\dos\utility\urmel.txt
```

Im ersten Beispiel würde DOS - da das erste Zeichen nicht der Backslash ist - vor dem angegebenen Namen das aktuelle Verzeichnis \DOS voranstellen, was dann den kompletten Namen der gewünschten Datei ergibt. DOS fügt zwischen vorangestellem Verzeichnis und eingegebenem Verzeichnis automatisch den notwendigen Backslash ein.

Genauso verhält sich diese Automatik auch beim Wechseln des aktuellen Verzeichnis durch das Kommando *CD*. Befinden Sie sich im Verzeichnis \DOS und wollen in das übergeordnete Verzeichnis \DOS\UTILITY wechseln, so genügt das Kommando

```
A>cd utility
```

Da das erste Zeichen kein Backslash ist, wird von DOS automatisch der Name des aktuellen Verzeichnisses \DOS vorangestellt. Aus jedem anderen Verzeichnis heraus müssen Sie natürlich den kompletten Pfadnamen definieren.

Für Experimentierfreudige:

Der doppelte Punkt .. kann nicht nur zum Rückspringen in das übergeordnete Verzeichnis, sondern durchaus als Ersatz für dessen Pfadnamen benutzt werden. Folgende Dateinamen sind deswegen erlaubt:

Dateiname	Bedeutung
..\URMEL.TXT	Datei urmel.txt im übergeordneten Verzeichnis.
..\..\A.TXT	Das übergeordnete Verzeichnis vom übergeordneten Verzeichnis beinhaltet A.TXT.

Der einfache Punkt steht stellvertretend für das aktuelle Verzeichnis - eine Verwendung hierfür ist nur höchst selten sinnvoll, da ohne Angabe von Verzeichnisnamen zumeist das aktuelle Verzeichnis angenommen wird.

Das Löschen von Verzeichnissen

Sie wissen nun, wie Sie ein Verzeichnis anlegen und auch adressieren können. Was aber muß getan werden, soll ein Verzeichnis wieder aufgelöst - sprich gelöscht - werden?

Damit ein Verzeichnis wieder gelöscht werden kann, müssen alle darin befindlichen Dateien entfernt worden sein. Auch evtl. eingerichtete Unterverzeichnisse eines Verzeichnisses müssen komplett leer sein und ebenfalls gelöscht werden. Ist dies alles geschehen, können Sie mit Hilfe des *RD* oder auch *RMDIR*-Kommandos das Verzeichnis endgültig löschen. Wollten Sie beispielsweise das angelegte Verzeichnis \DOS\UTILITY löschen, so müssen Sie zunächst alle darin befindlichen Dateien entfernen:

```
C>del \dos\utility
```

Ist das geschehen, können Sie das Verzeichnis selbst auch löschen. Es ist allerdings darauf zu achten, daß Sie nicht das aktuelle Verzeichnis löschen können. Sollten Sie sich also aktuell in dem Verzeichnis befinden, das Sie eigentlich löschen wollen, so wechseln Sie vorher in ein anderes Verzeichnis - beispielsweise das Hauptverzeichnis. Um nun das Verzeichnis \DOS\UTILITY zu löschen, geben Sie folgendes Kommando ein:

```
C>rd \dos\utility
```

Befinden sich noch Dateien im Verzeichnis, so können Sie das Verzeichnis nicht löschen. Es erscheint in diesem Fall folgende Meldung auf Ihrem Bildschirm:

```
Ungültiger Pfad, kein Verzeichnis,
oder Verzeichnis nicht leer
```

Dieselbe Fehlermeldung erhalten Sie auch, wenn Sie das aktuelle Verzeichnis löschen wollen. Es kann vorkommen, daß in einem Inhaltsverzeichnis keine Datei mehr angezeigt wird, das Verzeichnis aber dennoch nicht gelöscht werden kann. In diesem Fall befindet sich mit Sicherheit noch eine unsichtbare Datei im Verzeichnis. Diese müssen Sie zunächst durch ein Hilfsprogramm wie beispielsweise die Norton Utilities löschen. Danach können Sie erneut versuchen, das Verzeichnis zu löschen (aufzuheben).

Wie bereits bemerkt, können Sie ein Verzeichnis auch dann erst durch *RD* wieder aufheben, wenn das Verzeichnis selbst keine Unterverzeichnisse mehr enthält; Sie würden sonst ja auch die logische Kette vom Hauptverzeichnis zu den Dateien unterbrechen.

Das Hauptverzeichnis kann aus verständlichen Gründen niemals durch *RD* gelöscht werden. Sie erhalten dann eine entsprechende Fehlermeldung.

3.3 Die Verwendung von Jokern

Bei vielen DOS-Kommandos geben Sie den Dateinamen einer Datei an, die von dem entsprechenden Kommando dann bearbeitet wird (beispielsweise beim Löschen von Dateien oder bei der Anzeige von Datei-Informationen). Wollen Sie mehrere Dateien gleichzeitig bearbeiten, so müssen Sie das Kommando wiederholen und jedesmal den nächsten Dateinamen eingeben - eine sicherlich sehr aufwendige Angelegenheit.

Durch die Verwendung von *Jokern*, deren Name zu Recht aus der Welt der Kartenspiele entliehen ist, kann man ähnlichlautende Dateien oder Dateien mit gleicher Dateikennung zusammenfassen - man spricht also mehrere Dateien mit einem einzigen Dateinamen an. Ähnlich wie Sie von der Klasse 5b des XYZ-Gymnasiums sprechen und damit alle Schüler dieser Klasse meinen oder sogar einfach von den Sextanern sprechen und hier alle Schüler der Jahrgangsstufe 5 zusammenfassen.

Die beiden Jokerzeichen (auch *Wild Cards* genannt) sind unter DOS das Fragezeichen (?) und der Stern (*). Diese Zeichen dürfen weder in einem Dateinamen noch in einerm Verzeichnisnamen vorkommen, da sie von DOS als Platzhalter verstanden werden.

Das Fragezeichen als Wildcard

Dabei bedeutet das Fragezeichen in einem Dateinamen, daß an dieser Stelle jedes beliebige Zeichen stehen darf - das Fragezeichen entspricht also genau *einem* anderen beliebigen Zeichen. Würden Sie beispielsweise den Dateinamen ?ELLE.TXT wählen, so würden (sofern vorhanden) folgende Dateien angesprochen:

```
?ELLE.TXT
DELLE.TXT      KELLE.TXT
WELLE.TXT      FELLE.TXT
ZELLE.TXT      HELLE.TXT
```

Lassen Sie uns noch einige weitere Beispiele unter der Verwendung des Jokers Fragezeichen (?) betrachten:

```
KAPITEL?.TXT
KAPITEL1.TXT   KAPITELA.TXT
KAPITEL2.TXT   KAPITELB.TXT
KAPITEL3.TXT   KAPITELC.TXT
```

Nicht nur in der Dateibeschreibung können Joker verwendet werden, sondern selbstverständlich auch in der Dateikennung. Die erlaubte Anzahl der verwendeten Joker ist unbegrenzt.

```
DAT??.?A?
DATA1.BAK      DATUM.WAA
DAT20.BAT      DATT9.CAL
```

Auch ausschließlich in der Dateikennung könnten Joker verwendet werden, beispielswiese um eine Original-Datei und die Sicherungskopien anzusprechen:

```
DEMO.BA?
DEMO.BAK       DEMO.BAT
DEMO.BAS       DEMO.BAR
```

Geben Sie ausschließlich Joker als Dateinamen an, so wird die Liste der ausgewählten Dateien natürlich deutlich größer. Das folgende Beispiel würde alle Dateien mit einer Dateibeschreibung bis zu fünf Zeichen selektieren:

```
?????.???
```

Wie Sie sehen, kann das Fragezeichen im Dateinamen und in der Dateikennung vorkommen - so oft wie nötig. Wenn Sie als Dateinamen beispielsweise fünf Fragezeichen angeben, so werden damit automatisch auch alle kürzeren Dateien erfaßt! Ist ein Dateiname kürzer als acht Zeichen, so werden die restlichen Stellen intern mit Leerzeichen aufgefüllt. Aus diesem Grunde wird die Datei AHA.BAT nur mit

```
A?A???.BAT
```

nicht aber mit

```
???A?A.BAT
```

selektiert. Die Positionen der Fragezeichen müssen linksbündig betrachtet genau mit den zu selektierenden Dateien übereinstimmen.

Der Stern (Asterisk) als Wildcard

Der zweite Joker - der Stern (*) - ersetzt eine ganze Gruppe von Zeichen im Dateinamen. Er wird häufiger verwendet als das Fragezeichen, beispielsweise wenn alle Dateien bearbeitet werden sollen, die denselben Namen, aber eine unterschiedliche Kennung haben - soll beispielweise die Datei DEMO einer Datenbank kopiert werden, so finden sich schnell zehn oder mehr Dateien zusammen: die Dateibeschreibung DEMO.MAS, die Datei selbst DEMO.DAT sowie zahlreiche Indexdateien DEMO.IXX. Um nun diese Dateien alle zu kopieren, würden Sie folgendes Kommando eingeben:

```
copy demo.* a:
```

Der Stern wird intern allerdings ersetzt durch Fragezeichen. Dabei wird von der Position, an der der Stern plaziert wurde, bis zum Ende - das ist die achte Position bei der Dateibeschreibung und die dritte Position bei der Dateikennung - der Dateiname mit Fragezeichen aufgefüllt. Aus diesem Grunde kann man den Stern in einem Dateinamen auch übersetzen als "Ab dieser Stelle egal". Der Dateiname A*.* würde beispielsweise alle Dateien selektieren, die mit dem Buchstaben 'A' beginnen. Auch zur Verwendung des Sterns sollen einige Beispiele zur Deutlichkeit beitragen:

```
KAPITEL*.TXT
KAPITEL1.TXT   KAPITELA.TXT
KAPITEL2.TXT   KAPITELB.TXT
KAPITEL3.TXT   KAPITELC.TXT
```

Der Dateiname *.* wählt alle Dateien des jeweiligen Verzeichnisses aus, die auch im Inhaltsverzeichnis erscheinen. Nur die versteckten Dateien -

die also ohnehin bei *DIR* nicht ausgegeben würden - werden nicht durch diesen Dateinamen erfaßt.

Durch den Dateinamen DEMO.* kopieren Sie alle Dateien mit der Dateibeschreibung DEMO; die Dateikennung ist zur Selektion nicht relevant.

Wollen Sie beispielsweise alle Sicherungskopien des Zeileneditors *EDLIN* oder einer Textverarbeitung löschen, so definieren Sie den Dateinamen mit Hilfe des Jokers, und als Dateikennung geben Sie die Kennung BAK für Sicherheitskopien an:

```
del *.bak
```

Bei der Verwendung von Wild Cards sollte man sehr vorsichtig sein, besonders wenn man Dateien löscht o.ä. Sie sollten sich deswegen vor der Bearbeitung einer Dateigruppe vergewissern, daß Sie keine Dateien ungewollt löschen.

Hinweis: Joker können lediglich in Dateinamen oder Dateikennungen verwendet werden und sind als Laufwerksbezeichnung oder in Verzeichnisnamen unzulässig. So ist beispielsweise folgende Definition unzulässig, da der Joker die Laufwerksbezeichnung betrifft:

```
?:karl.txt
```

Auch das nachfolgende Beispiel ruft eine Fehlermeldung hervor, da im Verzeichnisnamen ein Joker verwendet wird:

```
\d?s\sch*\karl.txt
```

3.4 Gerätenamen des DOS

Alle am Rechner angeschlossenen Geräte muß man ansprechen können. Um dies zu ermöglichen, hat man den einzelnen Geräten Namen zugeteilt. Einige dieser Namen kennen Sie schon, beispielsweise sprechen wir die Laufwerke durch Ihre Laufwerksbezeichnung gefolgt von einem Doppelpunkt an. Aber auch die Drucker und die serielle Schnittstelle haben eigene Namen, die Sie der folgenden Tabelle entnehmen können:

Name	Gerät
A:	Erstes Diskettenlaufwerk
B:	Zweites Diskettenlaufwerk oder virtuelles Laufwerk
C:	Erste Harddisk oder RAM-Disk
D:	Zweite Harddisk oder RAM-Disk
E:	RAM-Disk
F:-Z:	Weitere RAM-Disks oder SUBST-Laufwerke
CON:	Konsole (Bildschirm und Tastatur)
PRN:	Erster Paralleldrucker
LPT1:	Erster Paralleldrucker (Bedeutung wie LPT1:)
LPT2:	Zweiter Paralleldrucker
LPT3:	Dritter Paralleldrucker
AUX:	Erste serielle Schnittstelle (Bedeutung wie COM1:)
COM1:	Erste serielle Schnittstelle
COM2:	Zweite serielle Schnittstelle
COM3:	Dritte serielle Schnittstelle
COM4:	Vierte serielle Schnittstelle
NUL:	Null Device (Dummy Device oder "Mülleimer")

Reservierte Gerätenamen unter DOS

Alle Geräte können nach der eigentlichen Bezeichnung auch noch mit einem Doppelpunkt versehen werden, beispielsweise CON:, was auch häufig gemacht wird, um die Geräte als solche erkennbar zu machen. Diese Gerätenamen können Sie überall verwenden, wo auch Dateinamen angegeben werden können. Natürlich können Sie Ausgabegeräte wie beispielsweise den Drucker nicht als Eingabegerät definieren. Die Konsole beinhaltet sowohl die Tastatur als auch den Bildschirm - DOS erkennt automatisch, ob die Konsole als Ein- oder Ausgabemedium verwendet werden soll und reagiert entsprechend.

Um beispielsweise eine Textdatei zu erstellen, die nicht allzu lang ist, können Sie durchaus das *COPY*-Kommando verwenden. In Verbindung mit der Konsole (*CON*:) als Eingabegerät wird die Datei über Tastatur erstellt:

```
copy con datei.txt
```

Der Cursor erscheint unter dem *COPY*-Kommando. Sie können nun solange Zeilen eingeben, die Sie jeweils mit <Enter> abschließen, bis Sie die Datei mit <Ctrl>-<Z> oder <F6> beenden; die Datei DATEI.TXT ist dann erstellt. Wir werden von dieser Methode Dateien zu erstellen noch häufig Gebrauch machen, vor allem bei der Definition der Konfigurationsdatei sowie von Batchdateien.

Haben Sie einen Paralleldrucker (Drucker ist an der Centronics-Schnittstelle angeschlossen), so wird der erste LPT1 oder PRN genannt, der zweite LPT2 und der evtl. dritte LPT3. Ist der Drucker aber ein serieller, der an der asynchronen Schnittstelle (RS-232) angeschlossen ist, so müssen Sie den Drucker mit COM1: ansprechen. Eine Abhilfe schafft hier nur das *MODE*-Kommando (siehe hierzu *MODE*-Befehl).

4. Alle DOS-Kommandos

DOS wird ständig ausgebaut und verbessert. Bestehende Befehle werden korrigiert oder erweitert, neue Befehle kommen hinzu. Immer wenn DOS neue Kommandos hinzugefügt worden sind, wurde gleichzeitig auch die Versionsnummer geändert. Ein Kommando, das es bereits unter DOS 3.0 gab, wird es in derselben Form auch unter DOS 3.3 geben - nicht aber umgekehrt. Wenn Sie einmal an einem anderen Rechner als Ihren eigenen arbeiten, so ermitteln Sie ganz zu Anfang am besten die Versionsnummer des dort verwendeten DOS, um böse Überraschungen zu vermeiden.

Manche Lizenznehmer des DOS erweitern den standardmäßigen Befehlsumfang um einige Kommandos, die entweder stark rechnerorientiert sind (beispielsweise um bestimmte Geräte zu unterstützen, etwa einen Plasmabildschirm) oder eine sinnvolle Ergänzung darstellen. Natürlich können in einem Buch wie diesem nicht alle von den Herstellern zusätzlich gelieferten Kommandos beschrieben werden. Alle in der jeweils offiziellen Version von IBM und Microsoft enthaltenen Kommandos sind in diesem Kapitel erläutert.

Die Firma Compaq liefert mit ihren Geräten wahlweise zu DOS 3.3 die DOS-Version 3.31 aus. Hier handelt es sich um eine von der Bedienung her zu DOS 3.3 absolut identische Betriebssystem-Version. Lediglich die Verwaltung von Festplatten wurde optimiert: Es besteht nun nicht mehr die Beschränkung, daß eine Partition maximal über 32 MByte Speicherkapazität verfügen kann. Hierzu wurde aus einer sogenannten 16-Bit-FAT eine 32-Bit-FAT gemacht. Mit 16 Bit können Sie lediglich 65.536 Sektoren verwalten, also bei 512 Byte je Sektor genau 33.554.432 Byte, was 32 MByte entspricht. Mit 32 Bit können Sie die 65.536fache Menge verwalten. Eine für die Zukunft wohl ausreichende Speicherkapazität.

Man kann alle verfügbaren DOS-Kommandos aufteilen in *residente* (interne) und *transiente* (externe) Befehle. Die residenten Kommandos befinden sich ständig im Speicher des Rechners und können somit sofort ausgeführt werden. Die transienten Kommandos liegen als Programm auf der DOS-Systemdiskette vor und müssen geladen werden, bevor sie ausgeführt werden können. Hier muß dann die DOS-Diskette im Laufwerk liegen. Verfügen Sie über eine Festplatte, so befinden sich die Befehlsdateien ständig im Zugriff, so daß eine Unterscheidung in transient und resident für Sie nicht mehr ganz die wesentliche Bedeutung hat.

In diesem Kapitel sollen Ihnen nun alle DOS-Befehle vorgestellt werden. Bevor Sie diese aber nutzen, sollten Sie sich mit den Regeln des Gebrauches dieser Kommandos vertraut machen.

4.1 Eingaberegeln für DOS-Kommandos

In den meisten Fällen benötigen die DOS-Befehle Angaben, die zur Ausführung des entsprechenden Kommandos notwendig sind. Wollen Sie beispielsweise den Bildschirm durch das Kommando *CLS* löschen, so sind keine weiteren Angaben notwendig - die Aufgabe ist ganz klar. Wollen Sie aber eine Diskette formatieren, so muß DOS wissen, in welchem Laufwerk sich die Diskette befindet. Beim Kopieren von Dateien beispielsweise muß die Quelle bekannt sein und das Ziel.

Alle diese Angaben nennt man *Parameter*, die man dem entsprechenden Kommando übergibt. Dabei müssen Sie sowohl das Kommando und den ersten Parameter als auch die verschiedenenen Parameter untereinander durch ein Leerzeichen voneinander trennen. Andere Trennzeichen wie Komma, Strichpunkt usw. sind nicht zulässig.

Es gibt aber noch ganz "spezielle" Parameter, die den Arbeitsablauf eines Kommandos direkt beeinflussen - Sie geben also nicht nur an *womit*, sondern vielmehr *wie* gearbeitet wird. Diese Parameter sind festdefinierte Werte wie beispielsweise */4* beim Formatieren oder */a* beim Kopieren etc. und werden stets durch einen Schrägstrich (oder durch ein Minuszeichen) eingeleitet. Man nennt diese Parameter *Optionen* und im Programmierer-Jargon auch gerne *Switch* (mit der deutschen Bedeutung von Schalter). Wenn Sie *Optionen* bei Ihrem Kommando angeben, so müssen diese nicht zwingendermaßen durch ein Leerzeichen voneinander getrennt sein - es ist jedoch aus optischen Gründen zu empfehlen.

Wenn Sie ein transientes Kommando verwenden, so wird nach dem Befehl - wie bereits erwähnt - auf der Diskette bzw. Festplatte gesucht. Dabei wird eine festdefinierte Reihenfolge beim Suchen eingehalten. Haben Sie keinen Suchpfad durch das *PATH*-Kommando definiert, so wird auf dem aktuellen Laufwerk im aktuellen Verzeichnis nach dem Kommando gesucht. Wird es hier nicht gefunden, so wird eine Fehlermeldung ausgegeben.

Durch das *PATH*-Kommando haben Sie die Möglichkeit, ein Laufwerk und ein Verzeichnis anzugeben, auf dem statt im aktuellen Laufwerk und Verzeichnisses gesucht wird. Wird das Kommando an dieser Stelle nicht gefunden, so wird ebenfalls eine Fehlermeldung ausgegeben. Nötigenfalls können Sie sogar mehrere Laufwerke und Verzeichnisse mit diesem Befehl zum Suchen definieren.

Wollen Sie Ihr Kommando bewußt von einem bestimmten Laufwerk laden, so können Sie die Laufwerksangabe *vor* dem Kommando selbst angeben - auf der in diesem Laufwerk befindlichen Diskette muß das entsprechende Kommando dann allerdings auch gespeichert sein. Im folgenden Beispiel wird der Zeileneditor *EDLIN* vom A-Laufwerk geladen, der Text *demo* jedoch vom Standardlaufwerk C:

```
C>a:EDLIN demo
```

Wenn Sie eine Laufwerksangabe vor einem Kommando machen, so hat sie höhere Priorität als die durch das Kommando *PATH* definierte Laufwerksangabe.

Seit der DOS-Version 3.0 können Sie neben der Laufwerksangabe auch die entsprechende Verzeichnisangabe machen, in dem sich der zu ladende Befehl befindet. Sie geben also ein beliebiges Verzeichnis an, in dem statt des Standardverzeichnisses nach dem Kommando gesucht werden soll. Sie können zusätzlich auch eine Laufwerksangabe machen, das ist allerdings nicht obligatorisch. Im folgenden Beispiel wird auf dem Standardlaufwerk im Verzeichnis \DOS nach dem Editor *Edlin* gesucht; der Text *demo* befindet sich im aktuellen Verzeichnis:

```
C>\dos\EDLIN demo
```

Wenn Sie auch eine Laufwerksangabe machen wollen, so ist diese *vor* den Pfad zu setzen:

```
C>a:\dos\EDLIN demo
```

Wie bei der Laufwerksangabe ist auch die Verzeichnisangabe von höherer Priorität als die durch das *PATH*-Kommando definierte. Wird das Kommando nicht im angegebenen Verzeichnis gefunden, so wird der durch *PATH* definierte Pfad *nicht* durchsucht.

4.2 Die zusätzlichen Möglichkeiten der Befehlseingabe

DOS-Kommandos erwarten Eingaben vom Standardeingabegerät, das ist normalerweise die Tastatur. Ferner werden alle Ausgaben auf dem Standardausgabegerät gemacht, dies ist normalerweise der Bildschirm. Beides zusammen (Bildschirm und Tastatur) nennt man *Konsole* - die Konsole ist standardmäßig dieses Standardein-/ -ausgabegerät. Sie können durch den *CTTY*-Befehl bestimmen, welches Gerät dieses Standardein-/ausgabegerät sein soll, wenn hier nicht die Konsole gewünscht ist.

Seit der DOS-Version 2.0 hat man nun die Möglichkeit, das Standardein- bzw. -ausgabegerät für die Dauer eines DOS-Kommandos umzudefinieren. Dieses Verfahren nennt man *Umlenken* oder auch *Redirection.* Dabei kann die Umlenkung auf ein Peripheriegerät (Drucker, Modem, Maus etc.) oder eine Datei erfolgen. Im Falle der Ausgabe werden alle Daten, die sonst auf dem Bildschirm ausgegeben werden, an das entsprechende Peripheriegerät gesandt oder in die angegebene Datei geschrieben. Im Falle der Eingabe werden die Daten nicht von Tastatur gelesen, sondern vom definierten Peripheriegerät erwartet bzw. aus der angegebenen Datei ausgelesen. Dabei werden stets nur so viele Daten ausgelesen wie nötig.

Die beiden Umlenkbefehle sind die Zeichen < und > - das ist auch der Grund, warum diese Symbole in keinem Dateinamen oder Parameter vorkommen dürfen, sie würden als Umlenkbefehle mißverstanden. Die Umlenkbefehle müssen die jeweils letzten in der Befehlszeile sein. Dabei haben die Umlenkkommandos folgende Bedeutung:

Symbol	Bedeutung
>	Umlenken der Ausgabe auf ein Gerät/Datei
>>	Umlenken der Ausgabe in bestehende Datei
<	Umlenken der Eingabe auf Gerät/Datei

Man kann sich die Bedeutung der Befehle sehr leicht merken: Bei der Umlenkung der Eingabe zeigt die Spitze von < auf das Kommando und die Öffnung der Spitze auf die Datei. Die Daten aus der Datei werden also wie durch einen Trichter in den Befehl geleitet. Bei der Ausgabe hingegen zeigt die Spitze auf das Gerät bzw. die entsprechende Datei, in die hineingeschrieben wird. Der Datenfluß findet also vom Befehl durch den Pfeil in die Datei statt.

Wird die Ausgabe durch das Zeichen > in eine Datei umgelenkt, so wird diese Datei vor Ausführung des Befehls angelegt. Existiert die Datei bereits, so wird sie überschrieben. Die Umlenkung der Ausgabe durch den Befehl >> hängt alle auszugebenden Zeichen an die bestehende Datei an (*append*); existiert die Datei noch nicht, so wird sie zuvor angelegt.

Lenken Sie die Eingabe durch den Umlenkunsbefehl < um, so wird jedesmal, wenn ein Zeichen von Tastatur geholt werden muß, das entsprechende Gerät angesprochen bzw. das Zeichen aus der angegebenen Datei ausgelesen.

Umlenken der Ausgabe

Wollen Sie beispielsweise das Inhaltsverzeichnis Ihrer Diskette oder Platte nicht auf dem Bildschirm, sondern auf dem Drucker ausgegeben haben, so erreichen Sie das durch folgendes Kommando:

```
dir >prn
```

Sie können natürlich alle Möglichkeiten des Kommandos ausnutzen, also Laufwerks- und Pfadangabe sowie die Benutzung der Optionen */p* und */w*, wobei die Option */p* bei Ausgabe auf ein vom Bildschirm verschiedenes Gerät unsinnig ist.

```
dir *.* /w >prn
```

Wollen Sie das Inhaltsverzeichnis in eine Datei schreiben, um diese etwa mit einem Programm zu bearbeiten:

```
dir *.com > datei.txt
```

Sie können sich diese Datei nun ansehen - oder wie im zweiten Beispiel auf dem Drucker ausgeben lassen:

```
type datei.txt
type datei.txt >prn
```

Wollten Sie eine weitere Verzeichnisliste an die in der Datei *datei.txt* erstellten anhängen, bedienen Sie sich des Befehls >>:

```
dir \dos >>datei.txt
```

Umlenken der Eingabe

Wollen Sie die Standardeingabe umlenken, so können Sie wie bei der Ausgabe ein Gerät oder eine Datei angeben. Wird eine Datei angegeben, so müssen sich in dieser Datei bei der Ausführung eines DOS-Befehls die jeweiligen Eingaben in exakt der richtigen Reihenfolge befinden. Wir wollen als Beispiel einmal eine Eingabedatei definieren, die alle notwendigen Eingaben enthält, um eine Batchdatei mit Hilfe von *EDLIN* zu erstellen:

```
copy con demo.txt

i
echo off
echo Dies ist ein Beispiel, wie man die Standardeingabe
echo umlenken kann.
echo Die DOS-Version:
ver
echo Das aktuelle Verzeichnis:
cd
^Cl                          <Ctrl>-<C> drücken
e
^Z                           <Ctrl>-<Z> drücken
```

Nachdem Sie nun diese Eingabedatei erstellt haben, geben Sie folgendes Kommando ein:

```
edlin demo.bat <demo.txt
```

Es ist nicht ganz ungefährlich, die Eingabe umzulenken. Haben Sie sich einmal verschrieben und *EDLIN* würde in diesem Beispiel einen Befehl nicht erkennen, so hängt sich das System auf, da Sie mit der Tastatur diesen Vorgang nicht unterbrechen können - es bleibt nur noch der Ausweg <Ctrl>-<Alt>-<Del>.

In unserem Beispiel steht das erste *i* als Kommando für *EDLIN*, um Zeilen zu definieren. Wenn alle Zeilen abgeschlossen sind, wird mit <Ctrl>-<C> die Eingabe abgebrochen, weshalb auch in dieser Datei ein <Ctrl>-<C> eingegeben werden muß. Es folgt ein Kommando zum Auslisten der kleinen Datei und dann wird durch *e* der Editor verlassen.

Ein- und Ausgabe umlenken

Bei manchen Programmen ist es sinnvoll, sowohl die Ein- als auch die Ausgabe umzulenken. Berühmtestes Beispiel hierfür ist *SORT*, an das man keine Dateinamen als Parameter übergeben kann. Da *SORT* ein Filterkommando ist (s.u.), wird die Standardeingabe sortiert und auf Standardausgabe ausgegeben. Mit folgendem Befehl sortieren Sie die Datei *inhalt.txt* und speichern die sortierte Liste unter neuem Namen *inhalt.sor*.

```
sort <inhalt.txt >inhalt.sor
```

Die Fehlerausgabe

Nicht alle Meldungen werden von den DOS-Befehlen auf die Standardausgabe ausgegeben, so daß man auch nicht alle Meldungen umlenken kann; eine sinnvolle Einrichtung. Fehlermeldungen und wichtige Meldungen an den Benutzer, beispielsweise die Aufforderung bei *FORMAT*, die Diskette einzulegen, werden auf jeden Fall auf dem Bildschirm ausgegeben und nicht auf das umgelenkte Standardausgabegerät.

Das Verknüpfen von DOS-Befehlen

Man hat die Möglichkeit, einige DOS-Befehle miteinander zu verknüpfen. Dadurch wird es beispielsweise möglich, ein sortiertes Inhaltsverzeichnis auszugeben oder aus einer sortierten Liste einige Einträge herauszulöschen etc. Die DOS-Befehle, die zur Verknüpfung geeignet sind, nennt man *Filterkommandos*. Solche DOS-Filterkommandos sind *MORE*, *SORT* und *FIND*. Man verbindet zwei oder mehr Befehle, indem man zwischen die jeweiligen Kommandos das sogenannte *Pipesymbol* eingibt. Das Pipesymbol ist das Zeichen '|', das Sie auf Ihrer Tastatur *nicht* vorfinden. Sie erhalten das Zeichen, indem Sie die Taste <Alt> drücken und festhalten und dann die drei Tasten 1-2-4 auf der rechten Nummerntastatur nacheinander betätigen.

Die Filterkommandos zeichnen sich dadurch aus, daß sie Ihre Eingaben vom Standardeingabegerät erwarten und ihre Ausgaben auf dem Standardausgabegerät ausgeben. Werden nun zwei Kommandos miteinander verknüpft, so erstellt DOS *automatisch* eine Temporärdatei. Dabei wird die Ausgabe des Kommandos links vom Pipesymbol in diese Temporärdatei geschrieben und vom Kommando rechts des Pipesymbols als Eingabedatei übergeben. Folgendes Kommando gibt das aktuelle Verzeichnis sortiert auf dem Bildschirm aus:

```
DIR ¦ SORT
```

Es ist dabei zu beachten, daß bei der Veknüpfung zweier Befehle mitunter ein bis zwei Temporärdateien im Hauptverzeichnis angelegt werden, die auch im Inhaltsverzeichnis erscheinen. Schenken Sie diesen Einträgen keine Beachtung.

DOS zerlegt diese beiden im obigen Beispiel durch | verknüpften Kommandos in zwei Teile:

```
DIR >TEMP.$$$
SORT <TEMP.$$$
```

Schematisiert sieht dieser Vorgang wie in folgender Abbildung verdeutlicht aus:

```
DIR -> Hilfsdatei -> Sortieren -> Ausgabe
```

Am Ende löscht DOS die erstellte Temporärdatei noch automatisch und zeigt diese Liste dann auf dem Bildschirm an.

Würden Sie aus der Verzeichnisliste alle Unterverzeichnisse herausstreichen wollen, bevor sortiert wird, so könnten Sie das durch folgende drei Befehle erreichen:

```
DIR ¦ FIND /v "<DIR>" ¦ SORT
```

DOS macht aus diesen drei Befehlen intern folgende Kommandozeilen:

```
DIR >Temp.$$$
FIND /v "<DIR>" <Temp.$$$ >Temp.$$$
SORT <Temp.$$$
```

Würden Sie in diesem Beispiel die Ausgabe lieber in eine Datei erhalten als auf dem Bildschirm, so muß diese Umlenkung am Ende erscheinen:

```
DIR | FIND /v "<DIR>" | SORT >datei.txt
```

4.3 Die Befehlsgruppen des DOS

Alle Befehle des Betriebssystemes DOS können in Befehlsgruppen eingeteilt werden. Dies wird zwar nicht offiziell von IBM oder Microsoft gemacht, dient aber der Übersicht, wenn Sie wissen wollen, welche Kommandos gleiche oder ähnliche Aufgaben erledigen.

Wir stellen Ihnen diese Befehlsgruppen in tabellarischer Form vor. Es kann dabei durchaus vorkommen, daß ein Kommando unter mehreren Stichworten genannt wird, da der Leistungsumfang dieses Kommandos es nicht zuläßt, es nur einem einzigen Bereich zuzuordnen.

Dateien, Dateinamen, Datei-Inhalte

ATTRIB	RECOVER
DEL	RENAME
DELETE	REPLACE
DIR	SORT
ERASE	SYS
FIND	TREE
MORE	TYPE
PRINT	

Laufwerke, Disketten, Festplatten

ASSIGN	FORMAT
CHKDSK	JOIN
DISKCOMP	LABEL
DISKCOPY	SUBST
FASTOPEN	VOL

Verzeichnisse

APPEND	PATH
CD	RD
DIR	RMDIR
JOIN	SUBST
MD	TREE
MKDIR	

Kopieren

BACKUP	DISKCOPY
COMP	RESTORE
COPY	XCOPY
DISKCOMP	

Batchbefehle

CALL	GOTO
ECHO	IF (NOT)
ERRORLEVEL	PAUSE
EXIST	REM
FOR / DO	SHIFT

Konfigurationskommandos

ANSI	FCBS
BREAK	FILES
BUFFERS	LASTDRIVE
COUNTRY	PRINTER
DEVICE	SHELL
DISPLAY	STACKS
DRIVER	VDISK

Ein-/Augabegeräte

BREAK	KEYBxx
CLS	MODE
CTTY	VERIFY
KEYB	

Netzwerk

SHARE

Bildschirm, Zeichensätze und Grafik

CHCP	GRAPHICS
CLS	MODE
GRAFTABL	NLSFUNC

Befehle für den Programmierer

CHCP	EXIT
COMMNAND	GRAFTABL
CTTY	GRAPHICS
DEBUG	LINK
EDLIN	MODE
EXE2BIN	NLSFUNC

Systemkommandos

BREAK	TIME
DATE	VER
ECHO	VERIFY
SYS	

4.4 Die DOS-Kommandos bis Version 3.3

Auf den nun folgenden Seiten sind alle DOS-Kommandos aufgeführt, die in der Version 3.3 enthalten sind, d.h. alle aufgeführten Kommandos können unter DOS 3.3 verwendet werden. Dabei wird eine deutsche DOS-Version ab DOS 3.0 vorausgesetzt. Alle DOS-Kommandos, die nach DOS 3.0 hinzugefügt wurden, sind in der ersten Zeile markiert. Verwenden Sie beispielsweise die DOS-Version 3.0, so können Sie nicht die Befehle verwenden, die mit DOS 3.1 oder DOS 3.2 markiert sind.

Einzelne Befehle wurden bei einer neuen DOS-Version ergänzt (beispielsweise *ATTRIB*). Diese Ergänzungen, die nach DOS 3.0 vorgenommen wurden, sind im Text des Befehls erläutert.

Die DOS-Befehle sind in alphabetischer Reihenfolge abgedruckt. Dabei ist die Befehlsbeschreibung aller Kommandos in verschiedene Bereiche unterteilt:

Befehlsname

Am Kopf der ersten Seite eines Befehls wird zunächst der Name erwähnt. In Klammern hinter dem Namen befindet sich die Angabe, ob es sich um einen residenten oder transienten Befehl handelt; Sie wissen dann, ob das Kommando ständig verfügbar ist. Ist das Kommando nach DOS 3.0 hinzugefügt worden, so ist dies auch in den Klammern vermerkt. Der Befehl *XCOPY* beispielsweise existiert erst ab DOS-Version 3.2:

XCOPY *(transient - ab DOS 3.2)*

Syntax

An dieser Stelle wird die allgemeine Eingabesyntax des entsprechenden Befehls angegeben - Sie können aus dieser allgmeinen Befehlssyntax *alle* möglichen Eingabeformate des Befehls entnehmen. Dabei haben die einzelnen Zeichen folgende Bedeutung:

{} In geschweifte Klammmern eingeschlossene Parameter sind optional und müssen nicht eingegeben werden, um das Kommando ausführen zu können.

[] Angaben einer Liste von möglichen Optionen werden in eckigen Klammern eingeschlossen. Aus dieser Liste kann nur eine Option angegeben werden.

| Der senkrechte Strich trennt Parameter, die wahlweise angegeben werden können. Sie dürfen dabei nur einen der genannten Parameter bei der Befehlseingabe verwenden.

<> In spitzen Klammern werden Parameternamen angegeben, beispielsweise <Dateiname>. Auf diese Weise können Sie Parameter und Befehle besser unterscheiden.

<Dateiname> kann dabei stets auch die Laufwerks- und die Pfadangabe der jeweiligen Datei enthalten, soll sich die Datei nicht auf dem Standardlaufwerk und/oder Standardverzeichnis befinden. Die Verwendung der Wildcards (Joker) (*) und (?) ist nur dann erlaubt, wenn es speziell erwähnt wird.

<Verzeichnis> ist die Angabe eines Verzeichnisses und spezifiziert nicht eine oder bestimmte Dateien; Pfad kann eine Laufwerksbezeichnung enthalten.

Beachten Sie bitte, daß ab DOS-Version 3.0 bei der Eingabe von DOS-Kommandos eine Pfadangabe gemacht werden kann (siehe Kapitel 4.1), wenn sich das Kommando nicht im aktuellen Verzeichnis des Standardlaufwerkes bzw. auf dem mittels *PATH* definierten Suchpfad befindet.

Funktion

Kurzbeschreibung der Aufgaben, die das Kommando erledigt.

Parameter

An dieser Stelle werden die Parameter des Kommandos erläutert. Dabei wird keine ausführliche Beschreibung und kein Beispiel gegeben, hier soll lediglich die Bedeutung erwähnt werden. Ferner wird angegeben, was das Weglassen des entsprechenden Parameters möglicherweise für eine Bedeutung hat.

Beschreibung

Hier werden die Aufgaben und Möglichkeiten des Befehls ausführlich erläutet, sowie die Arbeitsweise des Kommandos. Ferner werden nützliche Hinweise gegeben, wie man den Befehl optimal ausnutzt oder mit anderen Befehlen verknüpft.

Beispiele

Die Beispiele sind vielleicht der wichtigste Teil der Befehlsbeschreibungen, da sie die Anwendung des entsprechenden Kommandos am besten verdeutlichen können. Hier werden Probleme vorgestellt und Lösungen angeboten.

Achtung

Diesen Punkt gibt es nicht bei allen Befehlsbeschreibungen. Er enthält extrem wichtige Warnungen, die Sie vor Datenverlust retten können. Er bewahrt Sie vor häufig gemachten Fehlern.

Meldungen

An dieser Stelle werden die wichtigsten Meldungen des entsprechenden Kommandos in alphabetischer Reihenfolge aufgelistet, erklärt und Lösungsvorschläge gemacht.

APPEND *(transient - ab DOS 3.3)*

APPEND {<Verzeichnis>}...{;<Verzeichnis>}

Ändern und Anzeigen des Suchpfades für Nicht-Befehlsdateien.

Parameter:

<Verzeichnis> ist die Definition eines oder mehrerer Verzeichnisse inklusive optionaler Laufwerksangaben, in dem beim Öffnen einer Datei gesucht werden soll. Bei der Definition mehrerer Pfade sind diese durch Semikolon voneinander zu trennen. Die maximale Länge aller Pfaddefinitionen darf 128 Zeichen nicht überschreiten.

/e Der definierte Suchpfad wird in den Umgebungsspeicher unter dem Namen *APPEND* eingebettet, so daß Sie den Suchpfad durch *SET* ausgeben lassen und bearbeiten können.

/x Der durch *APPEND* definierte Suchpfad wird *zusätzlich* zu dem durch *PATH* definierten Pfad als Suchpfad für ausführbare Dateien verwendet.

Beschreibung:

Beim Öffnen einer Datei, sei es in einem Anwendungsprogramm, in einer Text- oder Dateiverwaltung, in einem BASIC-Programm oder aber einfach bei der Ausgabe einer Datei durch *TYPE*, wird lediglich im aktuellen Verzeichnis nach der angegeben Datei gesucht. Wird die Datei hier nicht gefunden, so wird eine Fehlermeldung ausgegeben.

Durch den *APPEND*-Befehl haben Sie die Möglichkeit, DOS neben dem aktuellen Verzeichnis auch in anderen Verzeichnissen nach der gewünschten Datei suchen zu lassen - *APPEND* arbeitet analog zum *PATH*-Kommando für nicht-ausführbare Dateien. Es wird also nicht in dem durch *APPEND* definierten Suchpfad nach einem eingegebenen Kommando gesucht, sondern dann, wenn sich auf eine beliebige Datei zum Auslesen oder Beschreiben bezogen wird.

Wird eine Datei nicht im aktuellen Verzeichnis gefunden, so werden alle durch *APPEND* definierten Verzeichnisse nacheinander nach der zu öffnenden Datei durchsucht. Erst wenn auch in diesen Pfaden die Datei nicht gefunden werden kann, wird eine Fehlermeldung ausgegeben.

Die Möglichkeit, die *APPEND* Ihnen bietet, ist beispielsweise bei älteren WordStar-Versionen interessant, die Ihnen nicht ermöglichen, aus einem beliebigem Unterverzeichnis eine Datei zu laden. Aber auch Systemdateien, die im stetigen Zugriff sein müssen, können mit Hilfe von *APPEND* stets gefunden werden.

Beim ersten Aufruf von *APPEND* wird *APPEND* geladen und resident im Speicher installiert. Eventuelle optionale Parameter können ausschließlich beim ersten Aufruf angegebn werden.

Bei den Pfadangaben müssen die für die Pfgade bestehenden Eingaberegeln berücksichtigt werden. Eventuelle Fehler in den Pfaddefinitionen werden nicht bei der Eingabe erkannt, sondern erst dann, wenn nach einer Datei gesucht werden muß.

Geben Sie *APPEND* ohne Parameter an, so wird Ihnen der aktuell definierte Suchpfad für Dateien am Bildschirm angezeigt.

Geben Sie beim ersten Aufruf von *APPEND* die Option */e* an, so befindet sich der aktuelle Suchpfad jederzeit im Umgebungsspeicher (Environment) des DOS unter dem Namen APPEND (siehe hierzu auch *SET* sowie *PATH*). Das hat den Vorteil, daß Sie innerhalb von Programmen auf diesen Suchpfad zugreifen und evtl. korrigieren können. Fehlt diese Option, so wird der Suchpfad innerhalb des Speichers von *APPEND* abgelegt und kann nur durch *APPEND* angezeigt oder verändert werden.

Ebenfalls ausschließlich beim ersten Aufruf können Sie durch die Option */x* angeben, daß der durch *APPEND* definierte Suchpfad *zusätzlich* als Suchpfad für ausführbare Programmdateien mit den Kennungen BAT, COM und EXE verwendet werden soll. Der durch *APPEND* definierte Suchpfad wiurkt dann als ständige Erweiterung des durch *PATH* definierten Suchpfades. Der Suchpfad wird intern dann von allen DOS-Suchfunktionen verwendet.

Beispiele:

Sie wollen alle Dateien des Verzeichnis \INCLUDE, beispielswiese bei C-Compilern sinnvoll, im steten Zugriff haben:

```
append \include
```

Das Verzeichnis \INCLUDE soll sich im Suchpfad befinden, soll aber gleichzeitig auch im Umgebungsspeicher des DOS eingebettet werden (beim ersten Aufruf!):

```
append \include /e
```

Die Dateien im Verzeichnis \DOS sollen sowohl als Suchpfad für Befehlsdateien dienen, es werden also die darin befindlichen Befehlsdateien mit den Kennungen EXE und COM gefunden, als auch im Dateizugriff sein, d.h., daß alle im Verzeichnis \DOS befindlichen Dateien jederzeit verfügbar sind:

```
append \dos /x
```

oder

```
append \dos
path \dos
```

Sie wollen mehrere Verzeichnisse als Suchpfad definieren:

```
append a:\lib;c:\include;d:\dos
```

Sie wollen alle Suchpfade wieder löschen:

```
append ;
```

Um sich den aktuellen Suchpfad anzeigen zu lassen, geben Sie APPEND ohne Parameter ein:

```
append
```

Achtung:

Verwenden Sie auch den *ASSIGN*-Befehl, so müssen Sie den ersten Aufruf von *APPEND* **vor** Aufruf von *ASSIGN* tätigen.

Öffnet ein Programm eine Datei zum Lesen und schließt sie dann wieder und eröffnet diese erneut zum Schreiben, so wird die Datei im aktuellen Verzeichnis und nicht im Verzeichnis des Suchpfades angelegt. Die durch *APPEND* definierten Pfade werden ausschließlich beim Öffnen einer Datei zum Lesen bzw. Anhängen oder Lesen/Schreiben verwendet. Wird eine Datei zum Schreiben geöffnet, eine bestehende Datei also ohnehin überschrieben, so wird diese im aktuellen bzw. angegebenen Pfad angelegt und nicht bei eventuellem Vorhandensein im entsprechendem Suchpfad.

Meldungen:

APPEND bereits installiert
Sie haben *APPEND* bereits installiert; eine Definition von Optionen ist nicht mehr möglich.

APPEND und ASSIGN nicht kompatibel
Sie müssen *APPEND* vor Aufruf von *ASSIGN* bereits durch einmaligen Aufruf installiert haben.

APPEND und TopView nicht kompatibel
Sie müssen *APPEND* vor Aufruf von *TopView* bereits durch einmaligen Aufruf installiert haben.

Kein APPEND
Es ist augenblicklich kein Suchpfad in *APPEND* definiert.

ASSIGN *(transient)*

ASSIGN {<Laufwerk> = <Neues Laufwerk>}

Umleiten von Laufwerkszugriffen.

Parameter:

<Laufwerk> ist das Laufwerk, das umgeleitet werden soll.

<Neues Laufwerk> ist die Laufwerksangabe des Laufwerks, das statt <Laufwerk> angesprochen werden soll.

Beschreibung:

Jedem Laufwerk (Diskettenlaufwerk, Festplatte, RAM-Disk etc.) ist eine logische Laufwerksbezeichnung zugeordnet. Das erste eingebaute Diskettenlaufwerk ist stets A, eine eingebaute Festplatte C etc. Mit Hilfe von *ASSIGN* können Sie einem Laufwerk nun eine neue Laufwerksbezeichnung geben. Das kann beispielsweise dann sinnvoll sein, wenn Sie mit einem Programm arbeiten, das defaultmäßig nur ein bestimmtes Laufwerk verwendet, Sie aber mit einem anderen Laufwerk arbeiten wollen oder müssen - beispielsweise wollen Sie alle Zugriffe auf das Diskettenlaufwerk A umleiten auf die Festplatte.

In wenigen seltenen Fällen wird die Umleitung eines Laufwerkes durch *ASSIGN* nicht berücksichtigt. Das liegt daran, daß sich diese Programme nicht an den für DOS notwendigen Standard halten.

Beachten Sie auch, daß Sie entgegen der Gewohnheit bei *ASSIGN* die Laufwerksangabe *ohne* den Doppelpunkt machen müssen. Auch dürfen zwischen Gleichheitszeichen und Laufwerksbezeichnung keine Leerzeichen sein. Wollen Sie mehrere Umleitungen machen, was auch möglich ist, so müssen Sie die einzelnen Zuweisungen durch ein Leerzeichen voneinander trennen.

Sollten Sie durch *ASSIGN* neue logische Laufwerksbezeichner definieren, so beachten Sie bitte, daß die in der Datei CONFIG.SYS durch *LASTDRIVE* definierte Obergrenze als

Laufwerksbezeichner gilt. Gegebenenfalls müssen Sie hier eine entsprechende Korrektur vornehmen.

Wenn ein Laufwerk auf ein anderes umgeleitet worden ist, können die Daten des umgeleiteten Laufwerkes nicht mehr adressiert werden. Wenn Sie beispielsweise das A-Laufwerk umleiten auf das Festplattenlaufwerk, können von der auf einer im A-Laufwerk befindlichen Diskette keine Daten mehr gelesen werden, da das Laufwerk logisch nicht mehr existiert. Erst nach einer Aufhebung der Umleitung sind die Daten wieder im Zugriff.

Beispiele:

Sie wollen das A-Laufwerk umleiten auf Ihre Festplatte, da ein Anwenderprogramm Ihnen den Zugriff auf die Festplatte nicht ermöglicht:

```
assign a=c
```

Wenn Sie beide Laufwerke A und B auf die Festplatte umleiten wollen, so erreichen Sie dies durch:

```
assign a=c b=c
```

Um alle gemachten Umleitungen wieder aufzuheben, d.h. jedes Laufwerk wieder "normal" anzusprechen, geben Sie *ASSIGN* ohne Parameter ein:

```
assign
```

Auch die bereits erfolgt Umleitung eines einzigen Laufwerkes kann aufgehoben werden, indem Sie lediglich die Laufwerksangabe gefolgt von einem Gleichheitszeichen machen:

```
assign a=
```

Achtung:

Sie sollten *ASSIGN* nicht in Verbindung mit den folgenden Kommandos verwenden, da es zu Schwierigkeiten beim Betrieb mit diesen Kommandos kommen könnte:

```
RESTORE, LABEL, JOIN, SUBST, PRINT
```

Die Kommandos *FORMAT*, *DISKCOPY* und *DISKCOMP* ignorieren die durch *ASSIGN* gemachte Zuweisung, was natürlich besonders bei *FORMAT* gefährlich werden kann.

Ferner gilt es zu beachten, daß Sie durch eine Umleitung nicht den *ASSIGN*-Befehl selbst unzugänglich machen sollten. In diesem Falle haben Sie keine Möglichkeit mehr, die Umleitung von Laufwerken wieder aufzuheben - außer durch Ausschalten des Gerätes. Befindet sich beispielsweise im Verzeichnis \dos des Festplattenlaufwerkes C: die Datei ASSIGN.COM und Sie leiten die Festplatte C: auf D: durch *ASSIGN D=C* um, dann ist *ASSIGN* nicht mehr im Zugriff. Es ist deswegen dafür Sorge zu tragen, daß auf dem D-Laufwerk ebenfalls eine Kopie des *ASSIGN*-Kommandos abgelegt ist.

Meldungen:

Ungültige Laufwerksangabe
Sie haben ein Laufwerk zugewiesen, das physikalisch nicht existiert. Diese Meldung erscheint erst beim Diskettenzugriff und nicht bei der Eingabe des *ASSIGN*-Kommandos.

Ungültiger Parameter
Sie haben ein Laufwerk verwendet, das nicht existiert oder Sie haben zwischen Laufwerksbezeichnung und Gleichheitszeichen einen Doppelpunkt oder ein Leerzeichen eingegeben.

ATTRIB *(transient - ab DOS 3.0)*

ATTRIB {[+R | -R]} {[+A | -A]} <Dateiname> {/s}

Setzen oder Löschen des Attribut- oder Archiv-Flags.

Parameter:

<Dateiname> ist die Datei, deren Attribute angezeigt oder verändert werden sollen. Die Verwendung von Wildcards ist erlaubt.

+R setzt das Read-Only-Attribut (Nur-Lesen).

-R löscht das Read-Only-Attribut.

+A setzt das Archiv-Flag. Diese Option ist erst ab DOS 3.2 verfügbar.

-A löscht das Archiv-Flag. Diese Option ist erst ab DOS 3.2 verfügbar.

/s Diese Option ist erst ab DOS 3.3 verfügbar; sie ermöglicht es, sich auch auf alle Einträge in den Unterverzeichnissen zu beziehen.

Beschreibung:

Jede Datei hat verschiedene Attribute wie *versteckt*, *Read-Only*, *Archiv-Flag* etc., die Auskunft über den Zustand und die Zugriffsrechte einer Datei geben. Mittels *ATTRIB* können Sie das Read-Only-Flag und das Archiv-Flag testen und ändern - das Archiv-Flag kann man allerdings erst ab DOS-Version 3.2 beeinflussen.

Ist eine Datei auf Read-Only (R+) gesetzt, so kann man diese Datei nicht mehr versehentlich löschen oder überschreiben. Sollte ein entsprechender Versuch unternommen werden, so erscheint auf dem Bildschirm die Meldung

```
Zugriff abgelehnt
```

Haben Sie mit Jokern gearbeitet, so erhalten Sie die Meldung allerdings nur dann, wenn *alle* Dateien vor Überschreiben und

Löschen geschützt waren. Die geschützten Dateien werden trotzdem nicht gelöscht.

Eine geschützte Datei kann problemlos umbenannt werden; sie bleibt löschgeschützt. Kopieren Sie eine löschgeschützte Datei, so hat die Kopie *nicht* dieses Attribut.

Das Archiv-Flag zeigt an, ob die Datei seit dem letzten *XCOPY* /m oder *BACKUP* neu erstellt oder verändert worden ist. Wird die Datei durch *XCOPY* /m oder *BACKUP* kopiert, so wird das Archiv-Flag zurückgenommen (A-). Wird die Datei danach verändert, so wird das Flag entsprechend wieder gesetzt. Dateien mit gelöschtem Archiv-Flag liegen also als Kopie in irgendeiner Form vor. Wollen Sie hierauf Einfluß nehmen, so können Sie das durch *ATTRIB* erreichen.

Geben Sie keine der vier angegebenen Optionen an, so wird Ihnen der Zustand der angewählten Datei auf dem Bildschirm angezeigt. Dabei bedeutet ein *R* gesetztes Read-Only-Flag und ein *A* gesetztes Archiv-Flag.

Ab DOS 3.3 verfügt *ATTRIB* durch die Option */s* über eine weitere leistungsstarke Möglichkeit. Es werden ähnlich wie bei *XCOPY* nicht nur die Dateien durch *ATTRIB* adressiert, die sich im aktuellen bzw. angesprochenem Verzeichnis befinden, sondern auch in allen entsprechenden Unterverzeichnissen. So haben Sie beispielsweise vom Hauptverzeichnis aus die Möglichkeit, *alle* Dateien anzusprechen.

Beispiele:

Sie wollen alle COM-Dateien (DOS-Befehle) vor Überschreiben und Löschen schützen:

```
attrib +r *.com
attrib +r *.exe
```

Sie wollen wissen, welche Attribute Ihre COM-Dateien haben:

```
attrib \dos\*.com

R  A    C:\DOS\COMMAND.COM
R       C:\DOS\FORMAT.COM
   A    C:\DOS\ATTRIB.COM
        C:\DOS\LABEL.COM
```

Alle Dateien sollen ein gesetztes Archiv-Flag haben, da Sie durch *BACKUP* alle Dateien kopieren wollen:

```
attrib +a *.*
```

Alle Backupdateien mit der Dateikennung BAK, die sich auf der Festplatte C: befinden, sollen auf dem Bildschirm mit kompletter Pfadangabe ausgegeben werden:

```
attrib c:\*.bak /s
```

Meldungen:

Syntaxfehler
Sie haben das Kommando nicht korrekt eingegeben. Die Optionen *+R*, *-R*, *+A* und *-A* müssen vor den Dateinamen.

Ungültige Parameteranzahl
Sie haben *ATTRIB* ohne Angabe eines Dateinamens aufgerufen.

Ungültiger Pfad oder Datei nicht gefunden
Der Dateiname oder die Pfadangabe ist nicht korrekt; die angegebene Datei existiert nicht. Sie erhalten diese Meldung auch, wenn Sie ein Verzeichnis angegeben haben - Sie können ein Verzeichnis nicht Read-Only machen.

BACKUP *(transient)*

BACKUP <Quelldatei> <Ziellaufwerk>: {<Optionen>}

Sicherheitskopien von einer oder mehrerer Dateien erstellen. Wird häufig zum Sichern eines Festplatteninhaltes verwendet.

Parameter:

<Quelldatei> ist die Angabe der Dateien, die gesichert werden sollen. Die Verwendung von Wildcards ist erlaubt. Sie können auch lediglich eine Pfadangabe machen, wenn Sie alle darin befindlichen Dateien sichern wollen.

<Ziellaufwerk> ist das Laufwerk, auf das die Kopien gespeichert werden sollen. Hier darf keine Pfadangabe gemacht werden - es handelt sich ausschließlich um eine Laufwerksangabe. Handelt es sich bei <Ziellaufwerk> um eine Festplatte, so werden alle Kopien im Unterverzeichnis \BACKUP abgelegt; beim Kopieren auf eine Diskette werden die Dateien im Hauptverzeichnis abgelegt und bereits dort gespeicherte Dateien zuvor gelöscht.

/a Die zu erstellenden Backup-Dateien werden auf die Zieldiskette zusätzlich aufkopiert. Normalerweise wird der Inhalt des Hauptverzeichnisses einer Diskette gelöscht, bevor mit dem Kopieren begonnen wird.

/d */d:<Datum>* Es werden nur die Dateien kopiert, die am oder nach dem angegebenen <Datum> erstellt oder verändert worden sind. Das Datum wird im Format TT-MM-JJ angegeben. Dieses Datumsformat kann durch das *COUNTRY*-Kommando verändert werden.

/f Ab DOS 3.3; die Zieldiskette wird vor dem ersten Beschreiben zunächst durch Aufruf von *FORMAT*, das sich im Suchpfad für Befehlsdateien befinden muß, formatiert.

/l Ab DOS 3.3; *Logdatei.* Auf Ihrer Zieldiskette wird eine Datei BACKUP.LOG erstellt (bzw. unter dem hier definierten Namen); in dieser Datei befinden sich Informationen über den Kopiervorgang wie etwa Anzahl der benötigten Disketten, Datum und Uhrzeit des Backups etc. Sie können durch Angabe hinter der Option */l* auch jeden beliebigen Dateinamen auswählen.

/m — Es werden lediglich die Dateien kopiert, die seit dem letzten *BACKUP* oder *XCOPY/m* erstellt oder verändert worden sind.

/s — Existieren weitere Unterverzeichnisse, so werden auch die darin enthaltenen Dateien automatisch mitkopiert. Dabei wird die Pfadstruktur beibehalten.

/t<Zeit> — Ab DOS 3.3. Es werden lediglich die Dateien kopiert, die zur oder nach der angegebenen Uhrzeit erstellt oder verändert worden sind. Das Format von <Zeit> ist HH:MM:SS. Diese Option darf nur in Verbindung mit der Option */d* verwendet werden.

Beschreibung:

Mit Hilfe des *BACKUP*-Kommandos haben Sie die Möglichkeit, Sicherungskopien von einzelnen Dateien, Verzeichnissen oder aber einer ganzen Festplatte zu machen. *BACKUP* kopiert anders als beispielsweise *COPY* oder *XCOPY*; deswegen können mit *BACKUP* kopierte Dateien auch nur mit *RESTORE* wieder zurückkopiert werden. So merkt sich *BACKUP* beispielsweise, in welchem Unterverzeichnis sich jede Datei befunden hat, und nur in dieses Unterverzeichnis kann man die Dateien später auch wieder zurückkopieren.

Bitte beachten Sie, daß sowohl die Laufwerksangabe des Ziellaufwerkes als auch die komplette Pfadangabe des zu kopierenden Verzeichnisses inklusive Laufwerksangabe obligatorisch ist. Standardlaufwerk und Standardverzeichnis sind für das Arbeiten mit *BACKUP* ohne Bedeutung.

Alle Disketten, die Sie zum Sichern der zu kopierenden Dateien benötigen, müssen *vor* dem Kopieren mit *BACKUP* bei den DOS-Versionen bis einschließlich 3.2 formatiert worden sein, da *BACKUP* Disketten nicht formatiert. Ab DOS 3.3 haben Sie durch die Option */f* die Möglichkeit, die Zieldisketten vor Beschreiben zu formatieren - allerdings werden die Disketten mit dem für das entsprechende Laufwerk größtmöglichen Format formatiert, was zu Problemen führen kann, wenn die Disketten nicht die entsprechende Qualität haben. Beispielsweise kann es sein, daß Sie bei einem 1,2-MByte-Laufwerk eine Diskette verwenden, die lediglich 360 KByte formatiert werden kann. In diesem Fall müssen Sie dennoch vor *BACKUP* die Disketten mittels *FORMAT* und den entsprechenden Optionen formatieren. Fazit: Am besten, Sie legen genügend formatierte leere Disketten für die Sicherungskopie bereit.

Wenn Sie nicht die Option */a* angeben, werden alle auf der Zieldiskette befindlichen Informationen sofort gelöscht. Bei Angabe der /a-Option hingegen werden alle Informationen zusätzlich auf die Zieldiskette geschrieben, allerdings wird erwartet, daß sich die Zieldiskette sofort im Laufwerk befindet.

BACKUP fordert Sie stets auf, wenn Sie neue Disketten einlegen müssen. Es ist sinnvoll, die verwendeten Disketten durchzunumerieren. Wollen Sie später die Dateien zurückkopieren, so erkennt *RESTORE* zwar falsch eingelegte Disketten, jedoch können Sie sich eine Menge an Arbeit (Diskettenwechseln) sparen, wenn Sie stets direkt die richtige Diskette zur Hand haben.

Wenn Sie durch Angabe der */m*-Option nur die Dateien kopieren, die seit dem letzten *BACKUP* erstellt oder verändert worden sind (gesetztes Archiv-Flag), so können Sie durch Angaben von Datum und Zeit diese Selektion sogar noch ein wenig genauer betreiben.

Alle Dateien, die *BACKUP* kopiert, werden auf dem Bildschirm angezeigt. Dabei werden die Dateien in der Reihenfolge kopiert, in der sie auch auf der Diskette/Platte angelegt worden sind. Ist die Diskette voll, werden Sie zum Wechseln der Diskette aufgefordert.

Die Zieldisketten sollten natürlich auf keinen Fall schreibgeschützt sein - vergessen Sie aber auch nicht, daß auch die Quelldisketten vom Schreibschutz befreit sein sollten, da *BACKUP* auf die Quelldiskette zurückschreibt, welche Dateien kopiert worden sind (das Archiv-Flag wird verändert).

Beispiele:

Sie wollen alle TXT-Dateien sichern, die sich auf dem C-Laufwerk und im aktuellen Verzeichnis befinden. Das Ziellaufwerk ist das A-Laufwerk:

```
backup c:*.txt a:
```

Es soll die komplette Festplatte ohne jede Einschränkung gesichert werden (wichtig ist die Option /s):

```
backup c: a: /s
```

Es sollen lediglich die Dateien von Festplatte gesichert werden, die seit der letzten Sicherung erstellt oder verändert wurden:

```
backup c:\ a: /s /m
```

Sie wollen alle C-Dateien (Quellcode) aus dem Verzeichnis \CPROG kopieren, die nach dem 10.7.1988 geändert oder erstellt wurden, sowie alle eventuell vorhandenen Unterverzeichnisse. Dabei sollen die Kopien auf der Zieldiskette angehängt werden:

```
backup c:\cprog\*.c a: /m/a/s
```

Sie verfügen über eine DOS-Version ab 3.3 und wollen die Zieldisketten vor dem Backup formatieren:

```
backup c:\cprog\*.c a: /m/a/s/f
```

Achtung:

Verwenden Sie *BACKUP* nie, wenn ein Laufwerk durch *ASSIGN* oder *JOIN* umgelenkt worden ist. Heben Sie diese Umlenkung auf jeden Fall zuvor auf.

Meldungen:

!!! Keine Dateien zum Sichern gefunden
Es konnte keine Datei zum Kopieren gefunden werden; wenn Sie eine Dateispezifikation mit Jokern gemacht haben, kann keine Datei gefunden werden.

**** Dateisicherung auf Diskette x: ****
Die Dateien werden kopiert. x ist die Diskettennummer; es wird mit dem Zählen bei eins begonnen.

**** Die Datei kann nicht gesichert werden ****
Bei File Sharing ist die zu kopierende Datei nicht im alleinigen Zugriff. Es kann nicht kopiert werden.

**** Letzte Datei nicht gesichert ****
Die letzte Datei konnte nicht kopiert werden, da die Zieldiskette voll ist. Wenn Sie die Datei noch kopieren wollen, legen Sie eine neue Diskette ein und rufen Sie *BACKUP* mit der Option */a* auf.

Die Standardeinheit d: für die Sicherung ist voll
Die Zieldiskette ist voll, ein Anhängen ist selbst mit */a* nicht möglich.

Letzte Sicherungsdiskette in Laufwerk d: einlegen
Diese Meldung erscheint, wenn Sie die /a-Option angeben und fordert Sie auf, die höchste numerierte Diskette des letzten *BACKUPs* einzulegen.

Letzte Sicherungsdskt. nicht eingelegt
Sie haben die Option */a* angegeben, aber die eingelegte Diskette ist nicht die höchste vom letzten *BACKUP*-Kommandos.

Nicht behebbarer Fehler bei gemeinsamem Dateizugriff
Bei File Sharing ist die zu kopierende Datei nicht im alleinigen Zugriff. Es kann nicht kopiert werden.

Nicht genügend Speicher
Es ist nicht genügend Speicher vorhanden, um das Kopieren durchzuführen.

Quellen- und Ziellaufwerk identisch
Das Quell- und das Ziellaufwerk sind identisch. Überprüfen Sie Ihre Eingaben und welches Laufwerk Standardlaufwerk ist.

Sicherungsdiskette x einlegen in Laufwerk d:
Sie werden aufgefordert, die nächste Diskette *x* ins Lauferk *d:* einzulegen.

Ungültige Anzahl Parameter
Sie haben kein Ziellaufwerk angegeben oder vergessen, eine Dateispezifikation zu machen.

Ungültige Laufwerkangabe
Die Laufwerksangabe, die Sie gemacht haben, ist ungültig. Das angesprochene Laufwerk existiert nicht.

Ungültiger Parameter
Sie haben eine Option angegeben, die nicht existiert.

Ungültiger Pfad
Der von Ihnen angegebene Pfad existiert nicht. Überprüfen Sie die korrekte Schreibweise.

Ungültiges Datum
Das Datumsformat ist ungültig. Geben Sie das Datum im Format TT-MM-JJ an.

Wenn bereit, eine Taste betätigen
Diese Meldung erscheint jedesmal, wenn Sie eine neue Diskette beschreiben. Dabei ist d: das Laufwerk, in der sich die Diskette befinden muß; x ist die Nummer der Diskette, beginnend mit eins.

Zieldskt. für Sicherung nicht verwendbar
Sie haben keine *BACKUP*-Diskette eingelegt. Überprüfen Sie die eingelegte Diskette.

Rückgabewerte an Batchdateien (Errorlevel):

Code	Bedeutung
0	Backup ohne Fehler
1	Es konnte keine Datei kopiert werden
2	Einige Dateien konnten nicht kopiert werden
3	Benutzer hat Vorgang mit CTRL-C abgebrochen
4	Hardwarefehler aufgetreten (keine Diskette etc.)

BREAK *(resident)*

BREAK {[ON | OFF]}

Abbruchtaste auch während Diskettenzugriff abtesten oder nicht.

Parameter:

ON bedeutet, daß auch während Zugriffen auf Diskette oder Festplatte überprüft wird, ob die Tastenkombination <Ctrl>-<C> gedrückt ist.

OFF bedeutet entsprechend, daß dieser Test unterbleibt und nur bei Ausgabe auf Bildschirm auf Abbruch kontrolliert wird.

Beschreibung:

Normalerweise können Sie einen Arbeitsprozeß nur dann unterbrechen, wenn ein Zeichen auf das Standardein- und -ausgabegerät ausgegeben wird. Nur dann nämlich testet DOS, ob die Tastenkombination <Ctrl>-<C> bzw. <Ctrl>-<Abbr> betätigt wird. Da diese Tastenkombinationen *nicht* gebuffert werden, muß dieser Tastendruck exakt beim Augenblick der Überprüfung geschehen.

Bei Compilern beispielsweise und bei allen anderen Programmen, die sehr stark diskettenorientiert arbeiten, ohne viel auf dem Bildschirm auszugeben, kann ein Unterbrechen des Arbeitsprozesses deswegen sehr langwierig und mit wenig Erfolg gekrönt sein. Durch das *BREAK*-Kommando können Sie aber definieren, daß auch bei Diskettenzugriffen auf die Abbruchtasten kontrolliert werden soll. Die Arbeitsgeschwindigkeit des DOS wird damit unmerklich verlangsamt, der Erfolg ist aber häufig entsprechend groß. Geben Sie den Parameter *on* an, wenn Sie das Abprüfen wünschen, und *off*, wenn Sie das Abprüfen während Diskettenzugriffen nicht wünschen. Der Defaultwert ist *off*. Geben Sie keinen Parameter an, so wird Ihnen der aktuelle Zustand angezeigt.

Beispiele:

Sie wollen den aktuellen Zustand der Abbruchüberprüfung wissen:

```
break
BREAK ist off
```

Sie wollen, daß auch während eines Diskettenzugriffes die Abbruchbedingungen getestet werden:

```
break on
```

Meldungen:

BREAK ist off
Die Abbruchbedingung wird nur während der Bildschirmausgabe überprüft.

BREAK ist on
Die Tastenkombination <Ctrl>-<C> wird auch während Diskettenzugriffen überprüft.

ON oder OFF angeben
Sie haben einen von *ON* und *OFF* verschiedenen Parameter angegeben.

CHCP *(resident)*

CHCP {<Zeichensatztabelle>}

Auswahl der Standard-Zeichensatztabelle.

Parameter:

<Zeichensatztabelle> ist die Nummer der auszuwählenden Zeichensatztabelle. Fehlt diese Angabe, so wird die aktuell verwendete Zeichensatztabelle angezeigt.

Beschreibung:

Ab DOS 3.3 werden die verschiedenen landesspezifischen Zeichensatztabellen für Bildschirm und Drucker durch mehrere Kommandos unterstützt, zu denen auch *CHCP* gehört. Mit Hilfe von *CHCP* (Change Code Page) können Sie während des Betriebes einen Wechsel der Zeichensatztabelle erreichen, ohne das System neu starten zu müssen.

Landesspezifische Zeichensatztabellen können allerdings nur in Verbindung mit den durch IBM unterstützten HR-Grafikadapter-Bildschirmen (MGA, CGA, EGA, VGA, nicht aber die Hercules-Grafikkarten) oder dem IBM-PC-AP-LCD-Bildschirm verwendet werden. Als Drucker werden lediglich die beiden Geräte PC Graphikdrucker II IBM 4201 und IBM Quietwriter III Printer Model 5202 (bisher in der BRD nicht lieferbar) unterstützt.

Durch *CHCP* definieren Sie die Zeichensatztabelle des Systems sowie aller Einheitentreiber, so lange Sie durch ein entsprechendes *MODE*-Kommando nichts anderes spezifizieren.

CHCP kann nur dann angewendet werden, wenn zuvor durch den *NLSFUNC*-Befehl sowie durch *MODE PREP* die Möglichkeit der Verwendung von Zeichensatztabellen vorbereitet worden ist. Weiterhin können nur diejenigen Einheitentreiber auf einen anderen Zeichensatz eingestellt werden, mit denen das Wechseln des Zeichensatzes auch möglich ist (siehe oben genannte Geräte) - der Einheitentreiber muß zuvor auf das Wechseln der Zeichensatztabelle eingerichtet werden.

Bei der Ausführung des Kommandos *CHCP* ist es erforderlich, auf die Datei COUNTRY.SYS zuzugreifen. Diese muß sich entweder im Stammverzeichnis befinden oder in der Datei CONFIG.SYS durch den *COUNTRY*-Befehl oder aber bei Aufruf des *NLSFUNC*-Kommandos mit kompletter Pfadangabe definiert worden sein.

Die Zeichensatztabelle muß nur dann verändert werden, wenn Sie nicht auf die standardmäßige amerikanische IBM-Zeichensatztabelle 437 zurückgreifen wollen, die ohnehin bereits fast alle ausländischen Sonderzeichen beinhaltet. Folgende Zeichensatztabellen existieren bislang:

Zeichentabelle	Anmerkung
437	USA (Standard-IBM-Zeichensatz)
850	Mehrsprachig
860	Portugal
863	Frz. Kanada und Frankreich
865	Norwegen

Im Anhang finden Sie alle länderspezifischen Zeichensatztabellen komplett abgedruckt. Ab ASCII-Code 127 erkken Sie leichte Unterschiede bei den jeweiligen Zeichensatztabellen.

Beispiele:

Sie wollen die Zeichensatztabelle für Frankreich als defaultmäßige Zeichensatztabelle definieren - die Datei country.sys soll sich dabei im Verzeichnis c:\dos befinden:

```
nlsfunc c:\dos\country.sys
chcp 863
```

Achtung:

Sie können von den Möglichkeiten der neuen Zeichensatztabellen nur dann Gebrauch machen, wenn Sie mit einer DOS-Version 3.3 und mit einer der folgenden von IBM unterstützten Grafikkarten arbeiten: MDA, CGA, EGA und VGA sowie des LCD-Bildschirm des IBM Convertible. Alle Besitzer einer Herculeskarte werden vorläufig nicht mit Zeichensatztabellen arbeiten können.

CD/CHDIR *(resident)*

CD {{<Laufwerk>:}{<Verzeichnis>}}
CHDIR {{<Laufwerk>:}{<Verzeichnis>}}

Wechselt das Standardverzeichnis des aktuellen oder angegebenen Laufwerks.

Parameter:

<Laufwerk> gibt das Laufwerk an, von dem das aktuelle Verzeichnis angezeigt oder verändert werden soll. Fehlt die Angabe, so wird das aktuelle Laufwerk angenommen.

<Verzeichnis> ist das Verzeichnis, das Standardverzeichnis von <Laufwerk> werden soll. Fehlt diese Angabe, wird das Standardverzeichnis ausgegeben. <Verzeichnis> muß bereits existieren.

Beschreibung:

Die Bedeutung der beiden Kommandos *CD* und *CHDIR* ist absolut identisch. Das aktuelle Verzeichnis ist das Verzeichnis, auf das alle Befehle und alle Dateien bezogen werden, sofern keine gesonderte Pfadangabe gemacht wird. Jedes Laufwerk hat ein Standardverzeichnis. Nach dem Einschalten ist das Hauptverzeichnis dieses aktuelle Verzeichnis.

Geben Sie bei *<Verzeichnis>* an der ersten Stelle einen Backslash (\) an, so wird mit der Pfaddefinition beim Hauptverzeichnis begonnen; fehlt dieser Backslash, so wird angenommen, daß Sie ein Unterverzeichnis des aktuellen Verzeichnisses ausgewählt haben (siehe auch Kapitel 3 für weiterführende Erläuterungen). Trennen Sie die verschiedenen Verzeichnisse jeweils mit einem Backslash. Die größtmögliche Anzahl in einer Pfadangabe sind 63 Zeichen.

Wollen Sie in das dem aktuellen Verzeichnis übergeordnete Verzeichnis (Mutterverzeichnis), so benutzen Sie die beiden Punkte.

Geben Sie *CD* ohne Angabe von *<Verzeichnis>* an, so wird Ihnen das aktuelle Verzeichnis des ausgewählten bzw. aktuellen Laufwerkes angezeigt.

Hier eine kurze Zusammenfassung der Möglichkeiten beim *CD*-Befehl:

CD	Anzeige des aktuellen Verzeichnisnamens
CD d:	Anzeige des aktuellen Verzeichnisnamens des Laufwerkes D.
CD d:\<Pfad>	Das Verzeichnis <Pfad> wird Standardverzeichnis des Laufwerkes D.
CD <Pfad>	Das Verzeichnis <Pfad> ist Unterverzeichnis des aktuellen Verzeichnisses und wird aktuelles Verzeichnis.
CD ..	Das übergeordnete Verzeichnis wird zum Standardverzeichnis.
CD \	Das Hauptverzeichnis wird Standardverzeichnis.

Beispiele:

Sie wollen in das Hauptverzeichnis des aktuellen Laufwerkes wechseln:

```
cd \
```

Sie wollen in das Verzeichnis \dos des aktuellen Laufwerkes wechseln:

```
cd \dos
```

Sie wollen, daß das Verzeichnis \progs auf dem A-Laufwerk Standardverzeichnis wird:

```
cd a:\dos
```

Sie wollen wissen, welches Verzeichnis Standardverzeichnis des aktuellen Laufwerkes ist:

```
cd
```

Sie wollen in das Verzeichnis \dos\utility, befinden sich momentan im Verzeichnis \dos (zweites Kommando kürzer):

```
1)  cd \dos\utility
2)  cd utility
```

Sie wollen in das übergeordnete Verzeichnis (Mutterverzeichnis) vom aktuellen Verzeichnis und Laufwerk:

```
C:\DOS\PROGS>cd ..
C:\DOS>_
```

Meldungen:

Ungültiges Verzeichnis
Sie haben ein Verzeichnis ausgewählt, das nicht existiert. Überprüfen Sie, ob Sie einen Backslash zu viel oder zu wenig eingegeben oder die Punkte falsch verwandt haben.

CHKDSK *(transient)*

CHKDSK {<Laufwerk>}:{<Dateiname>} {[/f | /v]}

Diskette überprüfen; Speicherkapazität und eventuelle Fehler auf der Diskette werden angezeigt.

Parameter:

<Laufwerk> ist das Laufwerk, in dem sich die zu überprüfende Diskette befindet. Fehlt diese Angabe, so wird das Standardlaufwerk überprüft.

<Dateiname> gibt an, welche Datei(en) überprüft werden sollen. *CHKDSK* zeigt Ihnen auf dem Bildschirm dann an, wieviele zusammenhängende Bereiche durch diese Datei(en) belegt werden.

/f definiert, daß *CHKDSK* alle gefundenen Fehler sofort melden und korrigieren soll, sofern möglich. Es werden Fehler auf der Diskette und in der File Allocation Table (FAT) erkannt und ausgegeben.

/v veranlaßt *CHKDSK*, bei der Kontrolle der Diskette alle Dateinamen und alle Verzeichnisse auszugeben. Fehler werden auf diese Weise leichter zu lokalisieren, da man die Stelle des Fehlers genau erkennen kann.

Beschreibung:

CHKDSK liest und überprüft die File Allocation Table (FAT) des angegebenen Laufwerkes. Diese FAT wird mit den gespeicherten Dateien verglichen. Wenn *CHKDSK* keine Fehler auf dem angegebenen Laufwerk findet, dann wird eine Art *Statusreport* ausgegeben. Dieser beinhaltet Angaben über die Kapazität der Diskette, die Anzahl der Verzeichnisse und Dateien etc. Es wird auch die Anzahl der versteckten Dateien angezeigt, von der jede Systemdiskette zumindestens zwei hat. Manche andere Programme generieren auch versteckte Dateien.

CHKDSK erkennt Fehler in der *FAT*, im Directory und auf der Diskette selbst. Häufig sind diese Fehler unkorrekte Verknüpfungen von Dateiteilen, teilweise unlesbare Directory-

Einträge etc. Es kann sich aber auch um physikalische Schäden auf der Diskette handeln, um falsche Verweise in der FAT oder einfach um eine schadhafte FAT.

Wird die Option */f* verwandt, so versucht *CHKDSK*, diese Fehler genauer zu lokalisieren und zu bestimmen. Sie werden am Bildschirm gefragt, ob die Fehler korrigiert werden sollen. Nur wenn Sie diese Frage mit *Ja* beantworten, wird die Fehlerkorrektur auch versucht. Manchmal stellt Ihnen *CHKDSK* diese Frage selbst dann, wenn Sie die /f-Option nicht angegeben haben. In diesem Fall können Sie die Frage ignorieren, da eine Umwandlung der schadhaften Bereiche keinesfalls stattfindet.

Geben Sie einen Dateinamen an, so schließt *CHKDSK* der allgemeinen Überprüfung der Platte die Überprüfung der Datei(en) an. Dabei wird festgestellt, ob eine Datei nur aus aufeinanderfolgenden Blöcken auf der Platte besteht, was eigentlich optimal ist. Besteht eine Datei nur aus aufeinanderfolgenden Blöcken, so ist die Zugriffszeit für diese Datei besonders klein. Normalerweise ist jede Datei anfangs optimal organisiert, wenn genügend zusammenhängender Platz dafür auf der Platte frei ist. Mit der Zeit werden durch Korrekturen etc. die Dateifragmente immer weiter auseinandergerissen. Lassen Sie *CHKDSK* mal alle Dateien Ihres Verzeichnisses durch *CHKDSK *.** bearbeiten. Je größer die Zahl an nicht zusammenhängenden Blöcken ist, umso schwieriger ist die Datei für DOS zu laden.

Wenn *CHKDSK* verlorene Cluster[1] wiederfindet, so wird Ihnen das auf dem Bildschirm gemeldet. Haben Sie die Option */f* angegeben, so können Sie diese Cluster von *CHKDSK* in Dateien umwandeln lassen. Diese Dateien haben den Dateinamen *FILEnnn.CHK*, wobei *nnn* eine fortlaufende Nummer beginnend bei 000 ist, und werden im Hauptverzeichnis des angegebenen Laufwerkes gespeichert. *CHKDSK* faßt so viele Cluster in einer Datei zusammen wie möglich.

1 Ein Cluster (Zylinder) ist fast dasselbse wie ein Sektor mit dem Unterschied, daß ein Cluster sich über alle Diskettenseiten erstreckt.

Beispiele:

Sie wollen den Status und die Fuktionstüchtigkeit Ihrer Festplatte überprüfen. Dabei erhalten Sie ungefähr folgenden Statusbericht, sofern keine Fehler auftreten:

```
chkdsk c:

Dskt./Platte PROGRAMME    erstellt am 12 Dez 1986 11.22

21309440 Byte Gesamtkapazität
  143360 Byte in 7 geschützten Dateien
   51200 Byte in 16 Verzeichnissen
11530240 Byte in 985 Benutzerdateien
 9560064 Byte verfügbar auf Platte

  524288 Byte Gesamtspeicher
  245488 Byte frei
```

Sie wollen eine komplette Liste aller Dateien und Verzeichnisse dieser Festplatte und diese Liste auf dem Drucker ausgegeben haben:

```
chkdsk c:/v >prn
```

Die Diskette im aktuellen Laufwerk soll überprüft werden; dabei sollen alle gefundenen Fehler gemeldet und wenn möglich korrigiert werden:

```
chkdsk /f
```

Achtung:

CHKDSK arbeitet nicht mit Laufwerken, die durch *SUBST* oder *JOIN* umgeleitet worden sind. Auch kann man mit *CHKDSK* keine Laufwerke bearbeiten, die dem File-Sharing-Betrieb zur Verfügung stehen.

Meldungen:

Alle angegebenen Dateien sind zusammenhängend.
Diese Meldung erhalten Sie dann, wenn alle überprüften Dateien in einer Sequenz auf Platte verzeichnet sind - dies ist der Optimalfall.

CHDIR .. fehlerhaft, altern. Methode wird versucht.
Ein Versuch ist fehlgeschlagen, in ein Mutterverzeichnis zu gelangen. Starten Sie *CHKDSK* erneut oder laden Sie eine andere *CHKDSK*-Version und starten dann erneut.

CHKDSK bei Netzwerk-Laufwerk nicht möglich
Sie können kein im Netzwerk eingebundenes Laufwerk mit *CHKDSK* bearbeiten. Nehmen Sie den Rechner, dessen Laufwerk Sie prüfen wollen, kurzzeitig vom Netzwerk ab.

Eintrag hat falsche Attribute
Eintrag hat falsche Größe
Eintrag hat falsche Verknüpfung
Dieser Meldung geht entweder ein Punkt voran (aktuelles Verzeichnis) oder zwei Punkte (Mutterverzeichnis); das angegebene Verzeichnis ist defekt und kann vielleicht mit Angabe der /f-Option gerettet werden.

Enthält x nicht zusammenhängende Blöcke
Die überprüfte Datei besteht nicht nur aus zusammenhängenden Blöcken, was nicht heißt, daß die Datei nicht mehr benutzt werden kann - lediglich die Anordnung ist nicht optimal. Haben Sie auf Ihrer Festplatte hauptsächlich bruchstückhafte Dateien, so sollten Sie die Festplatte mit *BACKUP* sichern und dann erneut zurückkopieren, nachdem Sie die Festplatte neu formatiert haben.

Erste Bereichsangabe ungültig, Eintrag abgeschnitten.
Die angegebene Datei hat einen Zeiger auf den Datenbereich. Wenn Sie die Option */f* angeben, so wird die Datei gekürzt auf null Zeichen.

Fehler, Parameter F nicht angegeben.
Korrekturen werden nicht auf Platte geschrieben.
CHKDSK hat mehrere Fehler gefunden, kann diese aber nicht korrigieren, da die Option */f* nicht angegeben worden ist.

Keine DOS-Diskette.
Die überprüfte Diskette ist keine DOS-Diskette. Entweder wurde die Diskette von einem anderen Betriebssystem formatiert, oder die Formatierung ist so stark beschädigt, daß sie von CHKDSK nicht mehr als DOS-Diskette erkannt werden kann.

Nicht behebbarer Fehler im Verzeichnis.
In einem der Verzeichnisse wurde ein Verkettungsfehler oder ein Lesefehler gefunden, der sich nicht beheben läßt.

Nicht genug Platz im Stammverzeichnis. Dateien im Stammverzeichnis löschen und CHKDSK durchführen.
Wenn *CHKDSK* Dateien retten soll, so werden die zu erstellenden Dateien in das Hauptverzeichnis geschrieben. Wenn das Verzeichnis überfüllt ist, erscheint diese Meldung. Kopieren Sie dann die bereits erstellten Dateien, und versuchen Sie *CHKDSK* erneut.

Ungültiges aktuelles Verzeichnis
Während *CHKDSK* versucht hat, das aktuelle Verzeichnis zu lesen, ist ein Fehler aufgetreten. *CHKDSK* läuft weiter.

Verzeichnis in Datei umwandeln
Das zuvor angegebene Verzeichnis ist zu stark defekt. Sie können wählen, ob die restlichen Verzeichnisfragmente zu einer Datei zusammengefaßt werden sollen, so daß Sie die Datei bearbeiten können, oder nicht. Wenn es mehrere Datei gibt, die noch vollkommen brauchbar sind, sollten Sie diese zuvor mit *COPY* sichern, bevor Sie diese Frage mit *Ja* beantworten.

Verzeichnis ist leer, kein . oder ..,
Verzeichnisbaum ab diesem Punkt nicht bearbeitet.
Es wurde ein Verzeichnis gefunden, das keine Verkettungsverzeichnisse .. und . besitzt. Kopieren Sie alle ansprechbaren Dateien aus diesem Verzeichnis.

Verzeichnisbaum ab diesem Punkt nicht bearbeitet.
Das vorher ausgegebene Verzeichnis weist einen Fehler auf - ab dieser Stelle kann mit den Untersuchungen von CHKDSK nicht fortgefahren werden.

Wahrscheinlich keine DOS-Diskette.
Die vorliegende Diskette ist keine DOS-Diskette oder so stark beschädigt, daß sie nicht mehr als solche erkannt werden kann. Sie können angeben, ob CHKDSK versuchen soll, Daten zu finden und zu retten oder nicht.

Wechsel auf Stammverzeichnis nicht möglich
Während der Arbeit von *CHKDSK* wurde versucht, ein *CD* in das Hauptverzeichnis zu machen. Dieser Versuch ist fehlgeschlagen - die Diskette ist wahrscheinlich stark beschädigt.

x verlorene Bereiche in y Bereichen.
Beim Löschen von Dateien sind einige Einträge nicht aus der File Allocation Table herausgelöscht worden. Diese Einträge werden von CHKDSK erkannt und gemeldet. Sie können die Einträge in einer Datei zusammenfassen lassen.

CLS *(resident)*

CLS

Löschen des Bildschirms.

Parameter:

Keine

Beschreibung:

Durch das Kommando *CLS* löschen Sie den Bildschirm. Sie erreichen dies auch, indem Sie beispielsweise die ANSI-Sequenz *ESC[25* (siehe auch Kongigurationsdateien) in einem *PROMPT*-Kommando verwenden. Nach dem Löschen erscheint das Promptsymbol in der linken oberen Ecke. Die Bildschirmattribute ändern sich hierbei nicht.

Beispiele:

```
CLS
```

COMMAND *(transient)*

COMMAND {{<Laufwerk>:}{<Pfadname>} {/p} {/e:xxxx} {/c<Kommando>}

Laden eines weiteren Kommandoprozessors oder Ersetzen des aktuellen.

Parameter:

<Laufwerk> gibt an, auf welchem Laufwerk sich der zu ladende Kommandoprozessor befindet, sofern es nicht das aktuelle Laufwerk ist.

<Pfadname> ist der Pfad, unter dem der Kommandoprozessor zu finden ist. Wird dieser Parameter nicht angegeben, so wird im aktuellen Verzeichnis gesucht.

/c */c<Kommando>* führt einen einzigen Befehl *<Kommando>* mit dem zu ladenden Kommandoprozessor aus und kehrt dann zum permanenten Kommandoprozessor automatisch zurück. Diese Option muß die letzte in der Eingabezeile sein.

/e */e:xxxx* definiert den für die Umgebung (*Environment*) zu reservierenden Speicher. Normalerweise werden hierfür 127 Byte reserviert (Minimalwert). Es sind alle Werte zwischen 127 und 32768 möglich. Diese Angabe ist erst ab DOS-Version 3.2 möglich.

/p installiert den zu ladenden Kommandoprozessor permanent im Speicher - der alte Kommandoprozessor wird überschrieben. Wenn Sie zusätzlich auch die Option */c* verwendet haben, so wird */p* ignoriert.

Beschreibung:

Der Kommandoprozessor enthält alle residenten Kommandos, führt den Dialog des DOS mit dem Benutzer, liest also die Befehle von Tastatur, analysiert sie und gibt Meldungen auf dem Bildschirm aus.

Nach dem Booten des Systems wird der Kommandoprozessor des DOS COMMAND.COM automatisch geladen, es sei denn, Sie haben in der Konfigurationsdatei durch das *SHELL*-Kommando eine andere Datei ausgewählt (siehe auch *SHELL*-Kommando in Kapitel 7). Welche Datei als Kommandoprozessor geladen worden ist, wird in der Umgebung des DOS (*Environment*) unter dem Umgebungsnamen *COMSPEC* gespeichert. Wird der Kommandoprozessor einmal durch ein Programm beschädigt, so weiß DOS stets, von wo der Kommandoprozessor wieder nachgeladen werden kann; gerade Festplattenbesitzer haben hier einen Vorteil: das Nachladen geht praktisch unbemerkt vonstatten - Diskettenbesitzer werden zum Einlegen der Diskette aufgefordert, auf der sich ein Kommandoprozessor befindet.

Jeder Kommandoprozessor hat eine Umgebung, in der er Hilfswerte speichert, wie beispielsweise den Suchpfad, das aktuelle Laufwerk, das aktuelle Verzeichnis, das Aussehen des Systemprompts etc. Ferner können vom DOS-Benutzer in dieser Umgebung zusätzliche Werte gespeichert werden (siehe *SET*-Kommando). Diese Werte erhalten einen Namen und können von allen Anwenderprogrammen abgefragt oder modifiziert werden, DOS verwaltet hier lediglich den Speicher.

Diese sehr nützliche Eigenschaft von DOS benötigt natürlich Speicher - die defaultmäßige Speichergröße für die Umgebung beträgt 127 Zeichen, was nicht immer ausreicht, wenn man mehrere eigene Umgebungswerte speichern will. Deswegen haben Sie ab DOS 3.2 die Möglichkeit, beim Laden des Kommandoprozessor mit der Option */e* zu definieren, wie groß dieser Umgebungsspeicher sein soll. Sofern Sie bei größeren *PROMPT*- oder *PATH*-Kommandos eine Fehlermeldung erhalten haben, die auf unzureichenden Speicherplatz beim Umgebungsspeicher hindeutet, können Sie diese Problematik mit Hilfe der /e-Option beenden.

Wird ein zusätzlicher Kommandoprozessor geladen (jeder zusätzliche Prozessor benötigt ca. 4 KByte Speicher) und gestartet, so wird die Umgebung des aufrufenden Prozessors übernommen. Werden Änderungen an der Umgebung des sekundären Prozessors vorgenommen, so haben diese Änderungen lediglich Auswirkungen auf die Umgebung des sekundären Kommandoprozessor, allerdings nicht auf die des permanenten. Verlassen Sie den sekundären Prozessor, so wird in den ersten Prozessor zurückgekehrt, dessen Umgebung unverändert geblieben ist.

Rufen Sie den Kommandoprozessor ohne eine der beiden Optionen */p* oder */c* auf, so wird er gestartet und Sie können mit dem Prozessor praktisch "ganz normal" arbeiten - der Originalprozessor bleibt im Speicher. Sie können Kommandos eingeben, andere Programme aufrufen etc. Sie verlassen den zweiten Prozessor durch das DOS-Kommando *EXIT*. Alle Änderungen an der Umgebung des zweiten Prozessors werden verworfen.

Durch die Angabe der Option */p* (p steht für permanent) können Sie den aktuellen Prozessor überschreiben. Dies ist beispielsweise sinnvoll, wenn Sie über mehrere verschiedene Prozessoren verfügen, den Umgebungsspeicher vergrößern oder die Standardumgebungswerte wiederhaben wollen. Beim Laden einer permanenten Kopie wird auch die Datei AUTOEXEC.BAT gestartet.

Wollen Sie nur ein einziges Kommando mit einer Kopie des Kommandoprozessors ausführen, so verwenden Sie die Option */c* und geben Sie direkt hinter der Option das auszuführende Kommando an. Nachdem der Befehl dann ausgeführt ist, wird automatisch in den Originalprozessor zurückgekehrt. Will man mehrere Batchdateien schachteln (Batchdatei ruft andere Batchdatei als Unterroutine auf), so ist diese Option extrem praktisch, da nach Ausführung der angegebenen Batchdatei wieder zur aufrufenden Stapelverarbeitung zurückgekehrt wird (siehe auch entsprechendes Kapitel 6.7). Wenn Sie die /c-Option verwenden, so beachten Sie, daß dieser Parameter stets der letzte in der Eingabezeile sein muß.

Beispiele:

Sie wollen eine Kopie des Kommandoprozessors laden, in der Sie die Umgebung verändern können, ohne daß die Umgebung des Originalprozessors verändert wird. Sie müssen die Kopie durch *EXIT* verlassen:

```
command
```

Der bestehende Kommandoprozessor soll überschrieben und die AUTOEXEC-Datei gestartet werden:

```
command /p
```

Im folgenden Beispiel befindet sich der Kommandoprozessor auf der Festplatte im Verzeichnis \dos:

```
command c:\dos
```

Sie wollen lediglich das Kommando *CHKDSK A:* mit der Kopie des Kommandoprozessors ausführen:

```
command /c chkdsk a:
```

Der Kommandoprozessor, den Sie laden, soll den bestehenden überschreiben und für die Umgebungswerte 300 Byte reservieren:

```
command /p /e:300
```

Meldungen:

Angeg. COMMAND-Verzeichnis fehlerh.
Der im *COMMAND*-Kommando angegebene Pfad enthält keinen Kommandoprozessor. Überprüfen Sie die Pfadangabe. Es wird jedoch trotzdem ein Prozessor geladen (von dem unter *COMSPEC* definierten Pfad); verlassen Sie die Kopie zunächst mit dem *EXIT*-Kommando.

COMMAND kann nicht gestartet werden, beendet
Es ist nicht genügend Speicher vorhanden, um eine Kopie des Kommandoprozessors zu laden. Sie haben wahrscheinlich zu viele speicherresidente Programme geladen.

Diskette mit COMMAND.COM in Laufwerk d
Wenn bereit, eine Taste betätigen
Der Kommandoprozessor COMMAND.COM ist defekt und muß nachgeladen werden. Die entsprechende Diskette befindet sich nicht im Laufwerk D - legen Sie eine Diskette mit COMMAND.COM ein und betätigen Sie eine beliebige Taste.

Keine freien Dateien vorhanden
COMMAND kann nicht gestartet werden, beendet
Der Kommandoprozessor kann nicht geladen werden, weil zu wenig *File Handler* (siehe CONFIG.SYS) eingerichtet worden sind. Ändern Sie die *FILES*-Angabe in der Datei CONFIG.SYS.

Ungültiger COMMAND.COM
COMMAND kann nicht gestartet werden, beendet
Diese Meldung erscheint, wenn Sie Kommandoprozessoren verschiedener DOS-Versionen überlagern wollen oder der angewählte Prozessor schadhaft ist.

COMP *(transient)*

COMP {<Datei1> {<Datei2>}}

Vergleichen von zwei Dateien auf Gleichheit hin.

Parameter:

<Datei1> ist der Name der ersten Datei, die mit der zweiten Datei verglichen werden soll. Die Verwendung von Wildcards ist erlaubt.

<Datei2> ist der Name der zweiten Datei, die mit der ersten Datei verglichen werden soll. Die Verwendung von Wildcards ist erlaubt.

Beschreibung:

Mit diesem Kommando können Sie beispielsweise nach einem *COPY*-Kommando überprüfen, ob Kopie und Original identisch sind. Um zwei Disketten miteinander zu vergleichen, benutzen Sie besser das Kommando *DISKCOMP*.

COMP kann nur Dateien vergleichen, die dieselbe Größe haben. Sind die angegebenen Dateien vorhanden, so liest *COMP* die erste Datei komplett in den Speicher (wenn möglich) und vergleicht sie mit der zweiten Datei. Treten Differenzen auf, so werden diese gemeldet. Erscheint am Ende die Meldung *Dateienvergleich OK*, so sind die verglichenen Dateien identisch.

Geben Sie keine Dateinamen bei Aufruf von *COMP* an oder kann *COMP* die erste angegebene Datei nicht finden, so fordert *COMP* Sie auf, die Dateinamen nacheinander einzugeben:

```
Primären Dateinamen angeben
Zweiten Dateinamen oder Laufwerk angeben
```

Ist der zweite Dateiname identisch mit dem ersten, die Datei befindet sich aber auf einer anderen Diskette, so reicht es aus, lediglich die Laufwerksangabe zu machen.

Verwenden Sie Wildcards, so werden nacheinander alle ausgewählten Dateien verglichen. Durch Angabe eines Verzeichnisses können Sie alle Dateien des Verzeichnisses mit den Dateien eines anderen Verzeichnisses vergleichen lassen.

Treten während des Vergleiches Fehler auf, so erhalten Sie Angaben über die Position der Differenz. Die Angaben werden in hexadezimaler Form gemacht, wobei *xxxx* die Position der Differenz ist; *yy* ist der Wert in Datei1 und zz der entsprechende Wert in Datei2 an der Stelle *xxxx*.

```
Vergleichsfehler bei Offset xxxx
Datei 1 = yy
Datei 2 = zz
```

Werden mehr als 10 Fehler gefunden, so wird der Vergleich der Dateien gestoppt und die folgende Meldung ausgegeben:

```
10 Vergleichsfehler-Vergleichen beendet
```

Nachdem die Dateien verglichen worden sind, können Sie auswählen, ob Sie weitere Dateien vergleichen wollen. In diesem Fall werden Sie direkt aufgefordert, die entsprechenden Dateinamen einzugeben.

Beispiele:

Vergleichen Sie die Dateien *prog.c* und *prog.bak*; Sie können dabei feststellen, ob Änderungen vorgenommen worden sind:

```
comp prog.c prog.bak
```

Sie wollen alle BASIC-Dateien auf Laufwerk A vergleichen mit den BASIC-Dateien mit demselben Namen auf Laufwerk B:

```
comp a:*.bas b:
```

Alle Assembler-Quelldateien im Verzeichnis \masm der Festplatte sollen verglichen werden mit den Backupdateien im A-Laufwerk:

```
comp c:*.asm a:*.bak
```

Alle Dateien, die im Verzeichnis \masm gespeichert sind, sollen mit den Dateien des Verzeichnis \masm\kopien verglichen werden:

```
comp \masm \masm\kopien
```

Meldungen:

10 Vergleichfehler-Vergleichen beendet
Bei den beiden zu vergleichenden Dateien sind bereits 10 Differenzen aufgetreten; *COMP* bricht den Vergleich ab.

Dateien haben verschiedene Größe
Diese Meldung erscheint, wenn die beiden Dateien unterschiedliche Größen haben - die Dateien können nicht miteinander verglichen werden.

Dateienvergleich OK
Die beiden verglichenen Dateien sind identisch.

EOF Marke nicht gefunden
COMP konnte das Dateiendekennzeichen einer bzw. beider Dateien nicht finden, die Dateien sind jedoch identisch. Diese Meldung ist vollkommen normal, wenn Sie Nicht-ASCII-Dateien miteinander vergleichen.

Konflikt bei gemeinsamem Dateizugriff
Eine der beiden ausgewählten Dateien wird augenblicklich von einem angeschlossenen Benutzer benötigt. Versuchen Sie den Vergleich zu einer anderen Zeit erneut.

Primären Dateinamen eingeben
Geben Sie den Namen der ersten Datei an, die mit der zweiten Datei verglichen werden soll. DOS fragt Sie daraufhin nach dem zweiten Dateinamen.

Vergleichsfehler bei Offset xxxx
COMP hat eine Differenz der beiden Dateien an der Position $xxxx_{hex}$ gefunden.

Weitere Dateien vergleichen? (J/N)
Wollen Sie weitere Dateien vergleichen, so beantworten Sie diese Frage mit *J* für *Ja*, ein Betätigen der Taste <ENTER> ist nicht erforderlich.

Zweiten Dateinamen oder Laufwerk angeben
Geben Sie entweder den zweiten Dateinamen an, wenn dieser komplett anders lautet als der erste, oder geben Sie lediglich das Laufwerk oder den entsprechenden Pfad an.

COPY *(resident)*

COPY <Quelle> {<Ziel>} {/a} {/b} {/v}
COPY <Quelle1> + <Quelle2> + ... + <Quellen> {<Ziel>}

Kopieren einer oder mehrerer Dateien.

Parameter:

<Quelle> ist die Datei, die kopiert werden soll. Dabei kann *<Quelle>* eine Laufwerks- und Verzeichnisangabe enthalten. Die Verwendung von Wildcards ist erlaubt. Sollen mehrere Dateien zu einer Datei zusammengeführt werden, so sind die Quelldatei-Angaben durch das Pluszeichen miteinander zu verknüpfen.

<Ziel> ist der Name der Kopie, die erstellt wird. Entfällt dieser Name, so sind aktuelles Laufwerk und aktuelles Verzeichnis das Ziel, die Kopie hat denselben Namen wie das Original. Sie können auch lediglich Laufwerk oder Verzeichnis angeben. Die Verwendung von Wildcards ist erlaubt.

/a Quelldatei ist eine ASCII-Datei (Textdatei). Es wird lediglich bis zum ersten Ctrl-Z (Code 26) kopiert, der Rest der Datei wird also nicht kopiert.

/b Die Datei ist eine Binärdatei und wird komplett kopiert; das Dateiendekennzeichen Ctrl-Z wird ignoriert und mitkopiert. Wollen Sie Binärdateien kopieren, so ist diese Option eigentlich obligatorisch, wollen Sie Probleme vermeiden. Die beiden Optionen */a* und */b* können vor, zwischen und hinter Dateinamen aufgeführt und beliebig häufig verwendet werden. Dabei beziehen sich die Optionen auf die unmittelbar zuvor genannte Datei und alle folgenden.

/v Nach erfolgter Kopie überprüft (verifiziert) *COPY*, ob die Kopie identisch mit dem Original ist. Wenn Sie diese Option angeben, dauert der Kopiervorgang ein wenig länger. Ist die Option *Verify* eingeschaltet, so ist die Angabe der Option */v* nicht nötig.

Beschreibung:

Eine der häufigsten Anwendungen ist sicherlich das Kopieren von Dateien. Deswegen ist das Kommando *COPY* auch resident, also ständig verfügbar.

Wollen Sie eine oder mehrere Dateien kopieren, so können Sie dies durch *COPY* erreichen. Dank der Möglichkeit, Wildcards zu verwenden, ist das Kopieren mehrerer Dateien mit *COPY* kein Problem. Die Angabe einer Quelldatei ist immer erforderlich. Dabei können Sie selbstverständlich eine Laufwerks- und Pfadangabe machen.

Geben Sie keinen Zielnamen an, so wird die Datei auf das aktuelle Laufwerk ins Standardverzeichnis kopiert und erhält denselben Namen wie die Quelldatei. Sie können auch lediglich eine Laufwerks- und/oder Verzeichnisangabe als Zieldefinition machen, auch dann wird der Dateiname der Quelldatei beibehalten. Geben Sie jedoch einen Dateinamen an, so erhält die Kopie auch diesen Namen.

Die Kopien haben dieselbe Datums- und Zeitangabe wie das Original und nicht Datums- und Zeitangabe des Augenblicks der Kopie. Die Attribute der Datei (Schreibschutz etc.) werden allerdings *nicht* mitkopiert.

Wollen Sie mehrere Dateien zusammenfassen zu einer Datei, so müssen Sie die verschiedenen Quelldateien durch das Pluszeichen miteinander verknüpfen. Geben Sie dabei keine Leerzeichen zwischen den Dateinamen ein. Dabei sollte keine der Quelldateien die Zieldatei werden, da es sonst beim Verknüpfen der Datein zu Problemen kommen kann. Beim Zusammenführen mehrerer Dateien hat die Zieldatei als Datums- und Zeitangabe den Zeitpunkt der Erstellung.

Auch zum Drucken können Sie *COPY* verwenden. Geben Sie als Quelldatei die Datei an, die Sie drucken wollen, und als Zieldatei den Namen Ihres Druckers (meistens LPT1 bzw. PRN oder COM1).

Wollen Sie Binärdateien kopieren, so ist es notwendig, die Option */b* anzugeben. Normalerweise kopiert *COPY* standardmäßig Textdateien, die mit dem softwaremäßigen Dateiendekennzeichen Ctrl-Z (Code 26) versehen sind. Sobald *COPY* dieses Dateiendekennzeichen findet (*EOF*), wird das Kopieren der Datei abgebrochen. In Textdateien kann dieses Zeichen nur als Dateiendekennzeichen, in Binärdateien hingegen durchaus mehrfach vorkommen. Wird die Option */b* angegeben, so wird bis zum tatsächlichen Ende der Datei kopiert und evtl. vorhandene EOF-Marken mitkopiert.

Wird die Option */b* angegeben, so bezieht sie sich auf die unmittelbar vor der Option angegebenen Datei und alle folgenden. Um diese Option wieder aufzuheben, können Sie einmal die Option */a* angeben, für die dieselben Regeln gelten. Beide Optionen können also - und das ist einzigartig bei DOS - mehrfach im Kommando vorkommen. Auch können Sie auf diese Weise aus einer Binärdatei eine Textdatei machen und umgekehrt.

Auch zur Erstellung kleinerer Dateien dient das *COPY*-Kommando. In diesem Fall geben Sie als Quelldatei den Namen der Tastatur CON an und als Zieldatei den Namen der Datei, die Sie erstellen wollen. Sie können dann so lange Zeilen über die Tastatur eingeben, bis Sie die Eingabe mit der Taste F6 abschließen.

Beispiele:

Die Datei COMMAND.COM muß kopiert werden. Sie befindet sich auf dem aktuellen Laufwerk und im Standardverzeichnis und soll auf das A-Laufwerk kopiert werden, dabei soll die Zieldatei auch COMMAND.COM heißen:

```
copy command.com a:
```

Alle Dateien, die im Verzeichnis \TEXTE stehen und mit A anfangen, sollen ins Verzeichnis \MUELL kopiert werden. Dabei soll überprüft werden, ob die Kopien mit den Originalen übereinstimmen.

```
copy \texte\a*.* \muell /v
```

Sie wollen die Textdatei text.txt auf dem Paralleldrucker ausgeben:

```
copy text.txt prn
```

Um eine kleine Textdatei zu erstellen, die Sie über Tastatur eingeben wollen, reicht folgendes Kommando aus:

```
copy con \demo\utilty\demo.bat

echo off
echo Dies ist eine Probe
^Z                              <F6> drücken, dann <ENTER>

  1 Datei(en) kopiert
```

Es besteht auch die Möglichkeit, den Rechner als Schreibmaschine zu benutzen; um jede eingegebene Zeile direkt auf dem Drucker auszugeben, ist folgendes Kommando nötig, das Sie auch wiederum mit der Taste <F6> abschließen können. Dabei wird alles in einer Temporärdatei gepuffert, bis die Eingabe abgeschlossen ist.

```
copy con prn
```

Alle Batchdateien aus dem Verzeichnis \DOS der Festplatte sollen auf die Diskette im A-Laufwerk in das Verzeichnis \DOS kopiert werden. Die Zieldateien sollen die Dateikennung COP tragen:

```
copy c:\dos\*.bat a:\doscopy\*.cop
```

Sie wollen die drei Dateien TEIL1.C, TEIL2.C und TEIL3.C zusammenfassen in der Datei TEILE.C:

```
copy teil1.c+teil2.c+teil3.c teil.c
```

Wenn Sie im selben Beispiel die beiden Dateien TEIL2.C und TEIL3.C an die Datei TEIL1.C anhängen wollen, so sieht das dafür notwendige Kommando wie folgt aus:

```
copy teil1.c+teil2.c+teil3.c
```

Haben Sie beispielsweise mit einer Textverarbeitung eine ASCII-Datei erstellt, die Sie nun ausdrucken wollen, so kann diese Datei auch Steuerzeichen enthalten, ist also eine Binärdatei. Drucken Sie diese Binärdatei:

```
copy ascii.bin /b prn
```

Meldungen:

Binäres Lesen von einer Einheit unmögl.
Sie haben versucht, von einem logischen Gerät binär zu lesen - das ist nicht möglich. Entfernen Sie die Option */b* aus Ihrem Kommando.

Datei kann nicht in sich selbst kopiert werden
Quell- und Zieldatei sind dieselben; wahrscheinlich haben Sie einen Fehler bei der Pfaddefinition gemacht, so daß sich beide Dateinamen auf dieselbe Datei beziehen.

Inhalt der Bestimmungsdatei vor Kopieren verloren
Diese Meldung erhalten Sie, wenn Sie mehrere Dateien zu einer Datei zusammenfassen wollen, die Zieldatei Bestandteil der Quelldateiliste war, und der Inhalt der Quelldatei zum Zeitpunkt des Kopierens bereits überschrieben worden ist.

Ungültiger Dateiname oder Datei nicht gefunden
Die angegebene Pfadangabe oder der Dateiname existieren nicht. Überprüfen Sie Ihre Eingaben.

CTTY *(resident)*

CTTY <Gerät>

Standardein- und Ausgabegerät definieren.

Parameter:

<Gerät> ist das Gerät, das Standardein- und Ausgabegerät werden soll. Standardmäßig ist dies die Konsole (Bildschirm und Tastatur). Geräte, die Sie angeben können, sind: CON, COM1, COM2 und AUX.

Beschreibung:

Normalerweise sind der Bildschirm und die Tastatur - auch Konsole genannt - die Geräte, von denen Eingaben erwartet und auf die Ausgaben gemacht werden, wenn das Standardgerät angesprochen wird. Unter DOS kann aber auch ein anderes Gerät als Standardein-/ausgabegerät definiert werden, so daß ein PC beispielsweise zum Terminal werden kann, indem der serielle Ausgang als Ein-/Ausgabegerät angegeben wird. Mit Hilfe des *CTTY*-Kommandos können Sie das Standardein-/ausgabegerät definieren.

Folgende Ein-/Ausgabegeräte können dabei verwendet werden:

Name	Gerät
CON:	Bildschirm und Tastatur
AUX:	Auxiliary; RS-232C (asynchrone Schnittstelle)
COMn:	RS-232C (asynchrone Schnittstelle)

Anm: Alle Gerätenamen können auch ohne Doppelpunkt verwendet werden

Als Standardein-/ausgabegerät könnten noch weitere Geräte definiert werden, die durch entsprechende Gerätetreiber unterstützt werden; ein solches Gerät muß in der Datei CONFIG.SYS durch das *DEVICE*-Kommando definiert werden. Als Voraussetzung für Standardein-/ausgabegeräte gilt, daß sie zur Ein- und Ausgabe fähig sein müssen.

Wollten Sie Ihren Rechner beispielsweise über Modem durch einen anderen PC fernbedienen, so könnten Sie als Ein-/Ausgabegerät *AUX* für die asynchrone Schnittstelle definieren, nachdem Sie die Parameter für die Schnittstelle definiert haben.

Beispiele:

Sie wollen Ihren Rechner durch die asynchrone Schnittstelle über Modem fernbedienen lassen:

```
mode com1:1200,n,8,p
ctty aux:
```

Um wieder den Bildschirm und die Tastatur als Aus- und Eingabegeräte zu definieren, geben Sie auf dem aktiven Gerät die Konsole an:

```
ctty con:
```

Sie haben einen erweiterten Gerätetreiber für die Standardein- und ausgabe; dieser Treiber ist in der Konfigurationsdatei angemeldet durch

```
device=extend.sys
```

Der Name dieses neuen "Gerätes" lautet *ext*; dieses Gerät wird nun Standardein-/ausgabegerät:

```
ctty ext
```

Achtung:

Nur die Programme, die bei der Ein- und Ausgabe über die DOS-Interrupts gehen, sprechen das durch *CTTY* angewählte Gerät an. Bei *BASIC* ist dies beispielsweise nicht der Fall.

Meldungen:

Unerlaubtes Gerät
Das von Ihnen angegebene Gerät ist unbekannt.

DATE *(resident)*

DATE {<Datum>}

Definition oder Anzeige des Systemdatums.

Parameter:

<Datum> ist das Systemdatum, das eingestellt werden soll. Dabei hat <Datum> das Format TT-MM-JJ, sofern die Landeskennung das deutsche Format vorsieht. Fehlt dieser Parameter, so wird das Systemdatum angezeigt und kann editiert werden.

TT	Im Bereich von 1 bis 31; Plausibilitätskontrolle erfolgt nach der Eingabe.
MM	Im Bereich 1 bis 12.
JJ	Entweder ein Wert zwischen 80 und 99, dann wird 1980 bis 1999 angenommen oder ein Wert ziwschen 1980 und 2099.

Beschreibung:

Das Systemdatum wird von DOS benötigt, um Dateien, die erstellt oder verändert werden, mit einem Datums- und Zeitstempel zu versehen. Sie als Benutzer können dann später sehen, wann eine Datei erstellt oder zuletzt geändert worden ist. Können Sie auf diesen Service verzichten (und auf den Update-Service von DOS), so können Sie die Datumsabfragen stets überspringen - zu empfehlen ist allerdings, daß Ihr Rechner stets mit der korrekten Systemzeit und dem korrekten Systemdatum arbeitet.

Existiert keine AUTOEXEC-Datei, so wird die Abfrage des Datums und der Zeit von DOS *automatisch* vorgenommen, was aus oben genannten Gründen sehr sinnvoll ist. Ist auf Ihrer Bootdiskette die AUTOEXEC-Datei installiert, so müssen Sie die Abfrage von Datum und Zeit in der Batchdatei vorsehen. Sind Sie allerdings glücklicher Besitzer einer batteriegepufferten Uhr, so können Sie diese beiden Abfragen für immer aus Ihrer AUTOEXEC-Datei entfernen.

Das standardmäßig von DOS angezeigte Systemdatum ist der 1.1.1980. Wollen Sie das Systemdatum ändern, so können Sie *DATE* ohne Angabe von Parametern aufrufen; *DATE* zeigt Ihnen dann das aktuelle Datum an, welches Sie einfach durch <Enter> bestätigen oder korrigieren können. Sie können auch das neue Systemdatum direkt hinter *DATE* angeben.

Je nach eingestellten Landesformat durch *COUNTRY* kann die Reihenfolge von Tag und Monat vertauscht sein, da beispielsweise die Amerikaner den Monat vor dem Tag angeben. Als Trennzeichen zwischen Tag und Monat sowie zwischen Monat und Jahr sind der Punkt (.), der Schrägstrich (/) und der Querstrich (-) gleichermaßen erlaubt. Bei der Anzeige des Systemdatums wird das für das jeweilige Land das entsprechend übliche Trennzeichen verwendetet.

Beachten Sie bitte, daß, wenn die korrekte Landeskennung nicht eingestellt ist, das Datum zwar amerikanisch angezeigt wird, die Eingabe aber trotzdem wegen der deutschen DOS-Version *deutsch* eingegeben werden muß.

Ab DOS 3.3 wird die Korrektur des Datums auch in der batteriegepufferten Uhr - beispielsweise vom IBM AT - vorgenommen. In den DOS-Versionen vor 3.3 ist ein neu definiertes Datum nur so lange gültig, bis der Rechner ausgeschaltet wird. Das Datum der batteriegepufferten Uhr kann hier ausschließlich mit der entsprechenden Systemsoftware korrigiert werden. Adäquates gilt für die Systemzeit.

Beispiele:

Sie wollen das aktuelle Systemdatum erfahren und nicht korrigieren:

```
date

Datum ist: Mi.  21.07.1988
Neues Datum eingeben: (mm.tt.jj): <Enter> drücken
```

Sie wollen als neues Systemdatum den 2.08.1988 definieren:

```
date 2.8.1988
```

DEBUG *(transient)*

DEBUG {<Datei>} {<Parameter>}

Maschinensprache-Editor aufrufen.

Parameter:

<Datei> ist die Datei, die mit dem Debugger bearbeitet werden soll. Die Datei wird vom Debugger direkt automatisch geladen.

<Parameter> ist eine Liste von Parametern, die an das Programm <Datei> übergeben werden. *DEBUG* simuliert dabei die Übergabe.

Beschreibung:

DEBUG ist ein der DOS-Diskette beigefügtes Hilfsprogramm; es stellt Maschinensprachemonitor und in begrenztem Umfang auch Diskettenmonitor in einem dar. *DEBUG* dient der Fehlersuche in Maschinenprogrammen, aber auch zur Eingabe kleinerer Maschinenprogramme sowie als Korrekturmöglichkeit von Dateien.

Eine ausführliche Beschreibung von *DEBUG* mit Erläuterungen aller Befehle finden Sie in Kapitel 8.

DEL/DELETE/ERASE *(resident)*

DEL <Dateiname>
DELETE <Dateiname>
ERASE <Dateiname>

Löschen einer oder mehrerer Dateien.

Parameter:

<Dateiname> ist der Name der Datei, die gelöscht werden soll. Die Verwendung von Wildcards ist erlaubt, so daß Sie mehrere Dateien gleichzeitig löschen können.

Beschreibung:

Die drei Kommandos *DEL*, *DELETE* und *ERASE* sind in ihrer Bedeutung und Anwendung vollkommen identisch. Wir wollen an dieser Stelle repräsentativ für alle drei Befehle nur *DEL* verwenden.

Beim Löschen von Dateien werden die Informationen nicht physikalisch auf der Diskette gelöscht. Es werden lediglich die Datei-Einträge in der Directory als gelöscht markiert (das erste Zeichen eines Namens ist dann unbestimmt) und die von den Dateien belegten Blöcke in der File Allocation Table (*FAT*) zur Benutzung freigegeben. Nach dem Löschen einer Datei können Sie deswegen mit einem entsprechenden Hilfsprogramm (*Norton Utilities*, *PC Tools*) Ihre Datei wieder rekonstruieren. Es darf allerdings zwischendurch nichts auf die Diskette geschrieben worden sein, dann kann es nämlich passieren, daß Teile der alten Datei bereits überschrieben worden sind.

Wollen Sie alle Dateien eines Verzeichnisses durch die Angabe von *.* löschen, so fragt *DEL* nach, ob Sie das Kommando wirklich ausführen wollen:

```
Sind Sie sicher (J/N)?
```

Obwohl Sie alle Dateien eines Verzeichnisses auf einmal löschen können, kann man mit *DEL* kein Verzeichnis selbst löschen. Zu diesem Zweck müssen Sie das Kommando *RD* verwenden.

Sie können mittels *DEL* nur Dateien löschen, die nicht vor Löschen und Überschreiben durch das *ATTRIB*-Kommando geschützt worden sind. Wenn alle Dateien, die Sie löschen wollten, vor Löschen durch das Read-Only-Attribut geschützt sind, erhalten Sie auf dem Bidlschirm die Meldung

```
Zugriff abgelehnt
```

Gegebenenfalls müssen Sie das Attribut zunächst aufheben, bevor Sie die entsprechenden Dateien löschen können. Dies dient nur Ihrer eigenen Sicherheit.

Da bei der Verwendung von Wildcards unter Umständen sehr viele Dateien unwiederbringlich gelöscht werden, ist hier besondere Vorsicht geboten. Nötigenfalls sollten Sie sich zuerst einmal alle Dateien durch *DIR* auslisten lassen, indem Sie dieselbe Dateispezifikation verwenden wie später bei *DEL*. Da beide Kommandos aus drei Zeichen bestehen, können Sie durch <F3> die Dateispezifikation nach Eingabe des Kommandos *DIR* wiederholen.

Beispiele:

Sie wollen eine Datei mit dem Namen DATEI.DOC auf dem aktuellen Laufwerk im Standardverzeichnis löschen:

```
del datei.doc
```

Es kann durchaus sinnvoll sein, alle Backup-Dateien aus Platzgründen zu löschen:

```
del a:\muell\*.bak
```

Wenn Sie lediglich eine Pfadangabe machen (ohne Dateispezifikation), so ist das gleichbedeutend mit *.*. Deswegen sind die beiden folgenden Kommandos von gleicher Bedeutung, die Sicherheitsabfrage erscheint auch in beiden Fällen:

```
del \muell
del \muell\*.*

Sind Sie sicher (J/N)?
```

Meldungen:

Datei nicht gefunden
Die angegebene Datei konnte nicht gefunden werden. Überprüfen Sie den definierten Pfad.

Sind Sie sicher (J/N)?
Diese Abfrage erscheint, wenn Sie alle Dateien eines Verzeichnisses löschen wollen. Geben Sie N ein, wenn Sie dies nicht vorhaben bzw. J, wenn Sie tatsächlich alle Dateien des Verzeichnisses löschen wollen.

Ungültige Anzahl Parameter
Sie dürfen lediglich ein Laufwerk auswählen, ein Verzeichnis sowie eine Dateispezifikation. Jeder zusätzlich eingegebene Parameter ruft diese Meldung hervor.

DIR *(resident)*

DIR {<Laufwerk>:}{<Dateiname>} {/p}{/w}

Anzeigen von Datei-Informationen der ausgewählten Dateien.

Parameter:

<Laufwerk> ist das Laufwerk, von dem die Informationen ausgelesen werden. Es kann auch ausschließlich eine Laufwerksangabe gemacht werden.

<Dateiname> ist die Dateispezifikation der Dateien, deren Informationen auf dem Bildschirm ausgegeben werden sollen. Die Verwendung von Wildcards ist erlaubt.

/p Diese Option definiert, daß seitenweise ausgegeben werden soll. Bei der seitenweisen Ausgabe wird nach Füllen einer Bildschirmseite die Ausgabe angehalten, eine Meldung ausgegebenen und durch Betätigen einer beliebigen Taste mit der Ausgabe fortgefahren.

/w Bei Angabe dieser Option werden lediglich die Dateinamen ausgegeben; es werden vier Dateinamen pro Zeile dargestellt.

Beschreibung:

DIR listet alle Dateien aus, die durch die Dateispezifikation <Dateiname> ausgewählt wurden. Wird kein Pfad und kein Laufwerk definiert, so wird das Standardlaufwerk und -verzeichnis angenommen. Man kann mit *DIR* lediglich die Datei-Informationen eines Verzeichnisses ausgeben lassen.

Neben den Namen der ausgewählten Dateien erscheinen noch die Informationen *Größe* sowie *Datum und Zeit der Erstellung oder letzten Korrektur*. Am Anfang der Liste wird das angesprochene Laufwerk und dessen Name (*Label*) angegeben sowie der Name des angesprochenen Verzeichnisses. Am Ende wird die Anzahl der ausgegebenen Dateien erwähnt und der noch verfügbare Platz auf dem entsprechenden Laufwerk. Die Bedeutung der einzelnen Informationen können Sie der folgenden Grafik entnehmen:

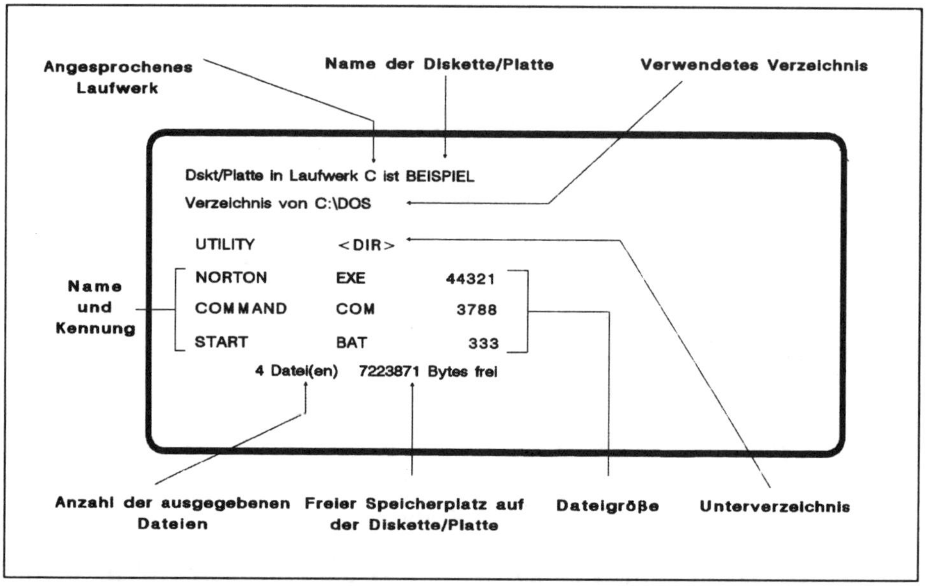

Abb. 14: Die Darstellungsweise von DIR

Die Datums- und Zeitangaben von *DIR* werden in dem durch das *COUNTRY*-Kommando definierten Landesformat ausgegeben. Beachten Sie bitte, daß Sie auch bei einer deutschen DOS-Version ohne *COUNTRY*-Kommando stets das Datum im amerikanischen Format ausgegeben bekommen.

Wenn Sie keinen Dateinamen angeben, so wird von *DIR *.** angenommen. Wollen Sie Dateien ausgelistet bekommen, die keine Kennung besitzen, so geben Sie den Dateinamen gefolgt vom trennenden Punkt an. Versteckte Dateien werden von *DIR* nicht angezeigt.

In allen Verzeichnissen außer dem Hauptverzeichnis sind die ersten beiden Verzeichniseinträge der Punkt und der doppelte Punkt:

```
.          <DIR>     13.01.1987  20.44
..         <DIR>     02.01.1987  13.12
```

Der Punkt steht repräsentativ für das angezeigte Verzeichnis; Sie können an diesem Eintrag ablesen, wann das Verzeichnis erstellt worden ist. In Pfadangaben können Sie den Punkt als Synonym des aktuellen Verzeichnisses verwenden, was aber selten gemacht wird, da das Standardverzeichis sowieso vorausgesetzt wird. Der zweite Eintrag ist .., auch ein Verzeichnis. Dieser Eintrag steht repräsentativ für das Mutterverzeichnis, das Verzeichnis also, in dem das angezeigte Verzeichnis Unterverzeichnis ist - es handelt sich hierbei um das unmittelbar übergeordnete Verzeichnis.

Bei der Benutzung des *DIR*-Kommandos lohnt sich häufig das Verknüpfen mehrerer DOS-Befehle durch das *PIPE*-Symbol. Beispielsweise ist es auf diese Weise möglich, ein alphabetisch sortiertes Listing der Dateien auszugeben (siehe auch Beispiele) oder bestimmte Einträge herauszufiltern.

Wollen Sie die Ausgabe von *DIR* auf dem Drucker erreichen, so geben Sie als letztes in der Eingabezeile *>prn* ein.

Beispiele:

Sie wollen alle Dateien des aktuellen Verzeichnisses und des aktuellen Laufwerkes ausgegeben bekommen:

```
dir
```

oder

```
dir *.*
```

Es sollen alle Dateien des A-Laufwerkes aufgelistet werden:

```
dir a:
```

oder

```
dir a:*.*
```

Sie wollen alle Dateien des Verzeichnis \DOS aufgelistet bekommen:

```
dir \dos
```

Lediglich die Dateien sollen ausgegeben werden, die die Dateikennung *COM* besitzen:

```
dir *.com
```

Die Liste aller *COM*-Dateien des Verzeichnis \DOS soll auf dem Drucker ausgegeben werden:

```
dir \dos\*.com >prn
```

Dieselbe Liste soll zunächst sortiert werden, bevor sie auf dem Drucker aufgelistet wird:

```
dir \dos\*.com ¦ sort >prn
```

Bemerkung: *SORT* ist auch ein DOS-Kommando und muß im Augenblick der Ausführung zugänglich sein, d.h. sich im Suchpfad befinden. Sie können auch vor *SORT* eine Pfadangabe machen, die definiert, wo *SORT* gespeichert ist. Im folgenden Beispiel wäre *SORT* nicht im Suchpfad, befindet sich jedoch im Verzeichnis \DOS:

```
dir \*.com ¦ \dos\sort >prn
```

Wollen Sie die Dateien nicht nach Namen, sondern nach Größe sortieren, so erreichen Sie dies durch das Kommando:

```
dir \dos\*.com ¦ sort /+25
```

Sie wollen in der Liste der Dateien nicht die Einträge der Unterverzeichnisse haben:

```
dir \dos ¦ find /v "<DIR>"
```

Um das übergeordnete Verzeichnis auszugeben, bedienen Sie sich der beiden Punkte ..; im zweiten Beispiel sehen Sie, daß man auch eine Dateispezifikation in Verbindung mit .. angeben kann:

```
dir ..
dir ..\*.com
```

Sie verzichten auf die Ausgabe von Größe der Datei sowie Datums- und Zeitangabe, wollen also mehr Dateien auf einmal im Überblick auf dem Bildschirm haben:

```
dir /w
```

Sie wollen nicht selber das Scrollen des Bildschirmes anhalten. Durch die Option */p* wird nach jedem Füllen eines Bildschirms die Ausgabe angehalten und erst nach Betätigen einer beliebigen Taste mit der Ausgabe fortgefahren:

```
dir *.com /p
```

Meldungen:

Datei nicht gefunden
Im definierten Pfad gibt es keine Datei mit der angegebenen Dateispezifikation. Überprüfen Sie Pfad- und Dateiangabe.

Dskt/Platte in Laufwerk d hat keinen Namen
Das ist keine Fehlermeldung; die Diskette oder Platte hat keinen Namen beim Formatieren erhalten. Sie können der Platte auch noch nachträglich durch *LABEL* einen Namen geben.

Wenn bereit, eine Taste betätigen
Diese Meldung erscheint, wenn eine Bildschirmseite voll ist. Betätigen Sie eine beliebige Taste, um mit der Ausgabe fortzufahren.

DISKCOMP *(transient)*

DISKCOMP {<Laufwerk1>:} {<Laufwerk2>:} {/1}{/8}

Vergleicht zwei Disketten auf gleichen Inhalt.

Parameter:

<Laufwerk1> ist das Laufwerk, in dem sich die erste Diskette befindet.

<Laufwerk2> ist das Laufwerk, in dem sich die zweite Diskette befindet. Fehlt diese Angabe, so wird das Standardlaufwerk angenommen.

/1 Es wird jeweils nur die erste Seite der Disketten miteinander verglichen, daher die Ziffer 1.

/8 Es werden ausschließlich die ersten 8 Sektoren jeder Spur miteinander verglichen.

Beschreibung:

Mit dem Kommando *DISKCOMP* vergleichen Sie den Inhalt zweier Disketten miteinander. Dabei wird der Inhalt Spur für Spur miteinander verglichen und evtl. gefundene Fehler werden mit Angabe von Seite, Spur und Sektor gemeldet.

Beim Vergleich wird zunächst das Format der ersten Diskette ermittelt. Die zweite Diskette muß dann dasselbe Format aufweisen. Sie können durch die Optionen */1* und */8* auf dieses Format eingreifen. Ist die erste Diskette zweiseitig, die zweite Diskette aber nur einseitig formatiert, so ist die Angabe der Option */1* erforderlich, da sonst Lesefehler auftreten. Dasselbe gilt für die Option */8*.

Bedenken Sie unbedingt, daß Disketten mit demselben Inhalt im Directory nicht im Sinne von *DISKCOMP* identisch sein müssen. Sie können dies ausprobieren, indem Sie eine Diskette einmal mit *DISKCOPY* und einmal mit *COPY* *.* kopieren und danach vergleichen. Nur bei *DISKCOPY* werden die Informationen der zu kopierenden Diskette exakt an dieselbe Stelle kopiert.

Sie können auch Disketten vergleichen, wenn Sie nur ein Laufwerk haben. *DISKCOMP* lädt dann stets so viel Daten in den Speicher, wie möglich ist und fordert Sie zum Wechseln der Diskette auf. Um dies zu erreichen, geben Sie zweimal dieselbe Laufwerksbezeichnung an.

Am Ende des Vergleiches meldet *DISKCOMP*, ob die beiden verglichenen Disketten identisch sind oder nicht. Sie haben dann die Gewißheit, daß beispielsweise Ihre Sicherheitskopie auch eine solche ist. Folgende Meldung erscheint, sofern die beiden verglichenen Disketten einen identischen Inhalt aufweisen:

```
Vergleich OK
```

Nach erfolgtem Vergleich werden Sie gefragt, ob Sie weitere Disketten vergleichen wollen oder nicht:

```
Weitere Disketten vergleichen (J/N) ?
```

Beispiele:

Sie wollen die Diskette im Laufwerk A und die Diskette im B-Laufwerk miteinander vergleichen:

```
diskcomp a: b:
```

Sie verfügen lediglich über ein Laufwerk, wollen aber zwei Disketten miteinander vergleichen. Das A-Laufwerk ist Standardlaufwerk:

```
diskcomp
```

oder

```
diskcomp a: a:
```

Die zweite Diskette ist nur einseitig formatiert; deswegen wollen Sie nur die erste Seite beider Disketten miteinander vergleichen:

```
diskcomp a: b: /1
```

Die Diskette in Laufwerk B ist ziemlich alt und deswegen nicht nur einseitig formatiert, sondern auch noch mit lediglich 8 Sektoren pro Spur. Folgendes Kommando führt den Vergleich dennoch aus:

```
diskcomp a: b: /1 /8
```

Meldungen:

Angegebenes Laufwerk existiert nicht, oder ist kein Diskettenlaufwerk.
Eines der ausgewählten Laufwerke ist kein Laufwerk (Sie dürfen nie mit einer Festplatte vergleichen) oder existiert gar nicht. Überprüfen Sie Ihre Eingaben.

Diskette muß eingelegt und Verriegelung geschlossen sein.
Eines der angegebenen Laufwerke kann nicht angesprochen werden. Überprüfen Sie die eingelegte Diskette und die Verriegelung des Laufwerks.

Diskette/Laufwerk nicht verträglich
Die eingelegte Diskette kann mit dem Laufwerk nicht gelesen werden; beispielsweise könnte eine Hochkapazitätsdiskette nicht in einem normalen Laufwerk gelesen werden.

Erste Diskette in Laufwerk d einlegen
Wenn Sie nur mit einem Laufwerk arbeiten, werden Sie durch diese Meldung aufgefordert, die erste der zu vergleichenden Disketten einzulegen.

Kop. von/auf remote Laufwerk unmöglich
Keines der beiden angegebenen Laufwerke darf ein Netzwerklaufwerk sein. Führen Sie den Vergleich zu einem späteren Zeitpunkt durch.

Nicht behebbarer Lesefehler auf Laufwerk d, Spur xx, Seite z
Beim Vergleich konnte eine Spur nicht gelesen und damit nicht verglichen werden. Die entsprechende Diskette ist wahrscheinlich defekt, oder Sie müssen eine der beiden Optionen */1* oder */8* verwenden.

Vergleich OK
Die beiden verglichenen Disketten sind identisch.

Vergleichen beendet
Der Vergleich der beiden Disketten ist beendet.

Vergleichfehler auf Seite xx, Spur yy
Beim Vergleichen wurde ein Fehler an der angegebenen Stelle gefunden. Die Disketten sind nicht identisch.

Verglichen werden xx Spuren yy Sektoren/Spur, z Seite(n)
Das Diskettenformat der ersten Diskette ist ermittelt worden und wird Ihnen hiermit angezeigt.

Weitere Disketten vergleichen (J/N) ?
Diese Frage erscheint am Ende von *DISKCOMP*. Wollen Sie zwei weitere Disketten vergleichen, so können Sie hier mit *J* antworten.

Zweite Diskette in Laufwerk d einlegen
Wenn Sie nur mit einem Laufwerk arbeiten, werden Sie durch diese Meldung aufgefordert, die zweite der zu vergleichenden Disketten einzulegen.

Achtung:

Sie sollten *DISKCOMP* nie mit Laufwerken verwenden, die durch eines der Kommandos *ASSIGN*, *JOIN* oder *SUBST* umgeleitet worden sind. Heben Sie die Umleitungen zuvor auf.

DISKCOPY *(transient)*

DISKCOPY {<Quellaufwerk>:} {<Ziellaufwerk>:} {/1}

Kopiert eine komplette Diskette sektorweise.

Parameter:

<Quellaufwerk> ist das Laufwerk, in dem sich die zu kopierende Diskette befindet. Entfällt diese Angabe, so wird das Standardlaufwerk angesprochen.

<Ziellaufwerk> ist das Laufwerk, in dem sich die Diskette befindet, auf die kopiert werden soll. Diese Angabe kann mit <Quellaufwerk> identisch sein, wenn Sie nur ein Laufwerk besitzen. Entfällt dieser Parameter, so wird das Standardlaufwerk angesprochen.

/1 Es wird lediglich die erste Seite der Quelldiskette kopiert (daher die Ziffer eins in der Option), auch wenn die Quelldiskette zweiseitig formatiert wird. Entsprechend wird die Zieldiskette auch nur einseitig formatiert.

Beschreibung:

Wenn Sie eine komplette Diskette kopieren wollen, beispielsweise um eine Sicherheitskopie anzufertigen, so leistet *DISKCOPY* gute Dienste. Der Disketteninhalt wird Spur für Spur (sektorweise) kopiert, so daß eine 1:1-Kopie entsteht, die einem Test mit *DISKCOMP* standhält.

Haben Sie nur ein Laufwerk zur Verfügung, so geben Sie zweimal dieselbe Laufwerksbezeichnung an. *DISKCOPY* fordert Sie stets zum Einlegen der entsprechenden Diskette auf und nutzt dabei den vorhandenen Speicher optimal aus, d.h. Sie müssen nur so oft wie wirklich nötig die Disketten wechseln.

Sollten Fehler auf der Diskette sein, wie beispielsweise fragmentarische Dateien (siehe auch *CHKDSK*), so werden diese fragmentarischen Dateien identisch kopiert, da keine Plausibilitätskontrolle stattfindet.

Das Diskettenformat der Quelldiskette wird von *DISKCOPY* erkannt und beibehalten; ist die Zieldiskette noch nicht oder nicht im identischen Format formatiert, so wird sie vor dem Kopiervorgang entsprechend des Formats der Quelldiskette formatiert, es erscheint dann die Meldung

```
Formatieren während Kopierens
```

Wollen Sie lediglich die erste Seite einer zweiseitgen Diskette kopieren, so geben Sie die Option */1* an.

Beim Kopieren können Lesefehler auf der Quell- und Schreibfehler auf der Zieldiskette auftreten. In diesem Fall ist die Kopie evtl. nicht verwendbar, was DOS Ihnen aber auch mitteilt.

Nachdem die Diskette komplett kopiert worden ist, werden Sie gefragt, ob Sie noch weitere Disketten zu kopieren haben. Um *DISKCOPY* abzubrechen, müssen Sie diese Frage verneinen.

Wollen Sie sichergehen, daß Kopie und Original identisch sind, so rufen Sie nach dem Kopiervorgang das Programm *DISKCOMP* auf.

Beispiele:

Sie wollen eine Diskette kopieren und verfügen über zwei Laufwerke. Legen Sie die Quelldiskette ins Laufwerk A und die Zieldiskette ins Laufwerk B ein:

```
diskcopy a: b:
```

Sie verfügen lediglich über ein Laufwerk, wollen aber eine Diskette kopieren. Das A-Laufwerk ist Standardlaufwerk. Sie werden im Verlauf des Kopierens mehrmals zum Wechseln der Disketten aufgefordert:

```
diskcopy
```

oder

```
diskcopy a: a:
```

Die Zieldiskette soll nur einseitig formatiert werden, obwohl die Quelldiskette zweiseitig formatiert worden ist:

```
diskcopy a: b: /1
```

Achtung:

Beim Kopieren mit *DISKCOPY* werden alle Informationen auf der Zieldiskette gelöscht. Benutzen Sie deswegen eine leere ungebrauchte Diskette. Ferner sollten Sie die zu kopierende Diskette vor Gebrauch durch Überkleben der Schreibschutzkerbe schützen: vermeiden Sie ein Überschreiben der Quelldiskette, wenn Sie sich beim Einlegen der Disketten irren sollten.

DISKCOPY arbeitet nicht fehlerfrei mit Laufwerken, die durch *ASSIGN*, *JOIN* oder *SUBST* umgeleitet worden sind. Heben Sie diese Umleitungen vorher auf.

Meldungen:

Angegebenes Laufwerk nicht vorhanden,
oder kein Diskettenlaufwerk.
Eines der angegebenen Laufwerke ist kein Diskettenlaufwerk (Sie dürfen auch keine Festplatte oder RAM-Disk bei *DISKCOPY* verwenden) oder existiert nicht.

Eine weitere Kopie erstellen (J/N)?
Wenn Sie weitere Disketten kopieren wollen, so können Sie diese Frage bejahen; durch ein Nein verlassen Sie *DISKCOPY*.

Formatieren während Kopieren
Die Zieldiskette ist nicht oder in einem anderen Format als die Quelldiskette formatiert. Vor dem Kopieren wird die Diskette entsprechend der Quelldiskette formatiert.

Kop. auf/von remote Laufwerk unmöglich
Keines der eingegebenen Laufwerke darf ein Netzwerk-Laufwerk sein. Kopieren Sie zu einer anderen Zeit oder mit zwei anderen Laufwerken.

Kopieren beendet
Der Kopiervorgang ist erfolgreich beendet.

Kopiert werden ss Spuren
xx Sektoren/Spur, z Seite(n)
Angabe des Diskettenformates - die Zieldiskette wird mit *z* Seite(n) zu *xx* Sektoren je Spur und *ss* Spuren formatiert.

Laufwerk d nicht bereit.
Diskette muß eingelegt und Verriegelung
geschlossen sein.
Das angesprochene Laufwerk ist nicht bereit - beispielsweise könnte die Verriegelung nicht geschlossen sein.

Laufwerkart (ein-,doppelseitig) oder
Diskettenarten nicht verträglich.
Die eingelegte Diskette kann im angegebenen Laufwerk nicht gelesen werden (doppelseitige Diskette im einseitigen Laufwerk oder Hochkapazitätsdiskette im normalen Laufwerk). Beispielsweise kann auch eine 5¼-Zoll-Diskette nicht auf eine 3½-Zoll-Diskette kopiert werden.

Nicht behebb. Lesefehler Laufwerk d
Seite s Spur ss
Auf der Seite *s* und Spur *ss* ist ein Lesefehler aufgetreten, die Quelldiskette ist schadhaft. Nach dieser Meldung wird mit dem Kopieren fortgefahren. Eventuell ist die Kopie nicht verwendbar.

Nicht behebb. Schreibfehler Laufwerk d
Seite s Spur ss
Mehrere Schreibversuche auf der Zieldiskette sind fehlgeschlagen. Nach dieser Meldung wird mit dem Kopieren fortgefahren, die Zieldiskette ist jedoch evtl. nicht zu verwenden.

Quellendiskette fehlerhaft oder unverträgl.
Die Quelldiskette ist an einer oder mehreren Stellen schadhaft. Versuchen Sie, die darauf befindlichen Dateien mit *COPY* zu kopieren.

Quellendiskette in Laufwerk d einlegen
Legen Sie die Quelldiskette in das angegebene Laufwerk ein.

Ungültiger Parameter.
Keine Dateinamen angeben.
Befehlsformat: DISKCOPY d: d: [/1]
Sie haben einen Dateinamen eingegeben oder sonst die Einga-

besyntax des Kommandos in irgendeiner Form verletzt. Überprüfen Sie Ihre Eingabe.

Zieldiskette ev. nicht verwendbar
Diese Meldung erscheint, wenn beim Lesen der Quelldiskette Lesefehler aufgetreten sind. Die Diskette ist evtl. nicht verwendbar.

Zieldiskette in Laufwerk d einlegen
Legen Sie die Zieldiskette in das angegebene Laufwerk ein.

Zieldiskette ist schreibgeschützt!
Die Zieldiskette ist schreibgeschützt. Entfernen Sie den Schreibschutz und geben Sie das Kommando erneut ein. Vielleicht haben Sie auch lediglich die Laufwerksbezeichnungnen vertauscht.

Zieldiskette nicht verwendbar
Beim Formatieren der Zieldiskette oder beim Schreiben sind Fehler aufgetreten. Die Zieldiskette kann deswegen nicht verwendet werden. Benutzen Sie eine andere Diskette.

EDLIN *(transient)*

EDLIN <Dateiname> {/b}

Zeileneditor für ASCII-Dateien.

Parameter:

<Dateiname> gibt die Datei an, die durch *EDLIN* bearbeitet werden soll. Bei Aufruf von *EDLIN* muß ein Dateiname angegeben werden.

/b Die zu bearbeitende Datei ist eine Binärdatei; das softwaremäßige Datei-Endekennzeichen Ctrl-Z wird ignoriert, und es wird bis zum tatsächlichen Dateiende gelesen.

Beschreibung:

EDLIN ist kein komfortables Textverarbeitungsprogramm, jedoch reicht es für die Erstellung und Korrektur kleiner Dateien - beispielsweise von Batchdateien - häufig aus. Da *EDLIN* ständig verfügbar und auf der DOS-Diskette mitgeliefert wird, soll hier eine kurze Beschreibung des Editors erfolgen.

Beim Aufruf von *EDLIN* muß unbedingt ein Dateiname angegeben werden, selbst wenn die Datei noch nicht existiert und durch *EDLIN* erst erstellt werden soll. Wollen Sie eine Binärdatei bearbeiten, so geben Sie die Option */b* an. Nachdem *EDLIN* nun also gestartet wurde, wird für den Text im Speicher Platz freigehalten; 25 Prozent des dafür vorgesehenen Eingabepuffers sind für Ergänzungen der Datei vorgesehen. Würde die Datei mehr als 75 Prozent des Puffers füllen, so wird die Datei nicht komplett eingeladen. Sie können dann die verschiedenen Dateiteile mit dem Kommando *A* nachladen. Allerdings ist das Bearbeiten solch langer Dateien mit *EDLIN* nicht zu empfehlen.

EDLIN arbeitet zeilenorientiert. Alle Kommandos bestehen aus einem Buchstaben, dem die evtl. notwendigen Zeilennummern unmittelbar vorausgehen. Hier eine kurze Liste dieser Kommandos:

Befehl	Syntax
Anhängen	[Zeilenzahl]A
Anzeigen	[Erste Zeile],[Letzte Zeile]P
Einfügen	[Zeile]I
Ende	E
Ersetzen	[Erste Zeile][,Letzte Zeile]?R[Text][F6][Text]
Kopieren	[Erste Zeile],[Letzte Zeile],Zielzeile[,Anzahl]C
Laden	[Zielzeile]T[Dateiname]
Listen	[Erste Zeile][,Letzte Zeile]L
Löschen	[Erste Zeile][,Letzte Zeile]D
Quitt	Q
Speichern	[Zeilenanzahl]W
Suchen	[Erste Zeile][,Letzte Zeile]?S[Text]
Verschieben	[Erste Zeile][,Letzte Zeile],ZielzeileM
Zeilenende	Ctrl-C

Übersicht der EDLIN-Kommandos

Jede Eingabezeile von *EDLIN* darf maximal 253 Zeichen umfassen und wird mit einer Zeilennummer versehen. Die Zeilennummern werden von *EDLIN* automatisch vergeben und sind lückenlos, d.h. wenn Sie eine Zeile löschen oder einfügen, werden alle anderen Zeilen wieder umnumeriert. Die erste Zeile ist die Zeile 1 und es wird in Einerschritten durchnumeriert.

Jede der Zeilen kann einzeln editiert werden. Hierzu haben Sie dieselben Möglichkeiten wie unter DOS - siehe hierzu auch *Eingabe und Korrektur von DOS-Kommandos, Kapitel 2.3.* Eine Zeile wird editiert, indem Sie die entsprechende Zeilennummer eingeben und die Taste <Enter> drücken.

Wie bereits erwähnt, bestehen alle *EDLIN*-Kommandos aus einem Zeichen, die in Groß- oder Kleinschrift eingegeben werden können. Die Angabe von <Letzte Zeile> kann in der Regel unterbleiben, das Kommando bezieht sich dann auf lediglich eine Zeile. Entfällt auch die Angabe der <Ersten Zeile>, so bezieht sich das Kommando stets auf die zuletzt bearbeitete Zeile, die durch einen Stern (*) gekennzeichnet ist.

Das Eingeben mehrerer Kommandos ist durch das Trennzeichen Semikolon (;) möglich, aber nicht zu empfehlen.

Sie können bei allen Zeilenangaben die Zeilennummer absolut angeben oder aber auch relativ. Verwenden Sie dann eines der folgenden Zeichen:

Symbol	Bedeutung
#	Die letzte im EDLIN vorhandene Zeilennummer
.	Die aktuelle Zeile.
+/-	Relative Angabe einer Zeilennummer im Verhältnis zur aktuellen, durch den Stern gekennzeichneten Zeile.

Wollen Sie Zeilen eingeben, so verwenden Sie das I-Kommando. Im folgenden Beispiel wird eine AUTOEXEC-Datei mit *EDLIN* erstellt.

```
EDLIN beispiel.bat

Neue Datei
*i

  1:*echo off
  2:*cls
  3:*echo Bitte geben Sie Zeit und Datum ein:
  4:*echo .
  5:*date
  6:*time
  7:*^C        (<Ctrl>-<C>)

*q
Aufbereiten beenden (J/N)? N
*e
```

Wollen Sie Ihre Eingaben bzw. Änderungen abgespeichert wissen, so dürfen Sie *EDLIN* nicht mit dem Q-Befehl verlassen, sondern müssen das E-Kommando verwenden. *EDLIN* erstellt eine Sicherheitskopie des Originals - sofern vorhanden - mit der Dateikennung *BAK*.

EDLIN ermöglicht auch das Eingeben einiger Kontrollzeichen, was häufig sehr sinnvoll ist. Diese Kontrollzeichen sind beispielsweise bei der Druckerausgabe etc. nötig, können unter DOS aber nicht eingegeben werden. Folgende wichtige Kontrollzeichen können mit *EDLIN* erstellt werden:

ASCII	Anzeige	Funktion	Taste(n)
0	^@	Nullzeichen	<F7>
7	^G	Tonzeichen	<Ctrl>-<G>
8	^H	Backspace	<Ctrl>-<V>-<H>
12	^L	Form Feed	<Ctrl>-<V>-<L>
27	^[	Escapezeichen	<Ctrl>-<V>-[

Meldungen:

Aufbereiten beenden (J/N)?
Wenn Sie das Q-Kommando verwenden und Eingaben bzw. Korrekturen gemacht haben, so erscheint diese Sicherheitsabfrage; wenn Sie *EDLIN* verlassen, ohne die Änderungen abzuspeichern, sind diese verloren.

Aufbereiten einer .BAK-Datei nicht möglich -- Datei umbenennen
Sie wollten eine Datei mit der Kennung .BAK bearbeiten - dies wird von *EDLIN* nicht zugelassen. Wollen Sie tatsächlich eine BAK-Datei bearbeiten, so müssen Sie sie zuvor umbenennen.

Dateiname muß angegeben werden
Wenn Sie *EDLIN* aufrufen, müssen Sie einen Dateinamen angeben, sonst wird *EDLIN* nicht gestartet.

Nicht genug Platz zum Einlesen der gesamten Datei
Die Datei ist zu groß, um sie auf einmal in den Speicher zu laden. Deswegen wird nur ein Teil geladen, den Rest können Sie nach und nach mit dem A-Kommando nachladen.

Nummer der Zielzeile angeben
Sie haben die Zeilennummer des Ziels bei Kopieren nicht angegeben; diese Angabe ist obligatorisch.

Zu viele Dateien eröffnet
Der File Handler hat keine Datei mehr frei, die *EDLIN* zum Laden/Speichern benötigt. Definieren Sie in der Konfigurationsdatei mit dem *FILES*-Kommando mehr Dateien.

ERASE *(resident)*

ERASE <Dateiname>

Löschen einer oder mehrerer Dateien.

Parameter:

<Dateiname> ist der Name der Datei, die gelöscht werden soll. Die Verwendung von Wildcards ist erlaubt, so daß Sie mehrere Dateien gleichzeitig löschen können.

Beschreibung:

Die drei Kommandos *DEL, DELETE* und *ERASE* sind in ihrer Bedeutung und Anwendung vollkommen identisch. Aus diesem Grunde finden Sie unter dem Kommando *DEL* eine ausführliche Beschreibung dieses Kommandos.

EXE2BIN *(transient)*

EXE2BIN <EXE-Datei> {<COM-Datei>}

Umwandlung einer EXE-Datei in eine COM-Datei.

Parameter:

<EXE-Datei> ist die umzuwandelnde EXE-Datei. Wenn Sie keine Kennung angeben, so wird .EXE angenommen.

<COM-Datei> ist der Name der EXE-Datei, wenn sie konvertiert ist. Wird dieser Parameter nicht angegeben, so erhält die COM-Datei denselben Namen wie die EXE-Datei mit der Kennung *BIN*.

Beschreibung:

EXE- und COM-Dateien sind beides ausführbare Programme, die allerdings einige wesentliche Unterschiede aufweisen. EXE-Dateien sind im Speicher verschiebbar, COM-Dateien nicht; ferner beginnen COM-Dateien stets an Adresse 0000:0100h und sind *nicht* segmentorientiert. Die Gesamtgröße einer COM-Datei kann 64 KByte nicht überschreiten, während EXE-Dateien praktisch keine Grenzen gesetzt sind - das sind einige wesentliche Unterscheidungsmerkmale. Die meisten DOS-Kommandos sind COM-Dateien; das *ATTRIB*-Kommando hingegen ist beispielsweise eine EXE-Datei.

Die zu konvertierende EXE-Datei darf kein Stacksegment enthalten; Programm- und Datensegment dürfen 64 KByte nicht überschreiten.

Sollte die EXE-Datei nicht an Adresse 0100h beginnen und der Einsprungspunkt des Kommandos nicht mittels des *END*-Kommandos des Assemblers definiert worden sein, oder sollte dennoch ein segmentorientiertes Kommando in der EXE-Datei vorkommen, so erstellt *EXE2BIN* eine Binärdatei. Diese Binärdatei kann von COMMAND.COM nicht korrekt geladen und ausgeführt werden - *EXE2BIN* verlangt in diesem Fall von Ihnen eine Startadresse für die zu erstellende Binärdatei. Von Benutzerprogrammen kann diese Binärdatei dann durchaus benutzt werden.

Geben Sie beim ersten Dateinamen keine Kennung an, so wird die Kennung EXE vorausgesetzt. Entfällt der zweite Parameter, so erhält die erstellte COM-Datei denselben Namen wie die Quelldatei, jedoch mit der Kennung *BIN*. Geben Sie nur einen Namen an, aber keine Kennung, so wird ebenfalls die Kennung BIN angehängt. Sie können eine BIN-Datei entweder mittels *RENAME* umbenennen oder direkt die Kennung COM angeben.

Beispiele:

Sie wollen die Programmdatei DEMO.EXE in eine COM-Datei umwandeln, um diese beispieslweise mit dem Debugger bearbeiten zu können:

```
exe2bin demo.exe demo.com
```

Meldungen:

ACHTUNG - Lesefehler bei EXE-Datei.
Gelesene Anzahl kleiner als im Kopfsatz
Die EXE-Datei weist Fehler auf (tatsächliche Länge kleiner als im Datei-Header definiert), so daß die Datei nicht geladen und konvertiert werden kann.

Datei kann nicht konvertiert werden
Diese Meldung erscheint, wenn die EXE-Datei den IP auf eine andere Adresse als 0100h setzt, segmentorientiert arbeitet, ein Stacksegment enthält oder nicht im EXE-Format ist.

Datei nicht gefunden
Die angegebene EXE-Datei konnte unter dem definierten Pfad nicht gefunden werden.

Dateierstellungsfehler
Diese Meldung erscheint, wenn *EXE2BIN* die COM-Datei nicht erstellen kann. Wahrscheinlich ist das Directory defekt - benutzen Sie *CHKDSK*.

Korr. erforderlich - Basissegment (Hex):
Eine Ladeadresse ist für die Datei erforderlich - geben Sie die absolute Adresse an, an der die Datei später geladen werden soll.

Nicht genügend Plattenbereich
Es ist nicht genügend Speicher auf der Diskette vorhanden, um eine neue Datei anzulegen. Machen Sie Platz auf der Diskette frei.

Nicht genügend Speicher
Es ist nicht genügend Speicher vorhanden, um *EXE2BIN* zu laden und zu starten.

Anmerkung:

Ab DOS 3.3 befindet sich *EXE2BIN* nicht mehr auf der Systemdiskette. Im Zuge der Einführung des neuen Betriebssystemes OS/2 (in Deutschland auch unter BS/2 bekannt), werden Programmdateien mit der Kennung COM nicht mehr unterstützt. Unter OS/2 selbst sind COM-Dateien nicht ladbar, da COM-Dateien an eine feste Adresse geladen werden müssen, OS/2 aber keine eigentlichen physikalischen Adressierungen mehr ermöglicht. Unter dem multitaskingfähigen Betriebssystem OS/2 wäre eine Direktadressierung von Speicherbereichen nicht mehr vertretbar.

EXIT *(resident)*

EXIT

Verlassen einer Kopie von COMMAND.COM.

Parameter:

EXIT hat keine Parameter.

Beschreibung:

Haben Sie neben dem permanenten Kommandoprozessor einen zusätzlichen durch das Kommando *COMMAND* geladen, so können Sie diese Kopie durch das Kommando *EXIT* verlassen. Der Befehl hat keinerlei Auswirkungen auf den Originalprozessor.

Haben Sie die Kopie des Kommandoprozessors verlassen, so ist die ursprüngliche Umgebung (*Environment*) wieder hergestellt.

Beispiel:

Sie haben aus BASIC heraus mit Hilfe des *SHELL*-Kommandos einen sekundären Kommandoprozessor geladen und aktiviert, den Sie nun verlassen wollen:

```
basica
shell
exit
```

FASTOPEN *(transient - ab DOS 3.3)*

FASTOPEN <Laufwerk>:{=<Anzahl>}...

Beschleunigung bei Dateizugriffen.

Parameter:

<Laufwerk> ist Angabe des Laufwerkes, dessen Dateizugriffe durch *FASTOPEN* gespeichert werden sollen.

<Anzahl> gibt an, wie viele Dateizugriffe oder Verzeichnisse des Laufwerkes <Laufwerk> gespeichert werden sollen. Fehlt diese Angabe, so wird standardmäßig 34 angenommen. Gültig sind alle Werte zwischen 10 und 999.

Beschreibung:

Bei jedem Dateizugriff durchsucht DOS das aktuelle Verzeichnis und ggfs. die vorhandenen Unterverzeichnisse nach der gewünschten Datei. Dieser Vorgang kann bei komplexen Dateistrukturen und stark gefüllten Festplatten schnell zu einer zeitaufwendigen Angelegenheit werden.

FASTOPEN merkt sich nun die hierarchische Position der verwendeten Verzeichnisse und die komplette Pfadangabe einer bereits einmal geöffneten (also verwendeten) Datei. Vor jedem Dateizugriff wird nun die Liste der gespeicherten Datei- und Verzeichnisnamen im Speicher von *FASTOPEN* durchsucht. Kann das gewünschte Verzeichnis oder die angesprochene Datei im Speicher gefunden werden, so kann DOS entsprechend direkt auf die Platte zuzugreifen, ohne daß erneut im gesamten Inhaltsverzeichnis der Platte hiernach gesucht werden muß. Die Zeitersparnis ist je nach Verzeichnisstruktur gewaltig.

FASTOPEN merkt sich aber nicht alle Dateizugriffe, sondern lediglich die, die auf ein definiertes Laufwerk bezogen sind. Sie können als Benutzer bestimmen, welche Laufwerke in den Such- und Speichervorgang von *FASTOPEN* einbezogen werden sollen. In der Regel lohnt es sich nur bei Festplatten, *FASTOPEN* erst im Speicher und dann auf der Platte suchen zu lassen. Sie sparen auf diese Weise Platz im Speicher für die wesentlichen Dateinamen, die sich auf eine Festplatte beziehen.

FASTOPEN wird beim ersten Aufruf im Speicher resident installiert. Nur ein einziger Aufruf von *FASTOPEN* ist möglich; Sie müssen also beim ersten Aufruf genau bedenken, wie viele Einträge Sie zu speichern wünschen und auf welche Laufwerke sich *FASTOPEN* beziehen soll. Eine spätere Korrektur oder Ergänzung ist nicht bzw. erst nach Warmstart möglich.

Sie können selbst bestimmen, wie viele Einträge gespeichert werden sollen. Machen Sie bei *FASTOPEN* lediglich eine Laufwerksangabe, so werden standardmäßig 34 Einträge abgelegt. Werte zwischen 10 und 999 sind erlaubt. Sie können auch für mehrere Laufwerke das Speichern der Dateinamen anordnen. Hier darf die Summe der zu speichernden Einträge aber 999 nicht übersteigen. Bedenken Sie, daß jeder Eintrag 35 Byte im Speicher benötigt.

Werden im Laufe der Zeit mehr als *<Anzahl>* Dateien auf dem zugeordneten Laufwerk geöffnet, so wird die Pfadangabe des ältesten Eintrages durch den neuen ersetzt.

Beispiele:

Sie wollen jeweils die letzten 100 Zugriffe auf die Festplatte C durch *FASTOPEN* speichern:

```
fastopen c:=100
```

Es sollen jeweils die letzten 200 Zugriffe auf die Festplatte C und die RAM-Disk D durch *FASTOPEN* verwaltet werden:

```
fastopen c:=200 d:=200
```

Meldungen:

Ungültige Anzahl Parameter
Diese Meldung erscheint beispeislweise, wenn Sie *FASTOPEN* ohne jeden Parameter aufrufen. *FASTOPEN* wird dann nicht installiert und Sie haben die Möglichkeit, *FASTOPEN* erneut und korrigiert aufzurufen.

FASTOPEN für Laufwerk x: nicht möglich
Die Verwaltung der Einträge ist für das angegebene Laufwerk *x:* leider nicht möglich.

FASTOPEN installiert
FASTOPEN bereits installiert
Diese Meldung sagt aus, daß *FASTOPEN* bereits installiert ist. Es können keine Änderungen an den Parametern des ersten Aufrufes von *FASTOPEN* vorgenommen werden. Ein Warmstart ist hier erforderlich.

Gleiches Laufwerk mehrmals angegeben
Sie haben in der Liste der Parameter dasselbe Laufwerk mehr als einmal angegeben. Überprüfen Sie die Eingabe.

Nicht genügend Speicherplatz
Der verfügbare Speicherplatz reicht nicht aus, um die gewünschte Anzahl an Einträgen durch *FASTOPEN* verwalten zu können.

Ungültiger Parameter
Einer der angegebenen Parameter ist ungültig - diese Meldung erscheint beispielsweise, wenn Sie das Gleichheitszeichen zwischen der Laufwerksangabe und der Angabe der Anzahl vergessen sollten.

Zu viele Laufwerkseinträge
Zu viele Laufwerksangaben. Überprüfen Sie, auf welches Laufwerk Sie bei der Verwaltung durch *FASTOPEN* verzichten können und tätigen Sie den Aufruf erneut.

Zu viele Namenseinträge
Die Summe aller angegeben Einträge überschreitet den Maximalwert von 999. Überprüfen Sie die Eingabe.

Achtung:

Sollten Sie Ihre Festplatte mit Speed Disk oder einem anderen Programm zur Optimierung der Festplattenbelegung bearbeitet haben und *FASTOPEN* wurde installiert, müssen Sie den Rechner neu starten. Die Pfadangaben und Spur-/Sektorangaben des *FASTOPEN* sind dann nicht mehr korrekt.

FDISK *(transient)*

FDISK

Verwalten des Festplattenbereichs für DOS und andere Betriebssysteme.

Parameter:

FDISK hat keine Parameter.

Beschreibung:

Sie können eine Festplatte in bis zu vier verschiedene logische Bereiche (sogenannte *Partitions*) unterteilen; jede Partition kann dann theoretisch einem jeweils unterschiedlichen Betriebssystem zugeordnet werden. In den meisten Fällen dürfte jedoch die komplette Plattenkapazität für DOS reserviert sein - aber auch dann ist eine Partitionierung der Festplatte notwendig.

Unter dem Begriff Partition versteht man also eine Bereichseinteilung auf der Festplatte. Sie können einserseits die gesamte Festplattenkapazität als eine Partition definieren oder aber die Kapazität aufteilen auf mehrere Partitions. Sie verfügen dann über verschiedene logische Laufwerke mit eigenem Inhaltsverzeichnis, eigener FAT etc. So könnten Sie eine 30-MByte-Festplatte aufteilen in zwei 10-MByte-Laufwerke und zwei 5-MByte-Laufwerke - oder jedes andere beliebige Verhältnis.

Erst ab DOS 3.3 ist es allerdings möglich, mehrere Partitions gleichzeitig dem Betriebssystem DOS zuzuordnen. In den früheren Versionen konnte DOS lediglich eine Partition zugeteilt werden - die anderen mußten entsprechend anderen Betriebssystem wie beispielsweise XENIX oder CP/M 86 zugeordnet werden. Sofern Sie mit einer Festplatte mit einer Kapazität von weniger als 32 MByte arbeiten, stellt diese Einschränkung kein Problem dar.

DOS-Partitions können aus DOS-internen Gründen[2] maximal 32 MByte groß sein. Da aber die Festplatten immer größere Kapazitäten aufweisen und diese möglichst auch unter DOS zur Verfügung stehen sollten, besteht seit DOS 3.3 die Möglichkeit, bis zu vier DOS-Partitions auf der Festlatte einzurichten. Jede Partition entspricht dann einem logischen Laufwerk. Eine dieser DOS-Partitions ist die sogenannte Primärpartition, während es sich bei den anderen um die sogenannten Sekundärpartitions handelt. Mit Hilfe der Primärpartition wird das Betriebssystem gebootet.

Doch keine Regel ohne Ausnahme: Da die Beschränkung einer Partition auf 32 MByte sehr lästig sein kann, hat die Firma Compaq für ihre Geräte eine eigene DOS-Version 3.31 entwickelt. Mit Hilfe dieser speziellen DOS-Version besteht die Möglichkeit, beliebig große Partitions auf der Festplatte anzulegen. So braucht eine 100-MByte-Festplatte nicht in vier verschiedengroße Partitions unterteilt zu werden, sondern kann als eine Einheit verwendet werden.

In vielen Fällen ist die Festplatte schon beim Kauf durch den Händler eingerichtet und formatiert. Bevor Sie bei einer IBM-Harddisk mit *FDISK* die Plattenbereiche verteilen können, müssen Sie zuvor mittels *SETUP* (oder einem anderen mitgelieferten Programm zur Anzeige/Korrektur der Systemparameter) die Platte anmelden (sofern noch nicht geschehen), damit DOS sie überhaupt kennt; *SETUP* ist ein Programm zur Definition der Systemkonfiguration und befindet sich in der Regel auf der Diagnosediskette, die zu IBM AT mitgeliefert wird. Aber auch AT-kompatible Geräte und selbstverständlich auch die Geräte der PS/2-Serie verfügen über ein entsprechendes Diagnoseprogramm. Informieren Sie sich im Handbuch, wie diese Programme zu bedienen sind.

FDISK ist ein menüorientiertes Programm; alle Angaben werden also nicht in Form von Parametern, sondern im Dialogsystem gemacht. Es ist jeweils erforderlich, entweder einen Menüpunkt durch Eingabe einer Ziffer auszuwählen oder eine Frage durch J oder N zu beantworten. Jede Frage ist durch einen (sinnvoll

2 DOS verwendet in der FAT (File Allocation Table) lediglich einen 16-Bit-Zeiger, so daß maximal 65.536 Sektoren zu je 512 Byte adressiert werden können. Dies entspricht einer Gesamtkapazität von 33.544.432 Byte, also 32 MByte.

Es werden fünf verschiedene Menüpunkte angeboten: Sie können eine Partition erstellen, eine Partition in ihrer Größe verändern, eine Partition löschen, alle Informationen über eine Partition anzeigen lassen sowie eine andere Festplatte auswählen. Der letzte Menüpunkt wird auch nur dann angezeigt, wenn Sie über mehrere Festplatten verfügen.

Zur Vorbereitung einer noch nicht formatierten Festplatte wählen Sie den Menüpunkt 1 von *FDISK* an und richten somit eine primäre DOS-Partition ein; ggfs. müssen zusätzliche sekundäre Partitions definiert werden. Anschließend wählen Sie eine DOS-Parition als aktiv aus, damit DOS auch gebootet werden kann. Formatieren Sie dann jede Partition (also jedes logische Laufwerk) mit Hilfe des *FORMAT*-Befehls - beachten Sie dabei bitte, daß die primäre Partition mit der /s-Option formatiert werden muß, damit diese Partition auch bootfähig gemacht wird.

Wollen Sie für andere Betriebssysteme Partitions anlegen, so studieren Sie vorher unbedingt das entsprechende Handbuch. Beachten Sie bitte auch, daß Sie keine aktive Partition ändern oder löschen können.

Aktive Partition ist stets die, mit der die Festplatte gebootet worden ist. Ist die komplette Festplatte eine Partition, so brauchen Sie bei *FDISK* auch keine Partition als aktiv auszuwählen, da diese stets automatisch aktiv ist. Haben Sie mehrere Partitions angelegt, so können Sie in *FDISK* die aktive auswählen, von der dann auch gebootet wird.

Geben Sie niemals irrtümlicherweise die DOS-Partition frei, da ansonsten die durch DOS belegten Zylinder befreit und damit frei zugänglich wären. Die darauf gespeicherten Informationen wären verloren.

Sollten Sie einmal Schwierigkeiten haben, DOS von der Festplatte zu booten, so legen Sie eine DOS-Diskette ins A-Laufwerk ein und booten Sie von Diskette. Dann sollten Sie versuchen, alle Daten von der Festplatte zu retten; hiernach ist es zu empfehlen, die Festplatte neu zu formatieren und einzurichten.

Beispiele:

Sie wollen eine unformatierte Festplatte einrichten.

Sie haben die Festplatte bereits durch das Programm *SETUP* von der Diagnosediskette angemeldet (Nur IBM AT und kompatible). Booten Sie DOS vom A-Laufwerk.

Starten Sie *FDISK.* Im folgenden wollen wir die gesamte Festplatte als DOS-Partition definieren und danach die Platte als Systemplatte formatieren:

```
C>FDISK

IBM Personal Computer
Festplatten-Einrichtungsprogramm Version 2.00
(c) Copyright IBM Corp. 1983, 1984

FDISK-Menü
Momentanes Festplattenlaufwerk: 1

Eine Auswahl angeben:
1. Erstellen DOS-Partition
2. Ändern aktive Partition
3. Löschen DOS-Partition
4. Partitionsdaten anzeigen
5. Nächste Festplatte anwählen
```

Die fünfte Option erscheint nur dann, wenn Sie über mehrere Festplatten verfügen.

Wählen Sie zunächst die erste Option an. Es erscheint direkt die Frage, ob Sie die komplette Festplatte als DOS-Partition einrichten wollen. Sie wollen das, deswegen beantworten Sie die Frage mit *Ja* - diese Antwort ist defaultmäßig eingestellt - wollen Sie dies nicht, so beantworten Sie die Frage mit *Nein* und kehren wieder ins Hauptmenü zurück.

```
Soll die gesamte Festplatte für DOS benutzt werden (J/N)....? [J]
```

Nachdem Sie die komplette Festplatte als DOS-Partition ausgewählt haben, werden diese Informationen gespeichert und es erscheint folgende Meldung auf dem Bildschirm:

```
System führt nun einen Warmstart durch
DOS-Diskette in Laufwerk A: einlegen
Wenn bereit, eine Taste betätigen . . .
```

Betätigen Sie eine beliebige Taste und warten Sie ab, bis DOS sich durch das Systemprompt meldet. Geben Sie dann das Kommando zum Formatieren der Festplatte als Systemdisk ein:

```
format c:/s/v
```

Nachdem die Festplatte korrekt formatiert ist - was einige Minuten dauert -, können Sie sich einen Namen eingeben, den die Festplatte erhalten soll. Wenn dies getan ist, ist die Platte korrekt formatiert.

Sie wollen sich die Partitionsgröße ausgeben lassen

Vom Hauptmenü aus wählen Sie die Option 4 an, die Ihnen alle Informationen der aktiven Partition anzeigt. Eine typische Ausgabe wäre:

```
Partitionsinformationen anzeigen


Partition  Status   Art  Start Ende Größe
   1         A      DOS      0  613   614

Gesamtplattenbereich ist    614 Zylinder.
```

Durch die Taste <Esc> gelangen Sie wieder zu DOS zurück.

FIND *(transient)*

FIND {/v}{/n}{/c} "<Zeichenkette>" <Datei>

Anzeigen und/oder zählen von Zeilen einer Datei, die eine Zeichenkette enthalten oder nicht.

Parameter:

<Zeichenkette> ist der Textteil, nach dem Sie in der Datei suchen lassen wollen. Der Parameter muß in Anführungsstrichen eingeschlossen sein.

<Datei> ist die Datei, in der nach <Zeichenkette> gesucht wird. Sie können auch mehrere Dateinamen angeben; trennen Sie hierzu die verschiedenen Dateinamen durch jeweils ein Leerzeichen. Die Verwendung von Wildcards ist *nicht* erlaubt!

/c Zählt die Zeilen, die <Zeichenkette> enthalten bzw. nicht enthalten (/V). Die Anzahl wird am Ende ausgegeben. Wenn */c* aktiv ist, wird */n* ignoriert.

/n Die Zeilen, die zutreffen, werden mit einer Zeilennummer versehen ausgegeben. Die Zeilennummern werden ohne führende Nullen in eckigen Klammern ausgegeben.

/v Sucht die Zeilen aus <Datei> heraus, die <Zeichenkette> *nicht* enthalten - die Bedeutung von *FIND* wird also umgekehrt.

Beschreibung:

FIND sucht aus einer oder mehreren Dateien alle Zeilen heraus, die <Zeichenkette> enthalten und gibt diese Zeilen auf dem Bildschirm aus. Ist das Kommando mit der Option */n* versehen, so wird ebenfalls die Zeilennummer ausgegeben. Durch Angabe der Option */c* werden lediglich die Zeilen gezählt, die den Suchstring enthalten, und die Anzahl am Ende ausgegeben. Werden die Optionen */c* und */n* gleichzeitig verwendet, so wird die Option */n* ignoriert. Beachten Sie, daß im Gegensatz zu den meisten DOS-Kommandos bei *FIND* die Optionen am *Anfang* der Parameterzeile zu definieren sind.

Die Zeichenkette, nach der gesucht wird, muß in Anführungsstrichen eingeschlossen sein. Soll im Text selbst ein Anführungsstrich vorkommen, so geben Sie zwei Anführungsstriche hintereinander ein. Groß- und Kleinschreibung wird von *FIND* unterschieden und kann leider durch keine Option ignoriert werden.

FIND ist ein typisches Filterkommando - es wird also in der Regel mit anderen DOS-Kommandos zusammen benutzt. In diesem Fall gibt man keinen Dateinamen an, *FIND* bearbeitet dann die vom vorangehenden Kommando übergebenen Daten. Soll *FIND* seine Daten wiederum an ein weiteres DOS-Kommando übergeben, so muß man auch das nächste Kommando durch das Pipesymbol | verketten. *FIND* übergibt dann die Auswertungsdaten an das nächste Kommando und gibt die Daten nicht auf dem Bildschirm aus.

Wollen Sie die Ausgabe nicht auf den Bildschirm haben, sondern lieber in eine Datei, so fügen Sie am Ende des Kommandos das Umlenkzeichen *>Dateiname* an.

Leider haben Sie in Verbindung mit dem *FIND*-Kommando nicht die Möglichkeit, Wildcards zu verwenden. Sollen dennoch eine ganze Reihe Dateien durchsucht werden, so machen Sie am besten von dem *FOR-DO*-Kommando Gebrauch, das eigentlich für den Batchbetrieb gedacht ist. Sollen beispielsweise alle Pascal-Programmdateien nach dem Schlüsselwort BEGIN durchsucht werden, so können Sie sich durch folgendes Kommando einige Mühen sparen:

```
for %a in (*.pas) do find "BEGIN" %a
```

Beispiele:

Sie wollen alle Zeilen eines *PASCAL*-Programmes ausgegeben bekommen, die den Befehl *BEGIN* beinhalten:

```
find "BEGIN" pacal.pas
```

Sie haben mehrere Dateien, die Sie auf das Kommando *BEGIN* hin untersuchen lassen wollen:

```
find "BEGIN" pascal.pas demo.pas ultra.pas
```

Auch die Zeilennummern dieser Zeilen interessieren Sie, damit Sie die Programme später besser editieren können:

```
find /n "BEGIN" pascal.pas demo.pas ultra.pas
```

Im folgenden Beispiel wollen Sie nur noch wissen, wie häufig das Schlüsselwort *BEGIN* in den einzelnen Programmen wohl vorkommt:

```
find /c "BEGIN" pascal.pas demo.pas ultra.pas
```

Um diese Ausgabe auf den Drucker zu bekommen, wäre der folgende Befehl nötig:

```
find /c "BEGIN" pascal.pas demo.pas ultra.pas >prn
```

Aus dem *PASCAL*-Programmen sollen nur noch die Zeilen ausgegeben werden, die keinen Kommentar enthalten. Kommentare werden in *PASCAL* durch *(** eingeleitet:

```
find /v "(*" pascal.pas umsatz.pas kosten.pas
```

Aus Platzgründen wollen Sie die Kommentarzeilen entfernen und eine neue Datei erstellen, die also das eigentliche Programm enthält, nicht aber die Kommentare:

```
find /v "(*" demo.pas >neu.pas
```

Nicht nur die Zeichen *(** leiten Kommentare ein, sondern auch die geschweifte Klammer *{*. Wollen Sie sichergehen und alle Zeilen entfernen, in denen das eine oder das andere Kommentarsymbol vorkommt, so müssen Sie zwei Durchgänge von *FIND* machen, also die Kommandos verknüpfen. Auch in diesem Beispiel soll eine neue Datei mit Namen *neu.pas* erstellt werden, die das Programm ohne Kommentare enthält:

```
find /v "(*" demo.pas ¦ find /v "{" >neu.pas
```

Sie wollen einen Text nach dem Zitat *«Und er sagte: "Oh weh!", wobei er sich...»* durchsuchen. Dabei müssen die Anführungszeichen doppelt eingegeben werden:

```
find "Er sagte: ""Oh weh!"", wobei er ..." buch.txt
```

Meldungen:

FIND: Datei nicht gefunden
Die angegebene Datei kann nicht gefunden werden. Überprüfen Sie die Laufwerks- und die Pfadangabe.

FIND: Lesefehler
Es trat beim Lesen der zu bearbeitenden Datei ein Lesefehler auf. Überprüfen Sie die Diskette mit *CHKDSK*.

FIND: Syntaxfehler
Wahrscheinlich hat sich ein Fehler bei der Benutzung der Anführungsstriche eingeschlichen (siehe Zitatbeispiel).

FIND: Ungültige Anzahl Parameter
Sie haben nicht genügend Parameter übergeben - wahrscheinlich fehlt der Suchstring.

FIND: Ungültiger Parameter
Sie haben eine unbekannte Option angegeben; die einzigen FIND bekannten Optionen sind */c*, */n* und */v*.

FORMAT *(transient)*

FORMAT <Laufwerk>: {/o}{/v}{/1}{/4}{/8}{/s}{/b}{/n:xx /t:yy}

Aufteilen einer Festplatte oder Diskette in Spuren und Sektoren. Dabei werden schadhafte Stellen erkannt und gekennzeichnet.

Parameter:

<Laufwerk> ist das Laufwerk, in dem sich die zu formatierende Diskette befindet. Ab DOS 3.2 muß dieser Parameter angegeben werden, vorher konnte er weggelassen werden, so daß im Standardlaufwerk formatiert wurde.

/1 Die Diskette wird unabhängig von den Möglichkeiten des Laufwerkes und der Diskette nur einseitig formatiert - beispielsweise aus Kompatibilitätsgründen.

/4 Die Diskette wird doppelseitig mit einer Kapazität von 360 KByte formatiert. Diese Option ist bei Laufwerken mit hoher Kapazität nötig, damit nicht 1,2-Megabyte-Format gewählt wird.

/8 Es werden zwar 9 Sektoren pro Spur formatiert, jedoch DOS benutzt nur die ersten acht Sektoren. Dieses sehr alte Format wird beispielsweise von CP/M 86 erwartet.

/b Wie bei der Option */8* werden auch hier lediglich die ersten acht Sektoren einer jeden Spur benutzt. Ferner wird für das System Platz geschaffen, so daß man es später mit dem *SYS*-Kommando auf die Diskette aufkopieren kann.

/N ab DOS 3.3; Sie definieren die Anzahl der zu formatierenden Sektoren pro Spur.

/o Die Diskette wird in für DOS-Versionen 1.x lesbarem Format erstellt.

/s Nach dem Formatieren der Diskette wird das System kopiert, die Diskette also bootfähig gemacht.

/T ab DOS 3.3; es wird die Anzahl der zu formatierenden Spuren pro Seite definiert.

/v Die Diskette/Platte erhält nach dem Formatieren einen Namen; der Name wird permanent auf der Diskette bzw. Platte gespeichert.

Beschreibung:

Um mit einer Diskette oder Festplatte arbeiten zu können, ist es erforderlich, sie zuvor zu formatieren. Dabei werden im Begriff Formatieren mehrere Operationen zusammengefaßt, die zur Vorbereitung einer Festplatte notwendig sind:

- Einteilung der Diskette in Spuren und Sektoren;
- Einrichten der FAT (File Allocation Table), in der die Spuren und Sektoren der Festplatte später verwaltet werden;
- Einrichten eines Inhaltsverzeichnisses für das Stammverzeichnis;
- Kopieren der Systemdateien, sofern die Diskette eine Systemdiskette sein soll.

DOS unterstüzt mittlerweile einige Diskettenformate, die im einzelnen in Kapitel 2.5 erläutert werden. Bei der Formatierung wird die Diskette unterteilt in Seiten, Spuren und Sektoren. Nach dem eigentlichen Formatieren wird die FAT (*File Allocation Table*) erstellt, in der verzeichnet ist, welche Sektoren noch frei und welche bereits belegt sind. Ferner wird das Directory erstellt sowie das Hauptverzeichnis.

Beim Formatieren einer Diskette oder Festplatte werden alle darauf befindlichen Daten gelöscht. Wegen dieser Gefahr wird eine Sicherheitsabfrage auf dem Bildschirm gebracht, die man erst bestätigen muß. Seit DOS 3.2 ist diese Sicherheit noch ein wenig weitergeführt worden: Es *muß* eine Laufwerksbezeichnung angegeben werden, so daß also nicht mehr das Standardlaufwerk formatiert werden kann, ohne ganz normal die Laufwerksbezeichnung anzugeben.

Wird keine entsprechende Option angegeben, wird die im Laufwerk befindliche Diskette mit der größtmöglichen Kapazität formatiert, d.h. es wird das Format gewählt, das von dem verwendeten Laufwerk maximal unterstützt wird. Deswegen brauchen Sie bei der Formatierung einer Diskette auf einem

360-KByte-Laufwerk die Option */4* nicht anzugeben, wenn Sie lediglich eine 360-KByte-Diskette formatiert haben wollen, bei der Benutzung eines Hochkapazitätslaufwerkes ist diese Option allerdings nötig. Nachfolgend eine Liste der unterstützten Diskettenformate:

Diskettentyp		Laufwerk	Spuren	Sektoren	tpi	Ab DOS
5¼"	SS/DD	160 KByte	40	8	48	1.0
5¼"	SS/DD	180 KByte	40	9	48	2.0
5¼"	SS/DD	320 KByte	40	8	48	1.1
5¼"	SS/DD	360 KByte	40	9	48	2.0
5¼"	SS/HD	1.2 MByte	80	15	96	3.0
3½"	SS/DD	720 KByte	80	9	135	3.2
3½"	SS/HD	1.44 MByte	80	18	135	3.3

Von DOS unterstützte Laufwerke und Diskettenformate

Je nach verwendetem Diskettenlaufwerk und Diskettenqualität (s.o.) sind verschiedene Parameter bei Aufruf von *FORMAT* zu definieren, damit das richtige Diskettenformat erstellt wird. In der nachfolgenden Tabelle können Sie die Parameter entnehmen, die Sie bei Ihrem Diskettenlaufwerk für das jeweils gewünschte Diskettenformat verwenden müssen.

Laufwerk	Diskettenformat	Option
160/180 KB	180 KB (einseitig)	Keine
(einseitig)	160 KB (einseitig)	/8
320/360 KB	360 KB (zweiseitig)	Keine
(zweiseitig)	320 KB (zweiseitig)	/8
	180 KB (einseitig)	/1
	160 KB (einseitig)	/1 /8
3½-Zoll	720 KB (zweiseitig)	Keine
3½-Zoll	720 KB (zweiseitig)	/t:80 /n:9
(18 Sektoren)	1,44 MB (zweiseitig)	Keine
Hohe Kapaz.	1,2 MB (zweiseitig)	Keine
(1,2 MByte)	360 KB (zweiseitig)	/4
	320 KB (zweiseitig)	/4 /8
	180 KB (einseitig)	/1 /4
	160 KB (einseitig)	/1 /4 /8

Liste der Diskettenformate mit Optionen

Bei den DOS-Versionen 1.x sah das Diskettenformat noch komplett anders aus als heute - weswegen eine spezielle Option angeboten wird, um dieses Format zu erstellen. Bei der

Formatierung solcher Disketten werden alle Dateieinträge mit dem Byte 0Eh als frei markiert. Sie sollten auf diese Option außer in Spezialfällen verzichten, da das Formatieren und das Arbeiten mit solchen Disketten langsamer ist.

Wollen Sie Ihre Festplatte formatieren, so gehen Sie am besten vor wie im Kapitel 2.7 beschrieben. Sie müssen die Festplatte vorher angemeldet und eine DOS-Partition durch *FDISK* angelegt haben - erst dann können Sie die Harddisk formatieren.

Folgende Kombinationen an Optionen sind nicht möglich:

/1, /4, /8 oder /b bei einer Festplatte
Alle angegeben Optionen sind lediglich für Disketten von Bedeutung und haben bei der Festplattenformatierung keine Auswirkungen.

/8 mit /v
Die Option */8* erstellt Disketten auch für die DOS-Version 1.x, die keine Namen für Disketten kennt.

/v oder /s mit /b
Die Option */b* schafft auf der Diskette Platz für jede mögliche DOS-Version. In den Versionen 1.x war es noch nicht möglich, Disketten mit Namen zu versehen, weswegen */v* nicht erlaubt ist. Die Option */s* hebt die Bedeutung von */b* auf.

Ab DOS 3.3 haben Sie durch die beiden - gleichzeitig zu verwendenden - Optionen */T* und */N* die Möglichkeit, sowohl die Anzahl der Spuren pro Seite als auch die Anzahl der Sektoren pro Spur zu bestimmen. Allerdings werden nur die ohnehin unterstützten Formate aktzeptiert - geben Sie irgendein Format durch die beiden Optionen */T* und */N* an, das *FORMAT* nicht kennt, so erhalten Sie die Meldung

```
Parameter nicht unterstützt
```

Beispiele:

Sie wollen eine Diskette im A-Laufwerk im größtmöglichen Format formatieren, die als Systemdiskette verwendet werden kann und einen Namen erhält:

```
format a:/s/v

Neue Diskette in Laufwerk A: einlegen
Wenn bereit, EINGABE betätigen
```

Nachdem Sie die Taste <Enter> betätigt haben, wird mit dem Formatieren begonnen. Auf dem Bildschirm erscheint:

```
Formatieren läuft....
```

Ab DOS 3.2 erscheint beim Formatieren auf dem Bildschirm die aktuelle Spur, die von DOS formatiert wird:

```
Kopf: x Spur: y
```

Nach getaner Arbeit erscheint die folgende Meldung:

```
Formatieren beendet
```

Da eine Systemdiskette erstellt werden soll, werden nun die beiden versteckten Dateien kopiert und folgende Meldung ausgegeben:

```
System übertragen
```

Da die Diskette auch einen Namen erhält, erscheint:

```
Name: 11 Zeichen. Kein Name --> EINGABE
```

Geben Sie nun den maximal 11 Zeichen langen Namen ein und betätigen Sie dann <Enter>. Sie können den Namen jederzeit mit *LABEL* wieder korrigieren. Ihnen wird nun noch die Plattenkapazität angezeigt:

```
362496 Byte Gesamtplattenbereich
 40448 Byte vom System verwendet
322008 Byte auf Platte verfügbar
Weitere Diskette/Platte formatieren (J/N)?
```

Da die Diskette eine Systemdiskette ist, ist nicht die gesamte Kapazität für den Benutzer verfügbar. Am Ende erscheint die obligatorische Frage, ob weitere Disketten formatiert werden sollen.

Es soll eine Festplatte (Laufwerk C) formatiert werden, die Systemplatte sein soll und einen Namen erhält:

```
format c:/s/v
ALLE DATEN AUF PLATTENLAUF-
WERK C. GEHEN VERLOREN!
Formatieren fortsetzen (J/N)?
```

Die Warnung beim Formatieren der Festplatte ist entsprechend gewichtiger als bei normalen Disketten.

Sie benötigen eine einseitige Diskette, die mit 8 Sektoren pro Spur formatiert wird:

```
format a:/8/1
```

Dasselbe Format wie im obigen Beispiel wird benötigt, allerdings soll später noch das DOS aufkopiert werden können:

```
format A:/8/1/b
```

Im folgenden Beispiel formatieren Sie eine Diskette mit 80 Spuren pro Seite sowie 9 Sektoren pro Spur (erst ab DOS 3.3):

```
format a: /T:80 /N:9
```

Achtung:

Verwenden Sie *FORMAT* nicht mit Laufwerken, die mit *ASSIGN* oder *SUBST* umgeleitet worden sind.

FORMAT löscht alle Daten auf der entsprechenden Diskette; deswegen ist größte Sorgfalt geboten, daß Sie auch die richtige Diskette formatieren.

Meldungen:

ACHTUNG, ALLE DATEN AUF PLATTENLAUF-
WERK d: GEHEN VERLOREN!
Formatieren fortsetzen (J/N)?
Diese Meldung erscheint, wenn Sie eine Festplatte formatieren wollen. Bestätigen Sie die Frage zum Formatieren oder verneinen Sie sie, wenn Sie die Festplatte nicht formatieren wollen.

BOOT kann nicht geschrieben werden
Der Bootsektor kann auf Spur 0 nicht eingerichtet werden. Versuchen Sie es erneut, oder benutzen Sie eine andere Diskette.

Diskette ist keine Systemdiskette
Zum Übertragen der beiden Systemdateien benötigt *FORMAT* eine Systemdiskette; die eingelegte ist keine. Legen Sie eine Systemdiskette ein und versuchen Sie es erneut.

DOS-Dskt. in Laufwerk d: einlegen
Legen Sie eine DOS-Diskette ein, damit die beiden Systemdateien sowie die Datei COMMAND.COM kopiert werden können und betätigen Sie eine Taste.

Fehler: Keine Sys-Dskt oder fehlerh. Dskt.
Austauschen, eine Taste betätigen
Die eingelegte Diskette enthält kein System - legen Sie eine neue ein und betätigen Sie eine Taste.

FORMAT bei Netzwerklaufwerk unmöglich
Sie können kein Laufwerk zum Formatieren benutzen, das ins Netzwerk eingebunden ist. Wiederholen Sie den Versuch zu einem späteren Zeitpunkt oder verwenden Sie ein anderes Laufwerk.

Formatfehler
Beim Formatieren ist ein Fehler aufgetreten. Versuchen Sie erneut, die Diskette zu formatieren. Wenn Sie dieselbe Meldung erhalten, so ist die Diskette für Sie unbrauchbar.

Formatieren beendet
Das eigentliche Formatieren - das Aufteilen in Spuren und Sektoren - ist beendet.

Keine Systemdskt. oder Diskettenfehler
Die formatierte Diskette hat Fehler an den Systemspuren. Das System konnte nicht übertragen werden. Verwenden Sie eine andere Diskette.

Laufwerk nicht verträglich
Die eingelegte Diskette ist nicht verträglich. Legen Sie eine andere Diskette ein und versuchen Sie es erneut.

Name enthält ungültige Zeichen
Sie wollten der Diskette einen Namen geben und haben dabei Zeichen verwendet, die in einem Diskettennamen nicht vorkommen dürfen. Nur für Dateinamen übliche Zeichen sind erlaubt - geben Sie den Namen noch einmal ein.

Neue Diskette in Laufwerk d: einlegen
Wenn bereit, EINGABE betätigen
Diese Meldung erscheint als Sicherheit, damit nicht die bereits im Laufwerk befindliche Diskette gelöscht wird.

Nicht genug Speicher für Systemübertrag.
Es ist nicht genügend Speicher vorhanden, um das System übertragen zu können. Entfernen Sie eines der residenten Programme und versuchen Sie es erneut.

Parameter mit Festplatte unverträglich
Ein oder mehrere eingegebene Optionen können nicht auf eine Festplatte übertragen werden. Versuchen Sie das Kommando erneut ohne diesen Parameter.

Parameter nicht verträglich
Die angegebene Kombination der beiden Optionen */T* und */N* ist ein FORMAT unbekanntes Format und kann nicht zur Formatierung verwendet werden. Überprüfen Sie Ihre Eingaben.

Parameter nicht verträglich
Sie haben versucht, zwei Optionen gleichzeitig zu verwenden, die nicht miteinander verwendet werden können. Siehe Tabelle oben.

Schreibschutz - Schreiben nicht möglich
Die eingelegte Diskette ist schreibgeschützt. Überprüfen Sie, ob es sich um die korrekte Diskette handelt bzw. ob Sie das korrekte Laufwerk angegeben haben.

System übertragen
Es sollte eine Systemdiskette angelegt werden - das System ist gerade kopiert worden.

Ungültige Laufwerkangabe
Das angegebene Laufwerk existiert nicht. Geben Sie eine gültige Laufwerksbezeichnung an.

Ungültiges Medium oder Spur 0 fehlerhaft
Diskette kann nicht verwendet werden
Sie haben wahrscheinlich versucht, eine 360-KByte-Diskette mit hoher Kapazität zu formatieren (oder umgekehrt). Versuchen Sie es erneut mit der Option */4*.

Weitere Dskt./Platte formatieren (J/N)?
Diese Frage erscheint am Ende des Formatierungsvorganges; wollen Sie weitere Disketten formatieren, so geben Sie *Ja* ein sonst *Nein*, dann wird *FORMAT* beendet.

Zugeordnetes Laufwerk (ASSIGN) kann
nicht formatiert werden
Ein Laufwerk, das mit *ASSIGN* oder *SUBST* umgeleitet worden ist, kann nicht zum Formatieren benutzt werden.

Rückgabewerte an Batchverarbeitung (Errorlevel):

Code	Bedeutung
0	FORMAT erfolgreich abgeschlossen.
1	Durch Ctrl-C abgebrochen.
4	Fehler während Formatieren aufgetreten.
5	Formatierung durch "N" bei Sicherheitsabfrage beendet.

GRAFTABL *(transient)*

GRAFTABL {[437 | 860 | 863 | 865 | /STATUS | ?]}

Einladen des IBM-Grafikzeichensatzes.

Parameter:

GRAFTABL hat bis DOS 3.2 keine Parameter.

Ab DOS 3.3 können Sie den Code einer Zeichensatztabelle angeben oder */STATUS*, wenn Sie den Status mit Hilfe von *GRAFTABL* ausgegeben haben wollen, oder ?, falls Ihnen die möglichen Optionen von *GRAFTABL* nicht mehr bekannt sind.

Beschreibung:

Die ASCII-Zeichen der sogenannten erweiterten Zeichensatztabelle ab ASCII 128 können im Grafikmodus (beispielsweise in BASIC, C oder Turbo Pascal) nur dann dargestellt werden, wenn mit Hilfe des *GRAFTABL*-Befehls diese Zeichen im Speicher des Rechners implementiert werden - der Speicherbedarf beläuft sich auf ca. 1.300 Byte. Die ASCII-Codes 128 bis 255 sind Grafikzeichen und Sonderzeichen wie beispielsweise die deutschen Umlaute und deswegen bei der Textgestaltung im hochaufgelösten Grafikmodus sehr wichtig. Einige Anwenderprogramme wie beispielsweise *BECKERstart PC* machen hiervon Gebrauch. Siehe hierzu auch IBM-Zeichensatz im Anhang.

Ab DOS 3.3 können länderspezifische Zeichensatztabellen geladen werden, die abweichend von der Standard-Zeichensatztabelle die ASCII-Codes ab 128 teilweise mit länderspezifischen Sonderzeichen belegen. Es werden dieselben Codierungen für die Zeichensatztabellen verwendet wie bei den analogen Kommandos *CHCP* etc. Nachfolgend eine Tabelle der unterstützten länderspezifischen Zeichensatztabellen:

Zeichentabelle	Anmerkung
437	USA (Standard-IBM-Zeichensatz)
850	Mehrsprachig
860	Portugal
863	Frz. Kanada und Frankreich
865	Norwegen

Ebenfalls ab DOS 3.3 können Sie sich durch die Option */STATUS* den aktuellen Status von *GRAFTABL* anzeigen lassen. Hier wird Ihnen genannt, welche Zeichensatztabelle aktiv ist:

```
xxx Version der Grafikzeichensatztabelle
ist bereits geladen
```

xxx steht dabei nicht für den Code einer länderspezifischen Zeichensatztabelle, sondern vielmehr für den jeweiligen Namen, wie beispielsweise

```
Portugies. Version der Grafikzeichensatztabelle
ist bereits geladen
```

Sollte Ihnen entfallen sein, welche Parameter Sie mit *GRAFTABL* angeben können, so haben Sie durch die Option ? die Möglichkeit, diese auflisten zu lassen.

Beispiele:

Das folgende Beispiel macht die oberen 128 Grafikzeichen resident:

```
graftabl
```

Im folgenden Beispiel, das Sie ab DOS 3.3 verwenden können, werden die ASCII-Zeichen ab 128 mit den Sonderzeichen aus Portugal geladen:

```
graftabl 860
```

Sie kennen die möglichen Parameter von GRAFTABL ab DOS 3.3 nicht mehr:

```
graftabl ?
```

Meldungen:

GRAFIKZEICHEN BEREITS GELADEN
Die Grafikzeichen sind bereits resident im Speicher vorhanden und mußten nicht noch einmal geladen werden.

Rückgabewerte an Batchverarbeitung (Errorlevel):

Code	Bedeutung
0	GRAFTABL wurde resident installiert
1	Eine bereits bestehende Tabelle wurde überschrieben
2	Es besteht keine Tabelle und es wurde keine geladen

GRAPHICS *(transient)*

GRAPHICS {<Modus>} {/r}{/b}{/lcd}

Lädt Hardcopy-Routine für Grafikbildschirm.

Parameter:

<Modus> ist einer der in untenstehender Tabelle aufgeführten Druckermodi. Entfällt dieser Parameter, wird *graphics* angenommen.

/b Auch der Hintergrund wird in der entsprechenden Farbe gedruckt. Dies ist allerdings nur bei Modus *Color4* und *Color8* möglich.

/lcd (Ab DOS 3.3) Diese Option muß bei der Verwendung eines IBM-PC-AP-LCD-Bildschirmes angegeben werden.

/r Die Farben werden beim Druck genau umgekehrt (*reverse*) - weiß wird zu schwarz und schwarz zu weiß.

Beschreibung:

Durch das Kommando *GRAPHICS* wird es Ihnen möglich, auch Hardcopys von Ihren Grafikbildschirmen anzufertigen, allerdings nur dann, wenn Sie mit einer von IBM unterstützten Grafikkarte arbeiten, also CGA, EGA oder VGA. Von Monochromkarten und Herculeskarten erstellte Grafiken können keine Hardcopys erzeugt werden. Dabei werden von DOS einige verschiedene IBM-Drucker unterstützt. Ihr Drucker muß entweder einer dieser Drucker sein oder entsprechend vollkommen kompatibel.

Nach Aufruf von *GRAPHICS* wird das Hardcopyprogramm resident im Speicher installiert. Sie können dann durch <Shift>-<PrtScn> eine Hardcopy anfertigen lassen - die Hardcopyfunktion für die Textseite bleibt davon unberührt, kann also nach wie vor benutzt werden.

Im Vierfarbengrafikmodus 320x200 drucken die Schwarz-Weiß-Drucker in vier verschiedenen Graustufen anstatt der verschiedenen Farben.

Im Farbenmodus 640x200 wird der Ausdruck um 90 Grad gedreht, so daß die rechte obere Bildschirmecke die linke obere Ecke auf dem Papier darstellt.

Wählen Sie einen der folgenden Druckermodi:

Modus	Drucker
color1	IBM Personal Computer Color Printer mit schwarzem Farbband
color4	IBM Personal Computer Color Printer mit einem rot-grün-blau-schwarzem Farbband
color8	IBM Personal Computer Color Printer mit einem cynamagenta-gelb-schwarzem Farbb.
compact	IBM Personal Computer Compact Printer
graphics	IBM Personal Computer Compact Printer oder ein entsprechend kompatibler
thermal	IBM PC AP Printer

Besitzer des IBM Convertible mit LCD-Bildschirm müssen der Hardcopy-Routine durch die Option */lcd* bei Aufruf von *GRAPHICS* mitteilen, daß mit einem LCD-Bildschirm gearbeitet wird. Dies ist für die Hardcopy-Routine eine elementare Information. Dies ist allerdings erst ab DOS 3.3 möglich. Zumeist verwenden Sie dann ohnehin den IBM-PC-AP-Drucker und müssen als Druckertyp *thermal* wählen.

Beispiele:

Um einen IBM PC Graphics Drucker anzumelden, genügt einer der beiden folgenden Befehle:

```
graphics
graphics graphics
```

Sie wollen im Modus *Color4* drucken und auch den Hintergrund im Ausdruck sehen:

```
graphics color4 /b
```

Sie verfügen über den IBM PC Color Printer und wollen den Ausdruck invers haben:

```
graphics color1 /r
```

Sie arbeiten mit DOS 3.3 (oder höher) auf einem IBM PC AP und wollen auf Ihrem Thermal-Drucker Hardcopys ausgeben lassen.

```
graphics thermal /lcd
```

JOIN *(transient - ab DOS 3.1)*

JOIN {<Laufwerk>:} {<Verzeichnis>}
JOIN {<Laufwerk>:} /d

Ein Verzeichnis wird auf ein Laufwerk umgeleitet.

Parameter:

<Laufwerk> ist das Laufwerk, auf das Sie das <Verzeichnis> umleiten wollen - diese Angabe darf nicht dem aktuellen Laufwerk entsprechen.

<Verzeichnis> definiert das Verzeichnis, bei dessen Adressierung ab sofort <Laufwerk> angesprochen wird. Das Verzeichnis muß leer und darf nicht das Hauptverzeichnis sein.

/d Durch diese Option können Sie die Umlenkung eines Verzeichnisses wieder aufheben.

Beschreibung:

Manche Anwenderprogramme unterstützen die Wahl des anzusprechenden Laufwerkes nicht. Diesen Programmen kann man mit *JOIN* ein Schnippchen schlagen. Sie können mit Hilfe von *JOIN* ein Verzeichnis (außer dem Hauptverzeichnis \) auf einem beliebigen Laufwerk einrichten, das repräsentativ für ein anderes Laufwerk steht. Mit anderen Worten: Sie können ein komplettes Laufwerk zum Unterverzeichnis eines anderen Laufwerkes machen. Auf diese Weise könnten Sie den Inhalt aller Laufwerke unter einer logischen Laufwerksbezeichnung zusammenfassen.

Das als Ersatz zum Laufwerksnamen zu verwendende Verzeichnis muß leer sein, darf also nur die beiden Einträge

```
.         <DIR>
..        <DIR>
```

enthalten. Existiert das angegebene Verzeichnis bereits und ist nicht leer, so gibt *JOIN* eine Fehlermeldung aus. Wird ein Verzeichnis angegeben, das noch nicht existiert, so wird dieses Verzeichnis auf dem angegebenen Laufwerk angelegt. Das umzulenkende Laufwerk kann nach der Verknüpfung durch *JOIN* nicht mehr unter der herkömmlichen Laufwerksbezeichnung angesprochen werden; es ist DOS unbekannt. Dieses Laufwerk kann nur noch indirekt über das entsprechende Verzeichnis angesprochen werden.

Wollen Sie beispielsweise die Speicherfähigkeit Ihrer Diskette im A-Laufwerk ein wenig erhöhen, so können Sie Ihre Festplatte als Unterverzeichnis des A-Laufwerkes verknüpfen (wenn Sie keine Festplatte haben, so verknüpfen Sie das B-Laufwerk entsprechend). Hierzu erstellen Sie auf der A-Diskette ein beliebiges leeres Verzeichnis, das die Festplatte repräsentiert. Sie erreichen das beispielsweise durch folgendes Kommando:

```
join c: a:\harddisk
```

Nach diesem Befehl können Sie das C-Laufwerk nicht mehr direkt ansprechen, es erscheint dann eine Fehlermeldung. Listen Sie den Inhalt des A-Laufwerks aus, so scheint alles "ganz normal" zu sein. Das Verzeichnis \HARDDISK erscheint in der Liste und der verfügbare Platz auf der Diskette hat sich auch nicht vergrößert. Sprechen Sie nun aber das Verzeichnis \HARDDISK an, so wird die Festplatte adressiert. Es wird das Hauptverzeichnis der Festplatte in Baumstruktur an das Verzeichnis \HARDDISK angeknüpft. Das Verzeichnis \DOS der Festplatte wäre nun das Verzeichnis \HARDDISK\DOS auf dem A-Laufwerk. Der angezeigte verfügbare Speicherplatz bleibt aber lediglich der, der tatsächlich auf der A-Diskette noch verfügbar ist.

Wollen Sie alle Verknüpfungen durch *JOIN* angezeigt bekommen, so geben Sie den Befehl *JOIN* ohne Parameter ein. Um die Umlenkung eines Laufwerkes aufzuheben, geben Sie das Laufwerk und die Option */d* an - das Laufwerk kann danach wieder normal verwendet werden. Löschen Sie nach der Aufhebung das Pseudoverzeichnis wieder durch *RD*.

Im Anschluß an diese Befehlsbeschreibung finden Sie eine Abbildung, die die Verfahrensweise von *JOIN* verdeutlichen helfen soll. In diesem Beispiel wird der Inhalt der Diskette im B-Laufwerk dem zu erstellenden Verzeichnis \BDISK auf dem A-Laufwerk zugeordnet. Wie die Hierarchie des A-Laufwerkes nach dem *JOIN*-Kommando aufgebaut ist, kann dieser Abbildung entnommen werden.

Beispiele:

Sie wollen die Festplatte als Unterverzeichnis \HARDDISK auf Ihrem A-Laufwerk anlegen. Wenn Sie folgendes Kommando eingeben, darf das C-Laufwerk nicht Standardlaufwerk sein.

```
join c: a:\harddisk
```

Lassen Sie sich alle durch *JOIN* vorgenommenen Verknüpfungen auf dem Bildschirm anzeigen:

```
join

C: => A:\HARDDISK
```

Sie wollen die erstellte Umlenkung der Festplatte wieder aufheben und löschen das Pseudoverzeichnis danach:

```
join c: /d
rd a:\harddisk
```

Achtung:

Verwenden Sie niemals eines der folgenden Kommandos, wenn Sie ein Laufwerk mit *JOIN* umgelenkt haben:

ASSIGN, BACKUP, DISKCOMP, DISKCOPY, FORMAT, RESTORE und SUBST.

Meldungen:

JOIN für Netzwerklaufwerk nicht möglich
Sie können kein Laufwerk des Netzwerkes durch *JOIN* verknüpfen. Keiner der beiden Parameter darf sich auf ein Laufwerk des Netzwerkes beziehen.

Ungültige Laufwerksangabe
Sie haben ein Laufwerk angegeben, das durch *JOIN* umgeleitet worden ist. Heben Sie zuvor diese Umlenkung durch *JOIN /d* auf oder verwenden Sie das Pseudoverzeichnis.

Ungültiger Parameter
Sie haben ein unbekanntes Laufwerk angegeben oder Sie haben die Option */d* ohne Laufwerksangabe gemacht. Ferner könnten Sie versucht haben, das aktuelle Verzeichnis umzulenken.

Verzeichnis nicht leer
Das ausgewählte Verzeichnis existiert bereits, ist aber nicht leer. Leeren Sie das Verzeichnis oder geben Sie ein anderes an, das noch nicht existiert.

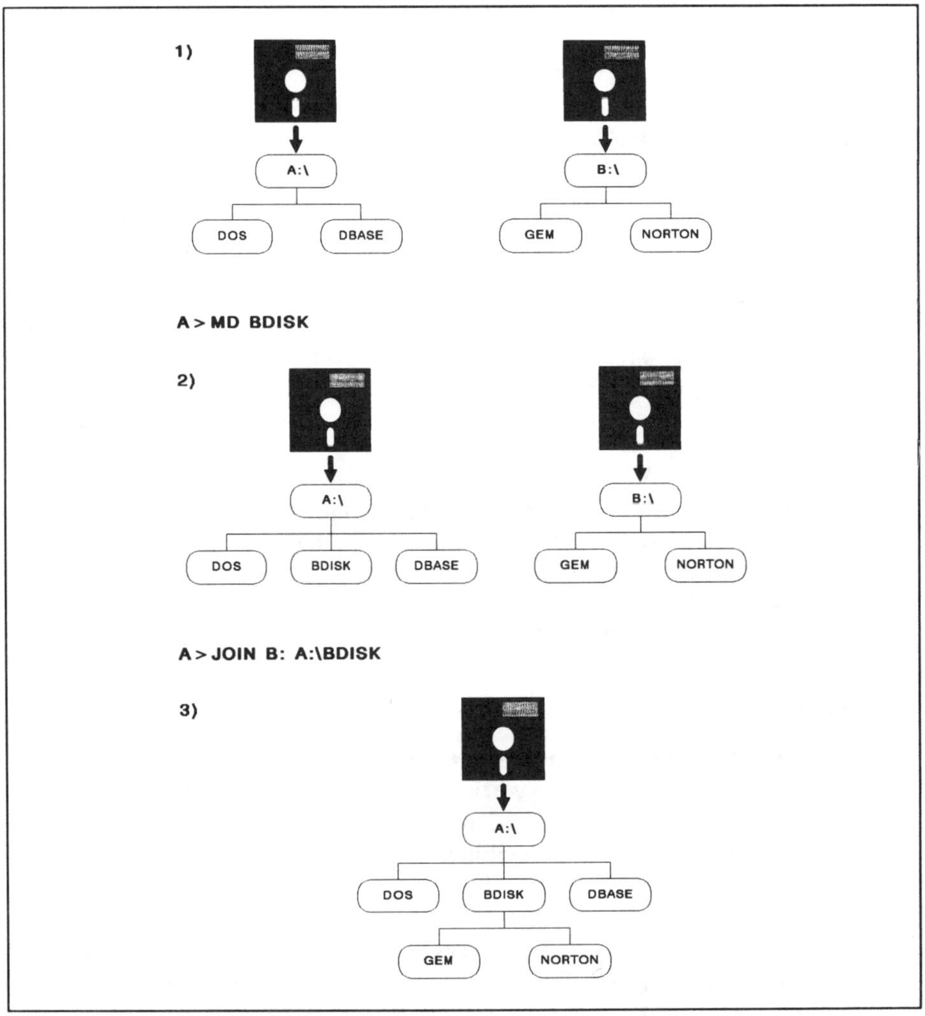

Abb. 15: Der Inhalt des B-Laufwerkes wird mit Hilfe des JOIN-Befehls dem A-Laufwerk zugeordnet

KEYB *(transient - ab DOS 3.3)*

KEYB {<Tastaturcode>{,<Zeichensatztabelle>{,<Dateiname>}}}

Auswahl einer länderspezifischen Tastaturbelegung.

Parameter:

<Tastaturcode> ist ein aus zwei Zeichen bestehender Tastaturcode, der die zu verwendende länderspezifische Tastaturbelegung definiert.

<Zeichensatztabelle> ist der Code der Bildschirmzeichensatztabelle, die geladen werden soll. Entfällt dieser Parameter, so wird die Standardzeichensatztabelle 437 geladen.

<Dateiname> ist der Name der Tastatur-Definitionsdatei, in der Regel also KEYBOARD.SYS von der Systemdiskette. Diese Angabe muß zwingend gemacht werden, sofern sich die genannte Datei nicht im Stammverzeichns befindet.

Beschreibung:

In den DOS-Versionen bis einschließlich 3.2 standen Ihnen fünf verschiedene Tastaturtreiber zur Verfügung, die durch *KEYBxx* aufgerufen wurden. *xx* steht hier für einen zwei Zeichen großen länderhängigen Code, beispielsweise *gr* für Deutschland. Diese Codes haben sich nicht geändert, es sind lediglich neue hinzugekommen, die Auswahlvielfalt hat sich also erneut vergrößert. Ab DOS 3.3 existiert nur noch *KEYB*, und Sie übergeben den Code einer von 16 Tastaturen als Parameter. *KEYB* arbeitet praktisch als Verteiler und lädt die entsprechende Routine aus der Datei KEYBOARD.SYS. Auf diese Weise sind Sie flexibler, da *KEYB* im Gegensatz zu *KEYBxx* auch mehrfach aufgerufen werden kann.

Haben Sie Ihre Bootdiskette mit *SELECT* erstellt, so wird *KEYB* automatisch aufgerufen.

Die nachfolgende Tabelle bezeichnet die von DOS explizit unterstützten Länder mit den zugehörigen Tastaturcodes:

Land	Tastaturcode
Australien, USA	US
Belgien	BE
Dänemark	DK
West Deutschland	GR
Finnland	SU
Frankreich	FR
Großbritannien	UK
Italien	IT
Kanada engl.	US
Kanada frz.	CF
Lateinamerika	LA
Niederlande	NL
Norwegen	NO
Portugal	PO
Schweden	SV
Schweiz dtsch.	SF
Schweiz frz.	SG
Spanien	SP

Als Zeichensatztabelle können Sie eine von fünf länderspezifischen Zeichensatztabellen definieren, sofern Sie über einen entsprechenden Monitor verfügen (siehe auch *CHCP*-Kommando). Wollen Sie mit dem Standard-IBM-Zeichensatz arbeiten, so definieren Sie den Code 437. Nachfolgend die von DOS unterstützten Zeichensatztabellen:

Zeichentabelle	Anmerkung
437	USA (Standard-IBM-Zeichensatz)
850	Mehrsprachig
860	Portugal
863	Frz. Kanada und Frankreich
865	Norwegen

Nicht jede Kombination aus Tastaturbelegung und Zeichensatztabelle ist erlaubt. Der folgenden Tabelle können Sie die erlaubten Kombinationsmöglichkeiten entnehmen:

Zeichens.-tabelle	Tastaturtreiber
437	FR, GR, IT, LA, NL, SP, SU, SV, US, UK
850	BE, CF, DK, FR, GR, IT, LA, NL, NO, PO SF, SG, SP, SU, SV, UK, US
860	PO
863	CF
865	DK, NO

Rufen Sie *KEYB* ohne jeden Parameter auf, so wird Ihnen der aktuelle Zustand auf dem Bildschirm angezeigt, also die aktuell verwendete Tastaturbelegung sowie die verwendete Zeichensatztabelle.

Bitte beachten Sie, daß die amerikanische Tastaturbelegung ständig präsent ist. Durch folgende Tastenkombinationen können Sie sofort und jederzeit zwischen der amerikanischen Tastaturbelegung und der durch den Tastaturtreiber definierten hin- und herschalten:

<Ctrl>-<Alt>-<F1>: *Amerikanische Tastatur*
<Ctrl>-<Alt>-<F2>: *KEYB-Tastatur*

Die fünf gängigsten Tastaturbelegungen sind beim nächsten Kommando *KEYB* abgebildet.

Beispiele:

Wollen Sie beispielsweise eine portugiesische Tastatur mit entsprechender Zeichensatztabelle verwenden, und die Tastaturdatei befindet sich im Verzeichnis \DOS, so geben Sie folgendes Kommando:

```
KEYB po, 860, c:\dos
```

Wollen Sie lediglich eine andere als die Standardtastatur verwenden, so geben Sie als Code für die Zeichensatztabelle 437 an. Im folgenden Beispiel wird die deutsche Tastatur geladen:

```
KEYB gr, 437, \dos
```

Der aktuelle Zustand des Tastaturtreibers soll auf dem Bildschirm ausgegeben werden.

```
KEYB
```

Meldungen:

Aktueller Tastaturcode:
Es folgt die Angabe des aktuellen Tastaturcodes.

Aktive Zeichensatztabelle für Einheit CON nicht verfügbar
Die ausgewählte Zeichensatztabelle kann nicht auf die Konsole angewendet werden. Wählen Sie eine andere Tabelle.

Aktuelle CON-Zeichensatztabelle:
Es wird der Code der aktuellen Zeichensatztabelle der Konsole (CON) angegeben.

CON-Zeichensatztabelle(n) ungültig für diesen Tastaturcode
Gewünschte Zeichensatztabelle (x) ist ungültig für diesen Tastaturcode
Der Tastaturtreiber und die Zeichensatztabelle *x* vertragen sich nicht. Überprüfen Sie die Kombination anhand der o.g. Tabelle.

Definierte Zeichensatztabelle wurde nicht vorbereitet
Die ausgewählte Zeichensatztabelle wurde nicht für den Bildschirm vorbereitet. Dies muß zuerst durch *MODE* erfolgen.

KEYB wurde nicht installiert
Es wird zwar der aktuelle Zustand von *KEYB* abgefragt, jedoch wurde *KEYB* bislang noch nicht installiert.

KEYB-Tabelle kann nicht im residenten Speicher erstellt werden
Es ist nicht genügend Platz im Speicher, um die gewünschte Tastaturtabelle resident zu halten.

Ungültige oder fehlende Datei zur Tastaturdefinition
Die Datei KEYBOARD.SYS kann nicht gefunden werden oder enthält nicht die Informationen, die *KEYB* benötigt.

Ungültige Syntax
Die Syntax des KEYB-Befehls wurde nicht eingehalten oder ein unbekannter Parameter falsch eingegeben oder falsch plaziert.

Ungültige Zeichensatztabelle angegeben
Sie haben eine Zeichensatztabelle angegeben, die nicht definiert ist. Wählen Sie einen der Codes 437, 850, 860, 863, 865.

Ungültiger Tastaturcode angegeben
Es wurde ein Tastaturcode angegeben, der beispielsweise nicht zweistellig war oder der nicht bekannt ist.

Zeichensatztabelle:
Es wird der Code der aktuellen Zeichensatztabelle angegeben.

KEYBxx *(transient - bis DOS 3.2)*

KEYBxx

Laden einer länderspezifischen Tastaturbelegung.

Parameter:

KEYBxx hat keine Parameter; xx = Landeskürzel.

```
FR = Frankreich        SP = Spanien
GR = Deutschland       UK = England
IT = Italien
```

Beschreibung:

Standardmäßig arbeitet DOS mit der amerikanischen Tastaturbelegung, jedoch bietet es auch die Möglichkeit an, mit anderen Tastaturbelegungen zu arbeiten. Für oben angegebene fünf Länder gibt es unter DOS bis inklusive Version 3.2 jeweils einen eigenen sogenannten Tastaturtreiber. Laden Sie stets nur einen Treiber, da es beim Überlagern mehrerer Treiber nacheinander zu Schwierigkeiten bei der Tastaturbelegung kommen kann.

Die amerikanische Tastatur ist *immer* präsent - durch folgende Tastenkombination können Sie sie sofort erreichen:

<Ctrl>-<Alt>-<F1>: Amerikanische Tastatur
<Ctrl>-<Alt>-<F2>: KEYBxx-Tastatur

Sie können zwischen den beiden unterstützten Tastaturen hin- und herschalten. Die amerikanische Tastatur ist manchmal sinnvoll, wenn man Sonderzeichen wie {}[] usw. häufig benötigt, beispielsweise beim Programmieren.

Wenn ein Tastaturtreiber geladen wird, so werden ca. 2 KByte an residentem Speicher benötigt. Manche Tastaturen werden bereits durch das eingebaute BIOS unterstützt, so daß man *KEYBxx* nicht zu laden braucht. In diesem Fall können Sie allerdings auch nicht zwischen den beiden unterschiedlich unterstützten Tastaturen umschalten.

Hier nun die verschiedenen Tastaturbelegungen:

```
! @ # $ % ^ & * ( ) _ + ~
1 2 3 4 5 6 7 8 9 0 - = `
 Q W E R T Y U I O P { }
 q w e r t y u i o p [ ]
  A S D F G H J K L : " ¦
  a s d f g h j k l ; ' \
 > Z X C V B N M < > ?
 < z x c v b n m , . /
```

USA

```
! " § $ % & / ( ) = ? ` ^
1 2 3 4 5 6 7 8 9 0 ß ' #
 Q W E R T Z U I O P Ü *
 q w e r t z u i o p ü +
  A S D F G H J K L Ö Ä
  a s d f g h j k l ö ä
 > Y X C V B N M ; : _
 < y x c v b n m , . -
```

Deutschland (KEYBGR)

```
! " £ $ % ^ & * ( ) _ + ~
1 2 3 4 5 6 7 8 9 0 - = #
 Q W E R T Y U I O P { }
 q w e r t y u i o p [ ]
  A S D F G H J K L : @
  a s d f g h j k l ; '
 ¦ Z X C V B N M < > ?
 \ z x c v b n m , . /
```

Großbritannien (KEYBUK)

```
! " £ $ % & / ( ) = ? ^ §
1 2 3 4 5 6 7 8 9 0 ' ì ù
 Q W E R T Y U I O P é *
 q w e r t y u i o p è +
  A S D F G H J K L @ #
  a s d f g h j k l ò à
 > Z X C V B N M ; : _
 < z x c v b n m , . -
```

Italien (KEYBIT)

```
! ¿ # $ % / & * ( ) _ + Ç
1 2 3 4 5 6 7 8 9 0 ' ì ç
 Q W E R T Y U I O P ü ^
 q w e r t y u i o p ' `
  A S D F G H J K L Ñ :
  a s d f g h j k l ñ ;
 > Z X C V B N M ? ! "
 < z x c v b n m , . '
```

Spanien (KEYBSP)

```
1 2 3 4 5 6 7 8 9 0 ° +
& é " ' ( - è _ ç à ) =
 A Z E R T Y U I O P ë £
 a z e r t y u i o p ^ $
  Q S D F G H J K L M % µ
  q s d f g h j k l m ù *
 > W X C V B N ? . / n
 < w x c v b n , ; : !
```

Frankreich (KEYBFR)

Auf jeder Tastatur gibt es sogenannte *tote Tasten* (*Dead Keys*); dies sind in der Regel Tasten zum Akzentuieren, also Tasten um die jeweiligen Sonderzeichen é, è, ì etc. über Tastatur eingeben zu können, wenn diese nicht direkt angeboten werden. Wenn Sie eine solche Akzentaste betätigt haben, passiert zunächst nichts. Betätigen Sie dann eine Taste mit Vokal, so wird - sofern möglich - der entsprechende Vokal mit dem angewählen Akzent ausgegeben. Existiert diese Kombination nicht, so ertönt ein akustisches Signal und das Akzentzeichen und die zweite betätigte Taste erscheinen nacheinander.

Beispiele:

Um die deutsche Tastatur zu laden, ist folgendes Kommando nötig, das in jeder AUTOEXEC-Batchdatei vorkommen sollte:

```
keybgr
```

LABEL *(transient)*

LABEL {<Laufwerk>}{<Name>}

Definiert oder korrigiert einen Diskettennamen.

Parameter:

<Laufwerk> ist das Laufwerk, in dem sich die Diskette befindet, deren Name definiert werden soll. Entfällt diese Angabe, so wird das Standardlaufwerk angesprochen.

<Name> ist der Name, der der angewählten Diskette oder Platte zugewiesen werden soll. Geben Sie diesen Parameter nicht an, so können Sie den Namen später noch über Tastatur eingeben.

Beschreibung:

Sie haben die Möglichkeit, jeder Diskette oder Festplatte einen Namen zu geben, der jedesmal, wenn Sie sich ein Inhaltsverzeichnis ausgeben lassen, auf dem Bildschirm angezeigt wird. Bei sinnvoller Namenswahl können Sie auf diese Weise Ihre Disketten deutlich unterscheiden. Drucken Sie die Inhaltsverzeichnisse auf Drucker aus, so können Sie auch später noch nachvollziehen, zu welcher Diskette das ausgegebene Inhaltsverzeichnis gehört.

Der Name (*das Label*) einer Diskette darf bis zu 11 Zeichen umfassen. Dabei sind nur die Zeichen erlaubt, die Sie auch bei Dateinamen verwenden dürfen - zusätzlich ist noch das Leerzeichen gestattet. Alle Buchstaben werden automatisch in Großbuchstaben umgewandelt.

Wenn Sie den neuen Diskettennamen als zweiten Parameter angeben, so wird das neue Label sofort zugewiesen. Fehlt diese Angabe, so werden Sie auf dem Bildschirm aufgefordert, einen Diskettennamen einzugeben. Wenn Sie lediglich die Taste <Enter> betätigen, so erscheint eine Abfrage auf dem Bildschirm, ob Sie den Namen der Diskette oder Platte tatsächlich löschen wollen.

Achtung: Sie sollten *LABEL* nicht verwenden, wenn ein Laufwerk durch *ASSIGN* umgeleitet worden ist.

Beispiele:

Sie wollen sich den aktuellen Namen des Standardlaufwerkes ausgeben lassen und ihn in *Demolabel* ändern:

```
label

Name: 11 Zeichen. Kein Name --> EINGABE
Demolabel
```

Sie wollen diese Namensgebung ohne den Bildschirmdialog verwirklichen:

```
label demolabel
label c:demolabel
```

Meldungen:

Diskette/Platte, Laufwerk d hat den Namen n
Die Diskette oder Platte im Laufwerk *D* hat den angegebenen Namen *n*. Diese Meldung erscheint nur, wenn Sie keinen Namen im Kommando angegeben haben.

Diskette/Platte, Laufwerk d hat keinen Namen
Die Diskette oder Platte im Laufwerk *D* hat noch keinen Namen. Diese Meldung erscheint nur, wenn Sie keinen Namen im Kommando angegeben haben.

Kein Platz im Stammverzeichnis
Der Name der Diskette wird als versteckte Datei gespeichert. Im Hauptverzeichnis ist kein Eintrag mehr frei, um diese Datei anzulegen.

LABEL für Netzwerklaufwerk nicht möglich
Sie wollten einem Laufwerk des Netzwerks einen Namen geben - das ist nicht möglich.

Momentanen Namen löschen (J/N)?
Erscheint nur dann, wenn die Diskette bereits einen Namen besaß und Sie keinen Namen definiert haben. Wollen Sie den alten Namen löschen, so geben Sie *J* ein - geben Sie *N* ein, um ihn beizubehalten.

Name (max. 11 Zeichen) oder Eingabetaste
Sie können an dieser Stelle einen neuen Diskettennamen definieren oder den bestehenden übernehmen, indem Sie einfach nur die Taste <Enter> betätigen.

Ungültige Zeichen im Namen der Diskette/Platte
Sie haben ein unerlaubtes Zeichen im Diskettennamen verwendet. Geben Sie den Namen neu ein und verwenden Sie nur Zeichen, die auch in Dateinamen vorkommen dürfen.

LINK *(transient)*

LINK {<Objekt>,{<Run File>,{<List File>,{<Bibliotheken>}}} {<Optionen>} {;}

Zusammenbinden von Objektdateien zu einer ausführbaren Programmdatei.

Parameter:

<Objekt> ist eine beliebig lange Liste von Objektdateien, die durch einen Hochsprachen-Compiler oder den Makro-Assembler erzeugt wurden. Die Dateinamen sind jeweils durch ein Leerzeichen voneinander zu trennen. Die Dateikennung .OBJ muß nicht angegeben werden.

<Run File> ist der Name der ausführbaren Datei (Kennung EXE), nachdem *LINK* alle Objektdateien zusammengebunden hat. Entfällt diese Angabe, wird der erste Name der Objektdateien als Name der ausführbaren Datei verwendet.

<List File> ist der Name der Datei, in der die Kontrolliste des Linkers eingestellt werden soll (Option /m).

<Bibliotheken> ist eine Liste von Bibliotheken (Kennung LIB), die beim LINK-Vorgang berücksichtigt werden sollen.

/c Maximal durch DOS zu adressierender Speicher für dieses Programm (Angabe in dezimal, hexadezimal oder oktal als Paragraphengröße).

/d Das letzte Zeichen im Datensegment wird an Adresse FFFFh abgelegt.

/do Segmente in der durch DOS definierten Reihenfolge ablegen (Code, Daten).

/e Packen der ausführbaren Datei (EXEPACK). Die Datei wird beim Laden automatisch wieder entpackt.

/h Das Programm wird beim Laden an die höchstmögliche Adresse geladen (anstatt an die kleinstmögliche).

/he Help-Funktion; mittels dieser Option werden Ihnen alle möglichen Optionen des Linkers auf dem Bildschirm angezeigt.

/li Zusätzlich zu den Namen und Werten speichert der Linker auch die Zeilennummern sowie die Startadressen aller Programmzeilen in der MAP-Datei ab. Dies ist beispielsweise beim Debuggen von Programmen sehr wichtig (*SYMDEB* und *CodeView*).

/m Durch diese Option wird eine MAP-Datei erzeugt, die alle als PUBLIC definierten Symbole enthält. Diese Datei benötigen Sie für den symbolischen Debugger sowie für *CodeView*. In diesem Fall kann die Angabe von <List File> entfallen.

/nod Die in der Umgebung des DOS evtl. abgelegten Bibliotheksnamen werden durch den Linker ignoriert und nur die angegeben Bibliotheken verwendet (Nodefaultlibrarysearch).

/nog Gruppendefinitionen in den Quellprogrammen werden durch den Linker ignoriert (dies gilt in erster Linie für Fortran-Programme).

/noi Standardmäßig wird Groß- und Kleinschreibung ignoriert. Durch diese Option wird die Schreibweise durch den Linker *nicht* ignoriert.

/o Definition der Overlay-Nummer, die standardmäßig 63 lautet. Jeder Wert zwischen 1 und 255 kann definiert werden.

/p Bevor *LINK* mit der Arbeit beginnt, haben Sie die Möglichkeit, den Datenträger im Diskettenlaufwerk zu wechseln (beispielsweise, um Ihre DOS-Diskette durch eine Datendiskette auszutauschen). Dies ist dann notwendig, wenn Sie die Befehlsdatei *LINK* von einer anderen Diskette laden müssen.

/se Definiert wird die maximale Anzahl an verschiedenen Segmenten. Jeder Wert zwischen 1 und 1024 ist möglich. Standardmäßig kann der Linker bis zu 128 Segmente verarbeiten, was in der Regel auch ausreichend sein dürfte.

/st Definiert die Größe des Stacks, die zwischen 1 und 65.535 Byte liegen kann. Normalerweise wird die Größe des Stacks automatisch nach Bedarf des jeweiligen Programms berechnet.

Beschreibung:

Jedes compilierte Hochsprachen-Programm und jedes durch den Makro Assembler assemblierte Programm wird in den sogenannten Objektcode übersetzt, der selbst noch kein lauffähiges Programm darstellt. Mit Hilfe des Linkers werden verschiedene Objektdateien (beispielsweise von mehreren Programm-Modulen) zusammengebunden und in ein ausführbares Programm mit der Dateikennung EXE umgewandelt. Dabei kann der Linker dann auf sogenannte Bibliotheken zugreifen, die die meisten Compiler dem Programmierer zur Verfügung stellen. Aber auch eigene Programmsammlungen können in eine Biblithek gestellt werden, so daß Sie jederzeit auf diese Programme zurückgreifen können. Sie benötigen den Linker also nur dann, wenn Sie compilierte oder assemblierte Programme lauffähig machen wollen.

Rufen Sie *LINK* ohne jeden Parameter auf, so können Sie die Dateinamen im Dialog eingeben. Dateinamen derselben Klasse (beispielsweise mehrere Objektdateien) sind durch Leerzeichen zu trennen. Die Klassen sind in der Kommandozeile durch ein Komma zu unterteilen - im Dialog betätigen Sie hier die Taste <Enter>. Die jeweilige Dateikennung muß nur dann angegeben werden, wenn sie von der standardmäßigen abweicht. Folgende Standard-Dateikennungen sind definiert:

```
Objekt     --> .OBJ
Run File   --> .EXE
List File  --> .MAP
Library    --> .LIB
```

Nicht alle Fragen des Linkers müssen beantwortet werden - Leereingaben sind möglich. Werden alle Angaben in der Kommandozeile gemacht, so schließen Sie die Eingabezeile durch ein Semikolon ab.

Wollen Sie den Linker starten und alle Eingaben im Dialog machen, so geben Sie lediglich ein:

```
LINK
```

Wollen Sie das assemblierte Programm DEMO in ein ablauffähiges Programm umwandeln, ohne aber auf zusätzliche Bibliotheken zuzugreifen und ohne ein List File zu erstellen, so geben Sie folgendes Kommando ein:

```
LINK demo;
```

Soll aber auch ein List File erzeugt werden, so ist folgendes Kommando nötig:

```
LINK demo,,;
```

Wird lediglich ein Komma angegeben, so bedeutet dies, daß der Linker an der entsprechenden Position die Standard-Vorgabe übernehmen soll. In unserem Beispiel bedeutet dies, daß eine ausführbare Datei mit Namen DEMO.EXE sowie ein List File mit Namen demo.lst erzeugt werden soll.

MD/MKDIR *(resident)*

MKDIR <Verzeichnis>
MD <Verzeichnis>

Erzeugung eines neuen Verzeichnisses.

Parameter:

<Verzeichnis> ist der Name des Verzeichnisses, das neu angelegt werden soll. Dabei kann vom Hauptverzeichnis aus der Pfad definiert werden oder vom aktuellen Verzeichnis aus. Wird kein Laufwerk angegeben, so wird das Verzeichnis auf dem Standardlaufwerk angelegt.

Beschreibung:

Um ein Verzeichnis auf einer Diskette oder Festplatte verwenden zu können, muß es zunächst angelegt werden. Dabei ist die Bedeutung der beiden residenten Kommandos *MKDIR* und *MD* vollkommen identisch. Wenn ein neues Verzeichnis angelegt wird, so wird dafür in der Regel ein Cluster benötigt - ein Cluster ist bei einer Diskette ein KByte und bei einer Festplatte vier KByte. Dieses Cluster wird benötigt, um die Verzeichniseinträge darin zu speichern. Dieser Platz wird selbst dann benötigt, wenn noch keine Datei im Verzeichnis enthalten ist.

Sie können jedes beliebige Verzeichnis anlegen, indem Sie die Pfadangabe vom Hauptverzeichnis beginnend machen (führender Backslash \) oder Sie definieren ein Unterverzeichnis des aktuellen Verzeichnisses. Machen Sie keine Laufwerksangabe, so wird das Verzeichnis auf dem Standardlaufwerk angelegt.

Der Name eines Verzeichnisses darf wie jeder andere Dateiname auch aus bis zu elf Zeichen bestehen; erlaubt sind nur die Zeichen, die auch in Dateinamen vorkommen dürfen. Anders als weitläufig angenommen, ist auch im Verzeichnisnamen eine Dateikennung erlaubt.

Beispiele:

Sie wollen das Verzeichnis *UTILITY* im Hauptverzeichnis anlegen:

```
md \utility
```

oder

```
mkdir \utility
```

Befinden Sie sich bereits im Hauptverzeichnis, so genügt auch folgender Befehl:

```
md utility
```

Befinden Sie sich im Verzeichnis \DOS und wollen das Unterverzeichnis \DOS\UTILITIES anlegen, so können Sie eines der folgenden beiden Kommandos verwenden:

```
md \dos\utility
md utility
```

Achtung:

Wenn ein Laufwerk durch *ASSIGN*, *JOIN* oder *SUBST* umgelenkt worden ist, sollten Sie kein Verzeichnis durch *MD* anlegen. Heben Sie die Umlenkung zuvor auf.

Meldungen:

Verzeichnis kann nicht angelegt werden
Die Meldung erscheint, wenn entweder das angegebene Verzeichnis schon existiert oder unter dem definierten Namen schon eine Datei gespeichert ist. Ferner könnte ein Teil der Pfadangabe unkorrekt sein oder die Platte bzw. Diskette keine Verzeichnisse mehr aufnehmen können.

MODE *(transient)*

```
MODE <Bildschirmmodus> {,[R | L]{,T}}
MODE <Parallelport>{,<Breite>{,<Vorschub>{,P}}}
MODE <Parallelport>=<COMx>
MODE <Parallelport>,<y>
MODE <COMx> <Baud>{,<Parität>{,<Daten>{,<Stopp>{,<P>}}}}
MODE <Einheit> CODEPAGE PREPARE=((<CP>)<Zeichendatei>)     **
MODE <Einheit> CODEPAGE SELECT =<CP>                       **
MODE <Einheit> CODEPAGE {/STATUS}                          **
MODE <Einheit> CODEPAGE REFRESH                            **
 ** = Erst ab DOS 3.3
```

Modus des Bildschirms, Druckers oder der asynchronen Schnittstelle verändern.

Parameter:

<Bildschirmmodus> ist einer der unter *Beschreibung* aufgeführten Tabelle angegebenen Werte zur Bestimmung des Bildschirmmodus.

<Parallelport> ist einer der möglichen Paralleldrucker LPT1, LPT2 oder LPT3.

<COMx> ist einer der beiden asynchronen Schnittstellen COM1 und COM2.

<CP> ist eine Zeichensatztabelle oder eine entsprechende Liste von Zeichensatztabellen, repräsentiert durch die Werte 437, 850, 860, 863 und 865, die ggfs. durch Kommata voneinander zu trennen sind.

<Zeichendatei> ist die komplette Pfadangabe der Datei, die die Zeichensatzbeschreibung enthält. Auf der Systemdiskette sind dies die Dateien mit der Kennung CPI.

Beschreibung:

Der *MODE*-Befehl ist ein sehr leistungsstarker DOS-Befehl. Sie können durch ihn den Bildschirm kontrollieren, die Druckerausgabe und die asynchrone Schnittstelle. Wegen dieser Vielfalt ist der *MODE*-Befehl auch entsprechend umfangreich und komplex.

Wir wollen die Möglichkeiten von *MODE* nun nacheinander erläutern, aufgeteilt in die verschiedenen Aufgabengebiete:

Druckausgabe umleiten

Das Umlenken der Druckausgabe auf die serielle Schnittstelle kann erforderlich werden, wenn der Drucker an der seriellen Schnittstelle und nicht am Parallelport angeschlossen ist. Definieren Sie zunächst die Baudrate sowie die anderen Parameter dieses Druckers und leiten Sie dann die Druckausgabe durch

```
MODE lpt1:=com1:
```

um. Dieser Befehl veranlaßt DOS, alle Ausgaben, die an LPT1 oder PRN (inklusive Hardcopy durch <Shift>-<PrtSc>) gehen, an die serielle Schnittstelle com1: umzulenken.

Prinzipiell haben Sie ebenso mit dem Umlenkungskommando > die Möglichkeit, die Standardausgabe umzuleiten. Diese Umleitung bezieht sich jedoch auf alle Ausgaben auf das Standardausgabegerät und ist nur für die Dauer eines Kommandos gültig. Haben Sie beispielsweise einen Drucker an der seriellen Schnittstelle angeschlossen und arbeiten mit einer Textverarbeitung, so können Sie nur durch eine Umleitung mit Hilfe des *MODE*-Befehls die Druckausgabe auf die serielle Schnittstelle umleiten.

Die allgemeine Syntax des Umleitungskommandos lautet:

```
MODE LPT#{:} = COMn
```

Der Doppelpunkt hinter dem Drucknamen kann entfallen. Für n setzen Sie einen Wert zwischen 1 und 4 ein und definieren somit eine der möglichen seriellen Schnittstellen COM1 bis COM4. Für # setzen Sie entsprechend einen Wert zwischen 1 und 3 ein, um einen der möglichen Paralleldrucker LPT1 bis LPT3 auszuwählen.

Nach erfolgter Umleitung erscheint folgende Meldung auf dem Bildschirm als Bestätigung:

```
Residenter Teil von MODE geladen
LPT1: umgeleitet zu COM1:
```

Eine umgeleitete Druckausgabe können Sie jederzeit wieder aufheben. Geben Sie dazu ein Kommando ein wie im folgenden Beispiel:

```
MODE lpt1:,,p
```

Asynchrone Schnittstelle programmieren

In Ihren PC können bis zu vier verschiedene serielle Schnittstellen eingebaut werden. Serielle Schnittstellen sind auch als asynchrone Schnittstelle oder unter dem Terminus technicus RS-232C bekannt. An einer solchen seriellen Schnittstelle werden in der Regel serielle Drucker oder ein Telefonmodem angeschlossen; aber auch andere Geräte wie Plotter oder Meßeinrichtungen können hier werden. Zur Programmierung der Schnittstelle (siehe für Werte im entsprechendem Handbuch) können Sie *MODE* verwenden:

```
MODE <COMx> <Baud>{,<Parität>{,<Datenbits>{,<Stoppbits>{,<P>}}}}
```

Zunächst geben Sie an, welche serielle Schnittstelle programmiert werden soll - in der Regel ist das die erste mit der Bezeichnung COM1. Die wichtigste Angabe für jede serielle Schnittstelle ist die Baudrate. Mit der sogenannten Baudrate geben Sie an, wie viele Bits in der Sekunde übertragen werden sollen. Folgende Baudraten werden von DOS unterstützt:

Baudrate	Kurzdefinition
110 Baud	11
150 Baud	15
300 Baud	30
600 Baud	60
1.200 Baud	12
2.400 Baud	24
4.800 Baud	48
9.600 Baud	96
19.200 Baud	19

19 200 Baud werden erst ab DOS 3.3 unterstützt

Es reicht also aus, jeweils die ersten beiden Zeichen der Baudrate anzugeben - Sie können aber auch die komplette Zahl eingeben; die Angaben 96 und 9600 haben dieselbe Bedeutung.

<Parität> gibt die Paritätsprüfung der Schnittstelle an. Dabei bedeutet N = Keine Prüfung (*None*), O = Ungerade Parität (*Odd*) und E = Gerade Parität (*Even*). Der Defaultwert ist *E* für *gerade*.

<Datenbits> definiert die Anzahl der Datenbits. Sie können hier zwischen 7 und 8 wählen, der Defaultwert ist 7.

<Stoppbits> gibt die Anzahl der Stoppbits an, die Sie mit 1 oder 2 beziffern können - der Defaultwert lautet 1.

Durch die Option *P* geben Sie an, daß bei Ausdruck auf dem seriellen Drucker bei Time-Out-Fehlern der Versuch der Ausgabe mehrfach wiederholt wird. Verwenden Sie an COM1 ein anderes serielles Gerät, so lassen Sie diesen Parameter weg. Sie können DOS beim Warten jederzeit durch <Ctrl>-<C> unterbrechen.

Definition des Bildschirmmodus

Haben Sie mehrere Bildschirme an Ihrem Rechner angeschlossen, beispielsweise einen Farbmonitor und einen Monochrommonitor, so können Sie durch den *MODE*-Befehl zwischen den Bildschirmen hin- und herschalten. Ferner können Sie den Bildschirmmodus bei Farbbildschirmen bestimmen (Zeichengröße etc.) sowie eine Art *Testbild* auf den Bildschirm bringen, um zu kontrollieren, ob das Monitorbild auch alles korrekt anzeigt.

Doch hier zunächst die einzelnen Bildschirmmodi, die mit Hilfe von *MODE* definiert werden können, und deren Bedeutung:

Modus	Bedeutung
mono	Monochromadapter (80-Zeichen-Textmodus).
40	Setzt die Bildschirmbreite auf 40 Zeichen pro Zeile für den Farb-/Grafikadapter.
80	Setzt die Bildschirmbreite auf 80 Zeichen pro Zeile für den Farb-/Grafikadapter.
co40	Farbgrafikkarte wird angesprochen und in den 40-Zeichen-Modus geschaltet; Farben erlaubt.
co80	Farbgrafikkarte wird angesprochen und in den 80-Zeichen-Modus geschaltet; Farben erlaubt.
bw40	Einschalten des 40-Zeichen-Modus bei ausgeschaltetem Farbmodus.
bw80	Einschalten des 80-Zeichen-Modus bei ausgeschaltetem Farbmodus.

Der Farbbildschirm kann softwaremäßig um einen Schritt nach links und nach rechts verschoben werden, um Korrekturen am Bildschirm vornehmen zu können, falls nicht alles auf dem Bildschirm angezeigt wird. Durch Angabe der Option *L* wird der Bildschirm nach links und durch den Parameter *R* nach rechts verschoben. Ebenfalls nur beim Farbmonitor können Sie ein Testbild anzeigen lassen, Sie erreichen das durch die Option *T*.

Nachdem Sie einen Bildschirmmodus ausgewählt haben, wird dieser gelöscht, der Cursor befindet sich in der linken oberen Ecke. Wählen Sie einen Modus aus, der mangels Hardware nicht eingestellt werden kann, so erhalten Sie eine Fehlermeldung.

Paralleldrucker einstellen

Die meisten Anwenderprogramme kümmern sich selbst um die Verwaltung des Druckers (Druckbild, Zeilenbreite und -dichte etc.), DOS müssen jedoch einige Druckparameter angegeben werden. Sie können sowohl die Anzahl der Zeichen pro Druckzeile als auch die Anzahl der Zeilen pro Zoll definieren, die Ihr Drucker zu drucken in der Lage ist. DOS braucht diese Parameter, um zum richtigen Zeitpunkt die entsprechenden Steuerzeichen bei einem Zeilenumbruch senden zu können. Die Syntax hierfür lautet:

```
MODE <Parallelport>{,<Breite>{,<Vorschub>{,P}}}
```

<Parallelport> ist die Angabe des Druckers, dessen Werte geändert werden sollen - also *lpt1*, *lpt2* oder *lpt3*.

<Breite> definiert die Breite der Druckausgabe. Normalerweise sendet DOS nach <Breite> ausgegebenen Zeichen automatisch ein CR/LF (Zeilenvorschub), was sich bei einer tatsächlich breiteren Ausgabemöglichkeit auf dem Drucker unerfreulich bemerkbar macht. Sie können die beiden Druckbreiten 80 und 132 Zeichen/Zeile definieren.

<Vorschub> gibt den Zeilenvorschub in Inch (Zoll) an. Dabei sind 6 oder 8 Zeilen/Zoll möglich.

Wollen Sie, daß DOS bei einem Time-Out-Fehler bei der Ausgabe auf Drucker den Versuch erneut unternimmt, so geben Sie die Option *P* an. Sie können in diesem Fall die Druckausgabe nur noch durch <Ctrl>-<C> abbrechen. Wollen Sie diese Option aufheben, so definieren Sie die Druckdaten erneut ohne die Angabe der *P*-Option. Durch die *P*-Option bleibt ein Teil des *MODE*-Befehls resident im Speicher.

Wollen Sie einen Parameter auslassen, so ist lediglich die Angabe des entsprechenden Kommas notwendig, damit *MODE* erkennen kann, welche Parameter angegeben wurden und welche nicht.

Neuheiten ab DOS 3.3 - Verwaltung der Zeichensatztabellen

Ab DOS 3.3 werden die verschiedensten landesspezifischen Zeichensatztabellen (Code Pages) für Bildschirm und Drucker durch mehrere Kommandos, darunter auch *MODE*, unterstützt. Allerdings können die genannten Zeichensatztabellen nur auf den durch IBM unterstützten Grafikkarten CGA, EGA, MGA und VGA und dem LCD-Bildschirm des tragbaren IBM Convertible verwendet werden; nicht unterstützt werden leider die Hercules-Grafikkarten. Auch bei der Druckausgabe kann von den Zeichensatztabellen Gebrauch gemacht werden, jedoch ausschließlich bei den beiden Druckern PC Graphikdrucker II IBM 4201 und IBM Quietwriter III Printer Model 5202 (bisher in der BRD nicht lieferbar). Siehe hierzu auch Kapitel 2.8.

MODE dient ab DOS 3.3 neben den genannten Möglichkeiten auch zur Verwaltung, Aktivierung und Zuordnung der Zeichensatztabellen in Verbindung mit den verschiedenen Einheitentreibern. Sie erkennen diese *MODE*-Kommandos leicht an dem Zusatz *CODEPAGE*, den Sie auch durch *CP* abkürzen können, innerhalb der Parameterliste. Die Einheit, auf die sich das Kommando bezieht, ist ebenfalls im Befehl enthalten.

Vorbereitung einer Zeichensatztabelle

```
MODE <Einheit> CODEPAGE PREPARE =((<CP,...>) <Zeichendatei>)
```

oder

```
MODE <Einheit> CP PREP =((<CP,...>) <Zeichendatei>)
```

Muß ein Einheitentreiber <Einheit> auf eine Zeichensatztabelle vorbereitet werden, so verwenden Sie den *PREPARE*-Befehl, den Sie auch durch *PREP* abkürzen können. Natürlich muß die Einheit die Verwendung von Zeichensatztabellen unterstützen - beispielsweise unterstützt ein Monochrommonitor (besser: eine Monochromkarte) keine Zeichensatztabellen. Sie wählen eine der Zeichensatztabellen *<CP>* 437, 850, 860, 863 und 865.

Nach dem *PREP*-Kommando können Sie entweder eine Zeichensatztabelle oder eine in Klammern eingeschlossene und durch Komma voneinander getrennte Liste von Zeichensatztabellen durch die entsprechenden Nummern definieren.

Danach definieren Sie die Datei, die die dafür notwendigen Daten zur Verfügung stellt. Auf der Systemdiskette befinden sich folgende Dateien:

Datei	Dateiinhalt
4201.CPI	IBM PC Grafikdrucker II
5202.CPI	IBM PC Quietwriter III Model 5202
EGA.CPI	Für EGA-Grafikarten
LCD.CPI	IBM PC AP LCD-Bildschirm

Eine dieser Dateien muß mit kompletter Pfadangabe angegeben werden. Die für eine Einheit definierten Zeichensatztabellen sind nach diesem Kommando für die Einheit verfügbar - *aber noch nicht ausgewählt!* Zum Auswählen einer der definierten Zeichensatztabellen dient das Kommando *SELECT* im Befehl *MODE*.

Auswahl einer Zeichensatztabelle

```
MODE <Einheit> CODEPAGE SELECT=<CP>
```

oder

```
MODE <Einheit> CP SEL=<CP>
```

Durch den Befehl *SELECT* wählen Sie eine der für die Einheit *<Einheit>* durch *PREPARE* eingerichteten Zeichensatztabellen aus. Wollen Sie beispielsweise auf Ihrem Drucker die Zeichensatztabelle für Portugal anwenden, so sind folgende zwei Befehle dafür nötig:

```
MODE lpt1 codepage prep=((437,860) 4201.cpi)
MODE lpt1 codepage select=860
```

Statusabfrage

```
MODE CODEPAGE {/STATUS}
```

oder

```
MODE CP {/STAT}
```

Um den augenblicklichen Status eines Einheitentreibers ausgegeben zu bekommen, verwenden Sie den Befehl /STATUS.

Reaktivieren

```
MODE <Einheit> CODEPAGE REFRESH
```

oder

```
MODE <Einheit> CP REF
```

Der letzte Befehl in der Liste der Zeichensatzkommandos in *MODE* ist *REFRESH*. Er dient zum Reaktivieren einer bereits einmal eingerichteten Zeichensatzabelle - beispielsweise wenn Sie einmal versehentlich den Drucker ausgeschaltet haben.

Beispiele:

Sie wollen den Drucker LPT1 auf eine Druckbreite von 132 Zeichen und auf eine Zeilendichte von 8 Zeilen pro Zoll einstellen:

```
mode lpt1:132,8
```

Um den Drucker LPT2 auf 80 Zeichen und 6 Zeilen pro Zoll einzustellen und DOS zu veranlassen, bei Time-Out-Fehler erneut zu versuchen, den Drucker anzusprechen, müssen Sie folgendes Kommando eingeben:

```
mode lpt2:80,6,p
```

Sie wollen den Monochrombildschirm auswählen:

```
mode mono
```

Um die breite Schrift mit 40 Zeichen pro Zeile und farbiger Darstellung auszuwählen, ist folgendes Kommando nötig:

```
mode co40
```

Sie wählen 80 Zeichen pro Zeile aus und wollen den Bildschirm nach rechts verschieben - dabei soll das Testbild angezeigt werden, so daß Sie den Bildschirm über die Tastatur korrigieren können:

```
mode 80,r,t
```

Der an der seriellen Schnittstelle *COM1* angeschlossene Drucker hat eine Baudrate von 9600 Baud, braucht keine Paritätsprüfung, hat acht Datenbits sowie 1 Stoppbit. Bei Time-Out-Fehlern soll weiter versucht werden. Diese Angaben sind für einen *Laserdrucker* anzugeben:

```
mode com1:9600,n,8,1,p
```

oder

```
mode com1:96,n,8,1,p
```

Sie wollen die Baudrate Ihres Druckers auf 2400 Baud einstellen und lediglich noch die Time-Out-Kontrolle definieren:

```
mode com1:2400,,,,p
```

Nach einer solchen Definition Ihres Druckers müssen Sie nur noch die Standarddruckerausgabe des Paralelldruckers umleiten auf diese asynchrone Schnittstelle:

```
mode lpt1=com1
```

In den folgenden vier Befehlen wird zunächst der Drucker Modell 4201 auf die portugiesische Zeichensatztabelle vorbereitet - neben der Standardtabelle. Dann wird entsprechend die portugiesische für diesen Drucker ausgewählt und danach der Status des Druckers einmal ausgegeben. Als letztes Kommando wird dann der Zustand des Druckers reaktiviert, beispielsweise weil die Stromzufuhr zum Drucker kurz unterbrochen war:

```
mode lpt1 codepage prepare=((437,860) \dos\4201.cpi)
mode lpt1 codepage select=860
mode lpt1 codepage /status
mode lpt1 codepage refresh
```

Meldungen:

Anhaltende Wiederholungsversuche bei Zeitlimitüberschreitung des Paralleldruckers
Tritt beim Paralleldrucker ein Time-Out-Fehler auf, so wird ein erneuter Versuch unternommen, den Drucker anzusprechen. Diese Meldung gilt nur als Bestätigung, wenn Sie die Option */P* verwenden.

Anhaltende Wiederholungsversuche bei Netzwerkdrucker nicht unterstützt
Die Option P kann nicht bei Netzwerkdruckern verwendet werden. Benutzen Sie das *MODE*-Kommando bei diesem Drucker ohne die *P*-Option oder verwenden Sie einen anderen Drucker.

Druckerfehler
Der ausgewählte Drucker kann nicht angesprochen werden, weil er *off line*, ausgeschaltet oder nicht korrekt angeschlossen ist. Überprüfen Sie die Druckerangabe.

Druckzeilen pro Zoll gesetzt
Die Druckausgabe wurde auf 6 oder 8 Zeilen pro Zoll definiert. Wurde eine falsche Angabe gemacht, so wird neben dieser noch die *Druckerfehler*-Meldung ausgegeben.

Es muß COM1 oder COM2 angegeben werden
COM1 und *COM2* sind die einzigen Angaben, die als serielle Schnittstelle erlaubt sind. Überprüfen Sie Ihre Eingabe.

Ist ganz rechts eine "9" zu sehen (J/N)?
Ist ganz links eine "0" zu sehen (J/N)?
Haben Sie Option *T* zum Anzeigen eines Testbildes beim Farbbildschirm angegeben, so wird bei der L-Option die zweite und bei der R-Option die erste Meldung angezeigt. Beantworten Sie die Frage mit *J* oder *N*. Wenn Sie die Frage beneinen, so wird der Bildschirm weiter verschoben, bis alles zu sehen ist.

Keine Wiederholungsversuche bei
Zeitlimitüberschreitung des Paralleldruckers
Diese Information wird Ihnen angezeigt, wenn Sie die *P*-Option von einem Drucker abgemeldet haben.

LPTx: ist auf 132 Zeichen/Zeile gesetzt
Die Anzahl der Zeichen pro Zeile des Paralleldruckers *x* ist auf 132 gesetzt.

LPTx: ist auf 80 Zeichen/Zeile gesetzt
Die Anzahl der Zeichen pro Zeile des Paralleldruckers *x* ist auf 80 gesetzt.

LPTx: nicht umgeleitet
Eine varangehende Umlenkung der Druckausgabe wurde durch einen *MODE*-Befehl wieder umgeleitet.

LPTx: umgeleitet zu COMy:
Die Druckerausgabe des Paralleldruckers *LPTx* ist umgeleitet worden auf die asynchrone Schnittstelle *COMy*.

Residenter Teil von MODE geladen
Wenn Sie die Option */P* verwenden, so bleibt ein Teil des *MODE*-Befehls resident im Speicher. Ferner wird *MODE* bei der Umleitung der Druckerausgabe resident gemacht. Diese Meldung teilt Ihnen diese Installation im Speicher mit.

Ungültige Übertragungsrate angegeben
Es wurde eine ungültige Baudrate definiert. Es sind lediglich die Werte 11, 15, 30, 60, 12, 24, 48 und 96 erlaubt. Es sind lediglich die ersten beiden Ziffern der Baudrate notwendig.

Ungültiger Einheitenname
Sie haben ein unbekanntes Gerät ausgewählt; es sind nur *COM1* und *COM2* erlaubt bzw. *LPT1*, *LPT2* und *LPT3*.

Ungültiger Parameter
Sie haben einen falschen Parameter angegeben oder einen notwendigen Parameter nicht angegeben. Eventuell haben Sie auch ein falsches Eingabeformat verwendet.

Verschieben der Anzeige nach links
Verschieben der Anzeige nach rechts
Sie können den Bildschirm eines Mochromadapters nicht nach links bzw. rechts verschieben.

MORE *(transient)*

MORE

Anzeigen einer Datei seitenweise auf dem Bildschirm.

Parameter:

MORE hat keine Parameter.

Beschreibung:

MORE ist eines der Filterkommandos von DOS. Wollen Sie eine Bildschirmausgabe machen, die länger als eine Seite ist, so können Sie diese Ausgabe stets durch <Ctrl>-<Num> anhalten und durch jede andere Taste wieder beliebig fortsetzen. Durch *MORE* wird diese Ausgabe stets nach dem Füllen einer Bildschirmseite automatisch angehalten.

Da *MORE* ein Filterkommando ist, wird es durch das Pipesymbol | mit anderen Befehlen verknüpft. Leiten Sie bei *MORE* die Standardeingabe durch *<Dateiname>* um, so fungiert *MORE* wie *TYPE* mit seitenweisem Anhalten. Verknüpfen Sie MORE beispielsweise mit *CHKDSK /v*, so wird auch nach jeder Bildschirmseite angehalten. Es erscheint auf dem Bildschirm die Meldung

```
--- Fortsetzung ---
```

in der letzten Zeile. Wenn Sie eine beliebige Taste betätigen, so wird mit der Ausgabe fortgefahren, bis die nächste Seite gefüllt ist.

Es ist zu bedenken, daß bei der Ausgabe einer Datei mit Hilfe von *MORE* eine Hilfsdatei auf dem Standardlaufwerk angelegt wird. Als Diskettenanwender besteht die Möglichkeit, daß nicht genügend freier Speicherplatz auf der Diskette zur Verfügung steht.

Beispiele:

Sie wollen die Datei Kapitel1.txt auf dem Bildschirm seitenweise ausgeben lassen:

```
more <kapitel1.txt
```

Dieses Kommando ist gleichbedeutend mit dem folgenden, lediglich kürzer:

```
type kapitel1.txt | more
```

Sie wollen alle Verzeichnisse und alle darin befindlichen Dateien auf dem Bildschirm seitenweise ausgegeben bekommen:

```
chkdsk c:/v | more
```

Meldungen:

--- *Fortsetzung* ---
Diese Meldung zeigt Ihnen an, daß Sie durch einen beliebigen Tastendruck mit der Ausgabe fortfahren können.

NLSFUNC *(transient - ab DOS 3.3)*

NLSFUNC {<Dateiname>}

Laden der landesspezifischen Funktionen.

Parameter:

<Dateiname> ist die komplette Pfadangabe der Datei, die die länderspezifischen Daten beinhaltet; dies ist in der Regel die Datei COUNTRY.SYS der Systemdiskette. Wird keine Datei definiert, so wird die Datei verwendet, die Sie in der Datei CONFIG.SYS durch den COUNTRY-Befehl definiert haben.

Beschreibung:

Erst nach Aufruf von *NLSFUNC* (National Language Support Functions) stehen Ihnen die Zeichensatztabellen bei entsprechender Unterstützung durch die Peripheriegeräte wie Monitor und Drucker zur Verfügung. *NLSFUNC* muß aufgerufen werden, bevor Sie das Kommando *CHCP* das erste Mal verwenden.

<Dateiname> enthält die landesspezifischen Daten, die bei der Verwendung verschiedener Zeichensatztabellen benötigt werden. Hier sind unter anderem Informationen über das Datums- und Zeitformat, Sortierfolgen, Währungssysmbole etc. gespeichert. *NLSFUNC* richtet den dafür notwendigen residenten Speicher ein.

Durch *CHCP* definieren Sie eine Zeichensatztabelle defaultmäßig für alle Einheiten, während Sie mittels *MODE* individuell für jede unterstützende Einheit eine andere Zeichensatztabelle definieren können. In beiden Fällen müssen Sie *NLSFUNC* zuvor aufgerufen haben, sofern Sie mit einer von Tabelle 437 verschiedenen Zeichensatztabelle arbeiten wollen.

Wollen Sie mit einer von 437 verschiedenen Zeichensatztabelle arbeiten, muß der *NLSFUNC*-Befehl zuvor einmal zur Installation der länderspezifischen Daten aufgerufen worden sein. *NLSFUNC* darf nur einmal aufgerufen werden - bei einem weiteren Aufruf erscheint die Meldung:

```
NLSFUNC bereits installiert
```

Beispiele:

Die Funktion *NLSFUNC* wird geladen und resident im Speicher abgelegt; die Verwendung von Zeichensatztabellen ist somit ab jetzt möglich. Die Datei mit den entsprechenden Daten ist COUNTRY.SYS im Verzeichnis \DOS.

```
nlsfunc c:\dos\country.sys
```

Meldungen:

Datei nicht gefunden
Die angegebene Datei, die die notwendigen Daten enthalten soll, kann nicht gefunden werden. Überprüfen Sie die Pfadangabe bzw. geben Sie den Dateinamen mit kompletter Pfadangabe an, falls dies noch nicht geschehen ist. Möglicherweise ist auch die Definition in CONFIG.SYS fehlerhaft.

NLSFUNC bereits installiert
Sie rufen NLSFUNC erneut auf, obwohl es bereits resident im Speicher installiert ist. Das Kommando wird ignoriert.

PATH *(resident)*

PATH {<Verzeichnis>{;<Pfad>{;<Pfad>....{;<Pfad>}}}}

Ändern und Anzeigen des aktuellen Suchpfades.

Parameter:

<Verzeichnis> ist der Name eines beliebigen Verzeichnisses inklusive evtl. Laufwerksangabe, in dem nach einem eingegebenen Kommando gesucht werden soll. Durch Semikolon voneinander getrennt können mehrere dieser Suchpfade definiert werden. Nur komplette Pfadangaben sind gestattet (Pfadangabe vom Hauptverzeichnis beginnend).

Beschreibung:

Wenn Sie ein Kommando eingeben, so wird nach einer entsprechenden Befehlsdatei mit der Kennung .COM, .EXE oder .BAT im aktuellen Verzeichnis des Standardlaufwerkes gesucht. Kann das Kommando dort nicht gefunden werden, so sucht DOS als Alternative im durch *PATH* definierten Pfad und Laufwerk nach einer solchen Kommandodatei.

Sie können durch *PATH* mehr als einen Suchpfad definieren, indem Sie die verschiedenen Pfadangaben durch Semikolon bei der Definition trennen. Die jeweiligen Pfade werden in der Reihenfolge abgesucht, in der sie in *PATH* definiert sind.

Bei den Pfadangaben müssen die für die Pfade bestehenden Eingaberegeln berücksichtigt werden. Fehler in den Pfaddefinitionen werden nicht zum Zeitpunkt der Eingabe erkannt, sondern erst dann, wenn DOS den angegebenen Pfad zum Suchen benutzen muß. Dabei werden falsche Pfadnamen nicht gemeldet, sondern lediglich ungültige Laufwerksangaben.

Erst wenn das eingegebene Kommando weder im aktuellen Verzeichnis noch in den durch *PATH* definierten Verzeichnissen aufzufinden ist, wird folgende Meldung ausgegeben:

```
Falscher Befehl oder Dateiname
```

Geben Sie *PATH* ohne Parameter ein, so wird Ihnen der aktuelle Suchpfad angezeigt. Beachten Sie dabei auch, daß sich dieser Suchpfad in der Umgebung (Environment) von DOS unter der Bezeichnung *PATH* befindet, den Sie auch mit *SET* ausgeben und verändern können. Wollen Sie alle Suchpfade löschen, so geben Sie nur *PATH* mit einem Semikolon ein.

Beispiele:

Sie wollen das Verzeichnis \DOS Ihrer Festplatte als Suchpfad definieren, da hier alle DOS-Befehle gespeichert sind:

```
path c:\dos
```

Neben dem Verzeichnis \DOS haben Sie noch ein Verzeichnis \UTILITY mit Hilfsprogrammen und ein Verzeichnis \DOS\BATCH, in dem alle Batchjobs gespeichert sind. Ferner sind in der RAM-Disk D noch einige weitere Tools gespeichert:

```
path c:\dos;c:\dos\batch;c:\utility;d:
```

Um sich den definierten Suchpfad ausgeben zu lassen, geben Sie *PATH* ohne jeden Parameter ein:

```
path
PATH=C:\DOS;C:\DOS\BATCH;C:\UTILITY;D:
```

Sie wollen alle definierten Pfade löschen:

```
path ;
```

Meldungen:

Falscher Befehl oder Dateiname
Der eingegebene Befehl konnte nicht gefunden werden. Überprüfen Sie das eingegebene Kommando auf Schreibfehler und ob das dafür notwendige Verzeichnis im *PATH* definiert ist.

PRINT *(transient)*

PRINT {/d}{/q}{/b}{/s}{/m}{/u} **(nur erster Aufruf)**
PRINT {<Dateiname>}{/p}{/c}{<Dateiname>}...{<Dateiname>}

Druckt Dateien im Hintergrund.

Parameter:

<Dateiname> ist der Name einer Datei, die in die Warteschlange (*Queue*) eingereiht und dann entsprechend gedruckt werden soll. Die Verwendung von Wildcards ist erlaubt. Es können auch mehrere Dateinamen gleichzeitig durch Leerzeichen getrennt eingegeben werden.

/b:<Puffer> definiert die Größe des Druckpuffers, der *PRINT* zur Verfügung steht. Je größer der Puffer, um so seltener muß auf Diskette zugegriffen werden, um den nächsten Teil der auszudruckenden Datei zu holen. Diese Angabe nur beim ersten Aufruf verwenden. Die Defaultgröße des Puffers beträgt 512 Byte; empfohlen wird eine Puffergröße zwischen 3 und 10 KByte.

/d:<Gerät> Definition des Gerätes, auf dem gedruckt werden soll. Standardmäßig ist dieses Gerät der Paralleldrucker *PRN*. Diese Option soll nur beim ersten Aufruf verwendet werden. Entfällt dieser Parameter, wird beim ersten Aufruf am Bildschirm nach dem Ausgabegerät gefragt.

/m:<Zyklen> Anzahl der Taktzyklen[3], die zum Drucken von Zeichen auf dem Drucker zur Verfügung stehen. Standardmäßiger Wert ist 2, der von 1 bis 255 programmiert werden kann. Option nur beim ersten Aufruf verwenden.

/q:<Anzahl> Maximale Anzahl an Dateien, die sich in der Warteschlange (Queue) befinden dürfen. Dieser Wert muß zwischen 1 und 32 liegen (Defaultwert ist 10). Verwenden Sie diese Option nur beim ersten Aufruf.

---

[3] Ein Taktzyklus (Tick) ist die kleinste unter DOS bekannte Zeiteinheit und wird alle 1/18.2 (0,0549) Sekunden erzeugt, unabhängig von der eingebauten CPU und vom verwendeten DOS

/s:<Zeit> Angabe über die Häufigkeit, mit der der Spooler aufgerufen wird. Dieser Wert liegt zwischen 1 und 255 und ist defaultmäßig auf 8 eingestellt. Diese Angabe nur beim ersten Aufruf verwenden.

/u:<Zyklen> Anzahl der Taktzyklen, die *PRINT* ohne Time-Out-Fehler wartet, bis der Drucker bereit ist. Nach dieser Wartezeit gibt *PRINT* das Warten auf. Dieser Wert kann zwischen 1 und 255 liegen und ist standardmäßig 1. Option nur beim ersten Aufruf verwenden.

/c Alle angegebenen Dateien aus der Warteschlange streichen. Der Druck der aktuellen Datei wird evtl. sofort abgebrochen. Es ertönt dann ein Warnton am Drucker.

/p Alle angegebenen Dateien des *PRINT*-Kommandos werden an die Warteschlange angehängt. Dabei darf die Maximalzahl nicht überschritten werden.

/t Alle in der Warteschlange befindlichen Dateien werden aus dem Queue gelöscht - die augenblickliche Datei wird auch nicht zu Ende gedruckt.

Beschreibung:

PRINT druckt Dateien im Hintergrund (Background); das heißt nichts anderes, als daß Sie den Rechner während des Druckvorganges praktisch ohne Einschränkungen benutzen können. Das wird durch eine besondere Routine ermöglicht, die sich beim ersten Aufruf von *PRINT* fest im Speicher installiert (*Speicherbedarf: ca. 5 KByte*) und nur dann Daten aus der aktuell bearbeiteten Datei ausliest, wenn der Drucker wieder etwas vertragen kann, d.h. der Puffer leer bzw. der Drucker wieder frei ist.

Dieses Verfahren ist bereits eine Art *Multitasking*, da zwei Prozesse quasi zeitgleich ablaufen, wobei der eine Prozeß durch den anderen Prozeß nicht gestört wird. Lediglich ausdrucken können Sie nicht, während *PRINT* seine Dienst verrichtet.

PRINT hat eine Warteschlange (*Queue*) - dies ist eine Liste, in der alle noch zu druckenden Dateien mit ihrem Namen in der Reihenfolge aufgeführt sind, in der sie gedruckt werden sollen. Ist eine Datei komplett gedruckt, so wird sie aus der Liste gestrichen und der nächste Dateiname aus der Liste entnommen.

Wollen Sie eine weitere Datei mittels *PRINT* drucken, so wird der entsprechende Dateiname lediglich an die letzte Stelle der Warteschlange angehängt. Dieses Verfahren der Queue stammt von Großrechneranlagen, bei denen mehrere Benutzer auf demselben Drucker ausdrucken müssen. Dabei ist es sogar möglich, mit verschiedenen Prioritäten zu drucken, so daß die Ausgaben mit der größten Priorität auch dann eher ausgegeben werden, wenn sie später in die Queue kamen. Aber dies brauchen wir beim IBM PC nicht.

Wird *PRINT* zum ersten Mal aufgerufen, so wird das Programm im Speicher resident installiert. Sie können beim ersten Aufruf eine Menge an Angaben machen, die die Arbeitsweise von *PRINT* beeinflussen: die Größe des Druckpuffers, wie viele Dateien passen in die Queue, wie lange soll auf den Drucker gewartet werden etc. - die einzelnen Angaben entnehmen Sie am besten der Parameterbeschreibung der jeweiligen Parameter. Die erste Syntaxzeile bezieht sich ausschließlich auf den ersten Aufruf von *PRINT*!

PRINT druckt also Ihre Dateien im Hintergrund, während Sie im Vordergrund weiterarbeiten können - dies ist nur durch die sog. Interrupttechnik möglich. Die jeweiligen Werte für die verfügbare Druckzeit sowie die Anzahl an Zyklen, die auf den Drucker gewartet werden, können Sie durch die Optionen */m*, */s* und */u* beim ersten Aufruf von *PRINT* bestimmen. Dabei bestimmen genau diese Parameter, wie häufig das laufende Anwenderprogramm von *PRINT* zum Drucken unterbrochen wird - je seltener, desto weniger fällt das Hintergrunddrucken auf.

Dabei läßt sich noch etwas zum Parameter /s sagen: Sie geben hier das Verhältnis zwischen Vordergrund-Aktivität und Spooler-Aktivität in der Form 1:n an. Es wird n Mal eine Vordergrundaktivität abgearbeitet, bis einmal eine Hintergrundaktivität durch den Prozessor bearbeitet wird. Bei einem sehr schnellen Drucker können Sie den Standardparameter 8 leicht nach unten korrigieren, so daß der Drucker schneller wieder bedient wird, während Sie bei einem sehr langsamen Drucker den Standardwert entsprechend nach oben korrigieren sollten um Leerdurchläufe zu vermeiden.

Wie bereits erwähnt, ist es nicht möglich, während des Druckvorgangs von *PRINT* andere Ausgaben auf den Drucker wie etwa Hardcopies zu machen - Sie erhalten bei Mißachtung die

Fehlermeldung *Papierende*. Nachdem der Druckpuffer allerdings geleert ist, können Sie den Drucker wieder verwenden.

Definieren Sie nicht mittels der Option */d* die Ausgabeeinheit, so wird *PRN* angenommen - Sie werden auf dem Bildschirm hiernach gesondert befragt. Mögliche Ausgabegeräte sind *PRN*, *LPT1*, *LPT2*, *LPT3*, *COM1*, *COM2* und *AUX*.

Ist die Installation vorgenommen, so können Sie mit dem Ausdrucken von Dateien beginnen. Auch beim ersten Aufruf von *PRINT* können Sie schon Dateien zum Drucken angeben. Bei jedem Aufruf ist es möglich, mehr als einen Dateinamen zum Druck zu definieren, die an die Queue angehängt werden - maximal können sich jedoch 32 Dateinamen in der Warteschlange befinden. Dabei empfiehlt sich, ASCII-Dateien auszudrucken (also Textdateien) und keine Programmdateien vom Typ EXE oder COM.

Sie können bei Aufruf von *PRINT* Dateien angeben, die gedruckt werden sollen und gleichzeitig Dateien definieren, die aus der Warteschlange wieder herausgelöscht werden müssen. Verwenden Sie hierzu die beiden Parameter */p* und */c*, die sich jeweils auf den unmittelbar voranstehenden Dateinamen und alle folgenden beziehen, bis sie wieder durch */c* oder */p* aufgehoben werden. Wollen Sie alle Dateien aus der Warteschlange herauslöschen, so verwenden Sie die Option */t*; in diesem Fall wird auch die aktuelle Datei nicht mehr zu Ende gedruckt.

PRINT sendet nach jedem Ausdruck einer Datei automatisch einen Seitenvorschub, so daß niemals alle Dateien hintereinander gedruckt werden. Für den Fall, daß *PRINT* eine Datei nicht auffinden kann oder ein Lesefehler während des Druckens auftritt, so wird ein Papiervorschub vollzogen und die Klingel des Druckers ertönt. Hiernach wird diese Datei aus der Liste gestrichen und die nächste Datei gedruckt.

Geben Sie das Kommando *PRINT* ganz ohne Parameter ein, so wird Ihnen die momentane Warteschlange angezeigt. Bei Aufruf des Kommandos im Netzwerk geben Sie den Befehl *NET PRINT* ein.

Beispiele:

Folgendes Kommando soll LPT1 als Ausgabegerät definieren; ferner sollen bis zu 32 Dateien in der Warteschlange Platz finden. Der Druckerpuffer wird eingerichtet mit 2048 Byte, die Aufrufhäufigkeit vom Druckspooler[4] auf alle 50 Taktzyklen definiert. Dabei stehen dem Spooler jeweils bis zu 200 Zyklen zur Verfügung

```
print /d:lpt1 /q:32 /b:2048 /s:50 /m:200 /u:3
```

Nachdem der Druckspooler installiert ist, sollen alle Textdateien aus dem Verzeichnis \TEXTOMAT gedruckt werden.

```
print \textomat\*.txt
```

Wollen Sie alle o.g. Textdateien in die Warteschlange einreihen, aber auf den Ausdruck der Datei demo.txt verzichten, so wäre folgender Befehl nötig:

```
print \textomat\*.txt /p demo.txt /c
```

Wollen Sie sofort alle Dateien aus der Warteschlange streichen und die aktuell gedruckte Datei nicht bis zum Ende ausdrucken, so geben Sie folgendes Kommando ein:

```
print /t
```

Meldungen:

<name> wird gerade gedruckt
<name> ist in der Warteschlange
Diese Meldungen zeigen Ihnen bei Abfrage an, welche Datei gerade gedruckt wird und welche sich nich in der Warteschlange befinden.

---
[4] Ein Programm, das im Hintergrund druckt, nennt man Spooler

Alle Dateien aus Druckerwarteschlange gelöscht
Durch die Option */t* sind alle Dateien inklusive der aktuell gedruckten aus der Warteschlange gelöscht worden.

Ausgabeeinheit ist evtl. ausgeschaltet oder "OFFLINE". Bitte überprüfen.
Das angewählte Ausgabemedium kann nicht angesprochen werden - es ist entweder nicht oder nicht korrekt angeschlossen oder vielleicht off-line geschaltet, dann Gerät on-line schalten.

Datei <name> aus Drucker-warteschlange gelöscht
Die angegebene Datei wurde durch den Benutzer mittels der Option */c* aus der Warteschlange gelöscht.

Datei nicht in Druckerwarteschlange
Die angegebene Datei befindet sich nicht in der Warteschlange von *PRINT* und kann dementsprechend nicht durch */c* gelöscht werden.

Die Druckerwarteschlange ist leer
Diese Meldung erscheint, wenn Sie *PRINT* ohne Parameter zur Statusabfrage eingeben und sich keine Datei mehr in der Warteschlange befindet.

Die Druckerwarteschlange ist voll
Der vorhandene Platz in der Warteschlange ist voll, es können keine weiteren Dateinamen gespeichert werden. Definieren Sie durch die Option */q* mehr Plätze.

Druckausgabe ist keiner Einheit zugeordnet
Sie haben bei der */d*-Option oder bei der Dialogabfrage eine Gerätebezeichnung angegeben, die nicht existiert. Versuchen Sie es erneut.

Fehler beim Lesen der Datei <name>
Die Datei <name> konnte nicht komplett gedruckt werden, da der bezeichnete Fehler aufgetreten ist. Die Datei wird geschlossen und der nächste Dateiname aus der Warteschlange ausgelesen, wobei ein Seitenvorschub auf dem Drucker gesendet wird.

Name der Ausgabeeinheit [PRN]:
Diese Meldung erscheint beim ersten Aufruf von *PRINT*, wenn Sie sich nicht der Option */d* bedient haben. Geben Sie entweder ein Ausgabegerät an oder bestätigen Sie das Standardausgabegerät *PRN*.

Pfadname zu lang
Die angegebene Datei hatte eine Pfadbezeichnung von mehr als 63 Zeichen - dies ist zu lang. Die Datei wird übersprungen und die nächste gedruck.

PRINT nicht möglich - NET PRINT anwenden
Auf Netzwerkdruckern können Sie ausschließlich mit dem Kommando *NET PRINT* Dateien ausdrucken.

Residenter Teil von PRINT geladen
Diese Meldung teilt Ihnen beim ersten Aufruf mit, daß der residente Teil (also der Druckspooler) von *PRINT* (ca. 5 KByte) geladen und installiert ist.

PROMPT *(resident)*

PROMPT {<String>}

Definition des Systemprompts und Programmierung der Tastatur.

Parameter:

<String> ist das zu definierende Systemprompt, das neben normalen ASCII-Zeichen auch Escape-Zeichen enthalten kann, die unter *Beschreibung* aufgelistet sind. Fehlt diese Angabe, so wird das Standardsystemprompt ng eingestellt.

Beschreibung:

Normalerweise wird auf Ihrem Bildschirm als Systemprompt das aktuelle Laufwerk gefolgt von einem Größerzeichen angezeigt. Neben dieser Information kann man aber noch eine Reihe weitere Informationen im Systemprompt unterbringen, die für das Arbeiten mit DOS wichtig sein können, wie *Datum, Zeit, Standardverzeichnis* etc. Jeder legt hier andere Schwerpunkte, weswegen diese Möglichkeit der Systempromptänderung zu begrüßen ist.

Mit Hilfe des *PROMPT*-Kommandos können Sie aber nicht nur das Systemprompt ändern, sondern auch Bildschirmattribute definieren oder die Tastaturbelegung programmieren.

Das Systemprompt definieren

Um das Systemprompt zu verändern, bedarf es nur des einen Kommandos *PROMPT*. Wollen Sie, daß sich das Systemprompt schon nach dem Einschalten automatisch verändert, so müssen Sie das entsprechende *PROMPT*-Kommando in Ihrer AUTOEXEC-Datei vorsehen.

Die Zeichenkette <String> kann alle darstellbaren Zeichen beinhalten und ist in der Länge nur durch den zur Verfügung stehenden Speicherplatz begrenzt. Eine ganze Reihe an Sonderzeichen darf nicht innerhalb von Zeichenketten verwendet werden, da sie Konsequenzen auf den Befehlsablauf haben (wie beispielsweise das Größerzeichen als Umlenkungsbefehl). Um aber dennoch solche Sonderzeichen innerhalb eines Promptsymbols verwenden zu können, wurden Fluchtsequenzen - angeführt durch das Dollarzeichen - definiert. Neben diesen Fluchtsequenzen gibt es noch eine Reihe zusätzlicher Funktionen, die Sie der folgenden Tabelle entnehmen können:

Code	Bedeutung
$b	Pipesymbol (¦).
$d	Systemdatum im Format tt.mm.jj darstellen.
$e	Escapezeichen (01bh).
$g	Größer-als-Symbol (>).
$h	Backspace löscht das vorangehende Zeichen.
$l	Kleiner-als-Symbol (<).
$n	Aktuelles Laufwerk.
$p	Aktuelles Verzeichnis des aktuellen Laufwerkes
$q	Gleichheitszeichen (=).
$t	Darstellen der Systemzeit in der Form hh:mm:ss.tt.
$v	DOS-Versionsnummer.
$_	CR/LF; Wagenrücklauf/Zeilenvorschub = Neue Zeile.
$$	Dollarzeichen ($).

Da alle Fluchtsequenzen durch ein Dollarzeichen eingeleitet werden, muß man für das Dollarzeichen selbst zwei Dollarzeichen eingeben. Folgt einem Dollarzeichen ein in dieser Tabelle nicht aufgeführter Buchstabe, so werden Dollarzeichen und das folgende Zeichen ignoriert.

Wollen Sie das Standardsystemprompt wiederbekommen (Standardlaufwerk bzw. Standardverzeichnis und Größerzeichen), so geben Sie *PROMPT* einfach ohne Parameter ein. Übrigens erscheint *PROMPT* auch in der Systemumgebung (*Environment*) des DOS, die Sie durch *SET* bearbeiten können.

Sollten Sie sich extrem lange Zeichenketten als Promptsymbol definieren, so kann es vorkommen, daß Ihnen DOS folgende Meldung präsentiert:

```
Nicht genügend Umgebungsspeicher!
```

In diesem Fall steht DOS nicht genügend Platz zur Verfügung, um die eingegebene Zeichenkette zu speichern. Starten Sie DOS dann erneut, indem Sie bei Aufruf von COMMAND durch die Option */e* mehr Umgebungsspeicher vorsehen.

Die Bildschirmattribute definieren

Sofern Sie die ANSI-Sequenzen in der CONFIG-Datei eingerichtet haben, können Sie mit Hilfe von *PROMPT* auch Bildschirmattribute definieren. Darunter versteht man die Hintergrundfarbe, die Zeichenfarbe, Attribute wie blinkend, invers oder unterstrichen.

Um nun Bildschirmattribute zu verändern, verwenden Sie das *PROMPT*-Kommando mit der Syntax:

```
PROMPT $e[xxm
```

Das Zeichen $e leitet Steuersequenzen ein. Für *xx* setzen Sie einen Wert aus der folgenden Tabelle ein, je nach gewünschtem Attribut. Das Zeichen *m* ist als Abschluß der Steuersequenz nötig.

Farbe	Vordergrund	Hintergrund
Schwarz	30	40
Rot	31	41
Grün	32	42
Gelb	33	43
Blau	34	44
Violett	35	45
Cyan	36	46
Weiß	37	47
Fett	1	
Unterst.	4	
Blink.	5	

Wollen Sie alle definierten Attribute wieder aufheben, so definieren Sie einfach

```
PROMPT $em
```

Programmierung der Tastatur

Ebenfalls mit Hilfe der ANSI-Sequenzen können Sie fast jede Taste der Tastatur umprogrammieren. Gewöhnlich zieht man auch hier das *PROMPT*-Kommando heran. Zur Programmierung der Tastatur benutzen Sie das *PROMPT*-Kommando in der Form:

```
PROMPT $e[xx;<Belegung>p
```

xx steht hier für den ASCII-Code der umzubelegenden Taste. Beachten Sie bitte, daß manche Tasten wie die Funktionstasten, Tastenkombinationen mit <Ctrl> oder <Alt> sich durch den sogenannten erweiterten Tastaturcode auszeichnen. Das bedeutet, daß zunächst ein Nullbyte gefolgt von dem eigentlichen Code gesendet wird, wenn die Taste niedergedrückt wird. Durch folgendes BASIC-Programm erfahren Sie den ASCII-Code jeder Taste und auch, welche Tasten erweiterte Tastencodes erzeugen:

```
10 D$=INKEY$: IF D$="" THEN GOTO 10
20 IF D$=CHR$(0) THEN 30 ELSE PRINT ASC(D$): GOTO 10
30 PRINT 0;ASC(INKEY$): GOTO 10
```

Bei Tasten mit erweitertem Tastaturcode müssen beide Codes - getrennt durch ein Semikolon - für *xx* im *PROMPT*-Kommando angegeben werden.

Für *<Belegung>* können Sie beliebig viele Zeichen definieren. So können Sie eine Taste nicht nur mit einem anderen Code versehen, sondern mit einer ganzen Funktion. Das Kommando

```
PROMPT $e[48;49p
```

oder

```
PROMPT $e[48;"1"p
```

würde die Taste "0" mit dem Wert "1" belegen. Das Zeichen "0" selbst können Sie nun nicht mehr erreichen. Wollen Sie diese Definition rückgängig machen, so definieren Sie einfach:

```
PROMPT $e[48;48p
```

Definieren Sie für *<Belegung>* mehrere Zeichen, Zeichenketten oder Kombinationen daraus, so trennen Sie diese jeweils durch ein Semikolon. Abgeschlossen wird *<Belegung>* dann durch ein *p*.

Nachfolgend nun eine Tabelle, der Sie die erweiterten Codes der Funktionstasten entnehmen können. Standard bedeutet hier das Niederdrücken einer Funktionstaste ohne eine Zusatztaste. Die angegebenen Codes sind die Codes, die dem Nullbyte unmittelbar folgen.

Funktions-taste	Standard	Shift	Ctrl	Alt
F1	59	84	94	104
F2	60	85	95	105
F3	61	86	96	106
F4	62	87	97	107
F5	63	88	98	108
F6	64	89	99	109
F7	65	90	100	110
F8	66	91	101	111
F9	67	92	102	112
F10	68	93	103	113

Ein Beispiel zur Programmierung der Tastatur finden Sie im Kapitel 6.9.

Beispiele:

Sie wünschen sich in Ihrem Systemprompt die Datums- und Zeitangabe, wobei Sie auf Hundertstelsekunden und die Jahresangabe des Datums verzichten können. Neben diesen Angaben erwarten Sie noch die Angabe des aktuellen Laufwerkes und des Standardverzeichnisses:

```
prompt $d$h$h$h$h, $t$h$h$h$_$n$p$g
```

Haben Sie die ANSI-Sequenzen eingeschaltet, so erhalten Sie durch folgendes Kommando das Standardverzeichnis in invertierter Schrift am Bildschirm angezeigt:

```
prompt $e[7m$p$e[0m$g
```

Bevorzugen Sie aber das Standardsystemprompt, so geben Sie *PROMPT* einfach ohne jeden Parameter ein:

```
prompt
```

Das Standardlaufwerk ist für Sie von besonderer Bedeutung, weshalb Sie folgendes Promptsymbol wünschen:

```
prompt Das Standardlaufwerk ist $n$g
```

Sie wollen die Funktionstaste F1 mit dem Kommando *DIR* belegen:

```
PROMPT $e[0;59;"DIR "p
```

Nun soll nicht nur das Kommando *DIR* auf dem Bildschirm erscheinen, sondern auch gleich ausgeführt werden. Dazu definieren Sie zusätzlich den Code 13 (Carriage Return, also die Taste <Enter>) hinter dem eigentlichen Kommando:

```
PROMPT $e[0;59;"DIR ";13p
```

RECOVER *(transient)*

RECOVER <Dateiname>
RECOVER <Laufwerk>

Defekte Datei rekonstruieren.

Parameter:

<Dateiname> gibt die Datei an, die defekte Sektoren enthält und rekonstruiert werden soll. Wildcards sollen nicht verwendet werden.

<Laufwerk> ist die Angabe des Laufwerkes, dessen Directory defekt ist und von dem alle Dateien gerettet werden sollen.

Beschreibung:

Ist ein Sektor auf einer Diskette oder Festplatte defekt, so kann unter Umständen eine Datei davon betroffen sein, die für Sie sehr wichtig ist. In der Regel lassen sich solche Dateien weder einlesen noch kopieren. Mit Hilfe von *RECOVER* wird so viel wie möglich von der angegebenen Datei zu retten versucht, wobei die defekten Sektoren ausgespart bleiben. Bei einer Textdatei kann man diese Lücken häufig wieder rekonstruieren und einfügen - Befehlsdateien lassen sich aber nicht durch *RECOVER* wieder retten. *RECOVER* kopiert also lediglich die intakten Teile einer Datei, die defekten Sektoren kann auch *RECOVER* nicht wiederholen.

Die Teile der Datei, die gelesen werden können, werden von *RECOVER* unter dem Dateinamen

```
FILEnnnn.REC
```

abgespeichert; *nnnn* wird von *RECOVER* beginnend bei 0001 hochgezählt. Dabei werden immer so viele Blöcke in einer Datei gespeichert, bis der nächste defekte Sektor auftritt. Beim Auffinden von defekten Sektoren löscht *RECOVER* die entsprechenden Flags in der FAT, so daß diese Sektoren von DOS nicht mehr benutzt werden.

Ist sogar das Directory oder ein einzelnes Unterverzeichnis defekt, so können Sie durch Angabe der Laufwerksbezeichnung und ggfs. des Verzeichnisnamens versuchen, dieses Verzeichnis zu rekonstruieren. *RECOVER* kopiert dann anhand der FAT alle Dateien, die davon betroffen sein können - auch die eigentlich intakten.

Ist es notwendig, mehr als die maximal mögliche Anzahl an Dateien auf einer Diskette (112 bei doppelseiten Disketten) zu rekonstruieren, so müssen Sie *RECOVER* mehrfach aufrufen. Verwenden Sie die *RECOVER*-Syntax mit Laufwerksangabe und löschen Sie die ersten 112 Einträge aus dem Directory heraus, danach können Sie weiterkopieren.

Beispiele:

Beim Kopieren der Datei kapitel1.txt stellen Sie fest, daß hier ein Sektor in der Datei defekt ist. Sie wollen den Rest der Datei retten. Dazu wenden Sie das *RECOVER*-Kommando wie folgt an:

```
recover a:kapitel1.txt
```

Die Directory einer Diskette ist defekt - keine Datei kann mehr geladen oder erstellt werden. Geben Sie folgenden Befehl ein, um die intakten Dateien zu rekonstruieren:

```
recover b:
```

Achtung:

Sie sollten *RECOVER* nicht mit Laufwerken verwenden, die mit einem der Kommandos *JOIN*, *SUBST* oder *ASSIGN* umgeleitet worden sind. Die Verwendung von *RECOVER* bei Netzwerklaufwerken ist nicht möglich.

Meldungen:

Achtung - Verzeichnis voll
xxx Datei(en) wiederhergestellt
Das Verzeichnis der Diskette ist voll - es können nicht mehr Dateien rekonstruiert werden; *xxx* Dateien sind bereits rekonstruiert worden. Kopieren und löschen Sie einige Dateien, dann machen Sie weiter.

Laufwerk oder Dateiname ungültig
Die Syntax des *RECOVER*-Kommandos war nicht korrekt; Sie haben ein Laufwerk eingegeben, das nicht existiert oder keine Datei definiert. Überprüfen Sie Ihre Eingabe und wiederholen Sie sie.

RECOVER für Netzwerklaufwerk nicht möglich
Sie können keine Dateien von Netzwerklaufwerken rekonstruieren; Wiederholen Sie das Kommando zu einem späteren Zeitpunkt, an dem das Laufwerk nicht mehr im Netzbetrieb ist oder verwenden Sie ein anderes Laufwerk.

xxxx von yyyyyy Byte wiederhergestellt
RECOVER teilt Ihnen mit, wieviel Byte an intakten Sektoren noch gerettet werden konnten.

Zur Wiederherstellung der Datei(en) auf
Laufwerk d: eine Taste betätigen
Diese Meldung fordert Sie auf, die Diskette einzulegen, auf der die defekten Dateien sind. Betätigen Sie dann eine Taste.

REN / RENAME *(resident)*

REN <Alter Name> {=} <Neuer Name>
RENAME <Alter Name> {=} <Neuer Name>

Umbenennen einer Datei.

Parameter:

<Alter Name> ist der Name der Datei, die umbenannt werden soll. Sie dürfen Wildcards verwenden.

<Neuer Name> ist der Name, der die Datei *<Alter Name>* nach der Umbenennung erhalten soll. Dabei darf noch keine Datei unter diesem Namen existieren. Die Verwendung von Wildcards ist auch hier erlaubt.

Beschreibung:

Die beiden Kommandos *REN* und *RENAME* sind in Bedeutung und Anwendung vollkommen identisch - sie benennen beide Dateien um. Dabei bleibt die umzubenennende Datei auf demselben Laufwerk und im selben Verzeichnis stehen, lediglich Name und/oder Kennung werden verändert (im Verzeichniseintrag).

Sollten Sie bei *<Alter Name>* eine Laufwerks- oder Verzeichnisangabe machen, so brauchen Sie diese redundante Angabe für *<Neuer Name>* nicht nochmal zu machen; wird dennoch Laufwerk oder Verzeichnis spezifiziert, so werden diese Angaben für *<Neuer Name>* ignoriert.

Sollten beide Dateinamen identisch sein oder bereits eine Datei unter *<Neuer Name>* existieren, so gibt *RENAME* eine Fehlermeldung aus. Sie müssen dann entweder die Datei mit demselben Namen löschen oder der umzubenennenden Datei einen anderen Namen geben.

Sollten Sie Wildcards verwenden, so ist - wie bei den meisten anderen DOS-Kommandos auch -, höchste Vorsicht geboten, daß Sie keine falsche Datei umbenennen, die Sie dann später evtl. nicht mehr wiederfinden.

Beispiele:

Sie wollen die Datei *opa.bas* umbenennen in *oma.bas*, dabei befindet sich die Datei auf dem Standardlaufwerk und -verzeichnis:

```
ren opa.pas oma.bas
```

Würde sich diese Datei auf dem A-Laufwerk in einem Unterverzeichnis befinden, so wäre folgendes Kommando nötig:

```
ren a:\mutter\oma\oma.bas opa.pas
```

Sie wollen alle Dateien im Verzeichnis \HEXDUMP mit der Kennung *HEX* umbenennen in Dateien mit der Kennung *BIN*:

```
rename \hexdump\*.hex *.bin
```

Alle Dateien, die mit A beginnen und vom Typ COM sind, sollen unbenannt werden, so daß der erste Buchstabe mit B ausgetauscht wird:

```
rename a*.com b*.com
```

Meldungen:

Doppelter Dateiname oder Datei nicht gefunden
Entweder existiert bereits eine Datei unter dem neuen Dateinamen oder die angegebene umzubenennende Datei existiert nicht.

Falscher Befehl oder Dateiname
Sie haben den neuen Namen der umzubenennenden Datei nicht angegeben.

Ungültige Anzahl Parameter
Entweder haben Sie die Dateinamen nicht korrekt eingegeben oder zuviele bzw. zuwenig Parameter eingegeben.

REPLACE *(transient - ab DOS 3.2)*

REPLACE <Dateiname> <Verzeichnis> {/a}{/p}{/r}{/s}{/w}

Aktualisierung von Sicherheitskopien.

Parameter:

<Dateiname> gibt die Datei(en) an, die kopiert (ersetzt) werden sollen. Die Verwendung von Wildcards ist erlaubt.

<Verzeichnis> gibt das Laufwerk und den Namen des Verzeichnisses an, in dem die zu kopierenden Dateien abgelegt werden sollen.

/a Es werden nur die Dateien aus dem Quellverzeichnis kopiert, die im Zielverzeichnis noch nicht existieren. Die beiden Optionen */a* und */s* können nicht gleichzeitig verwendet werden, da widersprüchlich.

/p Der Name jeder zu kopierender Datei wird angezeigt und kann durch den Benutzer dann bestätigt oder verworfen werden.

/r Es werden selbst die Dateien im Zielpfad ersetzt, die mit dem Nur-Lese-Attribut versehen sind.

/s Nur die Dateien werden kopiert, die bereits im Zielpfad existieren. Die Optionen */a* und */s* können nicht gleichzeitig verwendet werden, da widersprüchlich.

/w Nur wenn diese Option angegeben wird, haben Sie die Möglichkeit, die Quelldiskette vor der Ausführung von *REPLACE* einzulegen - normalerweise startet *REPLACE* sofort.

Beschreibung:

Mit Hilfe von *REPLACE* haben Sie die Möglichkeit, Sicherheitskopien anzufertigen und diese zu pflegen. Eine Stärke von *REPLACE* ist die Möglichkeit, nur die Dateien zu kopieren, die auf dem Zieldatenträger bereits existieren und somit diese zu ersetzen. Sie haben dann auf dem Zieldatenträger stets die aktuellen Datei-Inhalte. Andererseits können Sie nur die Dateien von

REPLACE kopieren lassen, die auf dem Zieldatenträger noch nicht existieren - es wird also die Sicherheitsdiskette durch die neu hinzugekommenen Dateien ergänzt.

Auf diese Weise haben Sie durch *REPLACE* ein leistungsstarkes Programm zur Erstellung von Sicherheitskopien an der Hand - eine echte Alternative zu *BACKUP*. Haben Sie einmal eine Sicherheitsdiskette erstellt, die alle sicherungswürdigen Dateien enthält, können Sie stets mit Hilfe von *REPLACE* mit Angabe der Option */s* exakt diese Dateien kopieren lassen, ohne daß alle Dateinamen explizit definiert werden müßten und ohne eine Batchdatei zu erstellen. Umgekehrt können Sie durch die Option */a* stets die Dateien auf Ihrer Sicherheitsdiskette ergänzen, die seit der letzten Kopie hinzugekommen sind.

Durch Angabe der Option */p* haben Sie auch noch eine Kontrollmöglichkeit: Die Namen aller Dateien, die kopiert werden sollen, werden Ihnen auf dem Bildschirm angezeigt. Dabei können Sie bei jeder Datei individuell entscheiden, ob Sie die Datei kopieren wollen oder nicht.

Verfügen Sie nur über ein Laufwerk bzw. wollen Sie das *REPLACE*-Kommando auf eine Diskette im Standardlaufwerk anwenden, so können Sie *REPLACE* durch die Option */p* veranlassen, zuerst auf einen Tastendruck zu warten, damit Sie die entsprechende Diskette ins Laufwerk legen können. Ohne diese Option beginnt *REPLACE* sofort mit der Arbeit.

Beispiele:

Sie wollen alle BASIC-Programme aus dem Unterverzeichnis c:\baspro auf Festplatte kopieren. Dabei wollen Sie nur die Dateien kopieren, die sich bereits auf dem A-Laufwerk befinden - eine Sicherheitsabfrage ist erwünscht:

```
replace c:\baspro\*.bas a: /a /p
```

Im selben Beispiel wollen Sie auch die Dateien auf der A-Diskette ersetzen, die das Nur-Lese-Attribut besitzen:

```
replace c:\baspro\*.bas a: /a /p /r
```

Sie wollen nun Pascal-Programme kopieren - aber nur die, die sich noch nicht im Verzeichnis B:\PASCAL befinden. Sie wollen nicht bestätigen, aber zuvor die Diskette ins A-Laufwerk einlegen können:

```
replace a:*.pas b:\pascal /a /w
```

Wollen Sie alle Pascal-Programme kopieren, unabhängig davon, ob es die entsprechenden Dateien bereits gibt oder nicht, so geben Sie folgendes ein:

```
replace a:*.pas b:\pascal /w
```

Meldungen:

<Name> ersetzen (J/N)?
Sie haben nicht die Option zum Hinzufügen angewählt, so daß Sie wegen der Option */p* gefragt werden, ob die angegebene Datei <Name> kopiert werden soll. Geben Sie *J* oder *N* ein.

<Name> hinzufügen (J/N)?
Sie haben die beiden Optionen */p* und */a* verwendet; wollen Sie die angegebene Datei <Name> hinzufügen, so geben Sie *J*a ein, sonst *N*ein.

<Name> wird hinzugefügt
Die Datei <Name> wird im Quellverzeichnis durch Angabe der Option */a* hinzugefügt.

Datei(en) ersetzt
Die angegebene Anzahl an Dateien wurde ersetzt - die Option */a* wurde nicht gewählt.

Datei(en) hinzugefügt
Durch die definierte Option */a* wurden die zu kopierenden Dateien dem Zielverzeichnis hinzugefügt. Es wird die Anzahl der hinzugefügten Dateien angezeigt.

Keine Dateien ersetzt
Sie haben nicht die Option */a* verwendet - es konnten keine Dateien im Zielverzeichnis ersetzt werden.

Keine Dateien gefunden
Es wurden zwar Dateien im Quellverzeichnis unter <Dateiname> gefunden, jedoch wurden im Zielverzeichnis keine Dateien mit entsprechenden Namen gefunden, so daß nicht ersetzt werden konnte.

Keine Dateien hinzugefügt
Die Option */a* wurde definiert, jedoch konnten keine Dateien gefunden werden, die kopiert werden mußten.

Zum Ersetzen von Datei(en) eine Taste betätigen
Sie haben die Option */w* angegeben und müssen vor der Ausführung von *REPLACE* eine beliebige Taste betätigen. Legen Sie zuvor die entsprechende Quelldiskette ein.

Zum Hinzufügen von Datei(en) eine beliebige Taste betätigen
Sie haben die beiden Optionen /w und /a angegeben - legen Sie Ihre Quelldiskette ein und betätigen Sie eine beliebige Taste, um mit der Ausführung von *REPLACE* zu beginnen.

Rückgabewerte an die Batchverarbeitung (Errorlevel):

Code	Bedeutung
2	Datei nicht gefunden
3	Quell-/Zielpfad nicht gefunden
8	Nicht genügend Speicherplatz
11	Ungültiges Eingabeformat
15	Ungültige Laufwerksangabe
22	Ungültige DOS-Version
50	Zugriff wegen Read-Only verweigert

RESTORE *(transient)*

RESTORE <Quellaufwerk>: <Ziellaufwerk>: <Dateien> {<Optionen>}

Kopiert durch das Kommando *BACKUP* erstellte Sicherheitsdateien zurück.

Parameter:

<Quellaufwerk> ist der Name des Laufwerkes, das die Backup-Dateien enthält.

<Ziellaufwerk> ist der Name des Laufwerkes, auf das die zu kopierenden Dateien kopiert werden.

<Dateien> gibt den Pfad und die Dateien an, die Sie kopieren wollen.

/a<Datum> Es werden nur die Dateien überschrieben, die nach dem angegebenen Tag verändert oder erstellt worden sind.

/b<Datum> Es werden nur die Dateien überschrieben, die vor oder am angegebenen Tag verändert oder erstellt worden sind.

/e<Zeit> Nur die Dateien werden kopiert, die vor dem angegebenen Zeitpunkt verändert worden sind.

/m Es werden nur die Dateien überschrieben, die seit dem letzten *BACKUP* verändert worden sind.

/n Es werden nur die Dateien kopiert, die im Zielverzeichnis nicht oder nicht mehr existieren.

/p Ist die zu ersetzende Datei nur lesbar (*read-only*) oder eine versteckte Datei (*hidden file*), oder wurde die Datei auf der Zieldiskette *nach* der Speicherung der Backupdatei erstellt oder verändert, so muß vor dem Kopieren dieser Backupdatei der Vorgang vom Benutzer bestätigt werden.

/s Kopiert alle Dateien in alle Unterverzeichnisse wie angegeben - es wird ohne Bedingung kopiert.

/t<Zeit> Nur die Dateien werden kopiert, die nach dem angegebenen Zeitpunkt verändert worden sind.

Beschreibung:

Die durch das Kommando *BACKUP* erstellten Sicherheitskopien können nötigenfalls durch *RESTORE* wieder auf die entsprechende Diskette/Festplatte und in das entsprechende Verzeichnis zurückkopiert werden. *RESTORE* ist die einzige Möglichkeit, durch *BACKUP* erstellte Sicherheitskopien zurückzukopieren.

Sie haben die Möglichkeit, mit *RESTORE* alle oder durch die möglichen Optionen sowie mit der Dateispezifikation *<Dateiname>* lediglich bestimmte Sicherheitskopien zurückzukopieren. Dabei geben Sie Pfad und Dateiname des *Ziels* an - *RESTORE* sucht sich die entsprechenden Dateien selbst aus den Backupdisketten heraus, die nicht strukturiert sind.

Wollen Sie ein komplettes Verzeichnis durch die Backupdateien ersetzen, so geben Sie den entsprechenden Pfad an - wollen Sie aber auch alle Unterverzeichnisse dieses Verzeichnisses ersetzen, so ist die Angabe der Option */s* erforderlich. Geben Sie beispielsweise das Verzeichnis \DOS zum Aufbringen der Sicherheitskopien an, so würde das evtl. vorhandene Unterverzeichnis \DOS\UTILITY davon unberührt bleiben; sollen auch die darin befindlichen Dateien (und Unterverzeichnisse) etc. zurückgesetzt (*restore*) werden, so ist dies mit der Option */s* möglich.

RESTORE erstellt automatisch alle Verzeichnisse und Unterverzeichnisse (bei Option */s*), die noch nicht bzw. nicht mehr auf der Zieldiskette existieren.

Um den Sicherheitsgrad von *RESTORE* zu erhöhen, werden Dateien, die nur-lesbar (read-only) sind, und Dateien, die seit dem letzten Backup erstellt bzw. korrigiert worden sind (gesetztes Archiv-Flag), *nicht* überschrieben. Durch die Option */p* können Sie sich beim *RESTORE*-Vorgang alle betreffenden Dateien anzeigen lassen und ggf. *doch* kopieren.

Ähnlich dem *BACKUP*-Befehl werden Sie auch bei *RESTORE* aufgefordert, eine der jeweils durchnumerierten Disketten einzulegen - dabei ist eine Verwechslung wegen einer entsprechenden Kontrolle durch *RESTORE* nicht möglich; Sie können im

Fehlerfall eine neue Diskette einlegen und *RESTORE* erneut zugreifen lassen.

Kopieren Sie eine komplette Diskette, die auch DOS-Kommandos enthält bzw. enthalten kann, so ist beim Kopieren evtl. besondere Vorsicht geboten. Wurde die Diskette mit einer älteren DOS-Version als der in Verbindung mit *RESTORE* verwendeten erstellt, so sollten Sie die Option */p* angeben, um das Kopieren der beiden Systemdateien IBMBIO.COM und IBMDOS.COM (bzw. IO.COM und MSDOS.COM) zu verhindern, da diese Dateien die Systemspuren belegen und die DOS-Version verfälschen, so daß ein Booten von der Diskette nicht mehr möglich ist. Haben Sie dies bereits versäumt, so bringen Sie mit Hilfe des *SYS*-Kommandos Ihre DOS-Version wieder auf diese Zieldiskette auf.

Bitte beachten Sie, daß sowohl das Quallaufwerk als auch das Ziellaufwerk definiert werden müssen. Es kann weder das Standardlaufwerk noch das Standardverzeichnis als Defaultangabe verwendet werden. Auch besteht nicht die Möglichkeit, eine durch *BACKUP* erstellte Kopie einer Datei, die sich in einem Verzeichnis \A befunden hat, in ein Verzeichnis \B zu kopieren. Die komplette Pfadangabe einer Datei muß identisch bleiben und kann nicht verändert werden.

Beispiele:

Sie wollen alle Pascal-Programme auf dem A-Laufwerk ersetzen durch die entsprechenden Backup-Kopien im Laufwerk B.

```
restore b: a:*.pas
```

Sie wollen dieselben Dateien kopieren, jedoch soll bei veränderten Dateien und Nur-Lese-Dateien eine Sicherheitsabfrage auf dem Bildschirm gemacht werden:

```
restore b: a:*.pas /p
```

Sie haben eine Kopie der Link-Library \LIB erstellt, die sich auf der Festplatte befindet und weitere Unterverzeichnisse besitzt. Sie wollen alle Dateien und alle Unterverzeichnisse wiederherstellen, wobei geänderte und Nur-Lese-Dateien vor dem Überschreiben bestätigt werden sollen.

```
restore a: c:\linklib\*.* /s/p
```

Im letzten Beispiel soll eine einzige Datei mittels *RESTORE* ersetzt werden; die Backup-Datei befindet sich auf der A-Diskette und soll auf die Festplatte kopiert werden:

```
restore a: c:\dos\utility\norton\hc.com
```

Achtung:

Verwenden Sie *RESTORE* niemals, wenn ein Laufwerk durch *JOIN*, *SUBST* oder *ASSIGN* umgeleitet worden ist.

Meldungen:

*** *Datei kann nicht zurückgespeichert werden* ***
Die gerade bearbeitete Datei kann nicht erfolgreich bearbeitet werden, da der Vorgang entweder durch Ctrl-C abgebrochen wurde oder die Datei sich im File-Sharing-Betrieb befindet.

*** *Dateien gesichert MM.TT.JJ* ***
Diese Meldung teilt Ihnen lediglich mit, wann die Backup-Dateien erstellt worden sind. Dabei ist das Ausgabeformat des Datums abhängig von der durch *COUNTRY* definierten Landeskennung.

*** *Dateien werden von Laufwerk d: zurückgespeichert* ***
Diese Meldung wird Ihnen angezeigt, wenn die zu kopierenden Dateien von Quellaufwerk *d:* auf die Zieldiskette aufkopiert werden.

Achtung! Datei <Name>
wurde nach der Sicherung geändert.
Datei ersetzen (J/N)?
Die Datei <Name> wurde nach dem letzten Backup korrigiert - da Sie die Option */p* angegeben haben, können Sie wählen, ob die Datei dennoch überschrieben werden soll oder nicht. Wählen Sie *J* oder *N*.

Achtung! Datei <Name>
besteht Nur-Lese-Zugriff.
Datei ersetzen (J/N)?
Die Datei <Name> ist vor Überschreiben durch das Read-Only-Attribut geschützt - da Sie die Option */p* verwenden, können Sie wählen, ob diese Datei überschrieben werden soll oder nicht. Wählen Sie *J* oder *N*.

Achtung! Falsche Reihenfolge,
Diskette austauschen oder fortfahren.
Anschließend eine Taste betätigen.
Alle Dateien werden in derselben Reihenfolge zurückgespeichert, in der sie auch durch *BACKUP* auf die Sicherheitsdiskette aufgebracht worden sind. Sie haben die Disketten nicht in der korrekten Reihenfolge eingelegt; Sie haben nun zwei Möglichkeiten:

1. Sie können die korrekte Diskette einlegen und eine Taste betätigen;

2. Sie können die einliegende Diskette dennoch benutzen, wenn Sie sich sicher sind, daß alle anderen Disketten keine Datei enthalten, die auf die Dateispezifikation zutreffen. Betätigen Sie in diesem Fall einfach ein Taste (hierzu wird ausdrücklich *nicht* geraten).

Falsche Reihenfolge beim Zurückspeichern
Fehler beim Erstellen der Datei
Die angegebene Datei konnte nicht zurückgespeichert werden, da die Disketten nicht in der korrekten Folge eingelegt wurden. Versuchen Sie es erneut, und legen Sie nun die Disketten in der geforderten Reihenfolge ein.

Keine Dateien zum Zurückspeichern gefunden
Es wurden auf der Quelldiskette keine Dateien gefunden, die auf die Dateispezifikation zutreffen. Überprüfen Sie Ihre Pfadangabe und die Dateispezifikation.

Nicht genügend Speicherplatz
Es ist nicht genügend Speicherplatz frei, um *RESTORE* ausführen zu können.

Quelle enthält keine Sicherungsdateien
Diese Meldung kann eine der folgenden Gründe haben:

1. Die Backupdateien sind beschädigt und somit nicht verwendbar. Überprüfen Sie die Diskette mit *CHKDSK.*

2. *RESTORE* kann auf dem angegebenen Quellaufwerk keine Dateien finden, die durch *BACKUP* erstellt worden sind. Durch *BACKUP* erstellte Dateien werden in der Datei BACKUPID.@@@ verwaltet. Fehlt diese Datei, so ist die Diskette nicht als Quelldiskette zu verwenden.

3. Ist das Quellaufwerk die Festplatte, so kann das Verzeichnis \BACKUP nicht gefunden werden. Befindet sich auf Ihrer Festplatte kein Verzeichnis mit diesem Namen, so können Sie die Festplatte nicht als Quellaufwerk angeben.

Quellen- und Ziellaufwerk identisch
Die Angaben für Quell- und Ziellaufwerk sind identisch, was mit *RESTORE* nicht möglich ist. Überprüfen Sie Ihre Eingaben und starten Sie *RESTORE* erneut. Verfügen Sie lediglich über ein Laufwerk, so geben Sie dennoch die beiden verschiedenen Laufwerksbezeichnungen A und B ein.

Sicherungsdiskette n in Laufwerk d:
einlegen und eine Taste betätigen
RESTORE fordert Sie auf, die Diskette mit der Nummer *n* in das Laufwerk D einzulegen und eine Taste zu betätigen, wenn dies getan ist. *RESTORE* erkennt automatisch, wenn nicht die korrekte Diskette einliegt und teilt Ihnen dann entsprechend diese Meldung erneut mit.

Sicherungszieldiskette in Laufwerk d:
einlegen und eine Taste betätigen
Diese Meldung, die nur bei der Verwendung von nicht festen Laufwerken erscheint, teilt Ihnen mit, daß nun die Zieldiskette einzulegen ist, die die Backupdateien aufnehmen soll. Legen Sie die Zieldiskette ein und betätigen Sie eine beliebige Taste.

Systemdateien zurückgespeichert
Zieldiskette/-platte kann evtl. nicht geladen werden
Es wurden die Dateien IBMBIO.COM, IBMDOS.COM (bzw. MSDOS.COM und IO.COM) und COMMAND.COM auf die Zieldiskette kopiert - somit ist die Diskette unter Umständen nicht verwendbar, da kopierte DOS-Version und vorhandene DOS-Version auf der Zieldiskette evtl. nicht konform gehen. Verwenden Sie in diesem Fall das *SYS*-Kommando.

Ungültige Anzahl Parameter
Sie haben nicht alle Parameter eingegeben, die zur Bearbeitung durch *RESTORE* notwendig sind. Überprüfen Sie Ihre Eingabe.

Ungültige Laufwerksangabe
Sie haben bei einem der Parameter ein Laufwerk angegeben, das nicht existiert oder das die Backupdateien nicht enthält. Ferner erscheint diese Meldung, wenn Sie *RESTORE* auf ein durch *ASSIGN*, *JOIN* oder *SUBST* bearbeitetes Laufwerk anwenden.

Ungültiger Parameter
Einer der eingegebenen Parameter ist ungültig.

Ungültiger Pfad
Der eingegebene Pfad zum Rückkopieren der Backup-Dateien ist nicht korrekt. Überprüfen Sie die Pfadangabe.

Zieldiskette/-platte voll
Letzte Datei nicht zurückgespeichert
Die Zieldiskette oder deren Directory ist voll - die zuletzt zu kopierende Datei konnte nicht erfolgreich kopiert werden. Der bereits kopierte *Teil* der Datei wird auf der Zieldiskette gelöscht. Diese und alle folgende Dateien müssen auf eine andere Diskette durch *RESTORE* kopiert werden.

Rückgabewerte an die Batchverarbeitung (Errorlevel):

Code	Bedeutung
0	RESTORE wurde problemlos ausgeführt.
1	Es wurde keine Datei gefunden.
2	Einige Dateien konnten nicht kopiert werden.
3	RESTORE wurde durch CTRL-C abgebrochen.
4	Ein Hardwarefehler (Critical Error) führte zum Programmende.

RMDIR / RD *(resident)*

RMDIR <Verzeichnis>
RD <Verzeichnis>

Löschen eines Verzeichnisses.

Parameter:

<Verzeichnis> ist der Name des Verzeichnisses, das gelöscht werden soll. Eine Laufwerksbezeichnung definiert das Laufwerk, auf dem sich das Verzeichnis befindet, sonst wird das Standardlaufwerk angenommen.

Beschreibung:

RMDIR und *RD* sind vollkommen identische Befehle; da *RD* kürzer als *RMDIR* ist, wird dieser Befehl häufiger verwendet. Durch *RD* löschen Sie einen Verzeichniseintrag im Inhaltsverzeichnis. Ein zu löschendes Verzeichnis darf keine Dateien und keine Unterverzeichnisse mehr enthalten (*außer den beiden Pseudoverzeichnissen .. und .*), ansonsten wird das Kommando nicht ausgeführt und Sie erhalten die Fehlermeldung

```
Ungültiger Pfad, Kein Verzeichnis
oder Verzeichnis nicht leer
```

Wollen Sie ein Verzeichnis löschen, so ist es zunächst erforderlich, alle Einträge des Verzeichnisses durch *DEL *.** zu löschen und alle evtl. vorhandenen Unterverzeichnisse ebenfalls - erst dann ist eine Löschung im Directory möglich.

Es kann vorkommen, daß Sie ein Verzeichnis nicht löschen können, obwohl scheinbar keine Dateien mehr im Verzeichnis abgelegt sind. In diesem Fall ist sicherlich noch eine versteckte Datei im Verzeichnis gespeichert. Hier müssen Sie zunächst die versteckte Datei mit Hilfe der Norton Utilities oder einem anderen Hilfsprogramm zu einer normalen Datei machen und diese dann löschen. Erst dann können Sie auch das Verzeichnis selbst löschen.

Zu beachten ist, daß Sie weder das Hauptverzeichnis noch das aktuelle Verzeichnis löschen können - auch ein durch *SUBST* umgelenktes Verzeichnis kann nicht gelöscht werden. Der Verzeichnisname muß in den allgemein gültigen Regeln für Datei- und Verzeichnisnamen angegeben werden: Ein führender Backslash \ definiert eine Pfadangabe aus dem Hauptverzeichnis heraus, sonst immer vom aktuellen Verzeichnis aus.

Beispiele:

Um das leere Verzeichnis \DOS\UTILITY zu löschen, wären folgende zwei Kommandos möglich:

```
rmdir \dos\utility
rd \dos\utility
```

Befinden Sie sich im Verzeichnis \DOS, so reicht auch folgendes Kommando aus:

```
rd utility
```

Wollen Sie ein Verzeichnis auf einem vom Standardlaufwerk verschiedenen Laufwerk löschen, so machen Sie die Laufwerksangabe vor der Pfadangabe:

```
rd a:\dos\progs
```

Achtung:

Verwenden Sie *RD* mit Vorsicht bei Laufwerken, die durch *ASSIGN* oder *JOIN* umgeleitet wurden.

Meldungen:

Ungültiger Pfad, kein Verzeichnis,
oder Verzeichnis nicht leer
Sie haben ein Verzeichnis angegeben, das auf dem definierten Laufwerk nicht existiert oder nicht leer ist. Überprüfen Sie Ihre Eingabe oder löschen Sie nötigenfalls vorher alle noch vorhandenen Dateien.

SELECT *(transient - ab DOS 3.0)*

SELECT {<Laufwerk>:} {<Verzeichnis>} <Land> <Tastatur>

Erstellt eine Systemdiskette unter Berücksichtigung der gewählten Landeskennung.

Parameter:

<Laufwerk> definiert das Laufwerk, in dem sich eine DOS-Diskette befinden soll. Nur die beiden Angaben A und B sind möglich. Fehlt dieser Parameter, so wird das A-Laufwerk angenommen. Ab Version 3.2 ist dieser Parameter erlaubt.

<Verzeichnis> definiert das Ziellaufwerk und den Namen des Zielverzeichnisses für die DOS-Systemdateien. Wird kein Laufwerk definiert, so wird Laufwerk B angenommen. Ohne Definition eines Verzeichnisses werden die Dateien ins Hauptverzeichnis geschrieben. Quell- und Ziellaufwerk dürfen nicht identisch sein. Es können weder Ziellaufwerk noch -pfad in den DOS-Versionen vor 3.2 definiert werden.

<Land> definiert die Landeskennung wie das *COUNTRY*-Kommando (siehe untenstehende Tabelle).

<Tastatur> definiert die zu verwendende Tastaturbelegung und besteht nur aus zwei Zeichen (siehe untenstehende Tabelle).

Beschreibung:

SELECT soll dem ungeübten Anwender helfen, seine erste bootfähige DOS-Diskette zu erstellen. Dabei wird die Landeskennung angegeben - für Datums- und Zeitformat etc. - sowie die zu verwendende Tastaturbelegung, damit der entsprechende Tastaturtreiber geladen werden kann. *SELECT* formatiert selbständig die Zieldiskette und kopiert lediglich die nötigen Dateien - ferner erstellt *SELECT* die beiden Dateien AUTOEXEC.BAT und CONFIG.SYS.

Bei den DOS-Versionen vor 3.2 war es leider nicht möglich, das System auf eine Festplatte zu kopieren. Wegen der nicht sehr einfachen Anwendung von *SELECT* und wegen der Tatsache, daß *SELECT* alle vorhandenen Dateien einfach überschreibt, kann von der Benutzung dieses Kommandos zur Installation nur abgeraten werden. Installieren Sie das System lieber, wie im Kapitel 2.6 beschrieben.

Man kann die Arbeitsweise von *SELECT* in die beiden Versionsnummern 3.0/3.1 und ab 3.2 unterteilen:

SELECT unter DOS 3.0/DOS 3.1

Das Kommando *SELECT* kopiert mittels *DISKCOPY* die Quelldiskette - aus Sicherheitsgründen werden die beiden Disketten noch mit *DISKCOMP* verglichen. Nachdem dies geschehen ist, erstellt *SELECT* die Datei CONFIG.SYS, die das *COUNTRY*-Kommando enthält, sowie die Datei AUTOEXEC.BAT, die den Tastaturtreiber durch den Befehl KEYB<Tastatur> installiert. Hierbei ist zu beachten, daß eine jeweils bestehende Konfigurationsdatei oder AUTOEXEC-Datei einfach auf der Zieldiskette überschrieben wird.

Beim Installieren müssen sich die beiden Kommandos *DISKCOPY* und *DISKCOMP* auf der Diskette im A-Laufwerk befinden. Es wird stets auf das B-Laufwerk kopiert, es sei denn, Sie verfügen lediglich über *ein* Laufwerk, dann werden Sie immer zum Wechseln der Disketten aufgefordert.

SELECT ab DOS 3.2

Ab dieser DOS-Version verwendet *SELECT* die beiden Befehlee *FORMAT* und *XCOPY* zum Kopieren der Quelldiskette, was einen immensen Vorteil hat: Sie können sowohl 5¼-Zoll- als auch 3½-Zoll-Disketten zum Kopieren verwenden. Unter diesen Umständen ist *SELECT* etwas sinnvoller, obwohl Sie dasselbe schneller durch die entsprechenden Kommandos selbst erreichen, ohne Gefahr zu laufen, bestehende Dateien zu überschreiben.

An dieser Stelle nun die Landeskennungen sowie die dazugehörigfen Tastaturcodes, die Sie in Verbindung mit *SELECT* verwenden können:

Land	Landescode	Tastaturcode
Arabische Länder	785	
Australien	061	US
Belgien	032	BE
Dänemark	045	DK
Finnland	358	SU
Frankreich	031	FR
Großbritannien	044	UK
Hebräische Länder	972	
Italien	039	IT
Kanada engl.	001	US
Kanada frz.	002	CF
Lateinamerika *	003	LA
Niederlande	031	NL
Norwegen	047	NO
Portugal	351	PO
Schweden	046	SV
Schweiz dtsch.	041	SG
Schweiz frz. *	041	SF
Spanien	034	SP
USA	001	US
West Deutschland	049	GR

Mit * gekennzeichnete Länder werden erst ab DOS 3.3 unterstützt

Die in obenstehender Tabelle genannten Tastaturcodes stehen alle erst ab DOS 3.3 zur Verfügung. In DOS 3.2 müssen Sie eine der folgenden fünf Tastaturbelegungen auswählen:

Land	Tastaturcode
Frankreich	FR
Großbritannien	UK
Italien	IT
Spanien	SP
USA	US
West Deutschland	GR

Beispiele:

Wollen Sie eine deutsche DOS-Versionen mit deutschem Tastaturtreiber erstellen, so reicht folgendes Kommando aus:

```
select 049 gr

SELECT wird beim ersten Installieren von
DOS benutzt. Durch SELECT werden alle
Daten auf der angegebenen Einheit ge-
löscht und DOS wird installiert.
Fortfahren (J/N)?  J
```

Soll sich die DOS-Diskette im B-Laufwerk befinden (ab DOS 3.2) und die Zieldiskette ist die Festplatte, so geben Sie folgenden Befehl ein, wenn Sie eine englische DOS-Version erstellen wollen und alle Dateien in das Verzeichnis \DOS kopiert werden sollen:

```
select b: c:\dos 044 uk
```

Meldungen:

A:DISKCOMP.COM kann nicht ausgeführt werden
Die Datei DISKCOMP.COM befindet sich nicht im A-Laufwerk. Legen Sie eine entsprechende Systemdiskette ein und versuchen Sie es erneut.

A:DISKCOPY.COM kann nicht ausgeführt werden
Beim Kopieren trat ein Fehler auf, weil die Datei DISKCOPY.COM sich nicht auf der Diskette im A-Laufwerk befindet.

Diskette mit KEYB XX.COM in Laufwerk A: einlegen und eine Taste betätigen
Die ausgewählte Druckertreiberdatei konnte noch nicht kopiert werden - legen Sie die entsprechende Diskette ins A-Laufwerk ein und betätigen Sie eine Taste.

DOS-Diskette in Laufwerk A: einlegen, anschließend eine Taste betätigen
Legen Sie die DOS-Diskette zwecks Kopieren der Kommandodateien ins A-Laufwerk ein und betätigen Sie eine beliebige Taste.

FORMAT kann nicht ausgeführt werden
Beim Formatieren trat ein Fehler auf - die Diskette im Quellaufwerk muß die Datei FORMAT.COM beinhalten.

Sind die KEYBXX.COM-Dateien auf einer anderen Diskette (J/N)? $
Diese Frage erscheint, wenn die ausgewählte Tastaturtreiberdatei nicht gefunden werden kann. Befinden sich die Tastaturtreiber auf einer anderen Diskette, so geben Sie *J* ein, sonst *N*.

Tastaturroutine nicht gefunden
Tastaturroutine kann nicht kopiert werden
Sie haben auf die zuvor gestellte Frage mit N geantwortet, so daß der Tastaturtreiber nicht kopiert werden konnte.

Ungültiger Landescode
Der angegebene Landescode ist ungültig. Verwenden Sie einen dreistelligen Code der oben angegebenen Tabelle.

Ungültiger Tastaturcode
Der angegebene Tastaturcode ist ungültig. Verwenden Sie einen der oben genannten zweistelligen Tastaturcodes.

Verzeichnis kann nicht angelegt werden
Das ausgewählte Verzeichnis kann nicht angelegt werden, weil das Directory der Zieldiskette voll oder defekt ist.

XCOPY kann nicht ausgeführt werden
Die Diskette im A-Laufwerk muß über die Datei XCOPY.EXE verfügen - dies war nicht der Fall.

Zieldiskette in Laufwerk B: einlegen, anschließend eine Taste betätigen
Legen Sie die Diskette in Laufwerk B ein, die Sie als Systemdiskette verwenden wollen und betätigen Sie eine beliebige Taste.

SET *(resident)*

SET {<Name>={<Wert>}}

Anzeigen und Ändern der aktuellen Systemumgebung (Environment).

Parameter:

<Name> ist der Name des Umgebungswertes, dessen Wert geändert, definiert oder gelöscht werden soll.

<Wert> ist der Wert, der *<Name>* zugeordnet wird. Fehlt diese Angabe, so wird *<Name>* gelöscht.

Beschreibung:

Der Kommandoprozessor COMMAND.COM erstellt beim Laden seine eigene sogenannte Umgebung - was in der englischen Sprache *Environment* heißt. In diesem Environment speichert er beispielsweise den Suchpfad (*siehe PATH*) sowie das Systemprompt (*siehe PROMPT*) ab, deren Werte Sie durch *SET* sowohl anzeigen als auch ändern können.

Aber auch für weitergehende Möglichkeiten ist dieses Environment sinnvoll und nützlich. Man kann in ihm zusätzlich zu oben genannten Standardumgebungswerten weitere Werte unter Namen speichern, die von DOS verwaltet werden. Diese Werte sind dann in allen höheren Programmiersprachen, sowie in Assembler und der Batchverarbeitung, verfügbar. Der Benutzer hat somit die Möglichkeit, durch eine einfache *SET*-Zuordnung Programme von außen zu beeinflussen.

Beispielsweise definiert man beim Microsoft-C-Compiler durch das Environment in den entsprechenden Umgebungsnamen den Suchpfad für Libraries, Include-Dateien etc., so daß man nicht an eine feste Definition von Microsoft gebunden ist bzw. diese Angaben nicht bei jedem Compileraufruf angeben muß.

Geben Sie *SET* ohne Parameter ein, so werden Ihnen am Bildschirm alle aktuellen Environment-Namen mit ihren Werten ausgegeben. Dabei werden die Namen stets großgeschrieben, selbst wenn Sie sie in Kleinschrift eingeben. Die Werte hingegen werden in Groß- und Kleinschrift verwaltet. Um einen Wert zu löschen, geben Sie lediglich den Namen gefolgt vom Gleichheitszeichen ein.

Sollte bei einer Zuordnung die Fehlermeldung

```
Nicht genügend Umgebungsspeicher
```

erscheinen, so ist das Environment bereits voll. Sie müßten dann in der AUTOEXEC-Datei den Kommandoprozessor COMMAND.COM aufrufen und mit der Option */e* mehr Speicher für das Environment vorsehen. Natürlich können Sie auch den aktuellen Kommandoprozessor durch einen neuen ersetzen und gleichzeitig den Umgebungsspeicher vergrößern.

Beispiele:

Anstatt des Kommandos *PATH* könnten Sie auch folgenden Befehl verwenden, um das Verzeichnis C:\DOS als Suchpfad zu definieren:

```
set path=c:\dos
```

Wollen Sie sich alle belegten Environment-Namen und deren -werte ausgeben lassen, so geben Sie *SET* ohne Parameter ein. Ihnen werden mindestens die zwei Systemwerte *COMSPEC* und *PATH* angezeigt. *PROMPT* wird nur dann ausgegeben, wenn hier nicht das Systemprompt definiert worden ist.

```
set
PATH=c:\dos
COMSPEC=C:\COMMAND.COM
```

Wollen Sie beispielsweise für den Microsoft-C-Compiler das Verzeichnis der Include-Dateien definieren, und das Include-Verzeichnis hat den Namen C:\INCLUDE, so geben Sie bitte folgendes Kommando ein:

```
set include=c:\include
```

Alle Änderungen am Environment sind nur bis Verlassen des Kommandoprozessors durch das *EXIT*-Kommando gültig (siehe auch unter *Kommandoprozessor*).

Meldungen:

Nicht genügend Umgebungsspeicher
Der DOS zur Verfügung stehende Speicherplatz ist ausgeschöpft. Befinden sich residente Programme wie *PRINT*, *MODE* oder *GRAPHICS* im Speicher, so kann der Platz standardmäßig nicht über 127 Byte ausgedehnt werden. Verwenden Sie die */e*-Option bei Aufruf des Kommandoprozessors.

SHARE *(transient - ab DOS 3.0)*

SHARE {/f:<Dateipuffer>} {/l:<Lockzahl>}

Netzwerk-Betrieb installieren.

Parameter:

/f *: /f:<Dateipuffer>* gibt den für den File-Sharing-Betrieb zur Verfügung gestellten Speicherplatz in Byte an. Der Defaultwert ist 2048 Byte.

/l *: /l:<Lockzahl>* definiert die maximale Anzahl an lockbaren Dateien. Der Defaultwert ist 20.

Beschreibung:

Wollen Sie mehrere Rechner im Netzwerk betreiben, so müssen Sie vor Aufruf des Microsoft *Network* oder einem anderem Netzwerkprogramm und der Installation der entsprechenden Hardware den File-Sharing-Betrieb durch *SHARE* ermöglichen. *SHARE* ist die Schnittstelle zwischen DOS und dem verwendetem Netzwerkprogramm. Es werden bei Aufruf von *SHARE* die hierfür notwendigen Routinen resident in den Speicher geladen und genügend Platz für die Dateiverwaltung im Mehrbenutzersystem reserviert. Der File-Sharing-Betrieb ermöglicht, daß mehrere Benutzer gleichzeitig auf eine Datei zugreifen können, sofern dies nicht explizit unterbunden wird - würde man hierauf verzichten, gäbe es im Netzwerk ein Datenchaos.

DOS ist standardmäßig kein Mehrbenutzer-Betriebssystem (in der EDV auch Multi-User oder Simultan User genannt), jedoch sehen einige Betriebssystem-Routinen diesen Betrieb vor. Nur mit Hilfe zusätzlicher Software - sogenannter Netzwerk-Software - besteht die Möglichkeit, daß mehrere Benutzer auf denselben Datenbestand, auf angeschlossene Drucker etc. gemeinsam zugreifen. Damit dies alles verwaltet werden kann, bedarf es erstens der genannten zusätzlichen Software. Damit DOS zweitens aber mit dieser Software arbeiten kann, muß bei DOS der Mehrbenutzer-Betrieb angemeldet werden. Dies geschieht mit Hilfe von *SHARE*.

Muß man eine Datei vor den Zugriffen anderer zeitweilig verschließen (es gibt Situationen, da ist dies nicht anders möglich), so nennt man diesen Vorgang *locken*. Durch die Option */l* können Sie definieren, wie viele Dateien maximal gleichzeitig gelockt werden können - anhand dieser Option wird der Speicherbedarf errechnet, der für die Lockungen der einzelnen Dateien entsteht. Da man für jede gelockte Datei lediglich 1 Byte benötigt, kann man hier relativ großzügig sein. Der Defaultwert beläuft sich auf 20 Dateien.

Mit der zweiten Option */f* geben Sie an, wieviel Speicherplatz für die Verwaltung der Netwerk-Dateien überhaupt reserviert werden soll - dabei benötigt jede Datei 11 Byte plus die Länge des jeweiligen Dateinamens. Der Defaultwert ist 2048 Byte.

Beispiele:

Sie wollen im File-Sharing-Betrieb bis zu 30 Dateien gleichzeitig locken können und 2048 Byte Speicher reservieren:

```
share /f:2048 /l:30
```

Meldungen:

Nicht genügend Speicherplatz
Es ist nicht genügend Speicher zur Verfügung, um *SHARE* zu laden und den definierten Platz für den File-Sharing-Betrieb einzurichten. Vielleicht sollten Sie *VDISK* oder ein ähnliches residentes Programm kürzen oder löschen. *SHARE* benötigt in der Standardversion (f:2048, l:30) ca. 5.700 Byte.

SHARE bereits installiert
SHARE wurde bereits einmal aufgerufen. Die angegeben Parameter können nicht verändert werden.

Share: Internal error
Wenn diese Meldung erscheint, dann haben Sie wahrscheinlich einen Fehler im Programm *SHARE* selbst aufgetan. Notieren Sie, was Sie gemacht haben, und unterrichten Sie Microsoft davon.

Ungültiger Parameter
Sie haben eine unbekannte Option verwendet oder einer der beiden Werte ist zu groß. Gültige Werte sind kleiner als 65.536.

SORT *(transient)*

SORT {/+n}{/r}

Sortiert eine Liste (Standardeingabe) und gibt sie aus (Standardausgabe).

Parameter:

/+n Definiert das erste für den Sortiervorgang relevante Zeichen.

/r Diese Option kehrt die Sortierfolge um (aufsteigend/abfallend). In diesem Fall gilt die Reihenfolge Z, Y, X ... A.

Beschreibung:

SORT ist ein Sortierprogramm, das die wesentlichen Aufgaben eines Sortiervorganges erledigen kann. Dabei kann man nicht extrem komfortable Bedienung verlangen oder viele Features wie beispielsweise mehrstufiges Sortieren, für die meisten Anwendungen unter DOS jedoch ist *SORT* mehr als ausreichend.

Da es sich bei *SORT* um ein Filterkommando handelt, bearbeitet es die Daten, die von der Standardeingabe kommen (siehe auch Beschreibung: Umlenkung der Standardeingabe) und gibt sie nach der Sortierung auf dem Standardausgabegerät aus. Wollen Sie *SORT* nicht in Verknüpfung mit einem anderen DOS-Kommando verwenden, sondern eigenständig, so ist das auch möglich. Durch Umlenkung der Standardein- und -ausgabe können Sie mit *SORT* jede beliebige Datei sortieren (siehe Beispiele).

Von *SORT* können maximal Dateien bis zu einer Größe von 63 KByte (64.512 Zeichen) bearbeitet werden. *SORT* sortiert eine Datei zeilenweise, über die softwaremäßige Datei-Endemarke hinaus. Die Sortierung findet nach ASCII-Code statt; bei allen DOS-Versionen kleiner als 3.0 werden die Großbuchstaben vor den Kleinbuchstaben einsortiert (Zoo < als), ab DOS 3.0 allerdings werden Groß- und Kleinbuchstaben gleichberechtigt behandelt. Beachten Sie, daß Zahlen nur dann richtig sortiert werden können, wenn sie rechtsbündig dargestellt sind, da sonst wegen der ASCII-Sortierung keine wertmäßig korrekte Sortierung erfolgen kann.

Zeichen dez	Zeichen hex	wird zu dez	wird zu hex	Zeichen dez	Zeichen hex	wird zu dez	wird zu hex	Zeichen dez	Zeichen hex	wird zu dez	wird zu hex
128	80	67	43	144	90	69	45	160	a0	65	41
129	81	85	55	145	91	65	41	161	a1	73	49
130	82	69	45	146	93	65	41	162	a2	79	4f
131	83	65	41	147	93	79	4f	163	a3	85	55
132	84	65	41	148	94	79	4f	164	a4	78	4e
133	85	64	41	149	95	79	4f	165	a5	78	4e
134	86	65	41	150	96	85	55	166	a6		
135	87	67	43	151	97	85	55	167	a7		
136	88	69	45	152	98	89	59	168	a8	63	3f
137	89	69	45	153	99	79	4f	169	a9		
138	8a	69	45	154	9a	85	55	170	aa		
139	8b	73	49	155	9b	36	24	171	ab		
140	8c	73	49	156	9c	36	24	172	ac		
141	8d	73	49	157	9d	36	24	173	ad	33	21
142	8e	65	41	158	9e	36	24	174	ae	34	22
143	8f	65	41	159	9f	36	24	175	af	34	22
225	e1	83	53								

Tabelle 2: Zuordnungstabelle des SORT-Kommandos

Ebenfalls ab DOS-Version 3.0 werden einige IBM-Sonderzeichen mit ASCII-Codes größer 127 korrekt mitsortiert - beispielsweise unsere Umlaute äöüÄÖÜ. Zu diesem Zweck werden diese Zeichen beim Sortieren intern ersetzt. Wie die jeweiligen Zeichen ersetzt werden, hängt von der gewählten Landeskennung ab (*COUNTRY*, *KEYB*, *SELECT*, *NLSFUNC* etc.). Der Tabelle 2 können Sie die zu ersetzenden Zeichen und ihre Pendants für Landeskennung 049 - also für die deutschsprachige Verwendung - entnehmen.

Geben Sie die Option */+n* nicht an, so wird beginnend mit dem jeweils ersten Zeichen einer Zeile sortiert. Durch die Option */+n* haben Sie die Möglichkeit, beginnend bei jeder anderen beliebigen Spalte mit der Sortierung zu beginnen - sortiert wird natürlich dennoch die gesamte Zeile. Auf diese Weise ist es möglich, beispielsweise ein Inhaltsverzeichnis auch nach Größe oder Kennung zu sortieren, eine Klassenliste nach Vornamen und vieles mehr.

In der Regel übergeben Sie *SORT* eine Eingabedatei, die sortiert werden soll, und den Namen einer Ausgabedatei, die die sortierte Liste später beinhalten soll. Die allgemeine Syntax lautet

```
SORT <Eingabedatei >Ausgabedatei
```

Verwenden Sie *SORT* als Filterkommando, also als einem DOS-Befehl nachgeschaltetem Befehl, so gilt folgende allgemeine Eingabesyntax:

```
DOS-Befehl | SORT
```

Beispiele:

Sie wollen lediglich einige Zeilen sortieren, die Sie über Tastatur eingeben wollen. Schließen Sie jede Zeile durch die Taste <Enter> ab - ist die Liste komplett, so betätigen Sie die Tasten <Ctrl>-<Z> bzw. <F6> und dann <Enter>:

```
sort
```

Wollen Sie die sortierte Liste nicht auf dem Bildschirm, sondern auf dem Drucker ausgegeben bekommen, so leiten Sie die Standardausgabe um:

```
sort >prn
```

Um eine beliebige Datei zu sortieren, lenken Sie die Standardeingabe um auf die Datei, die Sie sortieren wollen, und die Standardausgabe auf die Datei, die die sortierte Liste beinhalten soll. Ein- und Ausgabedatei können denselben Namen haben (ist allerdings nicht zu empfehlen).

```
sort <\dos\liste.lst >\dos\liste.sor
```

Sie wollen nur eine Datei sortiert auf dem Bildschirm (erstes Beispiel) oder auf dem Drucker (zweites Beispiel) ausgeben:

```
sort <demo
sort <demo >prn
```

Um die Datei demo.txt in umgekehrter Reihenfolge zu sortieren, geben Sie die Option */r* an:

```
sort /r <demo.txt >demo.sor
```

Enthält diese Liste ab der 20. Spalte beispielsweise den Namen, während ab der ersten Spalte die Vornamen stehen, so erreichen Sie eine sortierte Liste nach Namen durch Sortieren ab Spalte 20:

```
sort /+20 <demo.lst >demo.sor
```

Wollen Sie sich beispielweise das Inhaltsverzeichnis des aktuellen Verzeichnisses sortiert nach der Dateigröße ausgeben lassen, so sortieren Sie ab Spalte 14 und verknüpfen *DIR* mit *SORT*:

```
dir | sort /+14
```

Meldungen:

SORT: Nicht genug Platz auf Dskt./Platte
Das Sortierprogramm benötigt einigen Platz auf der Diskette, da einige Temporärdateien angelegt werden müssen. Löschen Sie am besten einige nicht benötigte Dateien auf Ihrer Platte.

SORT: Nicht genügend Speicherplatz
Es ist nicht genügend Speicher vorhanden, um *SORT* ausführen zu können. Wahrscheinlich sind zu viele residente Programme geladen - löschen Sie ggfs. eines davon.

SORT: Ungültiger Parameter
Einer der von Ihnen eingegebenen Parameter ist ungültig. SORT kennt lediglich die beiden Parameter */r* sowie */+n*.

SUBST *(transient - ab DOS 3.0)*

SUBST {<Laufwerk>:} {<Verzeichnis>} {/d}

Zuordnung einer Laufwerksbezeichnung zu einem Verzeichnis.

Parameter:

<Laufwerk> definiert das Laufwerk, das durch *SUBST* umgeleitet werden soll. Das Laufwerk darf nicht das Standardlaufwerk sein.

<Verzeichnis> definiert den Namen des Verzeichnisses (inklusive Laufwerksangabe), das angesprochen werden soll, wenn die Laufwerksbezeichnung *<Laufwerk>* verwendet wird. Die Pfadangabe beginnt beim Hauptverzeichnis und die Laufwerksbezeichnung muß von *<Laufwerk>* verschieden sein.

/d Geben Sie die Option */d* an, wenn Sie eine Umleitung aufheben wollen. Sie müssen vor */d* die Laufwerksbezeichnung angeben (nicht den Pfad).

Beschreibung:

Der *SUBST*-Befehl ist das Pendant zum *JOIN*-Kommando. Mittels *SUBST* definieren Sie eine Laufwerksbezeichnung, die als Ersatz (Substitut) für einen Verzeichnisnamen verwendet werden kann. Mit anderen Worten: Es wird ein virtuelles Laufwerk definiert, also eine Laufwerksbezeichnung, die noch nicht existiert, die anstelle des Verzeichnisnamens verwendet werden kann. So könnten Sie beispielsweise das virtuelle Laufwerk D definieren, das auf das Verzeichnis C:\DOS verweist. Dazu ist folgendes Kommando notwendig:

```
SUBST d: c:\dos
```

Wird nun das Laufwerk D angesprochen, so erkennt DOS, daß dieses Laufwerk eigentlich nicht existiert, und adressiert automatisch das Verzeichnis \DOS auf der Festplatte C. Nahezu alle DOS-Kommandos können entsprechend angewendet werden.

Wofür ist dies sinnvoll? Ganz einfach. Leider unterstützen nicht alle Anwenderprogramme die Möglichkeit, ein beliebiges Verzeichnis anzuwählen. Durch *SUBST* können Sie ein virtuelles Laufwerk definieren und anstelle eines Verzeichnisnamens einfach eine Laufwerksbezeichnung angeben. Dies ist meistens erlaubt.

Auch ein weiterer Aspekt spricht für die Umleitung durch *SUBST*: Lange Verzeichnisnamen können durch *SUBST* auf eine sehr kurze Laufwerksbezeichnung verkürzt werden.

Bei der Definition der Laufwerksbezeichnung gilt es allerdings einiges zu beachten. Grundsätzlich können Sie auch den Namen eines Laufwerkes definieren, das physikalisch vorhanden ist, also beispielsweise A. Das hat dann allerdings die Konsequenz, daß die auf diesem Laufwerk tatsächlich vorhandenen Daten nicht mehr verarbeitet werden können, da die Adressierung dieses Laufwerkes ja auf das definierte Verzeichnis umgelenkt wird (bis Sie die Umlenkung wieder aufheben). Aus diesem Grunde dürfen Sie auch nicht das Standardlaufwerk beim *SUBST*-Kommando verwenden.

Da aber das Abschalten eines tatsächlich vorhandenen Laufwerkes nur selten erwünscht sein kann, sollte eine Laufwerksbezeichnung verwendet werden, die noch frei ist, also weder für ein physikalisch vorhandenes Laufwerk noch für eine RAM-Disk verwendet wird. Hier ist allerdings zu beachten, daß die größtmögliche Laufwerksbezeichnung standardmäßig E ist. Sollen mehr Laufwerke verwendet werden, müssen Sie dies durch den *LASTDRIVE*-Befehl in der Datei CONFIG.SYS definieren. Dann allerdings steht der Verwendung von *SUBST* nichts mehr im Wege.

Im Gegensatz zu *JOIN* muß das angegebene Verzeichnis nicht leer sein (im Gegenteil, Einträge sind hier ja erwünscht) - das Verzeichnis muß nur existieren.

Geben Sie *SUBST* ohne Parameter ein, so werden Ihnen alle bisherigen Umleitungen von *SUBST* am Bildschirm angezeigt. Wollen Sie eine Umleitung aufheben, so geben Sie das Pseudolaufwerk an sowie die Option */d*. Wollen Sie ein Laufwerk auf ein anderes Verzeichnis zeigen lassen, so müssen Sie zunächst die erste Umleitung aufheben, dann können Sie die neue Umleitung definieren.

Die diesem Befehl folgende Abbildung verdeutlicht ein wenig die Verfahrensweise bei der Verwendung des *SUBST*-Kommandos.

Beispiele:

Sie wollen für das Verzeichnis \DOS auf der Festplatte C die kürzere Laufwerksbezeichnung D definieren. Bislang existiert kein Laufwerk mit dieser Bezeichnung:

```
subst d: c:\dos
```

Geben Sie *SUBST* ohne Parameter ein, so werden Ihnen alle aktuellen Umleitungen angezeigt:

```
subst

D: => C:\DOS
```

Wollen Sie die Umleitung von D wieder aufheben, so geben Sie die Laufwerksbezeichnung sowie den Parameter */d* an:

```
subst d: /d
```

Achtung:

Wenn Sie ein Laufwerk mittels *SUBST* umgeleitet haben, dann sollten Sie keines der Kommandos *ASSIGN*, *BACKUP*, *DISKCOMP*, *DISKCOPY*, *FDISK*, *FORMAT*, *JOIN*, *LABEL* und *RESTORE* verwenden.

Meldungen:

Pfad nicht gefunden
Sie haben einen Pfad angegeben, der nicht existiert. Überprüfen Sie Ihre Eingabe und geben Sie den Pfad neu ein.

SUBST für Netzwerklaufwerk nicht möglich
Sie wollten ein Netzwerklaufwerk bzw. auf ein solches umleiten - das ist nicht möglich. Geben Sie das Kommando erneut ein und definieren Sie ausschließlich lokale Laufwerke.

Ungültige Anzahl Parameter
Bei *SUBST* müssen stets zwei Parameter eingegeben werden oder keiner - sonst erscheint diese Fehlermeldung.

Ungültiger Parameter
Sie haben die Option */d* mit falschem oder gar keinem Laufwerk angegeben bzw. eine falsche Laufwerksangabe gemacht. Weitere Möglichkeit: Sie haben das Standardlaufwerk verwendet.

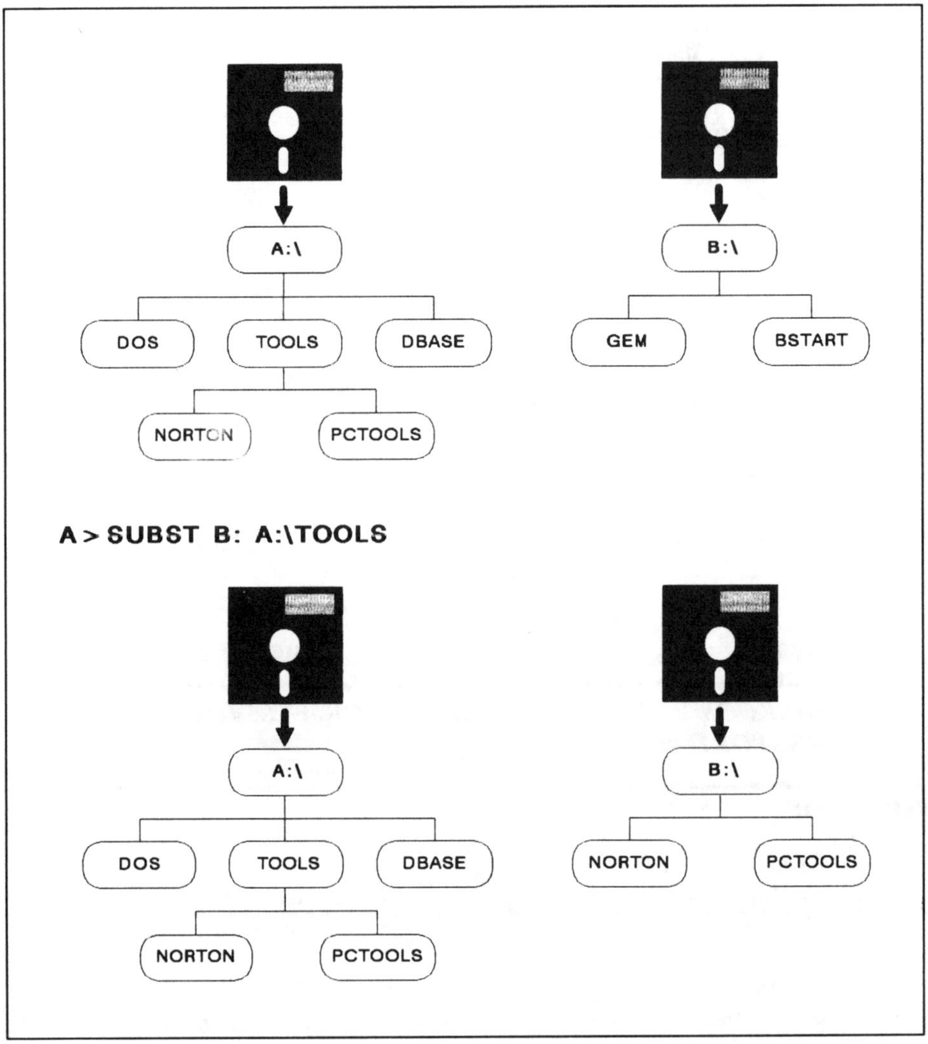

Abb. 16: Die Verwendung des SUBST-Kommandos

SYS *(transient)*

SYS <Laufwerk>

Überträgt Betriebssystemdateien auf Diskette bzw. Platte.

Parameter:

<Laufwerk> ist das Laufwerk, in dem sich die Diskette bzw. Platte befindet, die mit dem System versehen werden soll. Dieses Laufwerk muß existieren.

Beschreibung:

Mittels *SYS* können Sie auf eine Anwenderdiskette, die bereits in Gebrauch ist, nachträglich die Systemdateien aufkopieren, so daß man mit dieser Diskette das System booten kann. Voraussetzung ist allerdings, daß die Diskette entsprechend als Systemdiskette formatiert worden ist - es muß also Platz auf der Diskette für das System freigehalten worden sein. Ein Anwendungsgebiet von *SYS*: Haben Sie sich einmal das System versehentlich überschrieben (beispielsweise bei *RESTORE*), so können Sie Ihr System mit *SYS* wieder zurückkopieren.

SYS macht nichts anderes, als die beiden Systemdateien IBMBIO.COM (oder auch IO.COM) sowie IBMDOS.COM (MSDOS.COM) zu kopieren. Diese beiden Dateien sind sogenannte versteckte Dateien, die im Inhaltsverzeichnis nicht auftauchen. Nur mit speziellen Programmen wie den Norton Utilities können Sie diese Dateien auffinden. Wenn diese beiden Systemdateien auf einer Systemdiskette gespeichert sind und sich ebenfalls der Kommandoprozessor COMMAND.COM im Hauptverzeichnis befindet, kann eine Diskette zum Booten des Systems verwendet werden.

Für die beiden versteckten Dateien muß Platz auf der Diskette vorgesehen oder das Inhaltsverzeichnis noch leer sein. Dies wird beim Formatieren einer Diskette durch die beiden Optionen */s* bzw. */b* erreicht. Die Option */b* wird deswegen häufig von Softwareherstellern verwandt: Beim Formatieren wird Platz für das System reserviert, dieses aber nicht aufkopiert (man darf es ja nicht verkaufen), der Anwender kann es später dann mittels

SYS auf die Programmdiskette aufbringen und mit Hilfe der Diskette das System booten.

Die Datei COMMAND.COM wird von *SYS* nicht kopiert - das müssen Sie durch *COPY* selbst erledigen.

Beispiele:

Im A-Laufwerk befindet sich eine DOS-Diskette und Sie wollen die Diskette im B-Laufwerk mit dem System versehen. Geben Sie bitte folgendes Kommando ein:

```
sys b:
```

Wollen Sie das System auf die Festplatte bringen, beispielsweise weil Sie sich aus Versehen bei *RESTORE* die beiden versteckten Dateien überschrieben haben, so verwenden Sie folgenden Befehl:

```
sys c:
```

Meldungen:

Diskette: Kein System oder fehlerhaft
Austauschen und eine Taste betätigen
Das System befindet sich nicht auf der Quelldiskette oder ist nicht lesbar - legen Sie eine andere DOS-Diskette ins Standardlaufwerk und betätigen Sie eine beliebige Taste.

Fehler beim Laden
Beim Laden von *SYS* ist ein Fehler aufgetreten. Versuchen Sie es erneut - wenn es wieder nicht klappt, verwenden Sie eine andere DOS-Diskette.

Kein Betriebssystem auf Standardlaufwerk
Die beiden Systemdateien konnten auf dem Standardlaufwerk nicht gefunden werden. Es wird immer vom Standardlaufwerk kopiert - ändern Sie nötigenfalls die Angabe des aktuellen Laufwerkes und starten Sie erneut.

Kein Platz für Betriebssystem auf Zieldiskette
Nicht genügend Platz vorgesehen auf der Zieldiskette. Forma-

tieren Sie mit *FORMAT /s* eine neue Diskette und kopieren Sie alle Dateien auf diese Diskette.

SYS für Netzwerklaufwerk nicht möglich
Sie können das Betriebssystem nicht auf ein Netzwerklaufwerk übertragen. Verwenden Sie ein lokales Laufwerk oder warten Sie, bis das Laufwerk nicht mehr Netzwerklaufwerk ist.

Systemdateien übertragen
Das System konnte von *SYS* erfolgreich übertragen werden. Sie können jetzt mit der Zieldiskette booten.

Systemdiskette in Laufwerk d: einlegen, anschließend eine Taste betätigen
Die eingelegte Diskette im Standardlaufwerk war keine Systemdiskette. Legen Sie eine Systemdiskette eine und betätigen Sie ein beliebige Taste.

Systemgröße nicht kompatibel
Der auf der Zieldiskette vorgesehene Platz reicht für die zu kopierende DOS-Version nicht mehr aus. Formatieren Sie mit *FORMAT /s* eine neue Diskette, und kopieren Sie alle Dateien auf diese Diskette.

TIME *(resident)*

TIME {<Systemzeit>}

Anzeigen oder definieren der Systemzeit.

Parameter:

<Systemzeit> ist die definierende Systemzeit im Eingabeformat hh:mm:ss.xx;

hh: Stunde und mm: Minute (müssen angegeben werden);
ss: Sekunden können angegeben werden, sonst 00;
xx: Hundertstelsekunden können angegeben werden, sonst 00.

Beschreibung:

TIME dient der Anzeige und der Korrektur der Systemzeit. Wie das Systemdatum wird auch die Systemzeit benötigt, um zu erkennen, wann eine Datei zum letzten Mal bearbeitet worden ist. DOS speichert Datums- und Zeitangabe jeder veränderten oder neu erstellten Datei (man nennt diesen Vorgang auch Time Stamp = Zeitstempel). Deswegen empfiehlt es sich, die Zeit und das Datum bei jedem Einschalten Ihres Rechners zu definieren, sofern Sie nicht im Besitz einer batteriegepufferten Uhr sind.

Wird der Rechner gebootet, und es existiert *keine* AUTOEXEC-Datei, so wird die Systemzeit von DOS automatisch abgefragt - auch bei batteriegepufferten Uhren. Existiert allerdings eine AUTOEXEC-Datei, so wird die Systemzeit nur bei einem entsprechenden Kommando angezeigt und abgefragt. Nach dem Starten ist die Systemzeit automatisch 0 Uhr.

Bei der amerikanischen Uhr handelt es sich bei der Systemuhr um eine 12-Stunden-Uhr mit Vormittag (am) und Nachmittag (pm). Ist durch das *COUNTRY*-Kommando das europäische Zeitformat eingestellt, so wird eine 24-Stunden-Systemuhr verwendet.

Geben Sie den Befehl *TIME* ohne Parameter ein, so wird Ihnen die Systemzeit auf dem Bildschirm angezeigt und Sie können diese Systemzeit editieren. Betätigen Sie die Taste <Enter>, ohne eine Korrektur zu machen, so bleibt die Systemzeit unverändert. Bei Eingaben geben Sie die Zeit ein im Format:

```
hh:mm:ss.yy

hh:  Stunden zwischen 00 und 23.
mm:  Minuten zwischen 00 und 59.
ss:  Sekunden zwischen 00 und 59.
yy:  Hundertstel zwischen 00 und 99.
```

Wollen Sie eine Zeit definieren, so müssen Sie zumindest Stunde und Minute eingeben. Zusätzlich können Sie die Sekunden und evtl. auch noch die Hundertstel definieren, was aber wegen der Ungenauigkeit bei der Eingabe ziemlich unnsinnig sein dürfte. Als Trennzeichen verwenden Sie den Doppelpunkt oder den Punkt. Bei der Ausgabe werden die Zahlen durch ein vom *COUNTRY*-Kommando abhängiges Zeichen getrennt.

```
Systemzeit: 21:22:12.76
Neue Zeit (hh.mm.ss) eingeben: 21:23
```

Sind Sie Besitzer eines IBM AT oder eines entsprechend kompatiblen Gerätes (oder PS/2-Serie) und wollen die Sommer- bzw. Winterzeit einstellen, so ist das mit *TIME* bis einschließlich DOS 3.2 nicht möglich. Wenn Sie den Rechner neu starten, ist wieder die alte Zeit aktiv. Sie müssen sich in diesem Fall des Programmes im Installations- und Diagnosepaket bedienen.

Ab DOS 3.3 sind hier neue Zeiten angebrochen. Korrekturen an der Systemzeit werden auch in der batteriegepufferten Uhr vorgenommen - eine große Hilfe.

Neben der Möglichkeit, die Systemzeit zu editieren, haben Sie auch die Möglichkeit, die Systemzeit direkt bei Aufruf von *TIME* als Parameter anzugeben. Es gelten dieselben Eingaberegeln wie für die Eingabe bei Abfrage.

Beispiele:

Sie wollen lediglich die Systemzeit ausgeben lassen - allerdings ist ein Quittieren der angezeigten Systemzeit durch <Enter> nötig:

```
time
Systemzeit: 21:22:12.76
Neue Zeit (hh.mm.ss) eingeben: 21:23
```

Sie wollen die Systemzeit auf 21:00 Uhr definieren:

```
time 21:00
```

Die Systemzeit muß auf 22:21:22 Uhr korrigiert werden:

```
time 22:21:22
```

Meldungen:

Ungültige Zeiteingabe
Sie haben das falsche Eingabeformat verwendet oder eine Zahl eingegeben, die es nicht gibt. Sie erhalten eine neue Möglichkeit, die Zeit zu definieren.

TREE *(transient)*

TREE {<Laufwerk>} {/f}

Anzeigen aller Verzeichnisse einer Diskette/Platte.

Parameter:

<Laufwerk> ist das Laufwerk, dessen Unterverzeichnisse angezeigt werden sollen. Fehlt diese Angabe, so werden die Verzeichnisse des aktuellen Laufwerkes angezeigt.

/f Diese Option definiert, daß neben den Namen der Verzeichnisse die Namen aller darin befindlichen Dateien ausgegeben werden sollen (erst ab DOS 3.1).

Beschreibung:

TREE in der englischen Sprache heißt übersetzt *Baum*; durch dieses Kommando können Sie sich die Baumstruktur einer Diskette bzw. Platte ausgeben lassen. Alle Verzeichnisse werden mit ihren Unterverzeichnissen ausgegeben. Optional wird durch */f* auch jede Datei mit Namen benannt ausgegeben.

Es werden ausschließlich die Namen der Verzeichnisse und ggfs. der Dateien ausgegeben, ohne Angaben über Größe, Anlagedatum und -zeitpunkt. Wünschen Sie diese Informationen, so bedienen Sie sich des *DIR*-Kommandos.

Wenn Sie diese Verzeichnisliste auf dem Drucker ausgeben, haben Sie eine komplette Liste aller Dateien auf Ihrer Diskette oder Festplatte - um dasselbe mit *DIR* zu erreichen, wäre ungleich mehr an Aufwand notwendig.

Beispiele:

Sie wollen sich die Verzeichnisse des aktuellen Laufwerkes auf dem Bildschirm ausgeben lassen:

```
tree
```

Eine komplette Liste aller Verzeichnisse, Unterverzeichnisse und Dateien soll auf dem Drucker ausgegeben werden:

```
tree c:/f >prn
```

Meldungen:

Keine Unterverzeichnisse vorhanden
Im angegebenen Verzeichnis sind keine Unterverzeichnisse im Hauptverzeichnis vermerkt, sondern lediglich Dateien.

Ungültiger Pfad
Ein Unterverzeichnis kann von *TREE* nicht angesprochen werden, was bedeutet, daß mit der Diskette/Platte etwas nicht in Ordnung sein kann. Überprüfen Sie die entsprechende Diskette mittels *CHKDSK.*

VERZEICHNISPFAD FÜR DISKETTE/PLATTE
Diese Meldung erscheint am Anfang der Ausgabe und teilt Ihnen das Label der bearbeiteten Diskette mit. Hat die Diskette/Platte keinen Namen, so erscheint nur das erste Wort.

TYPE *(resident)*

TYPE <Dateiname>

Ausgabe einer Datei auf dem Bildschirm.

Parameter:

<Dateiname> ist die Datei, deren Datei-Inhalt ausgegeben werden soll. Die Verwendung von Wildcards ist nicht erlaubt.

Beschreibung:

Den Inhalt einer Datei können Sie sich mit Hilfe des *TYPE*-Kommandos ausgeben lassen. Bei Erreichen des Bildschirmendes wird nicht angehalten, jedoch können Sie mit Hilfe von <Ctrl>-<Num> die Ausgabe an jeder Stelle anhalten und wieder fortführen.

Es werden alle Zeichen ausgegeben; Steuerzeichen werden ausgeführt, sofern ANSI eingeschaltet ist und die Steuerzeichen ANSI-Steuersequenzen sind. Tabulatorstopps (Code 09_{hex}) werden ersetzt durch Leerzeichen bis zur nächsten Spalte, die Vielfaches von 8 ist: 8, 16, 24 etc.

Wenn Sie sich Programmdateien mit den Kennungen COM oder EXE ausgeben lassen, so werden Ihnen eine Reihe unverständlicher Zeichen auf dem Bildschirm angezeigt und es piept sehr häufig. Das liegt daran, daß *TYPE* dann versucht, ein Maschinenprogramm auf dem Bildschirm auszugeben.

Wollen Sie eine Datei auf dem Drucker ausgeben, so können Sie entweder die Ausgabe durch *>prn* umleiten oder vor der Taste <Enter> zum Abschicken des Kommandos die Tasten <Ctrl>-<PrtSc> drücken. Alle Zeichen, die ab jetzt auf dem Bildschirm ausgegeben werden, werden gleichzeitig auch auf dem Drucker ausgegeben. Sie können diesen Modus nach der Ausgabe durch *TYPE* wieder durch <Ctrl>-<PrtSc> ausschalten.

Sollten Sie einen Dateinamen ohne Pfadangabe definieren, der sich nicht im Standardverzeichnis befindet, so wird der evtl. durch *APPEND* definierte Suchpfad ebenfalls nach dieser Datei durchsucht. Erst wenn auch hier eine Suche nach der gewünschten Datei erfolglos geblieben ist, erscheint die Fehlermeldung:

```
Datei nicht gefunden
```

Beispiele:

Lassen Sie sich beispielsweise einmal Ihre AUTOEXEC-Datei anzeigen:

```
type autoexec.bat
```

bzw. wenn sie sich nicht im Hauptverzeichnis befinden:

```
type \autoexec.bat
```

Um diese Ausgabe auf den Drucker zu bekommen, ist das Umlenken der Standardausgabe notwendig:

```
type \autoexec.bat >prn
```

Der Inhalt der Datei soll nicht auf dem Drucker ausgegeben, sondern in eine Datei eingestellt werden. Allerdings sollen der bestehende Inhalt der Datei beibehalten und die auszugebenden Zeichen an das Dateiende angehängt werden:

```
type \auto.bat >>demo.txt
```

Wollen Sie sich die Datei erneut auf dem Bildschirm ausgeben lassen, die Ausgabe aber dabei nach jeweils einer gefüllten Bildschirmseite angehalten werden soll, so ist das Verknüpfen mit *MORE* sinnvoll:

```
type \autoexec.bat ¦ more
```

ist gleichbedeutend mit

```
more <autoexec.bat
```

Meldungen:

Datei nicht gefunden
Der angegebene Dateiname ist ungültig oder die angegebene Datei existiert nicht. Bedenken Sie, daß das Standardlaufwerk und das Standardverzeichnis angenommen werden, wenn Sie nichts anderes definieren.

VER *(resident)*

VER

Anzeige der DOS-Versionsnummer.

Parameter:

VER hat keine Parameter.

Beschreibung:

Häufig kann es sehr wichtig sein zu wissen, mit welcher Version von DOS Sie arbeiten, beispielsweise, wenn Sie an einem fremden Rechner arbeiten und ein Kommando anwenden wollen, das es erst ab einer bestimmten Version gibt o.ä. Rufen Sie in diesem Fall einfach das Kommando *VER* auf, welches Ihnen auf dem Bildschirm genaue Auskunft über die verwendete DOS-Version gibt. Die meisten DOS-Kommandos arbeiten nur dann, wenn die DOS-Version des Kommandoprozessors und die eigene übereinstimmen, sonst erscheint die Meldung *Falsche DOS-Version.*

Beispiele:

```
ver

IBM Personal Computer DOS-Version 3.30
```

VERIFY *(resident)*

VERIFY {[ON | OFF]}

Überprüfung ein/ausschalten, ob Daten korrekt auf Diskette/Platte geschrieben worden sind.

Parameter:

ON oder *OFF* gibt an, ob die automatische Überprüfung beim Kopieren eingestellt ist oder nicht.

Beschreibung:

Wollen Sie die Sicherheit erhöhen, mit der Daten auf Diskette oder Festplatte geschrieben werden, so können Sie mittels *VERIFY* einen Kontrollmodus einschalten, der nach jedem Schreiben einer Information auf Diskette überprüft, ob diese Information korrekt abgespeichert worden ist.

Um einen Schreibvorgang zu verifizieren, wird die geschriebene Information direkt nach dem Schreibvorgang erneut eingelesen und mit den Originaldaten verglichen. Bei Übereinstimmung kann der Schreibvorgang beendet werden, sonst wird er wiederholt. Diese Überprüfung benötigt ein wenig Zeit, so daß Schreibvorgänge insgesamt ein wenig langsamer werden - allerdings ist dies unerheblich.

Normalerweise kann man die Option *VERIFY* beruhigt ausgeschaltet lassen, jedoch sollte man sie beim Kopieren wichtiger Informationen unbedingt einschalten, um böse Überraschungen zu vermeiden.

Geben Sie *VERIFY ON* ein, so wird die Option eingeschaltet, bei *VERIFY OFF* wird sie entsprechend ausgeschaltet. Nach dem Starten von DOS ist diese Option defaultmäßig ausgeschaltet.

Geben Sie *VERIFY* ohne Parameter ein, so wird Ihnen der momentane Status dieser Option angezeigt.

Beispiele:

Sie wollen wichtige Daten kopieren und deswegen die Kontrolloption einschalten:

```
verify on
```

Um zu überprüfen, ob die Kontrollfunktion eingeschaltet ist, geben Sie *VERIFY* ohne Parameter ein:

```
verify

VERIFY ist on
```

Nachdem Sie alle wichtigen Daten kopiert haben, wollen Sie nun noch die Option wieder ausschalten:

```
verify off
```

Meldungen:

ON oder OFF angeben
Die anzugebende Option muß *On* oder *Off* lauten.

VERIFY ist off
Die Überprüfungsoption ist ausgeschaltet.

VERIFY ist on
Die Überprüfungsoption ist eingeschaltet.

VOL *(resident)*

VOL {<Laufwerk>}

Anzeigen des Disketten- bzw. Plattennames, soweit vorhanden.

Parameter:

<Laufwerk> ist das Laufwerk, dessen Diskettenname angezeigt werden soll. Geben Sie keine Laufwerksbezeichnung an, so wird das aktuelle Laufwerk bearbeitet.

Beschreibung:

Mit dem Kommando *VOL* können Sie sich den Namen einer Diskette oder Platte anzeigen lassen, der ihr durch *LABEL* oder *FORMAT /v* zugeordnet worden ist.

Das Benennen von Disketten und Platten ist sehr sinnvoll, da man auch noch nach längerer Zeit und bei unleserlichem Label *auf* der Diskette durch geschickte Namensgebung sofort den Inhalt der Diskette erkennen kann.

Der Diskettenname darf sich aus bis zu 11 Zeichen zusammensetzen; verwendet werden können alle Zeichen, die auch in Dateinamen vorkommen dürfen. Im übrigen wird der Name einer Diskette oder Platte bei jeder Ausgabe durch *DIR* angezeigt.

Beispiele:

Anzeigen des Diskettennamens des Standardlaufwerks:

```
vol

 Diskette/Platte, Laufwerk A, hat den
Namen PROGRAMME
```

Der Name der Festplatte soll in Erfahrung gebracht werden:

```
vol c:
```

XCOPY *(transient - ab DOS 3.2)*

XCOPY <Quelldatei> <Ziel> {/a}{/d}{/e}{/m}{/p}{/s}{/v}{/w}

Kopiert Dateien sowie Verzeichnisse samt Unterverzeichnissen (erweitertes *COPY*-Kommando).

Parameter:

<Quelldatei> ist der Name des Laufwerkes und des Verzeichnisses, an dem mit dem Kopieren begonnen werden soll. Die Verwendung von Wildcards ist erlaubt.

<Ziel> ist die Angabe des Verzeichnisses, in das die zu kopierenden Dateien und Verzeichnisse von *XCOPY* kopiert werden. Sollte *<Ziel>* noch nicht existieren, so wird das Verzeichnis ggfs. angelegt. Die Verwendung von Wildcards ist auch hier erlaubt.

/a Es werden nur die Dateien kopiert, die seit der letzten Kopie durch *XCOPY* bzw. *BACKUP* erstellt oder verändert wurden. Das Archiv-Flag bleibt beim Kopieren unverändert.

/d Durch die Angabe von */d:tt.mm.jj* werden nur die Dateien kopiert, die nach dem angegebenen Datum erstellt oder verändert wurden.

/e Erstellt Unterverzeichnisse im Zielverzeichnis selbst dann, wenn diese leer sind. Diese Option ist nur in Verbindung mit */s* sinnvoll.

/m Kopiert wie die Option */a* nur die Dateien, die seit dem letzten *BACKUP* oder *XCOPY* erstellt oder verändert wurden. Das Archiv-Flag wird bei den kopierten Dateien zurückgesetzt.

/p Jede Datei, die kopiert werden soll, muß zuvor bestätigt werden. Auf diese Weise können Sie am Bildschirm eine Dateiauswahl vornehmen.

/s Es werden auch die Unterverzeichnisse des zu kopierenden Verzeichnisses kopiert (Baumstruktur wird beibehalten). Dabei werden alle Unterverzeichnisse des zu kopierenden Verzeichnisses, die nicht leer sind (die also Dateien enthalten), im Zielpfad angelegt. Wird die Option */e* angegeben, so werden auch leere Verzeichnisse im Zielpfad angelegt.

/v Überprüfung, ob alles korrekt kopiert wurde. Diese Option kann bei eingeschalteter *VERIFY*-Option entfallen.

/w Bevor *XCOPY* ausgeführt werden kann, haben Sie die Möglichkeit, den Datenträger im aktuellen Laufwerk zu wechseln und dies durch einen Tastendruck zu quittieren.

Beschreibung:

XCOPY ist ab der DOS-Version 3.2 verfügbar und als Ergänzung und Alternative zu *COPY* und *BACKUP* zu verstehen. Ähnlich dem Kommando *BACKUP* kann man auch mit *XCOPY* Dateien unter Berücksichtigung des Archiv-Flags kopieren und das Flag entsprechend beeinflussen, d.h. Sie kopieren lediglich seit dem letzten Backup veränderte oder neu hinzugekommene Dateien und löschen entsprechend das Archiv-Flag nach dem Kopieren. Eine weitere Stärke von *XCOPY* ist die Tatsache, daß beim Kopieren die Baumstruktur eines Verzeichnisses beibehalten wird, d.h. Unterverzeichnisse eines Verzeichnisses können mitkopiert werden - die Verzeichnisse werden dann unter demselben Namen im Zielverzeichnis angelegt. Hat ein Verzeichnis mehrere Unterverzeichnisse und man will dieses Verzeichnis mitsamt allen darin befindlichen Daten und Unterverzeichnissen kopieren, so wird man *XCOPY* schätzen lernen.

Ähnlich dem *COPY*-Kommando können Sie auch bei *XCOPY* durch Angabe einer Dateispezifikation bestimmte Dateien kopieren. Darüber hinaus haben Sie durch die Optionen */a* und */m* die Möglichkeit, diese zu kopierenden Dateien auf diejenigen zu beschränken, die seit dem letzten *BACKUP* korrigiert oder erstellt wurden. Verwenden Sie die Option */m*, so wird sogar wie bei *BACKUP* das Archiv-Flag der kopierten Dateien rückgesetzt. Durch *XCOPY* erstellte Sicherheitskopien sind mitunter leichter zu verwalten, da sie nicht mit *RESTORE* zurückkopiert werden müssen.

Wollen Sie die Dateien am Bildschirm selektieren, die kopiert werden sollen, so verwenden Sie die Option */p*. Jede Datei, die durch Angabe der Dateispezifikation und aller anderen Parameter in Frage kommt, wird Ihnen auf dem Bildschirm angezeigt. Sie können durch *J* oder *N* bestimmen, ob die Datei kopiert werden soll oder nicht.

Die Option */v* überprüft lediglich, ob alle Dateien korrekt kopiert worden sind - das erhöht die Datensicherheit. Wollen Sie vor dem Beginn des Kopiervorganges die Diskette im Standardlaufwerk wechseln, so können Sie *XCOPY* durch */w* zum Warten auffordern. Erst durch Tastendruck wird mit dem Kopieren begonnen.

Durch die Option */s* werden beim Kopieren nicht nur die Dateien eines Verzeichnisses kopiert, sondern auch entsprechend die Unterverzeichnisse. Kopieren Sie beispielsweise Ihr Verzeichnis \DOS und geben die Option */s*, so würde das stets zitierte Unterverzeichnis \DOS\UTILITY mitsamt allen darin befindlichen Dateien in das Zielverzeichnis kopiert. Zuvor würde allerdings im Zielverzeichnis das Unterverzeichnis *utility* angelegt. Diesen Kopiervorgang soll die Grafik am Ende dieser Befehlsbeschreibung verdeutlichen.

Dabei legt *XCOPY* ein Unterverzeichnis nur dann an, wenn es auch Dateien enthält, also nicht leer ist. Wollen Sie, daß die Baumstruktur komplett beibehalten wird, daß also auch leere Verzeichnisse "kopiert" werden und im Zielverzeichnis angelegt werden, so geben Sie die Option */e* an.

Beachten Sie, daß das Zielverzeichnis nicht Teil des zu kopierenden Verzeichnisses sein darf (nur möglich, wenn Sie die Option */s* angeben). In diesem Falle müßte endlos kopiert werden. Der Fehler wird zumeist erkannt.

Sollte das definierte Zielverzeichnis noch nicht existieren, so wird es von *XCOPY* vor dem Kopiervorgang erstellt. Beim Kopieren werden Datums- und Zeitangabe der Originale übernommen - es wird also nicht der Zeitpunkt der Kopie vermerkt. Ferner können Sie mittels *XCOPY* keine Dateien auf ein Peripheriegerät wie PRN, LPT o.ä. kopieren.

Wollen Sie mehr Dateien kopieren, als auf eine Diskette passen, so benutzen Sie unbedingt die Option */m*. Es werden so viele

Dateien wie möglich auf die Zieldiskette kopiert - ist die Diskette dann voll, wird *XCOPY* abgebrochen. Legen Sie eine neue Diskette ein und starten Sie *XCOPY* erneut; da alle bereits kopierten Dateien markiert sind, werden nur noch die restlichen Dateien kopiert. Allerdings können Sie mit *XCOPY* keine Sicherheitskopie einer Datei machen, die größer ist als die Kapazität einer Diskette - in dem Fall verwenden Sie *BACKUP*.

Die der Befehlsbeschreibung dieses Kommandos folgende Abbildung soll die Verfahrensweise des *XCOPY*-Kommandos verdeutlichen helfen. In diesem Beispiel wird ein Verzeichnis mitsamt der zugehörigen zwei Unterverzeichnisse in ein anderes Verzeichnis kopiert, das ebenfalls bereits über zwei Unterverzeichnisse verfügt.

Beispiele:

Sie möchten alle Dateien aus dem Verzeichnis \TEXTE kopieren, die seit der letzten Sicherheitskopie erstellt oder verändert worden sind. Die Dateien sollen auf die Diskette im A-Laufwerk kopiert werden:

```
xcopy c:\texte a: /m
```

Nun sollen auch alle evtl. vorhandenen Unterverzeichnisse und die darin befindlichen Dateien Berücksichtigung finden. Ferner sollen die kopierten Dateien auch verifiziert werden:

```
xcopy c:\dos a: /m /s /v
```

Wollen Sie in demselben Beispiel nicht, daß das Archiv-Flag nach der Kopie gelöscht wird, so müssen Sie anstelle der Option */m* die Option */a* verwenden:

```
xcopy c:\dos a: /a /s /v
```

Meldungen:

Allgemeine Fehlerbedingung
XCOPY konnte nicht korrekt ausgeführt werden - der Fehler ist allerdings nicht genau bestimmbar. Starten Sie *XCOPY* erneut.

Datei kann nicht in sich selbst kopiert werden
Sie haben als Quell- und Zielnamen dieselbe Datei spezifiziert. Überprüfen Sie Ihre Eingabe und versuchen Sie es erneut.

Datei nicht gefunden
Die angegebene Datei konnte nicht gefunden werden. Überprüfen Sie Standardlaufwerk, aktuelles Verzeichnis und Dateinamen.

Fehler beim Erstellen der Datei
Die angegebene Datei konnte nicht erstellt werden. Überprüfen Sie die Zieldiskette und versuchen Sie es evtl. erneut.

Nicht genug Platz auf Diskette/Platte
Auf der Zieldiskette bzw. Platte ist nicht genügend Platz, um alle Dateien zu kopieren. Der Vorgang wird abgebrochen. Schaffen Sie Platz oder verwenden Sie eine andere Diskette.

Nicht genügend Speicherplatz
Der Speicherplatz im Rechner reicht nicht aus, um *XCOPY* ausführen zu können. Löschen Sie ein residentes Programm, beispielsweise *VDISK*.

Pfad nicht gefunden
Der definierte Quell- oder Zielpfad konnte nicht gefunden werden. Überprüfen Sie Ihre Eingabe, und versuchen Sie es erneut.

Rekursive Kopie nicht möglich
Sie haben als Zielpfad ein Verzeichnis gewählt, das selbst Teil des zu kopierenden Verzeichnisses ist. Das ist nicht erlaubt, da sonst endlos kopiert würde.

Ungültige Datumseingabe
Die bei der Option */d* verwandte Datumsangabe ist nicht im korrekten Format. Überprüfen Sie diese Angabe.

Ungültige Laufwerksangabe
Eine der angegebenen Laufwerksangaben ist ungültig - überprüfen Sie Ihre Eingaben, ob alle eingegebenen Laufwerksbezeichnungen existieren.

Ungültige LOCK-Operation
Eine der zu kopierenden Quelldateien ist vor Zugreifen geschützt - warten Sie eine Weile und versuchen Sie es erneut.

Ungültige SHARE-Operation
Eines der beiden verwendeten Laufwerke ist im File-Sharing-Betrieb. Warten Sie, bis die entsprechende Datei geschlossen ist und versuchen Sie es erneut.

Ungültiger Parameter
Ungültige Anzahl Parameter
Ungültiger Pfad
Es ist ein Pfad nicht korrekt oder nicht die korrekte Anzahl an Parametern eingegeben oder die Parameter sind falsch oder nicht in der richtigen Reihenfolge definiert worden.

Verzeichnis kann nicht angelegt werden
Bei dem Versuch, das angegebene Verzeichnis auf der Zieldiskette anzulegen, ist ein Fehler aufgetreten. Der Vorgang wird abgebrochen. Überprüfen Sie die Diskette und versuchen Sie es erneut.

Wird durch <Pfad> ein Dateiname
oder ein Verzeichnis auf der Zieleinheit angegeben
(D=Datei, V=Verzeichnis)?
Unter <Pfad> konnte kein Verzeichnis auf der Zieldiskette gefunden werden - Sie können *XCOPY* nun mitteilen, ob eine Datei oder ein ganzes Verzeichnis kopiert werden soll.

XCOPY von reservierter Einheit
nicht möglich
Mit XCOPY können Sie ausschließlich Dateien kopieren - deswegen dürfen Sie kein Eingabegerät als Quelle angeben. Verwenden Sie in diesem Falle das *COPY*-Kommando.

XCOPY zu reservierter Einheit
nicht möglich
Sie können mit *XCOPY* lediglich Dateien kopieren - dabei ist als Ziel keine Gerätebezeichnung erlaubt.

Zu viele Dateien eröffnet
Es sind nicht genügend File Handler frei, um mit *XCOPY* arbeiten zu können. Erhöhen Sie die *FILES*-Angabe in Ihrer Konfigurationsdatei CONFIG.SYS.

Zum Kopieren von Datei(en)
eine beliebige Taste betätigen
Sie haben Sie Option /w verwandt - betätigen Sie eine beliebige Taste, um *XCOPY* zu starten.

Achtung:

Verwenden Sie *XCOPY* nicht, wenn ein Laufwerk durch einen der Befehle *ASSIGN*, *JOIN* oder *SUBST* umgeleitet worden ist.

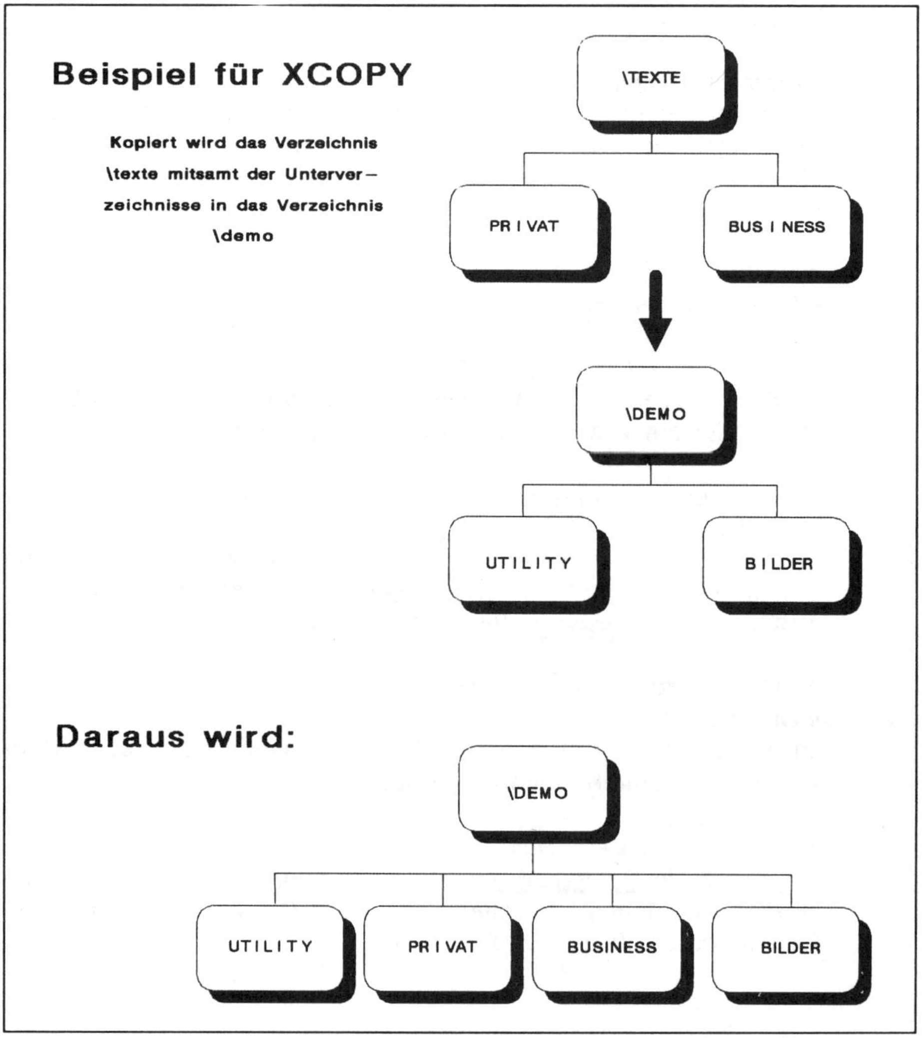

Abb. 17: XCOPY

4.5 Generelle DOS-Fehlermeldungen

Neben den bei jedem Kommando angegebenen Fehlermeldungen gibt es noch eine Reihe weitere Fehlermeldungen, die DOS bei Fehlbedienung ausgibt. An dieser Stelle sollen die häufigsten Fehlermeldungen, die nicht kommandogebunden sind, erläutert werden. Alle Meldungen sind in alphabetischer Reihenfolge aufgeführt.

COMMAND nicht ladbar, System angehalten
Der Kommandoprozessor konnte nicht gefunden werden. DOS hat versucht, COMMAND.COM an der unter *COMSPEC* definierten Adresse COMMAND.COM neu zu laden, da der Kommandoprozessor defekt ist. Entweder ist *COMSPEC* selbst im Speicher überschrieben worden oder COMMAND.COM befindet sich an der definierten Stelle.

COMMAND.COM kann nicht geladen werden, System gestoppt
Große Teile des DOS und des Kommandoprozessors sind zerstört - das System mußte angehalten werden. Sie können nur noch durch einen Reset den Rechner neu starten.

COMMAND.COM kann nicht gestartet werden, Programmausführung beendet
COMMAND.COM konnte nicht gestartet werden, deswegen wurde die Programmausführung angehalten.

Datei nicht gefunden
Die angegebene Datei konnte von DOS nicht gefunden werden. Überprüfen Sie hierfür das Standardlaufwerk, das aktuelle Verzeichnis sowie die Syntaxregeln für den eingegebenen Dateinamen.

Dateifehler während Dateiübergabe (PIPE)
Während der Dateiübergabe (Erstellung von Temporärdateien) wegen Verkettung mehrerer DOS-Kommandos durch Pipe | trat ein Fehler auf; es konnte die notwendige Temporärdatei nicht angelegt und deswegen die Verkettung nicht korrekt ausgeführt werden. Überprüfen Sie die einliegende Diskette.

Dateizuordnungstabelle fehlerhaft, Laufwerk d: Abbruch, Wiederholen, Ignorieren?
Die *FAT* der im angegebenen Laufwerk befindlichen Diskette ist schadhaft. Versuchen Sie durch *W* den Zugriff erneut - scheitert der Versuch, so ist die Diskette unbrauchbar.

Diskette mit \COMMAND.COM in Laufwerk A einlegen und eine Taste betätigen
Legen Sie eine Systemdiskette ins Laufwerk A ein, so daß COMMAND.COM von DOS wieder geladen werden kann.

Diskette mit der Stapeldatei einlegen, anschließend eine Taste betätigen
Sie haben während einer Stapelverarbeitung den Datenträger gewechselt. Legen Sie nun die korrekte Diskette ein und betätigen Sie eine Taste.

EXEC-Fehler
DOS hat einen Fehler beim Laden eines DOS-Befehls oder eines anderen Programmes gefunden. Andere Möglichkeit ist, daß die *FILES*-Angabe in CONFIG.SYS nicht ausreichend ist.

Falsche COMMAND.COM-Version
Die eingelegte DOS-Version ist zu alt. Legen Sie eine neuere Diskette ein, um COMMAND.COM zu laden und übertragen Sie diese Datei auf die alte Diskette.

Falsche DOS-Version
Diese Meldung erscheint, wenn der Kommandoprozessor von einer anderen DOS-Version ist als das aufgerüfene Kommando oder umgekehrt. Ersetzen Sie den Kommandoprozessor oder die entsprechende Befehlsdatei.

Falscher Befehl oder Dateiname
Das eingegebene Kommando ist unbekannt. Es gibt hier mehrere Möglichkeiten: Sie haben vielleicht einen Schreibfehler gemacht, das Kommando wird von Ihrer DOS-Version nicht unterstützt, das Kommando ist im angegebenen oder aktuellen Verzeichnis nicht zu finden. Überprüfen Sie den Befehl und die Verzeichnisse.

Fehler beim Erstellen der Datei
DOS oder ein Anwenderprogramm wollten eine Datei auf der Diskette erstellen oder ersetzen, es kam jedoch zu Schwierigkeiten. Überprüfen Sie die Diskette mittels *CHKDSK*.

Fehler in .EXE-Datei
Beim Laden einer Datei vom Typ EXE trat ein Fehler auf. EXE-Dateien haben einen Header und sind verschiebbar. In der Regel befindet sich hier der Fehler.

Kein Platz mehr im Umgebungsbereich
Die Umgebung (Environment) ist voll - erhöhen Sie den verfügbaren Speicher für das Environment beim Aufruf des COMMAND.COM durch die Option */e*.

Keine freien Dateinummern vorhanden
Es sind keine File Handler mehr frei, um die Operation ausführen zu können. Erhöhen Sie in der Datei CONFIG.SYS diese Anzahl durch das *FILES*-Kommando.

Nicht genug Platz auf Diskette/Platte
Nicht mehr genügend Platz auf der Diskette/Platte frei, um die entsprechende Datei anzulegen. Ermitteln Sie durch *CHKDSK* den vorhandenen Speicherplatz und schaffen Sie evtl. Platz auf der Platte, bevor Sie das Kommando erneut eingeben.

Nicht genügend Speicherplatz
Es ist nicht genügend Speicherplatz vorhanden, um die gewünschte Datei zu laden. Löschen Sie residente Programme und versuchen Sie es erneut.

Programm paßt nicht in den Speicher
Das ausgewählte Programm paßt nicht in den augenblicklichen Speicher. Es sind zu viele Programme resident - versuchen Sie, einige davon zu löschen und das Kommando dann erneut aufzurufen.

Sie haben eine Laufwerksangabe gemacht von einem Laufwerk, das nicht existiert. Überprüfen Sie Ihre Eingabe.

Speicherzuordnungsfehler
Diese Meldung erscheint, wenn DOS sich selbst nicht laden kann, weil Speicherplatzprobleme auftreten. Verringern Sie die *FILES*- und *BUFFERS*-Angabe in der Konfigurationsdatei.

Stapeldatei fehlt
Die Batchdatei, die von DOS gerade bearbeitet wird, kann nicht mehr aufgefunden werden. Diese Fehlermeldung erscheint beispielsweise, wenn Sie den Datenträger unerlaubt wechseln.

FOR kann nicht verschachtelt werden
Das Batchkommando *FOR* kann nicht mehrfach geschachtelt werden. Lösen Sie die Verschachtelung auf oder rufen Sie einen entsprechenden Batchjob als Unterprogramm auf.

Stapeldatei fehlt
Bei der Ausführung einer Stapeldatei wurde der Datenträger gewechselt; diese Meldung teilt Ihnen mit, daß die eigentliche Batchdatei nicht gefunden werden kann.

Stapeljob beenden (J/N)?
Diese Meldung erscheint, wenn Sie durch <Ctrl>-<C> eine Stapelverarbeitung abgebrochen haben - Sie können sich noch entscheiden, ob endgültig abgebrochen werden soll oder nicht.

Syntaxfehler
Das Eingabeformat des Befehls ist nicht korrekt. Studieren Sie Kapitel 4.1 bis 4.3.

Ungültige Anzahl Parameter
Das verwendete Kommando benötigt mehr oder weniger Parameter, als Sie eingegeben haben. Schlagen Sie unter Kapitel 4.3 und dem entsprechenden Kapitel nach, wie viele Parameter wenigstens benötigt werden und korrigieren Sie den Fehler.

Ungültige Laufwerksangabe
Sie haben ein Laufwerk angesprochen, das entweder kein Disketten- oder Plattenlaufwerk ist, oder das überhaupt nicht existiert. Überprüfen Sie die Laufwerksangabe.

Ungültige Laufwerksangabe im Suchpfad
Im Suchpfad haben Sie ein Laufwerk verwendet, das nicht existiert. Überprüfen und korrigieren Sie mit Hilfe von *PATH* den Suchpfad.

Ungültiger Dateiname oder Datei nicht gefunden
Diese Meldung erscheint nur beim Einschalten des Rechners; es handelt sich um einen Fehler in der Datei CONFIG.SYS. Entweder kann die bei *DEVICE* angegebene Datei nicht gefunden werden, oder Sie haben zu viele Kommentare bei *DEVICE* angegeben, oder es trat ein Fehler beim Laden des Gerätetreibers auf - überprüfen Sie in diesem Fall das Laufwerk.

Ungültiger Diskettenwechsel
Im Diskettenlaufwerk wurde die Diskette entnommen, obwohl noch Dateien offen waren. Legen Sie die Diskette erneut ein.

Ungültiger Parameter
Der eingegebene Parameter oder einer der eingegebenen Parameter ist ungültig. Überprüfen Sie, welche Paramteter nötig sind.

Ungültiges Verzeichnis
Das angegebene Verzeichnis existiert nicht im definierten Laufwerk. Überprüfen Sie, ob voranstehender Backslash nötig ist, ob alle Verzeichnisnamen korrekt eingegeben sind und ob das richtige Laufwerk angesprochen worden ist.

Zugriff abgelehnt
Das verwendete Kommando konnte die gewünschte Datei, den Pfad oder das Gerät nicht ansprechen. Eine Datei könnte beispielsweise schreibgeschützt sein.

5. Kopieren

Eine extrem wichtige Aufgabe in der Computerei ist das *Kopieren* - sei es, weil Sie Sicherheitskopien anlegen wollen, oder weil Dateien auf der Festplatte von einem Verzeichnis in ein anderes Verzeichnis befördert werden müssen. Gerade für den Anfänger stellt sich dann die Frage, welches Kopierprogramm er verwenden soll.

Unter DOS 3.2 existieren bereits sechs Befehle zum Kopieren von Dateien: *COPY*, *DISKCOPY*, *XCOPY*, *REPLACE*, *BACKUP* und *RESTORE*. Die beiden letzten Befehle *BACKUP* und *RESTORE* können ausschließlich gemeinsam genutzt werden. Es bleiben immerhin noch fünf Möglichkeiten, unter denen man eine auswählen muß. Es bleibt die Qual der Wahl. In diesem Kapitel sollen die Stärken und Schwächen der verschiedenen Kopiermöglichkeiten aufgezeigt werden, so daß Sie das richtige Kopierprogramm für Ihr Problem auswählen können.

5.1 COPY

Bei *COPY* handelt es sich um das einzige residente Kopierprogramm - es ist also ständig präsent. Mit diesem Befehl können Sie einzelne Dateien und ganze Gruppen von Dateien durch die Verwendung von Wild Cards innerhalb eines Verzeichnisses und von einem Verzeichnis in ein anderes Verzeichnis kopieren.

Wollen Sie eine Datei von einem Laufwerk auf ein anderes kopieren oder von einem Verzeichnis in ein anderes, so ist *COPY* ideal. Auch wenn Sie mehrere Dateien kopieren müssen, beispielsweise alle Dateien mit der Kennung COM, so sind Sie mit *COPY* gut bedient.

Hervorzuheben ist, daß Sie nur bei *COPY* die Möglichkeit haben, ein Eingabegerät (Konsole) als Quell- bzw. ein Ausgabegerät (Drucker, Modem) als Zieldatei anzugeben. Mittels *COPY* können Sie auf diese Weise einfach Dateien drucken (PRN als Zieldatei) oder Dateien über Tastatur erstellen (CON als Quelldatei).

Wollen Sie Sicherheitskopien anfertigen, die Sie regelmäßig erneuern müssen, so ist *COPY* nicht gut geeignet. *BACKUP* und *XCOPY* bieten beide die Möglichkeit, lediglich die Dateien zu kopieren, die seit der letzten Sicherung erstellt oder verändert wurden. Auch haben Sie bei diesen beiden Kommandos die Möglichkeit, die zu kopierenden Dateinamen ausgeben zu lassen, so daß Sie auch noch nachträglich selektieren können.

Im Ersetzen von Dateien ist *REPLACE* (siehe 5.5) groß, wenn gleichnamige Dateien hin- und herkopiert werden müssen (kommt auch häufig bei Sicherheitskopien vor). *REPLACE* bietet sich in gewisser Weise in Verbindung mit *COPY* an. Im Gegensatz zu *COPY* kann man bei *REPLACE* definieren, ob gleichnamige Dateien ersetzt werden sollen oder nicht. Auf diese Weise kann man es sich ersparen, eine Datei *aus Versehen* zu überschreiben.

Wollen Sie gar eine komplette Diskette kopieren, eine 1:1-Kopie gewissermaßen, so empfiehlt sich das Kommando *DISKCOPY* (siehe 5.2), das tatsächlich eine 1:1-Kopie anfertigt. *COPY* würde auch alle versteckten Dateien beim Kopieren vergessen, was relativ ärgerliche Folgen haben könnte.

COPY kopiert keine Unterverzeichnisse mit - in diesem Fall müßten Sie per Hand die entsprechenden Unterverzeichnisse im Zielverzeichnis anlegen und das *COPY*-Kommando jeweils neu eingeben. Je nachdem wie viele Unterverzeichnisse ein Verzeichnis hat, das Sie komplett kopieren wollen, ist dies eine ganze Menge Arbeit. Der Befehl *XCOPY* (siehe 5.3) ist auf dieses Kopieren ganzer Baumstrukturen spezialisiert (deshalb XCOPY für extended *COPY*).

5.2 DISKCOPY

Die Aufgabe von *DISKCOPY* ist das Kopieren kompletter Disketten. Es werden sogenannte 1:1-Kopien angefertigt, d.h. die Kopie enthält nicht nur genau denselben Inhalt wie das Original, sondern diesen Inhalt sogar an exakt derselben physikalischen Stelle auf der Diskette - Kopie und Original sind nicht zu unterscheiden. Würden Sie alle Dateien mittels *COPY* kopieren, so würden sich die Informationen der einzelnen Dateien an anderen Stellen auf der Zieldiskette als auf der Quelldiskette befinden.

DISKCOPY formatiert automatisch die Zieldiskette entsprechend dem Format der Quelldiskette - deswegen können Sie keine 5¼-Zoll-Diskette auf eine 3½-Zoll-Diskette kopieren. Ist die Quelldiskette mit hoher Kapazität (1,2 MByte) formatiert, so wird auch die Zieldiskette mit diesem Format erstellt. Sie können in Verbindung mit *DISKCOPY* nicht *auf* die Festplatte kopieren - auch das Kopieren *der* Festplatte ist nicht möglich.

Für Besitzer von Rechnern mit nur einem Laufwerk ist es wichtig zu wissen, daß *DISKCOPY* so viele Informationen wie möglich in den Speicher liest und dann zum Wechsel der Disketten auffordert. Das Wechseln der Disketten ist also nicht bei jeder Datei nötig, sondern so selten wie möglich: wenn der Speicher voll ist.

Fazit: *DISKCOPY* ist für Sie genau dann das richtige, wenn Sie eine komplette Diskette kopieren wollen. Da das Diskettenformat automatisch erkannt und die Zieldiskette entsprechend von *DISKCOPY* formatiert wird, kann man sich einige Arbeit sparen.

5.3 XCOPY

Der Goliath unter den Kopierprogrammen ist sicherlich *XCOPY*. Fast alle Kopiermöglichkeiten mit allen erdenklichen Bedingungen können mit diesem Kopierprogramm durchgeführt werden. *XCOPY* behält die Baumstruktur eines Verzeichnisses, kann auch das Archivflag testen und beeinflussen, erlaubt die Selektion von zu kopierenden Dateien und vieles mehr.

Zunächst das, was *XCOPY* nicht kann: Sie können nicht von einem Gerät oder auf ein Gerät kopieren - Drucken von Dateien entfällt also. Verwenden Sie in diesem Fall den *COPY*-Befehl. Auch ist das Erstellen von 1:1-Kopien einer Diskette mit *XCOPY* nicht möglich, Sie sollten in diesem Fall *DISKCOPY* vorziehen.

Wollen Sie alle Dateien kopieren, die an einem bestimmten Datum oder danach erstellt oder korrigiert wurden, oder wollen Sie alle Dateien kopieren, die seit der letzten Sicherheitskopie durch *BACKUP* oder *XCOPY/m* geändert wurden, so ist *XCOPY* ideal geeignet. Die Anwendung ist identisch zu dem *COPY*-Befehl: durch Definition einer Dateispezifikation wählen Sie die Dateien aus, die kopiert werden sollen. Auf diese Dateien werden dann alle danach angegebenen Parameter angewendet, (Nach dem definierten Datum erstellt? Seit der letzten Sicherheitskopie verändert?) und nur dann kopiert, wenn Sie den Angaben genügen.

Wichtig bei *XCOPY* ist ferner die Tatsache, daß eventuell vorhandene Unterverzeichnisse eines komplett zu kopierenden Verzeichnisses mitkopiert werden können. Sie können sogar auswählen, ob leere Verzeichnisse im Zielverzeichnis nicht auftauchen sollen oder auch angelegt werden müssen.

Das herkömmliche Sicherheitskopienpaar *BACKUP/RESTORE* ist eigentlich durch *XCOPY* beinahe hinfällig geworden. Sie können mit *XCOPY* ebenfalls das Archivflag abtesten und beim Kopieren zurücksetzen lassen. Die auf diese Weise erstellten Kopien können leichter gehandhabt und durch *COPY* oder *XCOPY* (nicht umständlich mit *RESTORE*) zurückkopiert werden. Lediglich wenn die zu kopierenden Dateien den Rahmen einer Diskette sprengen, ist das Arbeiten mit *BACKUP/RESTORE* weiterhin zu empfehlen!

Fazit: Wollen Sie eine komplette Baumstruktur oder in Abhängigkeit des Archivflags kopieren, so bietet sich *XCOPY* an. Wollen Sie mehr Dateien kopieren, als auf einer Diskette Platz finden, so empfiehlt sich allerdings die Verwendung von *BACKUP/RESTORE* (siehe 5.4). Soll von oder auf ein Gerät kopiert werden, so ist *COPY* unerläßlich.

5.4 BACKUP/RESTORE

BACKUP und *RESTORE* sind sicherlich jedem bekannt, der schon einmal Sicherheitskopien anfertigen mußte. Zum Kopieren einer kompletten Festplatte ist *BACKUP* beispielsweise ideal geeignet, da alle Pfade beibehalten werden, *BACKUP* die Reihenfolge der Disketten selbst verwaltet und eine spätere Verwechslung absolut ausgeschlossen ist. Für das Kopieren von Festplatten gibt es meiner Meninung nach keine Alternative. Sie können bei einem späteren Fehlerfall durch *RESTORE* jede beliebige Datei zurückkopieren.

Zum Erstellen von Sicherheitskopien einzelner weniger Dateien eignet sich *COPY* eigentlich besser als *BACKUP*. Ausnahme ist, wenn eine Datei oder alle zu kopierenden Dateien größer sind als die Kapazität einer Zieldiskette - dann sollten Sie *BACKUP* verwenden. Wollen Sie in Abhängigkeit des Archivflags kopieren, so ist abzuwägen, ob Sie *XCOPY* oder *BACKUP* verwenden - auch hier gilt wieder: Erstreckt sich das Kopieren über mehr als eine Diskette, so empfiehlt sich *BACKUP*!

Keine andere Wahl haben Sie natürlich, wenn Ihnen jemand durch *BACKUP* erstellte Kopien zusendet - diese müssen Sie dann durch *RESTORE* zurückkopieren.

Fazit: Verwenden Sie das Kopierpaar *BACKUP/RESTORE* in erster Linie dann, wenn Sie Sicherheitskopien in großen Mengen machen müssen. Für kleine Mengen reicht *XCOPY* in der Regel aus.

5.5 REPLACE

Letzter im Bunde ist das Kommando *REPLACE*, das ebenfalls erst ab DOS-Version 3.2 existiert. Die Stärke dieses Kopierprogrammes zeigt sich, wenn Dateien auf ein Laufwerk oder in ein Verzeichnis kopiert werden, in dem bereits Dateien mit demselben Namen existieren. Sie können angeben, ob nur die Dateien kopiert werden sollen, die es im Zielverzeichnis noch nicht gibt, oder umgekehrt nur die Dateien, die es bereits gibt.

Auf diese Weise eignet sich *REPLACE* auch sehr gut zur Erstellung kleiner Mengen von Sicherheitskopien. Haben Sie auf einer Diskette alle wichtigen Dateien aufkopiert, so können Sie jederzeit durch *REPLACE *.*/s* diese Dateien ersetzen - alle anderen Dateien werden nicht kopiert. Sie ersparen sich die Arbeit, eine genaue Dateispezifikation machen zu müssen.

5.6 DISKCOMP

Wer komplette Disketteninhalte kopiert, der will auch sicher gehen, daß das Kopierte sich auf der Zieldiskette sicher befindet. Mit Hilfe des Kommandos *DISKCOMP* vergleichen Sie zwei Disketteninhalte miteinander. Es wird dabei nicht jede Datei miteinander verglichen, sondern der physikalische Inhalt zweier Disketten.

Beim Vergleichen wird zunächst das Format der Quelldiskette ermittelt. Die zweite Diskette muß dasselbe Format aufweisen. Es wird dann sektorweise verglichen. Fehler werden am Bildschirm angezeigt. Sie erhalten somit letzinstantzlich Sicherheit darüber, ob zwei Disketteninhalte identisch sind - was besonders dann schwer zu beurteilen ist, wenn sich Systemdateien oder aber versteckte Dateien auf einer Diskette befinden. *DISKCOMP* kann auch diese vergleichen.

5.7 COMP

Mit Hilfe des *COMP*-Kommandos können Sie Datei-Inhalte miteinander vergleichen. Sie können somit nach einer erfolgten Kopie kontrollieren, ob die Zieldatei identisch mit der Quelldatei ist. Natürlich können Sie auch bei der Verwendung von Wildcards mehrere Dateien nacheinander kontrollieren.

COMP kann allerdings nur Dateien vergleichen, die dieselbe Größe haben. Andere Dateien scheiden ohnehin schon im Vorfeld aus, denn Dateien mit unterschiedlicher Dateigröße können niemals einen identischen Inhalt haben.

Sie können bei Aufruf des *COMP*-Kommandos zwei Dateinamen definieren - entfällt diese Angabe, so werden Sie am Bildschirm nach zwei Dateinamen gefragt. Nach Eingabe der Dateinamen werden die Dateien verglichen. Nach mehr als 10 Unterschieden, die *COMP* meldet, wird der Vergleich abgebrochen.

6. Die Stapelverarbeitung

Nachdem Sie ein Kommando über die Tastatur eingegeben haben, wird dieses sofort ausgeführt. Die residenten Kommandos befinden sich im Speicher und können sofort abgearbeitet werden, die transienten müssen zunächst im durch *PATH* definierten Suchpfad gesucht, dann in den Speicher geladen und dann schließlich auch ausgeführt werden. Sie kennen bis jetzt keine Möglichkeit, mehrere Befehle gleichzeitig einzugeben, so daß diese nacheinander abgearbeitet werden - mit Ausnahme der Filterkommandos (*MORE, SORT* und *FIND*), die Sie mit dem Pipe-Symbol | verketten, aber hier handelt es sich mehr um ein *miteinander* als um ein *nacheinander*. Auch kann man mit dieser Möglichkeit noch lange nicht alle verfügbaren Kommandos verknüpfen, sondern vielmehr nur einige wenige. Hier schafft die Stapelverarbeitung Abhilfe.

6.1 Was ist Stapelverarbeitung?

Eine *Stapelverarbeitungsdatei* (oder auch *Batchdatei*) ist eine Textdatei, die eine beliebige Anzahl von gültigen DOS-Kommandos enthält. Sicher haben Sie auch schon einmal gehört, daß auf Großrechenanlagen in der Nachtschicht sogenannte Batchjobs gefahren werden. Meistens sind dies eine ganze Reihe sehr rechenintensiver Programme, die die Kapazität des Rechners stark beanspruchen, die während des Tages aus Rücksicht auf die angeschlossenen Benutzer nicht abgearbeitet werden können. Ein Batch zeichnet sich dadurch aus, daß mehrere Programme ohne jede Kontrolle und Eingaben durch einen Benutzer abgearbeitet werden - ein Batchjob kann somit auch als Gegensatz zu einem dialogorientiertem System verstanden werden, in dem dem Benutzer ständig Informationen geliefert werden und dieser dem System Informationen zur Weiterverarbeitung eingeben muß.

Bei Ihrem PC ist dies nicht anders. Alle in einer Batchdatei enthaltenen Befehle werden der Reihe nach abgearbeitet - eben wie bei einem Stapel. Eingaben durch den Benutzer sind während des Batchlaufes zwar prinzipiell möglich, aber nur selten tatsächlich nötig. Beim PC erkennen Sie Batchdateien an der Dateikennung BAT:

```
<Stapeldateiname>.BAT
```

Batchdateien sind immer dann sinnvoll, wenn verschiedene Prozeduren hintereinander abgearbeitet werden müssen. In diesen Fall hat eine

Batchdatei gleich zwei Vorteile. Sie müssen einerseits nicht alle Befehle eingeben, sondern lediglich den Namen der Batchdatei und brauchen andererseits während des Batchablaufes nicht anwesend zu sein - beispielsweise um Eingaben zu tätigen und um auf eventuelle Fehlermeldungen zu reagieren, denn selbst dies ist in einem Batch möglich.

Neben der Möglichkeit, die bekannten DOS-Kommandos in einer Batchverarbeitung zu verwenden, gibt es noch zusätzliche, extra für den Batchbetrieb vorgesehene Befehle, mit deren Hilfe Sie den Batchablauf steuern können. Diese Zusatzbefehle gestatten die Realisierung einer wirkungsvollen Programmablauf-Kontrolle. Der erfahrene Anwender kann so aus einer Batchdatei ein richtig kleines "Programm" machen - aus diesem Grunde spricht man im Zusammenhang mit Batchdateien auch häufig von *Programmieren.*

Die wohl bekannteste Batchdatei ist die Datei *AUTOEXEC.BAT*, die beim Booten des Systems automatisch geladen und gestartet wird. Hier können benutzerspezifische Einstellungen am Rechner und am DOS vorgenommen sowie ein spezielles Programm gestartet werden, so daß auch Anwender *ohne* DOS-Kenntnisse nur durch Einschalten des Rechners ein Programm "starten" und benutzen können.

Um Batchdateien möglichst flexibel und leistungsstark gestalten zu können, besteht auch die Möglichkeit, beim Aufruf der Batchdatei Parameter anzugeben, die während des Ablaufes der Stapelverarbeitung verwendet werden. Sie sehen, die Batchverarbeitung unter DOS bietet eine Menge mehr als die bloße Abarbeitung eines Stapels.

6.2 So arbeiten Batchdateien

Um zu verstehen, wie Batchdateien arbeiten, sollte man noch eine Stufe zurückgehen: zum Kommandoprozessor. Dieser übernimmt unter anderem die Ausgabe von DOS-Meldungen auf dem Bildschirm und der Kontrolle der Eingaben von Tastatur. Dabei wird nach der Ausgabe des Systemprompts jedes von Tastatur eingegebene Zeichen registriert und auf dem Bildschirm angezeigt. Erst wenn Sie Ihre Eingabezeile mit <Enter> abschließen, wird sie analysiert und ausgeführt.

Der Kommandoprozessor interpretiert die Eingabezeile als Befehl und versucht, diesen auszuführen. Dazu wird zunächst untersucht, ob es sich bei dem eingegebenen Befehl um ein *residentes* oder ein *transientes* Kommando handelt. Ist es ein residentes, so kann der Kommandoprozessor das entsprechende Kommando sofort ausführen, da es sich stets im

STAPELJOB BEENDEN!

Rechner befindet. Handelt es sich aber um ein transientes Kommando, so wird die Sache ein wenig komplizierter.

Alle transienten Kommandos liegen als Programm auf Diskette oder Platte vor, wobei der Dateiname dem eingegebenen Kommando entspricht. Lediglich die Dateikennung ist unbestimmt, da sie eine der drei möglichen Kennungen COM, EXE oder BAT sein kann. Dabei kann der Kommandoprozessor nur die Befehle erkennen, die in einem der durch das *PATH*-Kommando definierten Pfade gespeichert sind (siehe auch *PATH*-Kommando) - oder Sie haben bei der Eingabe des Kommandos die komplette Pfadangabe der Befehlsdatei gemacht, beispielsweise für den *ATTRIB*-Befehl C:\DOS\ATTRIB.

Wenn der Kommandoprozessor die entsprechende Datei auf Diskette oder Platte sucht, werden nur die drei ausführbaren Datei-Arten berücksichtigt. Da es drei verschiedene Datei-Arten gibt, die durch Aufruf ausgeführt werden können, muß eine Reihenfolge für diesen Suchvorgang bestimmt werden. Diese Reihenfolge ist vom System wie folgt festgelegt:

Suchfolge	Dateikennung	Datei-Art
1.	COM	Kommandodatei
2.	EXE	Programmdatei
3.	BAT	Batchdatei

Geben Sie nun also einen beliebigen Befehl *BEFEHL* ein, so wird zunächst nach einer Datei BEFEHL.COM gesucht. Existiert diese Datei nicht, so wird die Datei mit der Kennung EXE versehen, dann schließlich erst mit der Kennung BAT. Schlagen alle drei Ladeversuche fehl, so wird eine Fehlermeldung ausgegeben, die dem Benutzer mitteilt, daß das eingegebene Kommando unbekannt ist.

Durch diese definierte Reihenfolge entsteht natürlich ein Problem: Sollten zwei Dateien mit demselben Dateinamen, aber unterschiedlicher Kennung existieren, beispielsweise:

START.EXE *sowie* START.BAT

so kann die Datei START.BAT nie ausgeführt werden, da die Datei mit der Kennung EXE zuerst gefunden wird. Selbst wenn Sie bei der Eingabe die Dateikennung mitangeben sollten, wird die oben definierte Reihenfolge beibehalten und die eingegebene Dateikennung ignoriert.

Achten Sie also bei der Erstellung einer Batchdatei unbedingt darauf, daß nicht bereits eine Datei mit gleichem Namen, aber unterschiedlicher Dateikennung existiert.

Wird nun aber eine Batchdatei gefunden, so tritt der *Batchprozessor* in Aktion. Dieser arbeitet mit dem Kommandoprozessor Hand in Hand und "simuliert" praktisch Eingaben über Tastatur. Die erste Aufgabe, die der Batchprozessor erfüllt, besteht im Speichern des Batchdatei-Namens, wobei die komplette Pfadangabe der Batchdatei berücksichtigt wird. Würde der Pfad nicht abgespeichert, so könnte bei Änderung des aktuellen Pfades die Batchdatei nicht mehr wiedergefunden werden, da eine Batchdatei nicht komplett in den Arbeitsspeicher geladen, sondern zeilenweise abgearbeitet wird.

Immer wenn der Kommandoprozessor eine Eingabe von Tastatur fordert, liest der Batchprozessor eine Zeile aus der Batchdatei und übergibt sie dem Kommandoprozessor. Dabei werden Platzhalter vom Batchprozessor *vor* der Übergabe durch die entsprechenden Werte ersetzt. Nachdem das geladene Programm ausgeführt worden ist, wird die Kontrolle wieder an den Kommandoprozessor übergeben, der sich wiederum an den Batchprozessor wendet. Diese Schleife wird so- lange durchlaufen, bis das Ende der Batchdatei erreicht worden ist. Diesen Vorgang macht auch folgende Grafik deutlich:

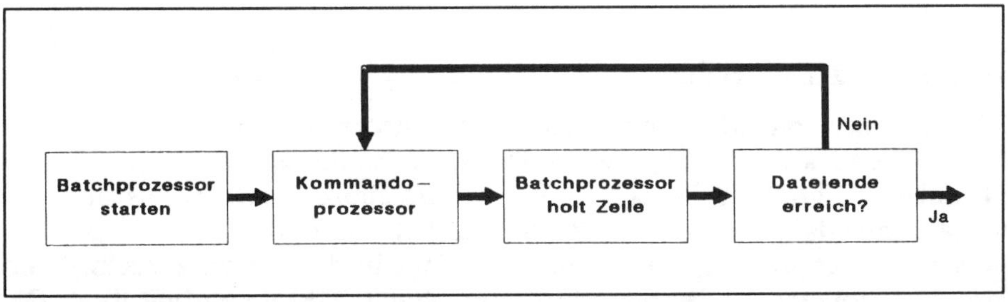

Abb. 18: Der Batch- und der Kommandoprozessor

Sobald das Dateiende erreicht ist, wird die Kontrolle wieder dem Kommandoprozessor übertragen.

Abbrechen einer Stapelverarbeitung

Sie können eine laufende Stapelverarbeitung durch Betätigen der Tastenkombinationen <Ctrl>-<C> oder <Ctrl>-<Abbr> jederzeit abbrechen. Es erscheint dann zunächst folgende oder eine ähnliche Sicherheitsabfrage auf Ihrem Bildschirm:

```
Stapeljob beenden (J/N)?
```

Betätigen Sie die Taste <J>, dann wird der Batchjob endgültig abgebrochen; in jedem anderen Fall wird mit der Ausführung der Stapelverarbeitung fortgefahren. Auf diese Weise kann ein versehentliches Abbrechen der Batchdatei vermieden werden.

Wechseln des Datenträgers

Haben Sie eine Batchdatei von einer Diskette gestartet und den Datenträger *während* der Ausführung dieses Batchjobs gewechselt (beispielsweise nötig bei *DISKCOPY* o.ä.), so muß sich spätestens dann, wenn die nächste Eingabezeile aus der Batchdatei ausgelesen werden soll, dieser Datenträger wieder im Laufwerk befinden. Kann die Batchdatei im Quellaufwerk nicht gefunden werden, so erhalten Sie folgende Meldung:

```
Diskette mit der Stapeldatei einlegen
Wenn bereit, eine Taste betätigen
```

Der Batchprozessor überwacht gewissermaßen, ob die richtige Diskette im Laufwerk liegt. Sollte dies nicht der Fall sein, erhalten Sie obenstehende Fehlermeldung. Sie haben nun die Möglichkeit, die korrekte Diskette einzulegen und durch einen Tastendruck die Batchverarbeitung fortzuführen.

Batchdatei ruft Batchdatei

Soll aus einer Batchdatei einer andere Batchdatei aufgerufen werden, so können Sie dies durch Angabe des Dateinamens des Batches erreichen. Es gilt dabei lediglich zu beachten, daß der Batchprozessor jeweils nur eine einzige Batchdatei verarbeiten kann. Das hat zur Folge, daß bei Beendigung des aufgerufenen zweiten Batches nicht in den ersten zurückgekehrt wird. Im folgenden Beispiel wird der Batch DEMO aufgerufen. Der Befehl *CLS* und das nachfolgende *ECHO* aber wird niemals ausgeführt, da der Batch DEMO zwar abgearbeitet wird, aber kein Rücksprung in den Ursprungsbatch erfolgt.

```
echo off
echo Batch startet...
befehl
echo Rufen des 2. Batches...
demo
cls
echo Ende des Batches!
```

Der Aufruf eines zweiten Batches ist mit einem Sprung (GOTO) vergleichbar. Aus diesem Grund sollte ein Batchaufruf nur als letztes Kommando innerhalb eines Batches vorkommen.

Ab DOS-Version 3.3 steht Ihnen durch den *CALL*-Befehl auch die Möglichkeit zur Verfügung, einen Batch im Sinne eines Unterprogramms aufzurufen. Obiges Beispiel würde durch den Befehl *CALL* erweitert wie folgt aussehen:

```
echo off
echo Batch startet...
befehl
echo Rufen des 2. Batches...
call demo
cls
echo Ende des Batches!
```

Die Befehle *CLS* und das nachfolgende *ECHO* würden nun ordnungsgemäß ausgeführt. Mehr zum *CALL*-Befehl in Kapitel 6.5.

Auch die Anwender von DOS-Versionen vor DOS 3.3 können Batchjobs als Unterprogramm aufrufen, allerdings nur mit Hilfe eines kleinen Tricks. Mehr hierzu im Kapitel 6.7.

6.3 Erstellen einer Batchdatei

Um Batchdateien größeren Ausmaßes zu programmieren, oder um bestehende zu korrigieren, ist die Verwendung einer Textverarbeitung notwendig. Hier könnten Sie beispielsweise den Zeileneditor *EDLIN* verwenden, der allerdings nicht sehr komfortabel ist. Bei allen anderen Textverarbeitungen müssen Sie darauf achten, daß Sie ASCII-Dateien erzeugen; bei *WORD* beispielsweise bedeutet das, daß Sie Ihre Datei unformatiert abspeichern - bei TEXTOMAT PC brauchen Sie beim Abspeichern nichts zu beachten. Bei der Verwendung von WordStar benutzen Sie den Non-Document-Mode und bei WordPerfect speichern Sie den Text mit der Option *Text aus* (<Ctrl>-<F5>).

Will man eine kleine Batchdatei mit nur zwei oder drei Zeilen erstellen, so empfiehlt sich die Eingabe über Tastatur mit Hilfe des *COPY*-Kommandos. Im folgenden Beispiel wird eine Batchdatei mit Namen D.BAT erstellt, die das aktuelle Inhaltsverzeichnis auf dem Drucker ausgibt.

```
COPY con: d.bat
dir >prn
^Z
    1 Datei(en) kopiert.
```

(Taste <F6> drücken)

Schließen Sie jede Zeile mit der <Enter>-Taste ab. Die Batchdatei beenden Sie mit der Taste <F6> und <Enter> oder <Ctrl>-<Z> und <Enter> - es erscheinen dann die Zeichen ^Z.

CON steht für Konsole und teilt dem System mit, daß die Eingaben von der Tastatur kommen. Der Dateiname setzt sich zusammen aus dem Namen, unter dem Sie die Batchdatei aufrufen, und der Dateikennung für Batchdateien BAT. In diesem Beispiel haben Sie also eine Batchdatei unter dem Namen D.BAT erstellt, die Sie lediglich durch Eingabe von:

```
d
```

aufrufen. Die Angabe der Dateikennung ist also wie bei den COM- und EXE-Dateien nicht notwendig, kann aber erfolgen.

Wenn Sie eine Batchdatei anlegen, dann sollten Sie sich auch schon überlegen, *wo* Sie die Batchdatei am sinnvollsten abspeichern - mit *wo* ist das Laufwerk und das Verzeichnis gemeint. Bei Festplatten ist es empfehlenswert, die Batchdatei im DOS-Pfad zu speichern (beispielsweise \DOS), damit der Batchjob jederzeit aufrufbar ist. Bei der Verwendung von Disketten sollten Sie die Batchdatei auf der Diskette speichern, die auch im Laufwerk liegt, wenn Sie den Batchjob aufrufen wollen.

6.4 Die Datei AUTOEXEC.BAT

Normalerweise wird jede Batchdatei durch Eingabe des Dateinamens aufgerufen und gestartet; das ist bei der Datei AUTOEXEC.BAT ein wenig anders. Wenn Sie den Rechner einschalten oder durch die Tastenkombination <Ctrl>-<Alt>-<Del> rücksetzen, so werden zunächst die Konfigurationsdatei CONFIG.SYS und der Kommandointerpreter COMMAND.COM geladen. Hiernach sucht DOS nach der Datei AUTOEXEC.BAT im Hauptverzeichnis des Laufwerkes, mit dem gebootet wurde.

Existiert die Datei, so führt DOS alle in der Batchdatei enthaltenen Befehle aus. Der Vorteil liegt klar auf der Hand: Will man einige Kom-

VORWEG DATE UND TIME.
DANN PRINT.COM MIT BASIC,
FRUCHT.BAS MIT DCOPY.EXE.
NACHHER DANN PACMAN.COM
UND HISCORE.DAT.
HINTERHER EINEN KAFFEE.

mandos stets nach dem Einschalten automatisch ausführen, beispielsweise das Einrichten residenter Programme, das Laden des Tastaturtreibers oder das Aufrufen einer Textverarbeitung etc., so leistet die AUTOEXEC-Datei hier wertvolle Hilfe.

Im folgenden Beispiel sehen Sie eine AUTOEXEC-Datei, die Sie am Bildschirm nach dem Einschalten erst einmal begrüßt.

```
copy con \autoexec.bat

echo off
cls
echo Hallo Herr Meyer! Herzlich willkommen
echo -----------------------------------
echo %
echo Sie arbeiten mit DOS-Version:
echo %
ver
```

Wichtig: Es ist beim Erstellen der Datei AUTOEXEC.BAT sehr wichtig, daß Sie dem Dateinamen den Backslash '\' voranstellen, da nur dann die Datei mit Sicherheit im Hauptverzeichnis abgespeichert wird. Befinden Sie sich in einem beliebigen Verzeichnis \X, so würde ohne den Backslash die Datei im aktuellen Verzeichnis und nicht im Hauptverzeichnis erstellt. Dies hätte zur Folge, daß DOS die Datei nicht finden und starten kann.

Durch *ECHO OFF* werden die einzelnen Befehle der Batchdatei nicht auf dem Bildschirm angezeigt; der Befehl *ECHO OFF* selbst aber wird leider noch angezeigt, was teilweise recht ärgerlich sein kann. Ab DOS 3.3 haben Sie die Möglichkeit, durch Voranstellen des At-Symbols '@' die Anzeige jedes ausgeführten Befehls zu unterdrücken. Er wird ausgeführt, aber nicht angezeigt. So ersetzen Sie das erste Kommando durch folgendes, sofern Sie über eine DOS-Version ab 3.3 verfügen:

```
@echo off
```

Die AUTOEXEC-Datei ist sozusagen eine ganz "normale" Batchdatei, die alle Kommandos enthalten kann und die Sie auch durch Eingabe von:

```
AUTOEXEC
```

aufrufen können. DOS nimmt Ihnen beim Kaltstart (so nennt man den Vorgang beim Einschalten) nur die Arbeit der Eingabe ab und startet die Datei automatisch.

Nun ist obenstehendes Beispiel sehr praxisfremd, da es einige Aufgaben in der AUTOEXEC-Datei zu erledigen gibt, die darin nicht enthalten sind. Beispielswise muß der deutsche Tastaturtreiber geladen werden, der für die deutsche Tastaturbelegung sorgt. Ferner ist es sehr wichtig, daß der Suchpfad mittels *PATH* definiert wird, damit die transienten DOS-Kommandos jederzeit gefunden werden können.

Sofern Sie nicht mit einem Rechner mit batteriegepufferter Uhr arbeiten, sollte in der AUOEXEC-Datei auch das aktuelle Datum sowie die aktuelle Zeit abgefragt werden, damit Systemzeit und -datum entsprechend gesetzt werden können. Nur wenn Sie diese Daten dem Betriebssystem mitteilen, können Sie von den Vorteilen profitieren, die sich daraus ergeben.

Das erste Kommando in der AUTOEXEC-Datei sollte der Befehl *ECHO OFF* sein, damit die auszuführenden Kommandos nicht mehr extra auf dem Bildschirm angezeigt werden:

```
ECHO OFF
```

Danach wird zunächst der Suchpfad definiert. Sofern Sie mit einem Rechner mit Festplatte arbeiten, sollte dieser Suchpfad auf Ihr DOS-Verzeichnis zeigen, also auf das Verzeichnis, in dem sich alle DOS-Befehlsdateien befinden. In der Regel lautet dieses Verzeichnis \DOS oder seltener \BIN. Sollten sich Ihre Befehlsdateien in einem anderen Verzeichnis befinden, so geben Sie dies bitte entsprechend an. Davon ausgehend, daß das erste Festplattenlaufwerk die Laufwerksbezeichnung C trägt, muß das *PATH*-Kommando zur Definition des DOS-Suchpfades wie folgt lauten:

```
PATH C:\DOS
```

Befinden sich Ihre Befehlsdateien im Hauptverzeichnis, verwenden Sie lediglich den Backslash \. Sollten die Befehlsdateien in einem anderen Verzeichnis gespeichert sein, geben Sie bitte hier den Namen dieses Verzeichnisses an.

Arbeiten Sie mit einem Rechner, der nicht mit einer Festplatte ausgestattet ist, so muß sich ohnehin immer eine Diskette mit den entsprechenden Befehlsdateien im Laufwerk befinden. Da DOS bei der Ausführung eines Kommandos immer zunächst auf dem Standardlaufwerk nachsieht, müssen Sie keinen Suchpfad definieren, wenn Sie lediglich über ein Laufwerk verfügen. Sollten allerdings zwei Laufwerke eingebaut sein, so können Sie folgendes Kommando zur Definition des Suchpfades verwenden:

```
PATH A:;B:
```

Mit Hilfe dieses Kommandos sucht DOS auf beiden Laufwerken nach den Befehlsdateien.

Nun sollte der deutsche Tastaturtreiber installiert werden, damit bei einem Tastendruck auch die Zeichen erscheinen, die auf den Tasten abgebildet sind. Dies erreichen Sie durch den Tastaturtreiber mit dem Namen *KEYB*. Arbeiten Sie mit einer DOS-Version bis inklsuive DOS 3.2, so lautet diese Befehlsdatei

```
KEYBGR
```

Für die Anwender unter Ihnen, die bereits mit DOS 3.3 arbeiten, ist dieses Kommando ein wenig umfangreicher geworden. Es muß nicht nur die Tastaturbelegung angegeben werden, mit der Sie arbeiten wollen, sondern vielmehr auch der Name der Datei, in der die verschiedenen Tastaturbelegungen gespeichert sind. Diese Informationen befinden sich in der Datei mit dem Namen COUNTRY.SYS, die sich auf der Systemdiskette befindet. Sofern *KEYB* diese Datei allerdings nicht im Hauptverzeichnis des Laufwerkes finden kann, von dem gebootet wird, muß der komplette Pfadname der Datei angegeben werden. Arbeiten Sie mit einer Festplatte und haben alle Dateien der Systemdiskette in das Verzeichnis \DOS kopiert, so verwenden Sie bitte folgendes Kommando:

```
KEYB GR,,C:\DOS\COUNTRY.SYS
```

Auch hier gilt natürlich wieder: Haben Sie Ihre Systemdateien in einem anderen Verzeichnis gespeichert, geben Sie hier bitte den entsprechenden Namen an. Lassen Sie sich nicht durch die beiden Kommata irritieren - das erste Komma steht hierbei für einen Parameter, auf den wir an dieser Stelle verzichten können.

Sofern sich die Datei COUNTRY.SYS im Hauptverzeichnis der Festplatte befindet, können Sie auch auf die Definition des Dateinamens verzichten. Es reicht dann folgendes Kommando aus:

```
KEYB GR
```

Nun ist schon das wesentliche geschafft. Arbeiten Sie mit einem AT-Computer oder einem Rechner der PS/2-Serie, so verfügen Sie über eine batteriegepufferte Uhr und können auf die Definition der Systemzeit und des Datums beim Einschalten des Gerätes verzichten (natürlich auch dann, wenn Sie über einen PC verfügen, der mit Hilfe einer Erweiterungskarte mit einer batteriegepufferten Uhr ausgestattet ist). In jedem anderen Fall sollten Sie sowohl die Systemzeit als auch das Systemdatum definieren. Aus diesem Grunde verwenden Sie bitte folgende beiden Kommandos:

```
DATE
TIME
```

Schließlich und endlich sollten Sie noch den Bildschirm löschen, damit Sie nicht mit einem halvollen Bildschirm Ihren Arbeitstag beginnen müssen:

```
CLS
```

Wer's mag, der kann sich noch die Versionsnummer des verwendeten DOS auf dem Bildschirm ausgeben lassen. Dann weiß auch jeder andere Anwender, der sich an Ihren Rechner setzt, sofort, mit welcher DOS-Version er es zu tun hat. Geben Sie hierzu bitte folgendes Kommando ein:

```
VER
```

Fassen wir die AUTOEXEC-Dateien zusammen:

PC ohne batteriegepufferte Uhr bis DOS 3.2:

```
ECHO OFF
PATH C:\DOS
KEYBGR
DATE
TIME
CLS
VER
```

PC, AT oder PS/2 mit batteriegepufferter Uhr bis DOS 3.2:

```
ECHO OFF
PATH C:\DOS
KEYBGR
CLS
VER
```

PC ohne batteriegepufferte Uhr ab DOS 3.3:

```
@ECHO OFF
PATH C:\DOS
KEYB GR,,C:\DOS\COUNTRY.SYS
DATE
TIME
CLS
VER
```

PC, AT oder PS/2 mit batteriegepufferter Uhr ab DOS 3.3:

```
@ECHO OFF
PATH C:\DOS
KEYB GR,,C:\DOS\COUNTRY.SYS
CLS
VER
```

Nochmals der Hinweis, daß Sie die Pfadangaben und die Laufwerksbezeichnungen in den obenstehenden Beispielen ersetzen müssen (wie im Text oben angegeben), sofern Sie nicht über eine Festplatte verfügen, oder die Befehlsdateien nicht im Verzeichnis \DOS gespeichert sind.

Speichern Sie bitte die AUTOEXEC-Datei unter dem Namen AUTOEXEC.BAT im Hauptverzeichnis ab. Im Kapitel 6.3 ist beschrieben, wie Sie Batchdateien eingeben und korrigieren können.

6.5 Die speziellen Batchkommandos

Wie bereits erwähnt, verfügen Sie bei der Programmierung von Batchjobs neben den residenten und transienten Kommandos noch über zusätzliche Kommandos, die speziell für die Stapelverarbeitung vorgesehen sind. Diese Befehle können zwar auch im Direktmodus eingegeben werden, jedoch sind einige dann wirkungslos bzw. sinnlos. Hier eine Liste dieser Kommandos:

```
CALL   Aufruf eines Batches innerhalb eines Batches
ECHO*  Anzeige einer Meldung auf dem Bildschirm
FOR*   Schleifenbildung innerhalb eines Batches
GOTO   Sprungbefehl zu einer Marke
IF     Bedingte Programmanweisung
PAUSE  Auf Tastendruck warten
REM    Bemerkungen in Batchdateien
SHIFT  Rotation der übergebenen Parameter
:Marke Definition einer Marke durch ':'

Bemerkung: Durch * markierte Kommandos sind auch
           auf Systemebene direkt verwendbar;
           CALL erst ab DOS 3.3.
```

Wir wollen nun diese Kommandos der Reihe nach mit kleinen Beispielen erläutern. In den Beispielen setze ich voraus, daß Sie diese bereits selbständig eingeben und korrigieren können. Am Ende dieses Kapitels werden Ihnen dann größere Batchdateien vorgestellt, um Ihnen die Leistungsfähigkeit von Batchjobs zu verdeutlichen.

CALL — Aufruf einer Batchdatei als Unterprogramm

CALL {<Pfad>} {<Stapeldatei>} {<Parameter>...}

Mittels *CALL* haben Sie ab DOS 3.3 endlich die Möglichkeit, ohne Umwege eine Batchdatei als Unterprogramm innerhalb einer anderen Batchdatei aufzurufen. Sind alle Kommandos der aufgerufenen Batchdatei abgearbeitet, so wird an dem *CALL*-Befehl folgenden Kommando der aufrufenden Batchprozedur mit der Ausführung fortgefahren.

Bei Aufruf durch *CALL* geben Sie lediglich den Namen der Batchdatei an - die Angabe der Dateikennung entfällt. Zusätzlich haben Sie die Möglichkeit, der aufgerufenen Batchdatei mehrere Parameter zu übergeben, die Sie dann innerhalb der aufgerufenen Batchdatei 'ganz normal' durch %1 bis %9 verarbeiten können. Im folgenden Beispiel werden der aufgerufenen Batchdatei vier Parameter übergeben und verarbeitet:

```
@echo off
echo Vor dem Aufruf von DEMO2
call demo2 A b C d
echo Wieder zurück zum aufrufendem Batch
```

Erster Batch DEMO1.BAT

```
echo Der aufgerufene Batch meldet sich
echo Übergeben wurden die folgenden Parameter:
:marke
if /%1 == / goto ende
echo %1
shift
goto marke
:ende
```

Zweiter Batch DEMO2.BAT

Unterprogrammaufrufe können beliebig tief verschachtelt werden; die Anzahl der Aufrufe ist lediglich durch den zur Verfügung stehenden Speicherplatz beschränkt. So ist auch ein rekursiver Aufruf möglich, d.h. eine Funktion ruft sich immer wieder selbst auf, jedoch ist dabei zu beachten, daß irgendwann diese Kette abgebrochen werden muß. Das folgende Beispiel verdeutlicht die Möglichkeiten der rekursiven Programmierung. Der Batch REKURS ruft sich so lange immer wieder selbst auf, bis er sich nur noch einen einzigen Parameter übergibt. Dann wird die Kette abgebrochen und sukzessive wieder abgebaut.

```
@echo off
if %1/ == / goto ende
echo Übergeben wurden %1 %2 %3 %4 %5 %6 %7 %8 %9
call rekurs %2 %3 %4 %5 %6 %7 %8 %9
echo Zurück bei %1 %2 %3 %4 %5 %6 %7 %8 %9
goto stop
:ende
echo Ende der Liste
:stop
```

Noch eine kleine Bemerkung zur rekursiven Programmierung: Eine rekursive Funktion zeichnet sich in erster Linie dadurch aus, daß sie sich selbst aufruft. Berühmtestes Beispiel ist hier sicherlich die Fakultätsfunktion. Dadurch entsteht eine endlich lange Liste. Diese endlich lange Liste wird in unserem Beispiel gut deutlich.

ECHO

Echomodus einstellen oder Texte anzeigen

ECHO {[ON | OFF]}
ECHO <Text>

Normalerweise wird jede Kommandozeile einer Batchdatei ausgegeben, bevor sie ausgeführt wird; diesen Vorgang nennt man *Echo*. Zu Kontrollzwecken - beispielsweise bei der Entwicklung eines Batchjobs - ist das durchaus angebracht, will man aber übersichtlich gestaltete Batchjobs schreiben, so ist das Echo sehr störend, da unnötige Informationen auf dem Bildschirm erscheinen. Wie störend sich das Echo auswirken kann, soll folgendes kleine Beispiel verdeutlichen:

```
cls
echo Guten Morgen
rem Ob das wohl klappt?
ver
```

Der auszugebende Text *Guten Morgen* erscheint zweimal, die Bemerkung erscheint sogar, obwohl dies nicht gewünscht ist. DOS kennt nun zwei Zustände des Echos, den eingeschalteten (*on*) und den ausgeschalteten (*off*). Beim eingeschalteten Zustand wird jedes Kommando vor der Ausführung auf dem Bildschirm mit Promptsymbol angezeigt, als hätten Sie es eingegeben. Ist der Echozustand aus, so werden die Batchkommandos ungesehen - praktisch von Geisterhand - ausgeführt.

Wollen Sie den Echozustand einschalten, so verwenden Sie das folgende Kommando:

```
echo on
```

Soll der Echozustand jedoch ausgeschaltet werden, beispielsweise zu Beginn eines Batches, so geben Sie folgendes Kommando ein:

```
echo off
```

Zu Beginn einer Batchdatei ist der Echozustand immer eingeschaltet, es sei denn, Sie haben im Direktmodus den Echozustand ausgeschaltet - was allerdings zur Folge hat, daß kein Systemprompt mehr auf dem Bildschirm erscheint. Nachdem eine Batchdatei abgearbeitet worden ist, wird automatisch wieder der Echozustand eingenommen, der vor dem Aufruf des Batches bestanden hat. Sie brauchen also kein *ECHO ON* am Ende eines Batches zu definieren, um den Echomodus wieder einzuschalten.

Wollen Sie wissen, welcher Zustand von *ECHO* momentan aktiv ist, so geben Sie *ECHO* ohne Parameter ein:

```
echo
echo ist on
```

Sollten Sie das Kommando *ECHO OFF* einmal über Tastatur eingeben, so kein Promptsymbol mehr auf dem Bildschirm ausgegeben, bis Sie den Zustand durch *ECHO ON* wieder aufheben.

Ab DOS 3.3 haben Sie die Möglichkeit, durch Voranstellen des Zeichens @ die Anzeige jedes Batchkommandos am Bildschirm zu unterdrücken, unabhängig vom Echomodus. Der Befehl '@' gilt jeweils ausschließlich für das Kommando, das @ folgt. Um das lästige *ECHO OFF* zu unterdrücken, das in jedem Fall auf dem Bildschirm erscheint, ist also ab DOS 3.3 folgendes Kommando möglich:

```
@echo off
```

Wie gesagt: Auch jedes andere Kommando kann durch das @-Zeichen begonnen werden, wie im folgenden Beispiel:

```
@for %%a in (*.com) do copy %%a a:
```

Neben der Ausgabe und der Definition des Echozustandes können aber auch Texte durch das *ECHO*-Kommando auf dem Bildschirm ausgegeben werden - und dies ist wohl auch die häufigste Verwendung für *ECHO*.

Dabei ist zu beachten, daß die drei Zeichen <, > und | wegen der übergeordneten Bedeutung in DOS (Umleitung der Standardein-/-ausgabe bzw. Verknüpfen mehrerer Kommandos) in Texten *nicht* verwendet werden dürfen. Das Prozentzeichen % muß doppelt eingegeben werden, wollen Sie es als Textzeichen verwenden, da es als Platzhalter verwendet wird.

```
echo off
echo +--------------+
echo ! Guten Morgen !
echo +--------------+
echo 15%% von 1000 DM sind 150 DM
```

Ein Problem stellt sich spätestens dann, wenn Sie eine leere Zeile ausgeben wollen. *ECHO* ohne Parameter gibt uns den Echozustand aus, das aber wollen wir nicht. Auch eingegebene Leerzeichen werden nicht erkannt. Ein kleiner Trick hilft hier weiter: Verwenden Sie das sog. *geshiftete Leerzeichen*, d.h. <Leertaste> bei gleichzeitig gedrücktem <Shift>:

```
ECHO <Shift>-<Leertaste>
```

Arbeiten Sie mit einer Textverarbeitung oder dem *COPY-CON*-Befehl, die dies nicht aktzeptiert, so versuchen Sie, das ASCII-Zeichen 255 einzugeben. Hierzu verwenden Sie die Taste <Alt> in Verbindung mit der rechten Zifferntastatur. Wenn auch dies nicht aktzeptiert werden sollte, geben Sie ein Zeichen ein, das relativ unscheinbar ist, wie Punkt oder Doppelpunkt.

Aber nicht nur zum Ausgeben von Texten auf dem Bildschirm kann *ECHO* verwendet werden, auch die Ausgabe von Texten auf den Drucker ist möglich. Sie erreichen dies durch das Umleitungszeichen '>', das Sie dem auszugebenden Text nachstellen müssen. Im folgenden Beispiel werden zwei Textzeilen auf dem Drucker ausgegeben:

```
echo off
echo Dieser Text geht an den Drucker! >prn
echo -------------------------------- >prn
```

Sie können natürlich anstatt *PRN* auch jeden anderen möglichen Kanal verwenden, wie *LPT1*, *LPT2*, *LPT3*, *COM1*, *COM2*, *AUX* etc. Aber auch die Ausgabe eines Textes in eine Datei ist möglich. Dabei wird die angegebene Datei überschrieben, wenn sie bereits existiert, bzw. erstellt, falls sie noch nicht existiert haben sollte.

```
echo off
echo Dieser Text wurde durch ECHO erstellt >urmel.txt
echo Zweite Zeile >urmel.txt
```

In diesem Beispiel würde die Datei URMEL.TXT lediglich die zweite Zeile beinhalten, da der Inhalt des ersten Kommandos durch den Inhalt des zweiten Kommandos überschrieben wurde. Ein Anhängen an eine Datei (auch bekannt unter der Bezeichnung *Append*) ist auch möglich. Hierzu muß man dann das Umleitungszeichen >> verwenden. Wollen Sie nun eine Datei erstellen, die die beiden oben genannten Zeilen enthält, so erreichen Sie das durch folgendes Kommando:

```
echo off
echo Dieser Text wurde durch ECHO erstellt >urmel.txt
echo Zweite Zeile >>urmel.txt
```

FOR .. DO

Schleifenbildung innerhalb eines Batchjobs

FOR %%<Variable> IN (<Menge>) DO <Kommando>

Mittels des *FOR*-Kommandos sind Sie in der Lage, innerhalb eines Batchjobs ein Kommando mehrfach zu wiederholen und dabei einer Variablen (Platzhalter) verschiedene vordefinierte Werte zuzuordnen. Dabei ist das *FOR*-Kommando durchaus an die *FOR*-Schleifenbefehle der verschiedenen Hochsprachen angelehnt.

<Variable> ist ein beliebiges Zeichen bis auf die Umleitungszeichen < und >, das Prozentzeichen % sowie das Verknüpfungssymbol | und den Ziffern (1 bis 9).

<Menge> ist ein Dateiname, eine Liste von Dateinamen, eine Dateiselektion (mit Wildcards) oder eine Liste von beliebigen Texten. Innerhalb des Klammerpaares sind die verschiedenen Einträge jeweils durch Leerzeichen voneinander zu trennen.

<Kommando> ist ein beliebiges unter DOS erlaubtes Kommando mit Ausnahme einer weiteren *FOR...DO*-Anweisung.

Die Variable nimmt der Reihe nach alle Werte an, die in *<Menge>* definiert sind. Nach dem *DO*-Kommando, das in derselben Zeile stehen muß wie der *FOR*-Befehl, kann nur ein einziges gültiges DOS-Kommando angegeben werden - oder aber natürlich der Name eines Anwenderprogrammes. Dieses Kommando darf allerdings keine zweite *FOR...DO*-Anweisung sein, da das Schachteln von *FOR*-Schleifen nicht erlaubt ist. Zweckmäßigerweise findet auch hier die Schleifenvariable Verwendung.

Wollen Sie beispielsweise alle Zahlen von 1 bis 10 auf dem Bildschirm untereinander ausgeben, so erreichen Sie dies durch folgendes Kommando:

```
for %%a in (1 2 3 4 5 6 7 8 9 10) do echo %%a
```

Natürlich können Sie im Klammerpaar auch Dateinamen angeben, die in der Schleife durchlaufen werden sollen. Im folgenden Beispiel würden die drei Dateien TEXT1.TXT, TEXT2.TXT und TEXT3.TXT auf dem Drucker nacheinander ausgegeben:

```
for %%b in (text1 text2 text3) do type %%b.txt >prn
```

Auch die Verwendung von Wildcards ist innerhalb von *<Menge>* erlaubt. Zu beachten ist hier, daß die Schleifenvariable nun nicht einfach den Wert mit den Wildcards annimmt, sondern nacheinander alle Dateinamen, auf die die Beschreibung mit den Wildcards paßt. Folgendes Beispiel verdeutlicht das:

```
for %%a in (*.com) do echo %%a existiert!
```

Es wird nicht nur einmal der eigentlich definierte Dateiname *.COM auf dem Bildschirm ausgegeben, sondern all die Namen aller Dateien mit der Dateikennung COM, die sich im Standardverzeichnis befinden. Auf diese

Weise kann man alle Probleme lösen, die entstehen, wenn man bei einem Kommando keine Wildcards verwenden darf. Beispielsweise dürfen beim *FIND*-Kommando keine Wildcards verwendet werden. Wollen Sie aber eine ganze Reihe von Dateien durch *FIND* bearbeiten, so können Sie dies durch *FOR* leicht erreichen. Im folgenden Beispiel wird in allen Pascal-Quellcode-Dateien nach der Zeichenkette SYSTEM gesucht und die entsprechenden Zeilen ausgegeben:

```
for %%a in (*.pas) do find "SYSTEM" %%a
```

Auch die einem Batch übergebenen Parameter können Sie innerhalb der *FOR...DO*-Anweisung verwenden. Wollen Sie beispielsweise alle eingegebenen Parameter einmal ausgeben, so wäre folgendes Kommando dafür ausreichend:

```
for %%a in (%1 %2 %3 %4 %5 %6 %7 %8 %9) do echo %%a
```

Ist es notwendig, daß nach dem DO-Kommando mehr als eine Anweisung ausgeführt wird, so erstellen Sie eine neue Batchdatei, die diese Aufgaben erfüllt, und rufen die Batchdatei als Unterprogramm mit Parameterübergabe auf (siehe auch Kapitel 6.7):

```
for %%a in (*.txt) do command/c batch %%a
```

Ab DOS 3.3 funktioniert dies natürlich einfacher, indem Sie sich des *CALL*-Befehls bedienen:

```
for %%a in (*.txt) do call batch %%a
```

Häufig macht auch die Verwendung der *FOR...DO*-Anweisung im Direktmodus Sinn. In diesem Fall dürfen Sie nur ein Prozentzeichen verwenden. Das folgende Beispiel durchsucht wieder alle Pascal-Quellcode-Dateien nach der Zeichenkette SYSTEM, allerdings im Direktmodus eingegeben:

```
for %a in (*.pas) do find "SYSTEM" %a
```

Wichtig:

- Wollen Sie ein Schleifenkommando über Tastatur im Direktmodus eingeben, so verwenden Sie nur ein Prozentzeichen - Sie erhalten sonst eine Fehlermeldung.
- Das Verschachteln von *FOR...DO*-Anweisungen ist nicht erlaubt.

GOTO

Sprung zu einer Marke in der Batchdatei

GOTO {:}<Marke>

Durch *GOTO* haben Sie die Möglichkeit, eine Stapelverarbeitung nicht nur sequentiell (der Reihe nach) abzuarbeiten. Sie können mit Hilfe von *GOTO* sowohl vorwärts als auch rückwärts innerhalb einer Batchdatei springen. Sollte die angegebene Marke nicht existieren, so wird folgende Fehlermeldung ausgegeben und die Stapelverarbeitung abgebrochen:

```
Name nicht gefunden
```

Die Namen der Marken können beliebig lang sein, jedoch sind ausschließlich die ersten acht Zeichen relevant. Eine Marke muß alleine in einer Zeile stehen, es dürfen also keine Kommandos folgen, und sie muß durch einen Doppelpunkt eingeleitet werden.

```
echo off
:weiter
echo Nur durch CTRL-C abzubrechen
goto weiter
```

Diese Batchdatei können Sie nur durch die Tastenkombinationen <Ctrl>-<C> bzw. <Ctrl>-<Abbr> abbrechen, es erscheint dann die Meldung:

```
Stapdatei abbrechen (J/N)?
```

GOTO wird häufig in Verbindung mit der *IF*-Anweisung verwendet, um einen bedingten Sprung zu realisieren. Im folgenden Beispiel wird von der Kombination *IF* mit *GOTO* Gebrauch gemacht:

```
echo off
echo Liste aller eingegebenen Parameter
:weiter
if %1/ == / goto fertig
echo %1 eingegeben
shift
goto weiter
:fertig
echo Das war alles
```

Rufen Sie diesen Batchjob einmal mit einer beliebigen Liste von Parametern auf, die Sie durch Leerzeichen voneinander trennen:

```
batch 1 2 3 4 5 trenner guter_batch
```

Die Abarbeitung eines Batches ist zwar nicht sehr schnell, wenn man vom Sprungkommando *GOTO* Gebrauch macht, jedoch sind die Möglichkeiten schon beachtlich, wie man ja an diesem Beispiel gut sehen kann.

IF

Bedingte Ausführung eines Kommandos

IF {NOT} <Bedingung> <Kommando>

Mit Hilfe des *IF*-Kommandos haben Sie innerhalb von Batchdateien die Möglichkeit zur bedingten Befehlsausführung. Das Kommando, das der *IF*-Anweisung und deren Bedingung folgt, wird nur dann ausgeführt, wenn die getestete Bedingung wahr ist (zutrifft), andernfalls wird das unmittelbar folgende Kommando übersprungen.

Es gibt verschiedene Bedingungen, die innerhalb einer *IF*-Anweisung abgetestet werden können. Dies sind im einzelnen folgende:

Bedingung	Beschreibung
exist <Dateiname>	Wahr, wenn <Dateiname> exististiert
<String1< == <String2>	<String1> und <String2> identisch?
errorlevel <Code>	Wahr, wenn Errorlevel >= Code ist

Jede dieser Bedingungen kann durch Voranstellen des Operators *NOT* umgekehrt (negiert) werden. Wir wollen die einzelnen Bedingungen der Reihe nach erläutern.

Exist <Datei>

Wollen Sie überprüfen, ob eine Datei existiert, beispielsweise um zu verhindern, daß eine Datei überschrieben wird o.ä., so leistet die *EXIST*-Bedingung hilfreiche Dienste. Folgender Batchjob teilt Ihnen mit, ob die als Parameter angegebene Datei existiert:

```
echo off
if exist %1 goto ja
echo "%1" existiert leider nicht!
goto ende
:ja
echo "%1" existiert bereits!
:ende
```

Soll nun überprüft werden, ob beispielsweise die Datei mit dem Namen TEST.TXT existiert, rufen Sie einfach obige Batchdatei auf:

```
C>dtest test.txt

C>echo off
"test.txt" existiert leider nicht!
```

Wollen Sie testen, ob eine Datei *nicht* existiert, so erreichen Sie dies durch den Operator *NOT*, der sozusagen wahr in falsch verwandelt und umgekehrt.

```
echo off
if not exist %1 goto nein
echo "%1" existiert bereits!
goto ende
:nein
echo "%1" existiert leider nicht!
:ende
```

Stringvergleich mit ==

Wollen Sie zwei Zeichenketten miteinander vergleichen, so verwenden Sie das Kommando '==' - Beachten Sie bitte dabei, daß entgegen den meisten Hochsprachen zwei Gleichheitszeichen zum Vergleich notwendig sind. Die Zeichenketten dürfen sich zusammensetzen aus Konstanten und Variablen, jedoch dürfen keine Leerzeichen enthalten sein, da diese als Befehlstrenner verstanden würden. Groß- und Kleinschreibung wird berücksichtigt und ist beim Vergleich somit relevant.

Normalerweise verwendet man *IF*, um eingegebene Parameter mit feststehenden Werten zu vergleichen. Beachten Sie hierbei, daß Sie den Parameter *hinter* dem Gleichheitszeichen plazieren, da sonst ein *Syntaxfehler* angezeigt wird, wenn kein Parameter eingegeben wurde.

Folgende Batchdatei läßt die drei Benutzer *Christian*, *Michael* und *Egon* zu, alle anderen Benutzer werden abgelehnt:

```
echo off
if Michael   == %1 goto ok
if Egon      == %1 goto ok
if Christian == %1 goto ok
echo Benutzer nicht identifiziert!
goto ende
:ok
if not Michael == %1 goto rest
...
:ende
```

Auch bei der Überprüfung auf Gleichheit wird durch Voranstellen des Negators *NOT* die Bedingung umgedreht, also ein Vergleich auf Nichtgleichheit durchgeführt.

Durch einen kleinen Trick kann man mit der *IF*-Anweisung überprüfen, ob ein beliebiger Parameter überhaupt eingegeben wurde. Dies ist besonders dann wünschenswert, wenn man die genaue Anzahl einzugebender Parameter nicht genau definieren kann. Hierzu vergleicht man einfach den Parameter, den man überprüfen will, mit einem beliebigen Symbol, beispielsweise dem Schrägstrich (/). Dafür muß man einmal den Parameter und den Schrägstrich als Zeichenkette zusammensetzen:

```
echo off
if / == %1/ goto leereingabe
echo ok
goto ende
:leereingabe
echo Kein Parameter eingegeben
:ende
```

Ist der erste Parameter leer, so steht auf der linken Seite genauso wie auf der rechten Seite der Schrägstrich alleine, und somit ist die Bedingung erfüllt. Folgende Batchdatei würde ausschließlich den zuletzt eingegebenen Parameter auf dem Bildschirm ausgeben:

```
echo off
:weiter
if / == %1/ goto found
shift
goto weiter
:found
echo Der letzte Parameter lautet "%0"
```

Errorlevel <Wert>

Viele DOS-Kommandos, wie beispielsweise die Befehle *BACKUP* oder *RESTORE*, aber auch die meisten Anwendungsprogramme übergeben am Ende der Ausführung einen Fehlercode, der von DOS unter der Systemvariablen *Errorlevel* gespeichert wird. Anhand dieser Systemvariablen können Sie ermitteln, mit welchem Status das Anwenderprogramm verlassen worden ist. Zumeist bedeutet eine Null hier, daß das Programm ordnungsgemäß und ohne Fehler beendet wurde, jeder andere Code weist auf eine Fehlerquelle hin, die von Anwenderprogramm zu Anwenderprogramm verschieden ist. Bei der Befehlsbeschreibung der DOS-Kommandos finden Sie bei allen Kommandos, die der Systemvariablen Errorlevel einen Wert zurückgeben, eine entsprechenden Hinweis und eine Tabelle mit den Codes und den dazugehörigen Bedeutungen.

Beachten Sie unbedingt, daß bei der Bedingung mit *Errorlevel* nicht ein Vergleich auf Gleichheit gemacht wird, sondern vielmehr ein Größergleich-Vergleich. Die Bedingung ist immer dann wahr, wenn *Errorlevel* größer oder gleich *<Wert>* ist. Deswegen ist es nötig - wollen Sie mehrere Fälle von *Errorlevel* abfragen -, daß Sie beim größten Wert mit dem Vergleich beginnen.

```
echo off
backup *.com
if errorlevel 4 goto critical
if errorlevel 3 goto ctrlc
if errorlevel 2 goto nicht_alle_dateien_kopiert
if errorlevel 1 goto keine_datei_gefunden
if not errorlevel 0 goto anderer_fehler
echo Alles gut gegangen!
```

PAUSE

Batchjob anhalten, Meldung ausgeben und auf Taste warten

PAUSE {<Text>}

Mit *PAUSE* unterbrechen Sie den Ablauf einer Batchdatei. Sie können diese Pause nutzen, um beispielsweise Disketten auszutauschen, den Drucker einzuschalten oder Papier einzulegen etc. Normalerweise wird auf dem Bildschirm angezeigt, was zu tun ist. Es erscheint weiterhin folgende Meldung auf dem Bildschirm (diese Meldung erscheint bei DOS 3.3, bei früheren Versionen erscheint eine ähnlich lautende, aber gleichbedeutende Meldung):

```
Weiter --> eine Taste betätigen
```

Sie können jede Taste außer <Ctrl>-<C> betätigen, um den angehaltenen Batchjob weiter ablaufen zu lassen.

Haben Sie dem *PAUSE*-Kommando einen Text beigefügt, so wird dieser noch vor der Aufforderung, eine Taste zu betätigen, ausgegeben.

```
echo off
pause Bitte Quell- und Zieldiskette einlegen
xcopy a: b: /s
```

Wenn Sie diesen Batch starten, erscheint zunächst die Meldung:

```
Bitte Quell- und Zieldiskette einlegen
Weiter --> eine Taste betätigen
```

Haben Sie dann eine beliebige Taste auf der Tastatur betätigt, so wird das nachfolgende *XCOPY*-Kommandos ausgeführt.

REM

Bemerkung in Batchdatei einfügen

REM <Text>

Wollen Sie in Ihrer Batchdatei Bemerkungen unterbringen, beispielsweise um einige Programmpassagen zu dokumentieren, so bietet sich das *REM*-Kommando an. Allerdings ist dies nicht unbedingt zu empfehlen, weil Batchdateien durch Bemerkungen deutlich langsamer in der Ausführung werden.

Ist der Echozustand eingeschaltet, so werden die Bemerkungen auf dem Bildschirm angezeigt - bei ausgeschaltetem Echo-Modus bleibt Ihnen der Text verborgen.

```
echo off
rem +----------------------------+
rem ! Dieser Batch ist mein erster !
rem +----------------------------+
rem
echo Los geht's
```

SHIFT

Verschieben der Parameterliste

SHIFT

Normalerweise können bis zu neun Parameter an eine Batchdatei übergeben werden. Durch Verwendung des *SHIFT*-Kommandos ist diese Anzahl nicht mehr auf neun begrenzt. Die ersten neun Parameter sind direkt unter den Bezeichnungen %1 bis %9 zugänglich (siehe auch Kapitel 6.6), %0 stellt den Namen der Batchdatei selbst dar. Wird das Kommando *SHIFT* nun ausgeführt, so wird die komplette Liste der Parameter um eine Stelle nach links verschoben, d.h. %1 wird %0, %2 wird %1 etc. Das bedeutet, daß der Parameter %0 verloren und unter %9 nun ein neuer zugänglich ist.

In der nachfolgenden Tabelle können Sie die Belegung der 10 innerhalb eines Batches adressierbaren Parameter entnehmen. Manche DOS-Versionen erlauben lediglich 15 Parameter, bei anderen gibt es hier keine Beschränkung:

Parameter	%0	%1	%2	%3	%4	%5	%6	%7	%8	%9
Urzustand	DN	1	2	3	4	5	6	7	8	9
1 x SHIFT	1	2	3	4	5	6	7	8	9	10
2 x SHIFT	2	3	4	5	6	7	8	9	10	11
3 x SHIFT	3	4	5	6	7	8	9	10	11	12
4 x SHIFT	4	5	6	7	8	9	10	11	12	13
5 x SHIFT	5	6	7	8	9	10	11	12	13	14
6 x SHIFT	6	7	8	9	10	11	12	13	14	15

DN = Dateiname und Pfad des aktuellen Batches

Abb. 19: Die Parameter unter dem Einfluß des SHIFT-Kommandos

Folgende Batchdatei gibt alle Parameter aus, die Sie bei Aufruf des Batches auch eingegeben haben. Beachten Sie auch, wie das Ende der Eingabeliste durch die *IF*-Anweisung abgetestet wird:

```
echo off
if %1/ == / goto keine
echo Sie haben folgende Werte eingegeben:
echo <Shift>-<Leertaste>
weiter:
if %1/ == / goto ende
echo "%1"
shift
goto weiter
:keine
echo Sie haben keinen Parameter eingegeben!
:ende
```

6.6 Batchdateien und Parameter

Wie bereits mehrfach erwähnt, können Sie an Batchdateien auch Parameter übergeben. Dadurch werden die Batchprogramme extrem flexibel und universell einsetzbar. Parameter werden durch Leerzeichen getrennt nach dem Namen des Batchprogrammes in der Kommandozeile eingegeben:

```
batch par1 par2 par3
```

In unserem Beispiel sind die drei Werte par1, par2 und par3 die Parameter, die an die Batchverarbeitung BATCH übergeben werden. Das Betriebssystem übergibt diese eingegebenen Werte an die Batchverarbeitung. Sie können als Programmierer innerhalb des Batches die eingegebenen Parameter durch die dafür vorgesehenen Variablen (*Platzhalter*) %1 bis %9 verwenden. Dabei stellt %0 den Namen des Batchjobs selbst dar. In unserem obigen Beispiel hätten wir also folgende Zuordnung:

```
%0 = batch        %2 = par2
%1 = par1         %3 = par3
```

Wenn Sie diese Platzhalter in Ihrer Batchdatei verwenden, so werden die entsprechenden Werte eingesetzt und verarbeitet, als hätten Sie diese Werte direkt über Tastatur eingegeben und in die Batchdatei geschrieben. Das hat den Vorteil, daß Sie einen solchen Platzhalter durchaus auch als Kommando selbst verwenden können.

Da die einzugebenden Parameter durch Leerzeichen getrennt werden, kann dieses Zeichen nicht in einem Parameter vorkommen. Auch das Einschließen eines Textes in Hochkommata wird nicht als Zusammenfassen mehrerer Worte akzeptiert.

Wollen Sie beispielsweise eine Batchdatei erstellen, die nur die Dateien einer speziellen Dateikennung auf dem Drucker sortiert auslistet, so erreichen Sie das durch:

```
echo off
dir *.%1 ¦ sort > prn
```

Im folgenden Beispiel haben wir der Batchdatei den Namen xdir.bat gegeben, rufen Sie diese beispielsweise so auf:

```
xdir *.com
```

In den Beschreibungen des *IF*- und des *SHIFT*-Kommandos sehen Sie Beispiele, wie Sie mit den Parametern arbeiten können.

Parameter aus dem Environment

Das Environment - die Ablaufumgebung - kann durch das Kommando *SET* angesehen und verändert werden. Alle Werte, die Ihnen links vom Gleichheitszeichen ausgegeben werden, sind die *Umgebungsnamen*, die Werte rechts vom Gleichheitszeichen die *Umgebungswerte*. Die Umgebungsnamen sind immer in Großbuchstaben geschrieben, die Umgebungswerte können gemischt erscheinen, je nachdem, wie sie eingegeben wurden (siehe aber auch *SET*-Kommando).

Auch die Umgebungsnamen können Sie als Parameter in Batchdateien verwenden, es werden dann die entsprechenden Umgebungswerte eingesetzt.

Ein Umgebungsname, der immer existiert, ist *PATH*. Diesen wollen wir einmal innerhalb einer Batchdatei verwenden:

```
echo off
echo Der Umgebungswert PATH ist %path%
```

Umgebungsnamen werden also in Prozentzeichen *eingeschlossen*. Der Vorteil der Methode der Parameterübergabe über die Umgebung ist, daß diese Parameter statisch sind, im Gegensatz zu den dynamischen, direkt einzugebenden Parametern. Ferner können die Umgebungswerte auch in anderen Programmen (beispielsweise in *Pascal* oder *C*) abgefragt und beeinflußt werden. So kann man die Umgebungsvariablen als global verwendbare Platzhalter betrachten, die durch DOS verwaltet werden.

Die Verwendung der Umgebungswerte ist fast identisch mit der Benutzung der dynamischen Parameter, mit der Ausnahme, daß *nach* einem solchen Umgebungswert in einer Befehlszeile alles ignoriert wird. Folgende Anweisung ist mit dynamischen Parametern innerhalb einer Batchdatei möglich:

```
echo %1 %2 %3
```

das nun folgende Beispiel mit zwei statischen Parametern aber leider *nicht*:

```
echo %path% %comspec%
```

Obwohl diese Möglichkeiten der Verwendung von statischen Parametern aus dem Umgebungsspeicher sehr sinnvoll ist, wurde sie bislang in kaum einem Handbuch erwähnt - sicherlich wegen des kleinen Schönheitsfehlers, daß nach Verwendung einer solchen Umgebungsvariablen keine weiteren Zeichen in der Zeile folgen dürfen. Die Entwickler des DOS bei Microsoft hat dies nicht ruhen lassen, und so haben Sie ab DOS 3.3 diese Möglichkeit offiziell angeboten. Der Schönheitsfehler wurde gleichzeitig beseitigt; ab DOS 3.3 ist somit beispielsweise folgendes Kommando denkbar:

```
echo Suchpfad = %path% und Comspec = %comspec%
```

Nach der Umgebungsvariablen *PATH* kann also ab DOS 3.3 die Befehlszeile fortgeführt werden. Ein kleiner Wermutstropfen ist allerdings dabei: Aus Kompatibilitätsgründen können Sie leider von dieser Möglichkeit nur dann Gebrauch machen, wenn Sie sicher sein können, daß dieser Batch nicht auf einem Rechner mit einer DOS-Version kleiner als 3.3 verwendet wird.

6.7 Batchdatei als Unterprogramm

Wird eine Batchdatei von einer anderen Batchdatei aus aufgerufen, so wird der aufrufende Batchjob verlassen und mit der Ausführung bei der aufgerufenen Batchdatei fortgefahren. Es handelt sich hier um einen Sprung ohne Rückkehr, einem *GOTO* in eine andere Datei praktisch.

Nicht selten will man aber bestehende Batchdateien auch aus einer Batchdatei heraus aufrufen können. Dies ist beispielsweise bei der *FOR..DO*-Schleife sinnvoll, da man hier lediglich ein Kommando hinter der *DO*-Anweisung angeben kann.

Unterprogrammaufruf bis DOS 3.2

Dieser *Unterprogrammaufruf* einer Batchdatei ist bis DOS 3.2 ausschließlich durch Laden eines neuen Kommando-Interpreters möglich, der auch neuen Platz für den zusätzlichen Batchprozessor vorsieht; ab DOS 3.3 steht Ihnen hierfür das Kommando *CALL* zur Verfügung (siehe auch Beschreibung des *CALL*-Befehls in Kapitel 6.5).

Es besteht die Möglichkeit, durch den Parameter */c* den Kommandoprozessor temporär für die Ausführung eines Kommandos zu laden. Ist das Kommando ausgeführt, so wird der benötigte Speicher für den neu geladenen Kommandoprozessor wieder freigegeben. Alle Änderungen, die in der Zeit am Environment gemacht wurden, sind für das aufrufende Environment ohne Bedeutung (also teilweise Vorsicht bei der Übergabe von statischen Parametern).

Das erwähnte eine Kommando, das ausgeführt werden soll, ist die Batchdatei, die Sie als Unterprogramm aufrufen wollen. Es wird direkt deutlich: Sie können nicht beliebig häufig Batchjobs als Unterprogramm aufrufen, weil der Speicherbedarf hierfür immens ist. Bei Laden eines neuen Kommandointerpreters benötigt DOS ca. 4 KByte.

Nachdem der aufgerufene Batch abgearbeitet ist, wird in den aufrufenden Batch zurückgekehrt. Dies soll folgendes kleine Beispiel verdeutlichen:

1. Batchdatei unter dem Namen BAT1.BAT:

```
echo off
echo Ich befinde mich im Haupt-Batch!
command/c bat2
echo Ich bin wieder in BAT1.BAT
```

2. Batchdatei unter dem Namen BAT2.BAT:

```
echo off
echo Hier bin ich und melde mich aus dem
echo zweiten Batch!
```

Rufen Sie nun den ersten Batch auf:

```
bat1
```

Im zweiten Batch müssen Sie ebenfalls den Echozustand ausschalten, weil ein neuer Kommando- und ein neuer Batchprozessor aktiv sind, die natürlich ebenfalls mit eingeschaltetem Echozustand beginnt.

Wichtig ist in diesem Fall, daß die Datei COMMAND.COM zugänglich ist, sonst funktioniert das Ganze nicht. Nötigenfalls müssen Sie eine komplette Pfadangabe des Kommandoprozessors machen, damit DOS ihn findet, wie im folgendem Beispiel, in dem der Kommandoprozessor explizit im Verzeichnis C:\DOS angegeben wird:

```
c:\dos\command/c bat2
```

Unterprogrammaufruf ab DOS 3.3

Ab DOS 3.3 ist dies alles durch die Einführung des *CALL*-Befehles viel einfacher und flexibler geworden. Wenden Sie den *CALL*-Befehl an, so wird *kein* neuer Kommandoprozessor geladen. Dies hat erstens den Vorteil, daß der Aufruf deutlich schneller realisiert wird, und zweitens, daß der Umgebungsspeicher für aufrufenden und aufgerufenen Batch identisch ist. Änderungen, die im aufgerufenen Batch gemacht werden, sind danach auch im aufrufenden Batch verfügbar. Ferner können Unterprogrammaufrufe durch *CALL* beliebig tief geschachtelt werden, da der Speicherbedarf pro Unterprogramm-Aufruf mit 64 Byte deutlich niedriger liegt.

Wie Sie *CALL* mit seinen Möglichkeiten anwenden, beispielsweise die Parameterübergabe oder den verschachtelten Aufruf, der mit der hier vorgestellten Ersatzlösung kaum zu realisieren ist, finden Sie in Kapitel 6.5 erläutert.

Nun dasselbe Beispiel wie für die Kommandoprozessorversion unter Anwendung des *CALL*-Befehls:

1. Batchdatei unter dem Namen BAT1.BAT:

```
@echo off
echo Ich befinde mich im Haupt-Batch!
call bat2
echo Ich bin wieder in Bat1.bat
```

2. Batchdatei unter dem Namen BAT2.BAT:

```
echo Hier bin ich und melde mich aus dem
echo zweiten Batch!
```

Beachten Sie, daß ein *ECHO OFF* im zweiten Batch nun nicht mehr erforderlich ist, da der Echo-Zustand nach dem Aufruf durch *CALL* unverändert ist.

6.8 Eingaben während Stapelverarbeitung

Parameter können zwar *bei* Aufruf eines Batchjobs eingegeben werden, leider jedoch nicht *während* der Abarbeitung eines Stapels. Manchmal wäre dies wünschenswert, will man ein wenig dialogorientiert programmieren. Die Leser, die das Fehlen einer solchen Möglichkeit allerdings vehement bemängeln, müssen wissen, daß der Batchbetrieb das klassische Gegenteil der Dialogverarbeitung ist - ein Batch soll ohne Eingreifen eines Benutzers komplett automatisch ablaufen. Aus diesem Grunde haben die Entwickler von DOS auch keine Möglichkeit zu Eingabe von Daten während des Batchablaufes vorgesehen.

Da es aber dennoch manchmal praktisch wäre, während des Batchbetriebes Daten über die Tastatur einzulesen, beispielsweise um einen Menüpunkt auszuwählen oder eine Frage mit Ja oder Nein zu beantworten, will ich Ihnen an dieser Stelle eine Möglichkeit vorstellen, wie Sie solche Abfragen innerhalb eines Batchjobs realisieren können.

Das funktioniert allerdings nicht ganz ohne Hochsprache; zumindest einmal müssen Sie entweder in *Pascal*, *BASIC* oder *Assembler* eine Vorbereitung treffen. Ist dann das entsprechende neue Kommando aber *geschaffen*, steht der Befragung innerhalb des Batches nichts mehr im Wege.

Es muß eine COM-Datei erstellt werden, die eigentlich nichts anderes macht, als auf einen Tastendruck zu warten. Dann übergibt das Programm in Abhängigkeit der betätigten Taste einen Code an die Systemvariable des Batchjobs *Errorlevel*. Dabei wollen wir zunächst lediglich für die Beantwortung einer Frage mit Ja oder Nein folgende Zuordnung definieren:

ERRORLEVEL	Bedeutung
1	Die Antwort lautet Ja
2	Die Antwort lautet Nein

Rückgabewerte an den Batch

Natürlich könnten Sie den Eingabemechanismus später beliebig ausbauen. Beispielsweise wäre die Auswahl aus 10 Menüpunkten oder ähnliches kein Problem, so lange man die Antwort in der Größe eines Zeichens an *Errorlevel* übergeben kann.

Wenn Sie eines der folgenden Beispiele benutzen, so bedenken Sie bitte beim Abspeichern von BATCHIN.COM, daß diese Datei jederzeit zugänglich sein muß. Speichern Sie sie deswegen beispielsweise im DOS-Unterverzeichnis oder auf der DOS-Diskette ab.

Die PASCAL-Version

```
Program BATCHINput;

(* Dieses Programm ermöglicht Ihnen die Eingabe von Daten *)
(* während des Ablaufes einer Stapelverarbeitung          *)

VAR
  eingabe : char;

BEGIN
   repeat
     write( ' (J/N) ' );
     readln( eingabe);
   until eingabe in [ 'j',  'J',  'N',  'n' ];
   if eingabe in [ 'j', 'J' ] then halt (1)
                              else halt (0)
END.
```

Compilieren Sie das Pascal-Quellprogramm und erstellen Sie eine COM-Datei. Kopieren Sie dann die Datei in das DOS-Verzeichnis auf Ihre Festplatte oder Ihre Arbeitsdiskette.

Die Assembler-Version

```
        title   Eingabe während Stapelverarbeitung

code    segment para 'code'
        assume  cs:code, ds:code, es:code

        org     0100h          ; Startadresse fuer COM-Dateien

        xor     ah, ah         ; Tastatur einlesen
        int     16h
        cmp     al, 'j'        ; Kleines oder großes J?
        je      yes
        cmp     al, 'J'
        je      yes
        xor     al, al         ; Rückgabe Errorlevel vorber.
        jmp     return         ; und Rücksprung
yes:    mov     al, 1
return: mov     ah, 04ch       ; Programm beenden
        int     21h

code    ends

        end
```

Erfassen Sie das Assembler-Quellprogramm mit einem entsprechenden Editor. Danach muß das Quellprogramm assembliert, dann gelinkt und schließlich in eine COM-Datei gewandelt werden. Um dies zu erreichen, geben Sie der Reihe nach folgende Kommandos ein:

```
masm batchin;
link batchin;
exe2bin batchin.exe batchin.com
```

Voraussetzung ist allerdings, daß Sie über einen Makro-Assembler verfügen. Die Meldung

```
Warning: No Stack Segment
```

die vom Linker ausgegeben wird, können Sie ignorieren. Sie ist für den ordnungsgemäßen Programmablauf nicht von Bedeutung.

Die BASIC-Version

```
10 REM ****************************************************
20 REM ** Basic-Loader für Batcheingabe ****************
30 REM ****************************************************
40 :
50 OPEN "batchin.com" FOR OUTPUT AS #1
60 FOR I = 0 TO &H16
70    READ X
80    PRINT #1, CHR$(X);
90 NEXT
100 CLOSE #1
110 END
120 :
1000 DATA &h32,&he4,&hcd,&h16,&h3c,&h6a,&h74,&h09,&h3c,&h4a,&h74
1010 DATA &h05,&h32,&hc0,&heb,&h03,&h90,&hb0,&h01,&hb4,&h4c,&hcd
1020 DATA &h21
```

Dieses BASIC-Programm erzeugt lediglich eine COM-Datei, die die gestellten Anforderungen erfüllt - das Listing stellt also nicht selbst die eigentliche Lösung dar. In Zeile 50 können Sie eine eventuelle Pfadangabe machen, um die COM-Datei direkt ins richtige Verzeichnis zu kopieren. Das BASIC-Programm selbst brauchen Sie eigentlich nicht zu abzuspeichern - es sei denn, Sie wollen es aus Sicherheitsgründen speichern oder mit einer Empfehlung dieses Buch betreffend an Bekannte weitergeben.

Die C-Version

```
main()

  {
  char zeichen;

  do
    zeichen = getch();
  while (zeichen != 'J' && zeichen != 'j' && zeichen != 'N'
          && zeichen != 'n');
  exit ( zeichen == 'j' || zeichen == 'J' );
  }
```

Das C-Quellprogramm muß compiliert, gelinkt und in eine COM-Datei gewandelt werden. Geben Sie hierzu der Reihe nach folgende Kommandos ein, sofern Sie über einen Microsoft-C-Compiler verfügen:

```
msc batchin;
link batchin;
exe2bin batchin.exe batchin.com
```

Sofern Sie mit Turbo C arbeiten sollten, stellen Sie den entsprechenden Parameter ein.

Nachdem Sie nun eines dieser Programme eingegeben und gestartet haben, können Sie innerhalb von Batchdateien Eingaben tätigen. Im folgenden Beispiel wollen wir dies einmal versuchen:

```
echo off
echo Bitte geben Sie J für Ja oder N für Nein ein:
batchin
if errorlevel 1 goto ja
echo Sie haben Nein eingegeben!
goto ende
:ja
echo Sie haben Ja eingegeben!
:ende
```

Wollen Sie nun eine Zahl eingeben und diese an Errorlevel übergeben, so ist dies auch möglich und nicht viel komplizierter. Wir wollen das nur anhand eines Pascal-Programms verdeutlichen:

```
PROGRAM BATCHnum;

VAR
  eingabe : string[5];
  wert    : integer;
  errn    : integer;

BEGIN
   write ('Bitte Nummer eingeben:');
   readln (eingabe);
   val (eingabe, wert, errn);
   halt (wert)
END.
```

Beispielsweise ist es auch sinnvoll, auf eine Taste zu warten und der Batchverarbeitung den Code dieser Taste durch *Errorlevel* zu übergeben. In diesem Fall sähe das Pascal-Programm wie folgt aus:

```
Program BATCHINput;

(* Dieses Programm ermöglicht Ihnen die Übergabe von *)
(* beliebigen Tastencodes an die Stapelverarbeitung  *)

VAR
  eingabe : char;

BEGIN
   (* Hier kann eine Meldung ausgegeben werden *)
   read( eingabe);
   if eingabe = 0 then
      read( eingabe);
   halt( eingabe);
END.
```

6.9 Die Tastatur-Umbelegung

Wir wollen Ihnen nun noch eine kleine Batchdatei vorstellen, mit der Sie Änderungen an der standardmäßigen Tastaturbelegung vornehmen können. Sinn dieser Tastatur-Umbelegung ist, daß Sie durch Betätigen der <Alt>-Taste in Verbindung mit einer anderen Taste einen kompletten DOS-Befehl auf dem Bildschirm bekommen, so wie Sie es beispielsweise von BASIC her kennen. Beispielsweise würde durch die Tastenkombination <Alt>-<A> das Kommando *ATTRIBUT* erscheinen.

Zur Lösung dieses Problems wird ausschließlich das *PROMPT*-Kommando verwandt. Sie können natürlich ganz einfach ein Kommando gegen ein anderes austauschen, sollte Ihnen eines in Verbindung mit einer Taste nicht zusagen. Wie das *PROMPT*-Kommando weiterhin aufgebaut ist, entnehmen Sie der Beschreibung des *PROMPT*-Befehls und der Beschreibung der *ANSI*-Sequenzen (Kapitel 7.3).

Nennen Sie den nun folgenden Batchjob beispielsweise *KEY.BAT*. Je nachdem, ob Ihnen die Tastatur-Umbelegung zusagt, können Sie die Kommandos bereits in die AUTOEXEC-Datei einbauen.

```
KEY.BAT
echo off
cls
echo Die Standard-Tastaturbelegung wird initialisiert!
echo Auf den Tastenkombinationen ALT-x befindet sich das
echo gängigste DOS-Kommando, das mit x beginnt.
echo
echo (Funktioniert nur, wenn ANSI.SYS aktiv ist)
echo
echo on
prompt $e[0;30;"attrib "p
prompt $e[0;48;"backup "p
prompt $e[0;46;"copy "p
prompt $e[0;32;"dir";13p
prompt $e[0;18;"erase "p
prompt $e[0;33;"format "p
prompt $e[0;34;"graphics "p
prompt $e[0;38;"label ";13p
prompt $e[0;50;"mode "p
prompt $e[0;25;"print "p
prompt $e[0;19;"rename "p
prompt $e[0;31;"sort "p
prompt $e[0;20;"type "p
prompt $e[0;47;"vol";13p
prompt
```

Wenn Sie nach dieser Tastatur-Umbelegung wieder *normale* Zustände wünschen, so erreichen Sie das, indem Sie in den *PROMPT*-Kommandos jeweils den Code der Taste zweimal angeben. Im folgenden Beispiel wird der Tastenkombination <Alt>-'T', die zuvor mit dem Kommando *TYPE* belegt wurde, wieder aufgehoben:

```
prompt $e[0;20;0;20p
```

6.10 Sortiertes Inhaltsverzeichnis ausgeben

Die hier vorgestellte Batchverarbeitung gibt Ihnen ein sortiertes Inhaltsverzeichnis von jedem beliebigen Unterverzeichnis aus. Sie können ferner sogar angeben, ob nach Name, Datum, Kennung oder Größe sortiert werden soll. Wenn Sie diese Liste auf den Drucker ausgeben wollen, so können Sie auch das angeben. Sollten Sie etwas Falsches eingeben, so wird Ihnen auf dem Bildschirm die korrekte Eingabesyntax angezeigt.

Die Stapelverabreitung hat den Namen SORTDIR.BAT. Die drei Programmdateien MORE.EXE, FIND.EXE und SORT.EXE müssen entweder direkt über den Pfad verfügbar sein, oder Sie müssen die entsprechenden Pfadangaben in der Batchdatei vor diesen drei Kommandos voranstellen.

SORTDIR.BAT

```
rem SORTDIR.BAT -- Ausgabe eines sortierten Inhaltsverzeichnisses
  echo off
  cls
  if name==%2 goto name
  if NAME==%2 goto name
  if datum==%2 goto datum
  if DATUM==%2 goto datum
  if KENNUNG==%2 goto kennung
  if kennung==%2 goto kennung
  if groesse==%2 goto groesse
  if GROESSE==%2 goto groesse
:hilfe
  echo <Shift>-<Leertaste>
  echo SORTDIR wird mit folgenden Parametern eingegeben:
  echo 1. Verzeichnis, das sortiert ausgegeben werden soll.
  echo 2. NAME, DATUM, KENNUNG oder GROESSE definieren Sortierkr.
  echo 3. DRUCKER bedeutet, daß Liste auf Drucker ausgegeben wird.
  echo <Shift>-<Leertaste>
  echo Beispiel: sortdir \dos name drucker
  goto ende
:name
  if not /%3==/ goto nameb
  dir %1 ¦ find /v "e" ¦ sort ¦ more
  goto ende
:nameb
  dir %1 ¦ find /v "e" ¦ sort > prn
  goto ende
:datum
  if not /%3==/ goto datumb
  dir %1 ¦ find /v "e" ¦ sort /+25 ¦ more
  goto ende
:datumb
  dir %1 ¦ find /v "e" ¦ sort /+25 > prn
  goto ende
:kennung
  if not /%3==/ goto kennungb
  dir %1 ¦ find /v "e" ¦ sort /+10 ¦ more
  goto ende
:kennungb
  dir %1 ¦ find /v "e" ¦ sort /+10 > prn
  goto ende
:groesse
  if not /%3==/ goto groesseb
  dir %1 ¦ find /v "e" ¦ find /v "<DIR>" ¦ sort /+16 ¦ more
  goto ende
:groesseb
  dir %1 ¦ find /v "e" ¦ find /v "<DIR>" ¦ sort /+16 > prn
:ende
```

Bei einigen DOS-Versionen muß bei Sortierung nach Datum nicht ab der 25. sondern ab der 24. Stelle sortiert werden. In diesem Fall ersetzen Sie bitte den *SORT*-Parameter entsprechend.

Sie können wie beim *DIR*-Kommando jeden beliebigen Pfad inklusive Jokern eingeben. Lediglich wenn Sie ein Inhaltsverzeichnis des aktuellen Unterverzeichnisses wünschen, müssen Sie folgende Eingabe machen:

```
SORTDIR . name
```

Sie müssen also stellvertretend für das aktuelle Verzeichnis den Punkt angeben - das ist alles. Die zweite Option muß entweder komplett groß oder komplett klein geschrieben sein, sonst wird die Option nicht verstanden. Geben Sie als dritten Parameter irgend etwas ein, so erfolgt die Ausgabe nicht auf dem Bildschirm, sondern auf dem Drucker.

Bei Ausgabe auf dem Bildschirm wird jeweils nach einer Bildschirmseite angehalten. Nach einem beliebigen Tastendruck wird die nächste Bildschirmseite angezeigt. Das Sortieren nach Datum ist bei der deutschen DOS-Version nicht sehr effektiv, da der Tag vor dem Monat erscheint und dieser wieder vor dem Jahr.

Durch das Verknüpfen der drei DOS-Kommandos *DIR*, *FIND* und *SORT* wird *SORTDIR* überhaupt erst ermöglicht. Durch das Kommando *FIND* werden jeweils die Einträge aus dem unsortierten Verzeichnis gelöscht, die nicht benötigt werden. Dies sind beispielsweise die Zeilen, die am Anfang und am Ende des Listings erscheinen. In diesen Zeilen kommt stets ein kleines e vor, das Dateinamen nie enthalten können, da diese stets groß geschrieben sind. So werden alle Zeilen herausgefiltert, die ein kleines e enthalten. Würden diese Zeilen nicht gestrichen, würden sie irgendwo im Listing erscheinen, was recht störend ist. Beim Sortiervorgang nach Dateigröße können zusätzlich die Unterverzeichnisse nicht korrekt mitsortiert werden, da es hier keine Angaben zur Größe gibt. Deswegen werden auch diese herausgefiltert.

6.11 SCAN - Suchen von Dateien auf Festplatte

Auf einer Festplatte hat man nicht selten 1000 oder mehr Dateien in zahlreichen Verzeichnissen. Nicht immer ordnet man seine Dateien in die korrekten Unterverzeichnisse ein. So kommt es häufig vor, daß man auf der Platte eine Datei sucht, sich aber nicht mehr erinnern kann, unter welchem Verzeichnis man diese Datei abgespeichert hat. Einziger Ausweg: Alle möglichen Verzeichnisse nach der gewünschten Datei durchsuchen.

Die hier vorgestellte Batchverarbeitung SCAN.BAT übernimmt diese Aufgabe. Sie teilen ihr lediglich mit, welche Datei Sie suchen, *SCAN* durchsucht dann alle vorhandenen Unterverzeichnisse und gibt Ihnen alle Dateien mit kompletter Pfadangabe aus, die auf Ihre Beschreibung zutreffen.

Die Verwendung von Wildcards ist bei dieser Batchverarbeitung nicht möglich. Auch müssen Sie darauf achten, daß der eingegebene Dateiname in Großbuchstaben geschrieben ist - eine kleine Einschränkung, wie ich finde. Wollte man dieses Problem anders lösen, so müßte man ein etwas komplexeres Programm schreiben.

Wird *SCAN* zum ersten Mal aufgerufen, so erstellt es im Hauptverzeichnis ein internes Gesamtverzeichnis der Festplatte. Hier sind alle Dateien mit kompletter Pfadangabe aufgeführt - dies wird durch das *CHKDSK*-Kommando mit der Option */v* erreicht. Wird nun ein Dateiname oder nur eine Kennung an *SCAN* übergeben, so durchsucht *SCAN* diese Liste mit Hilfe des *FIND*-Befehls. Wird das Gesamtverzeichnis versehentlich gelöscht, so erkennt *SCAN* dies und erstellt ein neues Verzeichnis, was ein wenig Zeit kostet. Eben aus diesem Zeitgrund wird nicht jedesmal eine neue Komplettliste erstellt, sondern nur, wenn es sie nicht gibt oder wenn Sie *SCAN* mitteilen, daß es eine neue Liste erstellen soll, weil die alte nicht mehr aktuell ist. Geben Sie in diesem Fall als zweiten Parameter *neu* an.

SCAN.BAT

```
:beginn
   echo off
   if neu==%2 goto neu
   if NEU==%2 goto neu
   if not %1/==/ goto ok
   echo Benutzen Sie SCAN mit der Syntax SCAN [DATEINAME.EXT] [NEU]
   echo Nach DATEINAME wird gesucht und [neu] geben Sie an, wenn das
   echo interne Verzeichnis neu erstellt werden soll.
   goto end
:ok
   if not exist \gesamt.dir goto neu
:ok_weiter
   find "%1" \gesamt.dir
   goto end
:neu
   chkdsk c: /v >\gesamt.dir
   goto ok_weiter
:end
```

Beispiele:

Es soll die Datei *Kapitel1.txt* gesucht werden:

```
scan KAPITEL1.TXT
```

Sie wollen alle Pascal-Programme auffinden, die die Kennung PAS besitzen:

```
scan .PAS
```

Es sollen alle BASIC-Programme ausgelistet werden - zuvor muß aber ein neues Verzeichnis erstellt werden:

```
scan .BAS neu
```

Legen Sie *SCAN* so an, daß es ständig verfügbar ist - am besten also in dem Pfad, in dem auch alle anderen DOS-Kommandos gespeichert sind. Die DOS-Kommandos müssen entweder alle im selben Verzeichnis wie *SCAN* sein, oder Sie müssen sich im durch *PATH* definierten Suchpfad befinden. Ist das nicht der Fall, so geben Sie vor den Kommandos *CHKDSK* und *FIND* die komplette Pfadangabe an.

Natürlich können Sie diese Stapelverarbeitung nicht nur für die Festplatte verwenden - aber für diese ist es am sinnvollsten. Wollen Sie *SCAN* auch für Ihre normalen Laufwerke benutzen, so könnten Sie den zweiten Parameter auch als Laufwerksangabe akzeptieren und ihn im *CHKDSK*-Kommando verwenden. Entweder müssen Sie in diesem Fall mehrere verschiedene Verzeichnisse anlegen oder bei *jedem* Aufruf dieses Verzeichnis neu erstellen.

6.12 XPATH

An dieser Stelle soll noch ein kleines Beispiel verdeutlichen, wie kleine Batchdateien große Dienste leisten können. Häufig kommt es vor, daß Sie Ihren aktuellen Suchpfad um einen Verzeichniseintrag erweitern wollen, beispielsweise, weil Sie mit bestimmten Utilitys arbeiten.

Ihnen bleibt normalerweise nichts anderes übrig, als alle ohnehin bereits definierten Pfade, die Sie sich erst einmal durch *PATH* ausgeben lassen müssen, erneut einzugeben und dann den neu zu definierenden Pfad noch an die Liste anzuhängen.

Folgender Batch mit Namen *XPATH* erweitert den aktuellen Pfad um den oder die angegebenen Verzeichnisse.

```
XPATH.BAT
echo off
if %1/==/ then goto fehler
path %1;%path%
echo Der neue Suchpfad lautet %path%
goto ende
:fehler
echo Eingabesyntax: XPATH <Verzeichnis>
:ende
```

Beachten Sie, daß trotz der Verwendung der Umgebungsvariablen *PATH* dieser Batch nicht erst ab DOS 3.3 funktionstüchtig ist, sondern auch bereits in den älteren Versionen, da PATH als letzter Parameter in der Befehlszeile verwendet wird.

Wollen Sie beispielsweise den aktuellen Suchpfad erweitern um den Pfad C:\NORTON, so verwenden Sie folgendes Kommando:

```
xpath c:\norton

Der neue Suchpfad lautet C:\DOS;C:\NORTON
```

6.13 Ein eigenes Benutzer-Menü

Menüs kennen Sie aus zahlreichen Anwendungsprogrammen. Jedes Programm benötigt ein Menü, anders läßt sich nicht mit einem Programm arbeiten. Nun gibt es die verschiedensten Techniken für die Programmierung eines Menüs. Es gibt das klassische hierarchisch aufgebaute Menü: Hier werden alle auswählbaren Menüpunkte auf dem Bildschirm angezeigt. Jedem Menüpunkt geht ein Buchstabe oder eine Ziffer voran, die eingegeben werden soll, wenn der entsprechende Menüpunkt ausgesucht wird. Je nachdem, wie tief Sie die Menüs schachteln, erscheint nun direkt ein neues Menü oder ein entsprechender Programmteil wird aufgerufen.

Etwas moderner sind die Menüs, die Sie aus zahlreichen Programmen kennen, in denen ein Balken über die Menüpunkte wandert. Sie wählen mit Hilfe der Cursortasten oder der Maus einen beliebigen Menüpunkt aus. Augenblicklich befinden sich die sogenannten Pull-Down-Menüs in den meisten Programmen. Dies ist auch kein Wunder, da Pull-Down-Menüs sehr übersichtlich sind. Pull-Down-Menüs können auch beliebig tief geschachtelt werden, wenngleich die meisten Programme mit einer einfachen Schachtelung (also Hauptmenüpunkt mit Untermenüpunkten) völlig auskommen.

Wir wollen uns an dieser Stelle einmal mit den klassischen Menüpunkten auseinandersetzen. Es kann eine große Hilfe sein, wenn Sie auf dem Bildschirm eine Menüauswahl erhalten und hier ein Programm bzw. Programmpaket einfach durch Eingabe einer Ziffer auswählen. Besonders dann, wenn an Ihrem Rechner verschiedene und auch unerfahrene Leute arbeiten, ist die Auswahl eines einzelnen Menüpunktes sicherlich einfacher zu merken, als dem jeweiligen Benutzer eine ganze Reihe von DOS-Kommandos aufzubürden.

Eine solche Menüauswahl könnte wie folgt aussehen:

```
MENÜ: K. Berns OHG, Gebäudepflege, Duisburg-Baerl

Wählen Sie bitte einen Menüpunkt und geben Sie die
entsprechende Nummer ein. Betätigen Sie anschließend
die Taste <Enter>.


1  -  Textverarbeitung (Briefe schreiben)

2  -  Finanzbuchhaltung

3  -  Auftragsverwaltung

4  -  Datenbank (Kunden verwalten)

Bitte Menüpunkt angeben:
```

So könnte beispielsweise ein solches klassisches Menü aussehen. Der Benutzer muß nun lediglich eine Ziffer eingeben, und das entsprechende Programm wird gestartet. Keine *CD*-Befehle, kein Ärgern über Vertippen etc. Erscheint das Menü unmittelbar nach dem Einschalten durch Einbinden in AUTOEXEC.DAT, so braucht der unerfahrene Benutzer nicht einen einzigen DOS-Befehl einzugeben.

Doch wie soll dies alles realisiert werden? Das Ausgeben eines Menüs wie oben bereitet Ihnen sicherlich keine Probleme. Sie können dies entweder durch entsprechende *ECHO*-Kommandos realisieren oder durch einen *TYPE*-Befehl. Die Methode der Ausgabe durch *ECHO*-Kommandos hat den Vorteil, daß Sie stets das gesamte Menü in der Batchdatei im Überblick haben. Ein entscheidender Nachteil ist allerdings die Tatsache, daß die Ausgabe relativ zeitaufwendig ist - der Batchprozessor liest jede einzelne Zeile aus der Datei aus und führt diese dann aus. Erstellen Sie eine Textdatei, die Sie einfach durch *TYPE* auf dem Bildschirm ausgeben, so haben Sie bei dieser Methode keine Zeitprobleme. Allerdings benötigen Sie neben der Batchdatei, die die Textdatei ausgibt, eben diese Textdatei. Das bedeutet, daß Sie prinzipiell zwei Dateien pflegen und verwalten müssen.

Empfehlenswert ist dennoch die zweite Methode. Sie können mit einer beliebigen Textverarbeitung bequem eine Ausgabemaske erstellen, die auf dem Bildschirm dargestellt werden soll. Mit Hilfe von *ECHO*-Kommandos gestaltet sich dies schon ein wenig schwieriger, da beispielsweise Leerzeilen sehr problematisch bei der Darstellung sind. Gestalten Sie eine Ausgabemaske nach Ihrem Geschmack, und speichern Sie sie unter dem Namen MENU.SCN im Hauptverzeichnis ab.

Nun benötigen Sie eine kleine Batchdatei, die Ihre Menüauswahl auch auf dem Bildschirm ausgibt. Eine solche Batchdatei ist natürlich ganz einfach und sollte wie folgt aussehen:

```
echo off
cls
type \menu.scn
```

Speichern Sie diese Datei unter dem Namen MENU.BAT im Hauptverzeichnis oder Ihrem Systemverzeichnis ab. Natürlich können Sie als Benutzer eines DOS 3.3 dem ersten Kommando das At-Symbol (@) voranstellen, so daß das erste Kommando ebenfalls nicht auf dem Bildschirm erscheint. Durch Eingabe des Kommandos:

```
MENU
```

wird nun das Menü auf dem Bildschirm dargestellt, sofern Sie die Ausgabemaske unter dem Namen MENU.SCN im Hauptverzeichnis gespeichert haben.

Wir wird aber nun die Eingabe des Menüpunktes realisiert? Normalerweise sind ja keine Eingaben während eines Batchbetriebes möglich - wir haben diese Problematik bereits in Kapitel 6.8 besprochen. Nun könnten Sie die *BATCHIN*-Routine aus Kapitel 6.8 verwenden, indem Sie anstelle der Ja-Nein-Frage eine Zifferneingabe ermöglichen, diesen Wert an die Systemvariable *Errorlevel* übergeben und entsprechend verarbeiten. An dieser Stelle soll aber eine viele einfachere Möglichkeit vorgestellt werden. Häufig sind die einfachen Möglichkeiten allerdings so naheliegend, daß man von alleine nicht darauf kommt.

Erstellen Sie einfach entsprechende Batchdateien mit den Namen 1.BAT, 2.BAT etc. und speichern Sie diese Batchdateien im Systemverzeichnis ab. In diesen Batchdateien sind dann die Kommandos enthalten, die zum Start des jeweiligen Menüpunktes notwendig sind. Durch Eingabe einer einzelnen Ziffer erreichen Sie nun (Ziffern sind bekanntlich erlaubte Zeichen in Dateinamen), daß die jeweilige Batchdatei aufgerufen und abgearbeitet wird. Nach dem eigentlichen Programmablauf rufen Sie einfach erneut das Menü auf und können so einen neuen Programmteil aktivieren.

Der erste Menüpunkt soll beispielsweise die Textverarbeitung aktivieren. Folgende Batchdatei ruft die Textverarbeitung *WORD* auf - der Parameter /l sorgt dafür, daß die zuletzt bearbeitete Datei automatisch geladen wird:

```
1.BAT
echo off
cd \word
word /l
cd \
menu
```

Bevor aber die eigentliche Textverarbeitung aufgerufen wird, soll das aktuelle Verzeichnis gewechselt werden. Das ist notwendig, da WORD beispielsweise ständig Programmteile nachlädt. Haben Sie das Programm verlassen, wird die Arbeit in der Batchdatei fortgesetzt. Schließlich wird wieder in das Stammverzeichnis gewechselt und die Menü-Übersicht aufgerufen.

Auf dieselbe Art und Weise können Sie auch für alle übrigen Menüpunkte entsprechende Batchdateien erstellen. Natürlich besteht auch die Möglichkeit, die klassische Form der Menügestaltung selbst in einem Batch zu schachteln. Der Kreativität sind hier sicherlich keine Grenzen gesetzt. Beim Schachteln von Menüs ist lediglich darauf zu achten, daß keine doppelten Menüpunkt verwendet werden. Das bedeutet, daß nicht zweimal der Menüpunkt 2 vorkommen darf, da jeweils in einem Verzeichnis nur eine einzige Batchdatei 2.BAT existieren kann.

6.14 Die Tastatur-Modi

Je nachdem, welchen Rechner Sie benutzen, haben Sie sich vielleicht auch schon einmal darüber geärgert, daß nach dem Einschalten des Gerätes die NumLock-Taste eingeschaltet ist und Sie statt der Cursortasten-Belegung Ziffern auf dem Bildschirm erhalten. Oder vielleicht verhält sich das bei Ihnen auch genau umgekehrt. Unproblematisch ist dies alles, wenn Sie über eine MF-II-Tastatur verfügen, die sowohl mit einem separaten Ziffern- als auch Cursorblock ausgestattet ist.

Manche Computer-Hersteller wie beispielsweise die Firma Compaq sind dazu übergegangen, im Installationsprozeß abzufragen, ob nach dem Einschalten des Gerätes die NumLock-Taste in Zukunft eingeschaltet oder besser ausgeschaltet sein soll.

An dieser Stelle soll nun ein Batch angeboten werden, mit dessen Hilfe Sie nicht nur den NumLock-Modus, sondern vielmehr auch den CapsLock- und den ScrollLock-Modus beliebig ein- und ausschalten können. Allerdings bedarf es dabei auch einer kleinen BASIC-Routine, die Sie zuvor eingeben müssen. Hier zunächst das BASIC-Programm:

KEYBRD.BAS

```
10 '*********************************************************
20 '** KEYBRD (c) 1988 Data Becker GmbH & Jörg Schieb **
30 '*********************************************************
40 '
50 KEY OFF: CLS
60 OPEN "KEYBRD.TBL" FOR INPUT AS #1
70 WHILE NOT EOF(1)
80   LINE INPUT #1,A$
90   IF LEN(A$)>3 THEN B$=LEFT$(A$,2): C$=LEFT$(MID$(A$,4),2)
100   IF B$="NL" OR B$="nl" THEN NL%=NL% OR -(C$="ON" OR C$="on")
110   IF B$="CL" OR B$="cl" THEN CL%=CL% OR -(C$="ON" OR C$="on")
120   IF B$="SL" OR B$="sl" THEN SL%=SL% OR -(C$="ON" OR C$="on")
130 WEND
140 '
150 'Setzen der Tastaturmodi
160 '
170 DEF SEG=0
180 POKE &H417, (PEEK(&H417) AND NOT 240) OR CL%*64 OR NL%*32 OR
    SL%*16
190 SYSTEM
```

Dieses BASIC-Programm holt alle erforderlichen Informationen aus einer Datei mit dem Namen KEYBRD.TBL, die von dem Batch erstellt wird, den wir als nächstes vorstellen wollen. Die Hauptaufgabe des BASIC-Programmes ist die Analyse der übergebenen Kommandos und das Programmieren der entsprechenden Modi in der Tastatur - dies geschieht in der Zeile 180.

Speichern Sie das Programm unter dem Namen KEYBRD.BAS ab - am besten in Ihrem Systemverzeichnis \DOS oder im Hauptverzeichnis.

Der nachfolgende Batch soll die durch den Benutzer definierten Parameter analysieren und in der Datei KEYBRD.TBL für das BASIC-Programm bereitstellen. Sofern kein Parameter definiert wird, gibt *KEYBRD* einen kleinen Hilftext aus.

```
KEYBRD.BAT
echo off
if exist keybrd.tbl del keybrd.tbl
if %1/==/ goto hilfe
:weiter
echo %1 >>keybrd.tbl
shift
goto weiter
:hilfe
echo KEYBRD ändert den Status der Tasten ScrollLock, NumLock
echo und CapsLock. Verwenden Sie die Abkürzungen SL, NL und CL.
echo Nach der Abkürzung geben Sie einen Bindestrich sowie den
echo gewünschten Status ON oder OFF an.
echo
echo
echo Beispiel:
echo
echo     KEYBRD sl-on cl-off
goto tot_ende
:ende
basica \dos\keybrd
:tot_ende
```

Speichern Sie auch diesen Batch am besten in Ihrem Systemverzeichnis \DOS ab. In der vorletzten Zeile wird davon ausgegangen, daß Sie das BASIC-Programm unter dem Namen KEYBRD.BAS im Systemverzeichnis \DOS abgelegt haben. Sollte dies nicht zutreffen, so müssen Sie an dieser Stelle den Verzeichnisnamen evtl. korrigieren. Auch wird in diesem Batch davon ausgegangen, daß Sie über den BASICA-Interpreter BASIC verfügen. Nötigenfalls ersetzen Sie den Aufruf bitte durch GWBASIC.

Jede der drei Tasten erhält eine Abkürzung, die aus zwei Buchstaben besteht. Auf diese Weise sparen Sie Tipparbeit, und im Programm lassen sich die Eingaben dann leichter verarbeiten. Es gelten folgende Zuordnungen:

Abkürzung	Bedeutung
CL	CapsLock (Großschreibung)
SL	ScrollLock (Rollen)
NL	NumLock (Ziffern)

Hinter dem Aufruf des Batches *KEYBRD* geben Sie nun beliebig viele Tastendefinitionen an. Den zwei Buchstaben für die Spezifikation der Taste folgt zunächst ein Bindestrich oder ein anderes Trennsymbol - nicht aber das Leerzeichen oder das Gleichheitszeichen! Hiernach geben Sie bitte ON oder OFF an, je nachdem, ob der Modus eingeschaltet (ON) oder ausgeschaltet (OFF) werden soll. Wollen Sie beispielsweise, daß die CapsLock-Taste ausgeschaltet wird, so geben Sie folgendes Kommando ein:

```
keybrd cl-off
```

Wollen Sie die NumLock-Taste ein- und die ScrollLock-Taste ausschalten, so genügt folgender Befehl:

```
keybrd nl-on sl-off
```

Geben Sie das Kommando *KEYBRD* ganz ohne Parameter ein, so erhalten Sie eine Kurzbeschreibung auf dem Bildschirm:

```
C>keybrd

KEYBRD ändert den Statua der drei Tasten ScrollLock, NumLock
und CapsLock. Verwenden Sie die Abkürzungen SL, NL und CL.
Nach der Abkürzung geben Sie einen Bindestrich sowie den
gewünschten Status ON oder OFF an.


Beispiel:

    KEYBRD sl-on cl-off
C>_
```

Natürlich macht es keinen Sinn, zum Ausschalten eines Tasten-Modus im Direktmodus einen Batch aufzurufen. Wollen Sie aber beispielsweise nach dem Einschalten des Rechners eine bestimmte Grundeinstellung der Tastatur vorfinden, so können Sie den Batch in Ihre AUTOEXEC-Datei einfügen. Ab DOS 3.3 ist dies besonders einfach, beispielsweise

```
call \dos\keybrd nl-on cl-off
```

Vor DOS 3.3 müssen Sie die andere Unterprogrammvariante verwenden, also

```
command/c \dos\keybrd nl-on cl-off
```

7. Die Konfigurationsdatei CONFIG.SYS

Nicht alle Personal Computer sind identisch - auch wenn sie untereinander kompatibel sind. Der eine ist etwa mit 512 KBytes RAM ausgestattet, der nächste ist bereits mit 640 KBytes gesegnet. An manchem Rechner ist überhaupt kein Drucker angeschlossen, an anderen wiederum einer oder gar zwei. Auch die Anzahl der angeschlossenen Laufwerke bzw. Festplatten ist von Rechner zu Rechner unterschiedlich. Alle Komponenten, die Ihr System ausmachen, faßt man unter dem Sammelbegriff *Konfiguration* zusammen. Aber nicht nur diese technischen Gegebenheiten sind hiermit erfaßt, sondern auch die individuellen Anforderungen an das System durch den Benutzer.

So werden Sie häufig die Frage gestellt bekommen *«Mit welcher Konfiguration arbeiten Sie denn?»*, wenn Sie eine Anfrage an einen Fach- oder Softwarehändler richten. Mit dieser Frage erkundigt sich der Fachmann dann nach Ihrem Rechnertyp, dem Monitor, den evtl. angeschlossenen Druckern usw.

7.1 Was ist eine Konfiguration?

Ihre Rechnerkonfiguration setzt sich also aus den unterschiedlichsten Komponenten zusammen, die hier kurz genannt werden sollen:

- *Verfügbarer Speicher in KByte (64, 128, 256, 512, 640...)*
- *Anzahl der Laufwerke*
- *Anzahl der Festplatten*
- *Monitor (Monochrom- oder Farbbildschirm)*
- *Anzahl der angeschlossenen Drucker*

Diese rein hardware-orientierten Komponenten erkennt *DOS* teilweise selbst beim Booten; so wird beispielsweise die Anzahl der angeschlossenen Drucker bzw. Laufwerke erkannt und gespeichert. Andere Komponenten müssen in einigen Rechnern mittels entsprechender DIP-Schalter eingestellt werden - beispielsweise, welcher Monitor angeschlossene ist (Farbe oder Schwarz-Weiß?) oder die Anzahl an Festplatten etc. Neuere Modelle erkennen auch dies selbst. So erkennt beispielsweise die EGA-Karte selbständig, was für ein Monitor angeschlossen ist.

Alle diese Werte können mit Hilfe von *DOS-Funktionen* (Interrupttechnik) abgefragt werden, d.h. man kann in einem Programm feststellen, wieviel Speicher zur Verfügung steht bzw. wie viele Laufwerke vorhanden sind etc.

Aber über diese vorhandene Hardwareausstattung hinaus definiert man in der Konfiguration auch das Software-Umfeld - also die eigentliche Arbeitsumgebung - eines Rechners. Es gibt unzählige Möglichkeiten, ein Betriebssystem mit dem Leistungsumfang von DOS voreinzustellen. Sollen beispielsweise 10, 20 oder gar 30 Puffer für den Diskettenbetrieb angelegt werden? Welche länderspezifischen Sonderzeichen werden gewünscht? Welches Datums- und Zeitformat kommt in Frage? Es gibt viele Komponenten im Umgang mit dem Betriebssystem, die stark vom Benutzer abhängig sind und aus diesem Grunde nicht für jeden optimal vordefiniert werden können. Alle diese Anforderungen faßt man ebenfalls unter dem Begriff Konfiguration zusammen. Sie haben die Möglichkeit, auf diese Konfiguration unter DOS mit speziellen Kommandos Einfluß zu nehmen und sich auf diese Weise die für Sie optimale Konfiguration voreinzustellen.

Was ist eine Konfigurationsdatei?

In der sogenannten *Konfigurationsdatei* kann man zahlreiche Komponenten der System-Konfiguration definieren. Schwerpunktmäßig wird in der Konfigurationsdatei das Arbeitsumfeld des Betriebssystemes fixiert, wie Sie es sich für Ihre individuellen Ansprüche wünschen. Beispielsweise können Sie in der Konfigurationsdatei die Anzahl und Größe der anzulegenden RAM-Disks definieren, die Anzahl der Diskettenpuffer oder einfach den sogenannten Landescode, mit dessen Hilfe DOS weiß, in welchem Format das Datum und die Zeit dargestellt werden sollen. Mit Hilfe der Konfigurationsdatei haben Sie eine ganze Reihe von Möglichkeiten, sich das Betriebssystem DOS auf Ihre Bedürfnisse einzustellen.

Es gilt allerdings auch zu beachten, daß eine ganze Reihe von Softwareprodukten gewisse Mindestvoraussetzungen verlangt, die in der Konfigurationsdatei definiert sein müssen, um einen ordnungsgemäßen Programmablauf zu gewährleisten.

Es gibt genau eine Konfigurationsdatei für das gesamte System. Diese Konfigurationsdatei trägt den Namen

CONFIG.SYS

und muß im Hauptverzeichnis der Diskette oder Festplatte gespeichert sein, von dem das Betriebssystem gebootet wird.

Existiert diese Datei, so wird die Datei beim Booten des Systems als Konfigurationsdatei geladen und etwaige Standardeinstellungen (wie etwa das Abprüfen der Abbruchtaste während Diskettenzugriffen) können durch entsprechende Kommandos in der Konfigurationsdatei geändert werden. Sollte die Datei nicht im Hauptverzeichnis existieren, so ist DOS dennoch arbeitsfähig. Es werden lediglich für alle Komponenten Standardeinstellungen vorgegeben, die für den üblichen Betrieb mit DOS auch vollkommen ausreichend sind.

Die Konfigurationsdatei CONFIG.SYS, die sich auf der Systemdiskette befindet, ist in der Regel lediglich 14 Byte lang und beinhaltet nur das eine Kommando:

```
country=049
```

Durch das Kommando *COUNTRY* wird der Landescode 049 definiert, der für die Bundesrepublik Deutschland steht. Dieses Kommando hat zur Folge, daß nicht mehr das amerikanische Darstellungsformat für Datum und Zeit verwendet wird, sondern das deutsche.

7.2 Das Erstellen der Konfigurationsdatei

Um die Konfigurationsdatei zu erstellen, können Sie jede beliebige Textverarbeitung oder einfach den Zeileneditor *EDLIN* verwenden. Es ist dabei lediglich darauf zu achten, daß Sie eine Textdatei erzeugen, die keine Steuerzeichen enthält. In manchen Textverarbeitungsprogrammen finden Sie diese Möglichkeit auch unter dem Stichwort ASCII-Datei. Sofern Sie mit WORD arbeiten, speichern Sie den Text bitte unformatiert ab. Arbeiten Sie mit WordStar, so benutzen Sie den Non-Document-Mode, um auf entsprechende Steuerzeichen zu verzichten. WordPerfect und TEXTOMAT PC bieten entsprechende Optionen beim Speichern der Datei an, um eine Textdatei zu erzeugen.

Ganz wesentlich ist aber die Tatsache, daß Sie beim Speichern der Datei dafür Sorge tragen, daß diese auch tatsächlich im Hauptverzeichnis abgelegt wird. Um hier sicher zu gehen, sollten Sie dem Dateinamen einen Backslash voranstellen. Geben Sie beim Speichern also einfach folgenden Dateinamen an:

\CONFIG.SYS

Am besten versehen Sie den Dateinamen noch mit der entsprechenden Laufwerksangabe. Ohne den führenden Backslash wird die Datei ins aktuelle Verzeichnis kopiert, und das muß nicht unbedingt das Hauptverzeichnis sein. Die Folge ist, daß DOS Ihre Datei nicht findet und entsprechend auch die darin enthaltenen Kommandos nicht ausführt.

Sie können die Konfigurationsdatei natürlich auch mit Hilfe des Mini-Editors erstellen. Das folgende Kommando erzeugt eine Datei mit Namen CONFIG.SYS im Hauptverzeichnis:

```
copy con \config.sys
```

Beachten Sie bitte, daß durch dieses Kommando die evtl. aktuell vorhandene Datei CONFIG.SYS überschrieben wird. Nachdem Sie das Kommando eingegeben haben, können Sie beliebig viele Zeilen über Tastatur eingeben. Es kann allerdings nur jeweils die aktuelle Zeile mit Hilfe der Standard-Editiertasten des DOS editiert werden. Eine einmal mit <Enter> bestätigte Zeile kann nicht mehr korrigiert werden. Soll die Eingabe abgeschlossen werden, so betätigen Sie einfach die Taste <F6> und schließen Sie diese Eingabe erneut durch <Enter> ab.

Muß die bestehende Konfigurationsdatei lediglich um ein Kommando erweitert werden, so geben Sie folgendes Kommando ein:

```
copy \config.sys+con \config.sys
```

Nun können Sie ebenfalls beliebig viele Zeilen über Tastatur eingeben. Diese werden aber nun an den bereits bestehenden Datei-Inhalt der Datei CONFIG.SYS angehängt.

7.3 Die Kommandos der Konfigurationsdatei

In der Konfigurationsdatei können beliebig viele Kommandos enthalten sein. Dabei darf in jeder Zeile dieser Datei CONFIG.SYS jeweils nur ein Kommando stehen. Jede Zeile der Datei wird also einzeln eingelesen und interpretiert. Wird dabei eine Anweisungszeile gefunden, die nicht ausgeführt werden kann, so wird folgende Fehlermeldung ausgegeben und die Ausführung der Konfigurationsdatei an der Fehlerstelle gestoppt:

BUFFERS UND FILES
AUF ZEHN SETZEN.
KAFFEE ODER TOAST.SYS
ODER DOCH LIEBER EINEN
DRUCKER ALS DEVICE ?

```
Befehl von CONFIG.SYS nicht erkannt.
```

Die der Fehlerzeile folgenden Zeilen werden also nicht mehr ausgeführt. Die Fehlerstelle ist manchmal nur schwer ausfindig zu machen, da man keinerlei Hilfen angezeigt bekommt - die Fehlermeldung ist stets identisch. Da aber die Syntax für die wenigen Befehle der Konfigurationsdatei klar und deutlisch ist, kann die Fehlerstelle jedoch stets ermittelt werden - meistens handelt es sich nur um Tippfehler.

Nun aber eine Auflistung der in der CONFIG.SYS möglichen Kommandos:

Kurzübersicht aller Konfigurationskommandos:

Kommando	Bedeutung
ANSI	ANSI-Fluchtsequenzen werden installiert
BREAK	Ctrl-C unterbricht Diskettenoperationen
BUFFERS	Anzahl der Diskettenpuffer
COUNTRY	Definition des Landescodes
DEVICE	Devicetreiber installieren
DISPLAY *	Verschiedene Zeichensätze für Bildschirm
DRIVER	Standard-Laufwerksdefinitionen ändern
DRIVPARM	Zusätzliches Laufwerk definieren
FCBS	Maximalanzahl Steuerblöcke definieren
FILES	Maximal von DOS zu öffnende Dateien
LASTDRIVE	Höchste erlaubte Laufwerksangabe
PRINTER *	Drucker auf Zeichensätze vorbereiten
SHELL	Einbinden eines externen Kommandoprozessors
STACKS *	Standardwerte für Stack Frame definieren
VDISK	Einrichten einer RAM-Disk

** Diese Kommandos sind erst ab DOS 3.3 verfügbar*

Die Erklärung von Bedeutung und Anwendung der einzelnen Kommandos erfolgt nun in deren alphabetischen Reihenfolge. Dabei finden Sie zu jedem Kommando sinnvolle Beispiele, die die Handhabung verdeutlichen sollen.

ANSI.SYS

Installation des ANSI-Treibers

Zunächst soll Ihnen einmal der Begriff *ANSI* selbst erläutert werden: *ANSI* ist eine amerikanische Abkürzung und steht für *American National Standard Institute*, bedeutet also nichts anderes als *Nationales Amerika-*

nisches Institut für Standards. Die Bedeutung dieses Institutes kommt wohl der uns bekannten DIN (Deutsche Industrie Norm) gleich.

In dieser Norm wurden Standards für die Ausgabe auf Bildschirm und die Tastaturkontrolle festgelegt. Hält man sich an diese Standards, so funktionieren geschriebene Programme auch auf anderen Rechnern, die mit diesem Standard ausgerüstet sind; ein immenser Vorteil also. Der *ANSI*-Standard definiert beispielsweise Steuersequenzen zum Bildschirmlöschen, zur Cursorpositionierung und vieles mehr. Alle Programme, die diesen Standard benötigen, laufen nur dann einwandfrei, wenn der *ANSI-Standard* als Gerätetreiber für den Bildschirm geladen wurde - dies ist *nicht* standardmäßig der Fall. (Alle Steuersequenzen, die unter dem *ANSI*-Treiber möglich sind, werden im Kapitel 7.5 erläutert.)

ANSI ist kein eigenständiges Kommando, sondern muß in Verbindung mit dem *DEVICE*-Befehl aufgerufen werden. Wegen der immensen Bedeutung von *ANSI* wird dieser Befehl aber separat an dieser Stelle erwähnt. Der Gerätetreiber liegt unter dem Dateinamen

ANSI.SYS

auf Ihrer DOS-Diskette vor. Wollen Sie diesen Treiber verwenden, so muß sich die Datei *ANSI.SYS* ebenfalls unbedingt auf der Bootdiskette befinden, da der Treiber sonst nicht installiert werden kann.

Wichtig: Befindet sich die Datei ANSI.SYS zwar auf der Bootdiskette bzw. auf der Festplatte, nicht aber im Hauptverzeichnis, so müssen Sie unbedingt eine Pfadangabe machen, damit der Treiber auch gefunden werden kann. Die Pfadangabe erfolgt nach den allgemein üblichen Regeln. Im folgenden Beispiel wird dem Namen des Gerätetreibers der Pfadname \DOS vorangestellt, da sich der Gerätetreiber nicht im Hauptverzeichnis befindet:

```
DEVICE=\DOS\ANSI.SYS
```

BREAK

Abbruchtaste während Diskettenoperationen abtesten?

BREAK=[on | off]

Normalerweise wird nach jeder Ausgabe eines Zeichens auf dem Bildschirm überprüft, ob die Abbruchtasten

<Ctrl>-<C> oder
<Ctrl>-<Abbr>

betätigt werden (sofern diese Abbruchmöglichkeit nicht durch ein entsprechendes Anwendungsprogmramm unterbunden wurde). Ist dies der Fall, so erscheinen die beiden Zeichen *^C* auf dem Bildschirm und die Ausführung des aktuell laufenden Programmes wird abgebrochen; der DOS-Interrupt 01Bh wird aufgerufen.

Bei sehr ausgabe-intensiven Programmen reicht diese Möglichkeit der Programmunterbrechung vollkommen aus. Führen Sie beispielsweise das *DIR*-Kommando aus, so können Sie die Ausführung des Programmes jederzeit unterbrechen.

Bei anderen Programmen hingegen, die kaum oder keine Ausgaben auf Bildschirm oder Drucker machen, bleibt das Betätigen der Abbruchtaste wirkungslos - ganz klar, da die Tastenkombinationen auch nicht abgetestet werden können, wenn nichts ausgegeben wird. Das Betätigen der Abbruchtaste wird übrigens nicht gepuffert, sondern muß zur Erkennung im Augenblick des Abfragens geschehen.

Compiler beispielsweise greifen pausenlos auf die Diskette oder Festplatte zu und geben höchstens vereinzelt Meldungen oder Fehlermeldungen aus. Will man den Compiler nach einer Fehlermeldung unterbrechen, so ist dies zumeist ein hoffnungsloses Unterfangen - man muß die komplette Compilierungsarbeit abwarten.

Definiert man jedoch in der Konfigurationsdatei durch das *BREAK*-Kommando, daß auch bei Diskettenzugriffen die Abbruchtaste überprüft werden soll, so kann man zumeist augenblicklich den Compiler unterbrechen. Die Diskettenzugriffe werden durch diese Option übrigens nur unmerklich langsamer.

Nach dem Booten des Systems wird standardmäßig die Abbruchtaste bei Diskettenoperationen *nicht* überprüft. Diesen Zustand können Sie auch durch das Kommando

```
BREAK=off
```

erreichen. Wollen Sie jedoch, daß die Abbruchtaste bei jedem Diskettenzugriff überprüft wird, so können Sie DOS dies durch das folgende Kommando mitteilen:

```
BREAK=on
```

Kleiner Tip: Sie können auch im Direktmodus mit Hilfe des *BREAK*-Kommandos jederzeit den Kontrollmodus verändern. Hierzu dienen die beiden Kommandos *BREAK ON* sowie *BREAK OFF*. Verwenden Sie das *BREAK*-Kommando ohne Parameter, so wird Ihnen der aktuelle Zustand auf dem Bildschirm angezeigt.

BUFFERS

Anzahl der verfügbaren Dateibuffer definieren.

BUFFERS=<Buffer>

Wird eine Schreib- oder Leseoperation in einer Datei ausgeführt, so wird als erstes kontrolliert, ob sich der entsprechende Teil der Datei nicht gerade in einem der DOS zur Verfügung stehenden Puffer befindet. Wird eine Datei eröffnet und das erste Zeichen aus dieser Datei ausgelesen, so werden neben diesem einem Zeichen auch noch die folgenden 511 Zeichen eingelesen und im Puffer zwischengespeichert. Soll jetzt das folgende Zeichen gelesen werden, so kann ein Diskettenzugriff gespart und das Zeichen direkt aus dem RAM ausgelesen werden. Gerade bei Diskettenlaufwerken ist die Anlaufzeit für das Laufwerk sehr zeitaufwendig, so daß Sie mit dieser Puffertechnik eine Menge Zeit sparen können.

Wird in die Datei geschrieben, so werden diese Änderungen auch zunächst im Puffer vorgenommen. Erst wenn dieser Puffer vollgeschrie-

Puffer befindet, wird dieser Teil der Datei wieder auf Platte zurückgeschrieben und der nächste Teil eingeladen.

Standardmäßig sind bis inklusive DOS 3.2 lediglich zwei solcher Puffer für DOS verfügbar. Das hat einen erheblichen Nachteil: Öffnet man mehr als zwei Dateien gleichzeitig, so müssen die Puffer häufiger zurückgeschrieben und wieder neu eingelesen werden, da die verschiedenen Dateien sich die beiden Puffer teilen müssen. Der Vorteil der Puffertechnik ist beinahe zunichte gemacht.

Ab DOS 3.3 richtet sich die standardmäßig durch DOS eingerichtete Anzahl an Puffern nach der vorhandenen Hauptspeicherkapazität (da jeder Puffer 528 Byte benötigt, ist dies auch sinnvoll). Folgende Tabelle verdeutlicht Ihnen die standardmäßig durch DOS eingerichteten Diskettenpuffer ab DOS 3.3:

Speicherumgebung	Defaultwert
Mindesteinstellung	BUFFERS=2
Diskettenkapazität >360 KByte	BUFFERS=3
Speicher von 128 bis 256 KByte	BUFFERS=5
Speicher von 256 bis 512 KByte	BUFFERS=10
Speicher ab 512 KByte	BUFFERS=15

Arbeiten Sie beispielsweise mit einem AT oder PS/2-Rechner mit einer Speicherkapazität von 512 KByte, so werden standardmäßig 10 Diskettenpuffer durch DOS eingerichtet.

Mittels des *BUFFERS*-Kommandos können Sie bestimmen, wieviele Puffer hier nun tatsächlich zur Verfügung stehen sollen. Wie bereits erwähnt ist die standardmäßige Anzahl dieser Puffer bis inklusive DOS 3.3 zwei, ab DOS 3.3 entnehmen Sie die Anzahl der Standard-Systempuffer obiger Tabelle - möglich sind alle Werte zwischen 1 und 99. Jeder Puffer, der angelegt wird, benötigt exakt 528 Byte im Speicher: 512 Byte für den Puffer selbst und 16 Byte für die Verwaltung dieses Puffers; hier werden beispielsweise die Zugehörigkeit zur Datei und der aktuelle Dateizeiger u.v.m. gespeichert. Wegen dieses Speicherbedarfes sollten Sie beim Anlegen der Puffer bedenken, wieviel Speicher Sie zu Verfügung stehen haben. Eine Pufferanzahl von 10 bis 15 ist durchaus sinnvoll - auch bei Festplattenbesitzern verringert sich die Zugriffshäufigkeit auf die Platte erheblich.

In seltenen Fällen kann bei allzugroßer Anzahl an Dateipuffern (ab ca. 25 Stück) ein Zugriff auf einen beliebigen Record in einer Datei allerdings

In seltenen Fällen kann bei allzugroßer Anzahl an Dateipuffern (ab ca. 25 Stück) ein Zugriff auf einen beliebigen Record in einer Datei allerdings langsamer werden als bei weniger Puffern, da alle bestehenden Puffer nach dem gesuchten Record durchsucht werden müssen. Sie können durchaus durch "Ausprobieren" feststellen, welche Pufferanzahl für Ihr System optimal ist. Verändern Sie hierzu einfach die Pufferanzahl jeweils und beobachten Sie das System.

Bei manchen Programmen - häufig bei Compilern - ist eine Mindestanzahl dieser Puffer zum ordnungsgemäßen Ablauf vorgeschrieben. Ist diese vorgeschriebene Pufferanzahl beispielsweise 20, so können Sie dieser Anforderung mit folgendem Kommando in Ihrer Konfigurationsdatei genügen:

```
BUFFERS=20
```

COUNTRY

Datums- und Währungsformat definieren

COUNTRY=<Landeskennung>{,<Zeichensatz>{,<Dateiname>}}

Sie beiden Optionen <Zeichensatz> und <Dateiname> können erst ab DOS 3.3 definiert werden und dienen der Unterstützung der länderspezifischen Zeichensatztabellen. Da DOS in sehr vielen Ländern benutzt wird, wurde es schon bald notwendig, auf die verschiedenen Interessen der Länder einzugehen. Beispielsweise ist das Format des Datums bei uns im deutschsprachigen Raum verschieden vom amerikanischen oder französischen. Der Amerikaner vertauscht die Bedeutung von Komma und Punkt bei Dezimalzahlen usw.

Aber nicht nur DOS, sondern auch alle anderen Anwenderprogramme können nur davon profitieren zu wissen, welche landesspezifischen Eigenschaften für den Benutzer wichtig sind. Der Anwendungsprogrammierer wird hier nicht unerheblich von einigen DOS-Funktionen (Interrupts) unterstützt.

Normalerweise ist der jeweilige Landescode für die verschiedenen internationalen DOS-Versionen standardmäßig voreingestellt. Wollen Sie aber sichergehen, daß Ihre Landeskennung verwendet wird oder wollen Sie eine andere Landeskennung verwenden, so können Sie diese Kennung in der Konfigurationsdatei durch das *COUNTRY*-Kommando definieren.

entsprechenden Landes im Telefonverkehr übrigens. Führende Nullen dürfen dabei *nicht* vernachlässigt werden.

Hier nun die Liste aller Landeskennungen in alphabetischer Reihenfolge:

Land	Code	Land	Code
Australien	061	Niederlande	031
Belgien	032	Norwegen	047
Dänemark	045	Spanien	034
Finnland	358	Schweden	046
Frankreich	033	Schweiz	041
Großbritannien	044	USA	001
Israel	972	West Deutschland	049
Italien	039		

Um die Datums- und Zeitangaben nach deutschen Geschmack zu erhalten, ist also die Landeskennung 049 erforderlich:

```
COUNTRY=049
```

Ab DOS 3.3 können Sie zusätzlich als zweiten Parameter den Code der zu verwendenden Zeichensatztabelle definieren. Für jedes der unterstützten Länder stehen zwei Zeichensatztabellen zur Auswahl, von der Sie an dieser Stelle eine angeben können. Im Anhang finden Sie eine komplette Auflistung aller Zeichensatztabellen sowie eine Gegenüberstellung der Länder und der erlaubten Zeichensatztabellen.

Standardmäßig macht DOS von der Zeichensatztabelle 437 Gebrauch. Diese Zeichensatztabelle ist mit der IBM-Standard-Zeichensatztabelle identisch. Wird keine entsprechende Zeichensatztabelle definiert, so wird diese Zeichensatztabelle verwendet. Im folgenden Beispiel definieren Sie den Landescode 049 für Deutschland sowie die Zeichensatztabelle 437:

```
COUNTRY=049, 437
```

Beachten Sie bitte, daß unter den Befehlsbeschreibungen zu *CHCP*, *MODE* und *NLSFUNC* weitere Erläuterungen zur Arbeit mit Zeichenstaztabellen enthalten sind.

Als weiterer Parameter muß ab DOS 3.3 der Name der Datei definiert werden, die alle länderspezifischen Daten enthält, sofern sich die

Als weiterer Parameter muß ab DOS 3.3 der Name der Datei definiert werden, die alle länderspezifischen Daten enthält, sofern sich die entsprechende Datei nicht im Hauptverzeichnis befindet. Dies ist in der Regel die Datei COUNTRY.SYS von der Systemdiskette. Sofern sich diese Datei nicht im Hauptverzeichnis der Bootdiskette befindet, muß dieser Dateiname mit kompletter Pfadangabe stets angegeben werden. Im folgenden Beispiel verwenden Sie die Zeichensatztabelle 437 und definieren, daß sich die Datei COUNTRY.SYS im Verzeichnis \DOS befindet:

```
COUNTRY=049, 437, c:\dos\country.sys
```

Da die Zeichensatztabelle 437 standardmäßig verwendet wird, könnte dieser Parameter auch entfallen. In diesem Fall muß lediglich ein Komma eingegeben werden, um den Wegfall des Parameters zu signalisieren:

```
COUNTRY=049, , c:\dos\country.sys
```

Fehlt das *COUNTRY*-Kommando in der Konfigurationsdatei, so wird standardmäßig die Landeskennung 001 angenommen sowie die Zeichensatztabelle 437 verwendet - sofern Sie mit einer DOS-Version ab DOS 3.3 arbeiten. Ferner sucht DOS die Datei COUNTR.SYS im Hauptverzeichnis des Systems.

DEVICE

Gerätetreiber installieren

DEVICE=<Gerätetreiber> {<Parameter>}

Ein Gerätetreiber (*Device Driver*) wird von jedem externen Gerät benötigt, so beispielsweise von der Tastatur, dem Bildschirm, dem Disketten- oder Festplattenlaufwerk, dem Drucker usw. Alle diese Standardgerätetreiber werden von DOS automatisch beim Booten eingerichtet. Ein Gerätetreiber ist nichts anderes als ein Maschinenprogramm, das den Dialog zwischen DOS und dem entsprechenden Gerät regelt. Es ist also die *Schnittstelle* zwischen dem Gerät und dem Betriebssystem.

Gerätetreiber für Disketten- und Festplattenlaufwerke *DRIVER* wird in diesem Kapitel besprochen. Alle Gerätetreiber haben eines gemeinsam: die Dateikennung SYS. Einen weiteren bekannten Gerätetreiber gibt es beispielsweise für die Maus (MOUSE.SYS).

Ab DOS 3.3 gibt es noch zwei weitere Gerätetreiber: Den Bildschirmtreiber DISPLAY.SYS sowie den neuen Druckertreiber PRINTER.SYS. Beide dienen der Verwendung von länderspezifischen Zeichensatztabellen und werden ebenfalls in diesem Kapitel erläutert.

Wollen Sie nun beispielsweise den Gerätetreiber ANSI.SYS installieren, so ist dafür folgendes Kommando notwendig:

```
DEVICE=ansi.sys
```

Wichtig ist, daß sich die entsprechende SYS-Datei im Hauptverzeichnis befindet - ist dies nicht der Fall, müssen Sie den kompletten Pfadnamen vor dem eigentlichen Dateinamen definieren, damit DOS diese Datei auch finden kann. Im folgenden Beispiel befindet sich die Datei ANSI.SYS im Systemverzeichnis \DOS:

```
DEVICE=\dos\ansi.sys
```

Die nachstehende Tabelle verdeutlicht Ihnen, welche Gerätetreiber Ihnen zur Verfügung stehen. Es ist dabei auch angegeben, ab welcher DOS-Version der jeweilige Treiber mitgeliefert wird.

Name	Ab Version	Beschreibung
ANSI.SYS	2.0	Ermöglicht die ANSI-Steuersequenzen
DISPLAY.SYS	3.3	Bildschirmtreiber für Code Pages
DRIVER.SYS	3.2	Erweiterter Diskettentreiber
PRINTER.SYS	3.3	Druckertreiber für Code Pages
VDISK.SYS	3.0	RAM-Disk

Der Name des Gerätetreibers muß stets komplett definiert werden, also inklusive der Dateikennung SYS, die nicht standardmäßig angenommen wird. Ferner ist darauf zu achten, daß Sie den kompletten Pfad eines Gerätetreibers definieren, sofern sich dieser nicht im Hauptverzeichnis der Boot-Diskette befindet (einen Suchpfad kann es ja noch nicht geben, da die Datei AUTOEXEC.BAT erst abgearbeitet wird, wenn die Konfigurationsdatei bereits bearbeitet wurde).

Die meisten Gerätetreiber benötigen auch weitere Parameter, um korrekt arbeiten zu können. Diese können nach dem Namen des Gerätetreibers definiert werden. Hier wird vom *DEVICE*-Kommando keine gesonderte Syntax vorgeschrieben. Es gilt die unter dem jeweiligen Gerätetreiber definierte Syntax.

DISPLAY *(ab DOS 3.3)* Vorbereitung des Bildschirms auf Zeichensatztabellen

DEVICE=DISPLAY.SYS con{:}=(<Typ>{,<Zeichensatz>{,<n>{,<m>}}})

Sind Sie im Besitze einer der durch IBM offiziell unterstützten Grafikkarten MGA (MDA), CGA, EGA oder VGA oder des tragbaren IBM PC Convertible mit integriertem LCD-Bildschirm, so können Sie ab DOS 3.3 von den sogenannten länderspezifischen Zeichensatztabellen Gebrauch machen. Besitzer von Hercules-Karten müssen an dieser Stelle leider enttäuscht werden. Obwohl die technischen Gegebenheiten die Verwendung der Zeichensatztabellen ebenfalls zulieBen, können Sie von den Neuerungen des DOS 3.3 leider bislang keinen Gebrauch machen.

Um nun auf Ihrem Bildschirm die länderspezifischen Zeichensatztabellen zu verwenden, müssen der Bildschirmtreiber und DOS mit Hilfe des *DISPLAY*-Kommandos darauf praktisch vorbereitet werden. Doch lassen Sie uns zunächst die möglichen Parameter des Gerätetreibers besprechen:

<Typ> ist die Typbezeichnung des verwendeten Bildschirmadapters. Erlaubte Werte sind EGA (HR-Farb-/Grafikadapter), CGA (Farb-/Grafikadapter), MONO (Monochrombildschirm) sowie LCD für den IBM PC Convertible mit integriertem LCD-Bildschirm. Die Abkürzung HR steht übrigend für High Resolution, also hochauflösend.

<Zeichensatz> ist der Code der primär zu verwendenden Zeichensatztabelle. Es ist einer der fünf gültigen Codes 437, 850, 860, 863 und 865 anzugeben. Im Anhang finden Sie die fünf Zeichensatztabellen mitsamt des Zeichenvorrates abgedruckt.

<n> ist die Anzahl der für diesen Bildschirmtyp vorbereiteten Zeichensätze. Bei MONO und CGA muß hier der Wert Null angegeben

werden. Bei EGA und LCD sind hier die Werte 1 bis 12 erlaubt. Für jeden vorbereiteten Zeichensatz wird ein Puffer im Hauptspeicher benötigt.

<m> ist die Anzahl der verschiedenen Schriftarten, die für jede Zeichensatztabelle unterstützt werden soll. Diese Angabe differiert je nach verwendetem Grafikadapter. Die möglichen Grenzwerte können Sie der nachfolgenden Tabelle entnehmen.

In der nachfolgenden Tabelle sind die vier bislang unterstützten Bildschirmtypen aufgelistet. Sie können der Tabelle die standardmäßigen Werte für *<n>* und *<m>* entnehmen, die also von DOS verwendet werden, wenn Sie hier keine Angaben machen. Ferner sind die möglichen Wertebereiche für *<n>* und *<m>* definiert.

Typ	Standard n	n	Standard m	m
CGA	0	0	0	0
MONO	0	0	0	0
EGA	1	1-12	2	1-2
LCD	1	1-12	1	1

Die Bedeutung der Tabelle und Parameter wird klarer, hält man sich vor Augen, daß beispielsweise die EGA-Karte standardmäßg zwei Darstellungsformate für Schrift unterstützt: Den Modus mit einer Matrix von 8 x 8 Pixels (Leuchtpunkte) je Zeichen wie die CGA-Karte sowie die Schrift mit einem Darstellungsformat von 8 x 14, das qualitativ deutlich besser ist.

Einheit	Schriftgrößen	Standard <m>
HR-Grafikbildschirm	8 x 8, 8 x 14	2
IBM PC AP	8 x 8	1

Sollte Anwendersoftware von den länderspezifischen Zeichensatztabellen Gebrauch machen, so werden Sie im Handbuch entsprechende Hinweise für die Konfigurationsdatei finden. Ist dies nicht der Fall, macht es keinen Sinn, den Bildschirmtreiber DISPLAY.SYS zu verwenden.

Im folgenden Beispiel werden Zeichensatztabellen für den Bildschirm unterstützt. Dem Einheitentreiber CON der Konsole wird mitgeteilt, daß der angeschlossene Bildschirm ein EGA-Bildschirm ist. Es soll die Stander angeschlossene Bildschirm ein EGA-Bildschirm ist. Es soll die Standardzeichensatztabelle 437 verwendet werden. Bis zu zwei Zeichensatztabellen werden durch den EGA-Bildschirm definiert (s.o.):

```
DEVICE=c:\dos\display.sys con=(ega,437,2)
```

Hinweis: Werden die Gerätetreiber ANSI.SYS *und* DISPLAY.SYS in der Konfigurationsdatei gleichzeitig verwendet, so muß ANSI.SYS vor DISPLAY.SYS installiert werden.

DRIVER

Definition eines zusätzlichen Gerätetreibers

DEVICE=DRIVER.SYS /d:<Laufwerk> {/f:<Art>} {/h:<Köpfe>} {/s:<Sektoren>} {/t:<Spuren>} {/n} {/c}

Mit Hilfe des Gerätetreibers DRIVER.SYS haben Sie die Möglichkeit, zusätzliche logische Gerätetreiber für Diskettenlaufwerke zu installieren. Schließen Sie beispielsweise ein zusätzliches externes Laufwerk an Ihren Rechner an, so muß für DOS auch eine weitere Laufwerksbezeichnung angelegt werden, um dieses Laufwerk adressieren zu können. Intern wird für dieses neue Laufwerk ein Gerätetreiber installiert.

Es ist bei der Installation eines zusätzlichen Gerätetreibers darauf zu achten, daß keine Eigenschaften programmiert werden, die das jeweilige Gerät nicht unterstützt. Nachfolgend eine Tabelle aller bei *DRIVER* möglichen Parameter und ihrer Bedeutung.

Parameter	Bedeutung	Default
/d:<Laufwerk>	Laufwerksangabe (0=A, 1=B, 2=C) Erstes physikalisches Festplattenlaufwerk = 128, zweites = 129 etc.	
/h:<Köpfe>	Anzahl der Schreib-/Leseköpfe (1-99)	2
/s:<Sektoren>	Sektoren pro Spur (1-99)	9
/t:<Spuren>	Spuren je Seite (1-999)	80
/n	Medium nicht entfernbar (Festplatte)	
/c	Gerät meldet Diskettenwechsel (IBM AT)	
/f:<Typ>	Geräteart laut Tabelle	

Es gibt verschiedene Gerätetypen, die durch den *DRIVER*-Befehl unterstützt werden. Sie haben durch die Option */f* die Möglichkeit, den Typ

werden, der das Gerät eindeutig spezifiziert. In der folgenden Tabelle sind die durch *DRIVER* unterstützten Geräte aufgezeichnet:

Geräteart	Laufwerk	Spuren	Sektoren	tpi	Ab DOS
0	160 KByte	40	8	48	1.0
	180 KByte	40	9	48	2.0
	320 KByte	40	8	48	1.1
	360 KByte	40	9	48	2.0
1	1,2 MByte	80	15	96	3.0
2	720 KByte	80	9	135	3.2
7	1,44 MByte	80	18	270	3.3

Wollen Sie beispielsweise ein externes 3½-Zoll-Laufwerk zusätzlich an Ihr Gerät anschließen, so muß DOS diesem Laufwerk eine logische Laufwerksbezeichnung zuordnen. Gehen wir davon aus, daß Sie mit einem IBM XT arbeiten, in dem ein Diskettenlaufwerk und ein Festplattenlaufwerk installiert sind, so ist für dieses dritte Laufwerk folgendes Kommando in der Konfigurationsdatei erforderlich:

```
DEVICE=driver.sys /f:2
```

Befindet sich der Gerätetreiber DRIVER.SYS nicht im Hauptverzeichnis, so müssen Sie hier wieder den kompletten Pfad angeben, also beispielsweise

```
DEVICE=c:\dos\driver.sys /f:2
```

Nachdem DOS dieses Kommando in der Konfigurationsdatei gefunden hat, ist das 720-KByte-Laufwerk dem Betriebssystem bekannt. Es erhält die nächsthöhere verfügbare logische Laufwerksbezeichnung D.

Wollten Sie in demselben Beispiel zwei logische Laufwerksbezeichnungen für das zusätzliche Laufwerk erhalten, beispielsweise, um eine Diskette komplett kopieren zu können, so definieren Sie das Kommando einfach doppelt:

```
DEVICE=c:\dos\driver.sys /f:2
DEVICE=c:\dos\driver.sys /f:2
```

DOS reserviert nun die zwei nächstmöglichen logischen Laufwerksbzeichnungen für das externe 3½-Zoll-Laufwerk. Sie verfügen nun über die beiden logischen Laufwerksbzeichnungen D und E und können so den kompletten Inhalt einer Diskette kopieren. Das Laufwerk verhält sich dann wie das Diskettenlaufwerk eines ATs, das Sie sowohl mit A als auch B ansprechen können. Sofern lediglich ein Diskettenlaufwerk eingebaut ist, fordert DOS Sie stets zum Einlegen einer entsprechenden Diskette auf.

Ein weiteres eindrucksvolles Beispiel: Angenommen, Sie verfügen über einen AT mit zwei eingebauten Diskettenlaufwerken. Das erste mit einer Kapazität von 1,2 MByte und das zweite mit einer Kapazität von 360 KByte. Während Ihnen das Kopieren einer 360-KByte-Diskette keine Probleme bereitet, können Sie den Inhalt einer 1,2-MByte-Diskette nicht problemlos kopieren. Normalerweise steht Ihnen beim AT das Hochkapazitätslaufwerk unter den Laufwerksbezeichnungen A: und B: zur Verfügung. Ist allerdings ein zweites Diskettenlaufwerk eingebaut, so haben ist die Laufwerksbezeichnung B: für das zweite Diskettenlaufwerk reserviert.

Sie können sich in diesem Fall ganz einfach behelfen, indem Sie für das erste physikalische Laufwerk einfach eine zweite logische Laufwerksbezeichnung anlegen. Sie erreichen dies durch folgendes Kommando:

```
DEVICE=\dos\driver.sys /d:0 /s:15 /c /f:1
```

Sofern ein Festplattenlaufwerk in Ihrem Rechner installiert ist und Sie keine RAM-Disk o.ä. vor diesem Kommando installiert haben, verfügen Sie nun über die Laufwerksbezeichnung D. Mit Hilfe dieser Laufwerksbezeichnung wird ebenfalls das 1,2-MByte-Laufwerk adressiert. Sie könnten nun mit Hilfe des Kommandos

```
xcopy a:*.* d: /s /m
```

den Inhalt einer Hochkapazitätsdiskette kopieren. DOS fordert Sie am Bildschirm jeweils zum Wechsel des Datenträgers auf.

Im *DRIVER*-Kommando muß die Anzahl der Sektoren des Laufwerkes definiert werden, da der Standardwert lediglich 9 lautet. Die Defaultwerte für für Kopf- und Spurenanzahl stimmen hingegen.

Sollten Sie über zwei Festplattenlaufwerke verfügen, so würde die Laufwerksbezeichnung entsprechend E: lauten. Es wird jeweils die nächstmögliche Laufwerksbezeichnung vergeben. Werden mehr als fünf logische Laufwerke definiert (also A bis F), so müssen Sie mit Hilfe des *LASTDRIVE*-Kommandos die Anzahl der möglichen Laufwerksbezeichnungen vorher erhöhen!

Sollten Sie über einen AT verfügen, der 'lediglich' mit einem Diskettenlaufwerk ausgestattet ist, wollen aber dennoch die Möglichkeiten des *DRIVER*-Kommandos ausprobieren, so geben Sie trotzdem obiges Beispiel einmal ein. Sie verfügen dann nicht nur über die zwei standardmäßigen Laufwerksbezeichnungen A: und B: für das 1,2-MByte-Diskettenlaufwerk, sondern noch über eine dritte mit der Bezeichnung D: oder E - je nach Anzahl der eingebauten Festplatten.

Hinweis: Beachten Sie bitte, daß Sie mit Hilfe des *DRIVER*-Kommandos keine Festplatten umleiten dürfen. Hierzu dient das *SUBST*-Kommando.

DRIVPARM

Umdefinieren eines standardmäßigen *Gerätetreibers*

DEVICE=DRIVPARM.SYS /d:<Laufwerk> {/f:<Art>} {/h:<Köpfe>} {/s:<Sektoren>} {/t:<Spuren>} {/n} {/c}

Das *DRIVPARM*-Kommando ist kein offizielles PC-DOS-Kommando. Einige Lizenzversionen bieten dieses Kommando jedoch an - meistens zusätzlich manchmal als Ersatz zu *DRIVER*. Der Gerätetreiber *DRIVPARM* arbeitet im wesentlichen analog zum *DRIVER*-Kommando, was sich auch durch die identische Syntax ausdrückt - alle Parameter sind vollkommen identisch. Lediglich bei der Auswahl des Gerätetyps steht Ihnen eine erweiterte Liste zur Verfügung:

Geräteart	Laufwerk	Spuren	Sektoren	tpi	Ab DOS
0	160 KByte	40	8	48	1.0
	180 KByte	40	9	48	2.0
	320 KByte	40	8	48	1.1
	360 KByte	40	9	48	2.0
1	1,2 MByte	80	15	96	3.0
2	720 KByte	80	9	135	3.2
3	8-Zoll	SD			
4	8-Zoll	DD			
5	Harddisk				
6	Bandgerät				
7	1,44 MByte	80	18	270	3.3

SD = Single Density
DD = Double Density

Da die Verwendung des *DRIVPARM*-Kommando sonst identisch zum *DRIVER*-Befehl ist, wird an dieser Stelle auf das *DRIVER*-Kommando verwiesen.

FCBS

Anzahl der maximal zu öffnenden FCB-Dateien

FCBS=<Maximum>{,<Geschützt>}

Dateien werden unter MS-DOS auf zwei verschiedene Arten verwaltet: Die eine Methode ist die ab DOS 2.11 unterstützte mit Hilfe der *File Handler*, die die verschiedenen zur Verfügung stehenden Dateipuffer verwalten und die geöffneten Dateien kontrollieren. Hier können Sie mit Hilfe der beiden Kommandos *FILES* und *BUFFERS* Einfluß auf das Mengengerüst nehmen. Seit DOS 2.11 wird diese Methode favorisiert.

Die zweite Möglichkeit unter DOS ist, Dateien über die sogenannten *FCBs*[5] zu kontrollieren. Dies war bis DOS-Version 2.0 die einzige Möglichkeit, Dateien zu bearbeiten. Manche sehr alte Programme arbeiten noch auf diese Weise. Sollte ein solches Programm bei Ihnen nicht funktionieren, so könnte dies evtl. auch durch das *FCBS*-Kommando behoben werden. Das Kommando *FCBS* bezieht sich ausschließlich auf diese FCB-kontrollierten Dateien. Normalerweise können lediglich 4 FCB-Dateien auf einmal geöffnet werden. Wird DOS veranlaßt, mehr FCB-

5 FCB steht für File Control Block (Datei-Kontrollblock)

Dateien zu öffnen, so schließt es automatisch die zuletzt benutzte Datei. Will ein Programm später auf diese automatisch geschlossene Datei zugreifen, so erzeugt DOS den Interrupt 24h *(Terminate on Fatal Error)*.

Durch das *FCBS*-Kommando können Sie nun die Anzahl der maximal zu öffnenden FCB-Dateien definieren. Dabei ist unbedingt zu beachten, daß die Anzahl der FCBs definiert wird, nicht die Anzahl der offenen Dateien. Zwei FCBs können durchaus auf eine einzige offene Datei zeigen. Jeder weitere FCB belegt exakt 48 Byte im Speicher.

<Maximum> ist dabei die Anzahl der FCBs, es wird also 48mal *<Maximum>* Byte an Speicher reserviert. Dieser Werte darf zwischen 1 und 255 liegen.

Der zweite Parameter *<Geschützt>* ist optional und definiert die Anzahl an FCBS, die *nicht* automatisch von DOS geschlossen werden können - es können auf diese Weise Fehlermeldungen verhindert werden. Dieser Wert kann verständlicherweise höchstens so groß sein wie *<Maximum>*. Wollen Sie *<Geschützt>* definieren, so müssen Sie auch *<Maximum>* definieren. Im Idealfall werden alle FCBs vor dem automatischen Schließen bewahrt, um Fehlermeldungen zu vermeiden.

Im folgenden Beispiel werden 10 FCBs angelegt, und alle 10 FCBs können von DOS nicht automatisch geschlossen werden:

```
FCBS=10,10
```

Hinweis: Dieses Kommando wird in der Regel durch den Benutzer nicht mehr benötigt. Definieren Sie ein entsprechendes Kommando nur dann in Ihrer Konfigurationsdatei, wenn eines Ihrer Anwendungsprogramme dies ausdrücklich erforderlich machen sollte. Ein entsprechender Hinweis in der Programmdokumentation wird Sie darauf hinweisen.

FILES

Anzahl der maximal zu öffnenden Dateien

FILES=<Anzahl>

DOS unterstützt zwei Möglichkeiten des Datei-Handling: Die erste wurde bereits unter dem *FCBS*-Kommando ausführlich behandelt. Die zweite Methode ist die programmtechnisch einfachere und mittlerweile auch übliche, das Arbeiten mit dem *File Handler*. Der File Handler verwaltet selbständig alle verfügbaren Puffer und alle geöffneten Dateien. Dabei können Sie DOS mitteilen, wie viele Dateipuffer zur Verfügung gestellt werden sollen (*BUFFERS*-Kommando) sowie die Anzahl der maximal gleichzeitig zu öffnenden Dateien (*FILES*-Kommando).

Normalerweise können 8 Dateien gleichzeitig geöffnet werden; für die meisten Anwendungen reicht diese Anzahl auch aus, allerdings ist zu bedenken, daß DOS bereits drei dieser Dateien für seine Arbeit (Directory-Handling, Standardein- und -ausgabe etc.) in Beschlag nimmt, so daß für die Anwenderprogramme nur noch fünf Dateien übrigbleiben.

Benötigt eines Ihrer Anwenderprogramme mehr als fünf offene Dateien - dies ist häufig bei Compilern und Dateiverwaltungsprogrammen bzw. Datenbanken der Fall - so können Sie diese Anzahl der maximal zu öffnenden Dateien durch das *FILES*-Kommando auf bis zu 255 Dateien beliebig erhöhen - ab DOS 3.3 ist diese Grenze auf theoretisch 65.535 gleichzeitg offenen Dateien erweitert worden. Die kleinste Anzahl an offenen Dateien ist allerdings acht. Für jede eingerichtete Datei werden 48 Byte im Speicher des Rechners reserviert.

Im File-Sharing-Betrieb ist die höchste Anzahl an offenen Dateien unabhängig von der im *FILES*-Kommando angegebenen Anzahl 20 - minus der drei Systemdateien also 17 Dateien, die pro Arbeitsprozeß höchstens gleichzeitig zu bearbeiten sind.

Wollen Sie DOS veranlassen, bis zu 30 Dateien gleichzeitig bearbeiten zu können, so ist folgendes Kommando notwendig:

```
FILES=30
```

LASTDRIVE

Definition der höchsten Laufwerksbezeichnung

LASTDRIVE = <Laufwerksbezeichnung>

Normalerweise kennt DOS die Laufwerksbezeichnungen A bis E, unabhängig von der tatsächlichen Anzahl an angeschlossenen Laufwerken. Benötigen Sie aber mehr Laufwerksbezeichnungen, entweder weil Sie mehr Laufwerke angeschlossen haben oder virtuelle Laufwerke benötigen, so können Sie diese Grenze des DOS hochsetzen. Die größtmögliche Laufwerksbezeichnung ist allerdings Z.

Wollen Sie beispielsweise mehrere RAM-Disks mit dem *VDISK*-Treiber einrichten oder mehrere Directories durch das *SUBST*-Kommando umleiten, so kann es schnell erforderlich werden, mehr als fünf Laufwerksbezeichnungen zur Verfügung zu haben.

Sollten Sie im *LASTDRIVE*-Kommando weniger als fünf Laufwerke anmelden, so wird das *LASTDRIVE*-Kommando von DOS ignoriert.

Um als größtmögliches Laufwerk das Laufwerk K zu definieren, ist folgendes Kommando in der Konfigurationsdatei CONFIG.SYS notwendig:

```
LASTDRIVE=K
```

PRINTER *(ab DOS 3.3)*

Drucker auf Zeichensatztabelle vorbereiten

DEVICE=PRINTER.SYS LPT<Nr>{:}=<Typ>{,<Zeichensatz>{,<n>}}}

Mit Hilfe dieses neuen Kommandos haben Sie ab DOS 3.3 die Möglichkeit, die länderspezifischen Zeichensatztabellen auch auf Ihrem Drucker zu verwenden (siehe auch *DISPLAY*-Befehl). Nur die beiden IBM-Grafikdrucker Model II 4201 sowie der IBM Quietwriter III Printer Model 5202 unterstützen allerdings die Möglichkeit bislang, die von der IBM-Standard-Zeichensatztabelle abweichenden Zeichensätze zu verwen-

<Nr> ist die Nummer des Paralleldruckers, für den *PRINTER* Anwendung finden soll - in der Regel wird es sich hier um den Drucker LPT1 handeln. Es sind Werte zwischen 1 und 3 erlaubt.

<Typ> repräsentiert den Typ des Druckers. Erlaubt sind die beiden Bezeichnungen 4201 und 5202, für die auch die CPI-Dateien auf der Systemdiskette benutzt werden.

<Zeichensatz> ist der Code bzw. eine in Klammern eingeschlossene und durch Kommanta getrennte Liste von Codes der Zeichensatztabellen, die von diesem Drucker unterstützt werden sollen.

<n> definiert, wie viele Zeichensatztabellen für diesen Drucker vorgesehen sind. *PRINTER* benötigt diesen Wert zur Reservierung von Speicherplatz und zum Anlegen einer Tabelle. Der Maximalwert beträgt 12.

Sollten Sie beispielsweise über einen PC-Grafikdrucker II 4201 verfügen, so ermöglichen Sie durch folgendes Kommando das Wechseln der Zeichensatztabellen für diesen Drucker:

```
DEVICE=printer.sys lpt1:=(4201, 437, 1)
```

Befindet sich der Gerätetreiber nicht im Hauptverzeichnis, so muß - wie bei allen Gerätetreibern - der komplette Pfad der Datei angegeben werden:

```
DEVICE=\dos\printer.sys lpt1:=(4201, 437, 1)
```

Da für die beiden möglichen Drucker zwei Dateien existieren, die der Gerätetreiber *PRINTER* nachladen muß, ist es erforderlich, daß diese Dateien entweder im Hauptverzeichnis abgelegt sind oder Sie ebenfalls auch hier den kompletten Pfad definieren, wie im folgenden Beispiel:

```
DEVICE=\dos\printer.sys lpt1:=(\dos\4201, 437, 1)
```

SHELL

Einbinden eines Kommandoprozessors

SHELL=<Kommandoprozessor> {/e:<Umgebung>} {/p}

Der standardmäßige Kommandoprozessor des DOS ist die Datei COMMAND.COM; diese wird automatisch geladen, sobald Sie den Rechner booten (also einschalten oder durch die Tastenkombination <Ctrl>-<Alt>-<Del> zurücksetzen). Wollen Sie einen anderen Kommandoprozessor laden - einen selbst programmierten oder erworbenen -, so können Sie dies in der Konfigurationsdatei mittels des *SHELL*-Kommandos erreichen.

Wollen Sie einen von COMMAND.COM verschiedenen Kommandoprozessor laden, so vergewissern Sie sich, das dieser folgende Eigenschaften erfüllt, da sonst ein korrektes Arbeiten nicht möglich ist:

- *Alle residenten Kommandos müssen unterstützt werden.*
- *Die Interrupts 22h (Terminate Program at Addresse), 23h (Terminate on Control-C) und 24h (Terminate on Fatal Error) müssen unterstützt werden.*
- *COM- und EXE-Dateien müssen erkannt, geladen und ausgeführt werden können. Ferner müssen Batchdateien vom Kommandoprozessor unterstützt werden.*

Die anzugebenden Optionen */e* und */p* haben nur dann Bedeutung, wenn der zu ladende Kommandoprozessor COMMAND.COM ist: Durch die Option */e* können Sie angeben, wieviel Speicher für die Umgebung des Kommandoprozessors reserviert werden soll (ab DOS-Version 3.2) - diese Werte dürfen im Bereich 160 bis 32768 Byte liegen, der Defaultwert ist 160 Byte. Die Option */p* gibt in diesem Zusammenhang an, daß die Datei AUTOEXEC.BAT nach dem Laden des Kommandoprozessors gestartet werden soll.

Neben der Möglichkeit, von COMMAND.COM verschiedene Kommandoprozessoren einzubinden, bietet das *SHELL*-Kommando also auch die Möglichkeit, den Umgebungsspeicher des DOS beim Booten zu definieren, was sonst erst durch ein erneutes Laden von COMMAND.COM möglich gewesen wäre. Zweiter Vorteil ist die Möglichkeit, die Batchdatei AUTOEXEC zu ignorieren.

Wie bei allen anderen Kommandos in der Konfigurationsdatei muß auch beim *SHELL*-Kommando der Dateiname des Kommandoprozessors mit kompletter Pfadangabe versehen werden, sofern er sich nicht im Hauptverzeichnis der Bootdiskette befindet.

Im folgenden Beispiel wird der Kommandoprozessor COMMAND.COM geladen und ein Umgebungsspeicher von 256 Byte reserviert. Ferner wird die Datei AUTOEXEC.BAT *nicht* gestartet:

```
SHELL=\command.com /e:256
```

STACKS *(ab DOS 3.3)* — Standardwerte für Stack Frame definieren

STACKS=<Stapel>,<Größe>

Durch den Befehl *STACKS* in der Konfigurationsdatei haben Sie die Möglichkeit, den Stack Frame (wörtlich: Stapelrahmen) des DOS zu beeinflussen. Ein Stapelrahmen wird bei Unterprogrammen verwendet, um Daten zwischenzuspeichern (lokale Variablen beispielsweise).

<Stapel> ist dabei die Anzahl der unterstützten Stapelrahmen. Hier definieren Sie einen Wert zwischen 8 und 64.

<Größe> ist die Größe eines jeden Stapels innerhalb des Stapelrahmens; Sie benötigen <Größe> * <Stapel> Byte für jeden angelegten Stapelrahmen.

Sollten beide Parameter bei Aufruf von *STACKS* mit Null definiert werden, so bedeutet dies, daß Stapelrahmen nicht unterstützt werden sollen.

Bei IBM PC, IBM PC XT und entsprechend kompatiblen Rechnern sind die Defaultwerte 0,0 und bei anderen Systemen, beispielsweise dem IBM AT, den PS/2-Geräten und entsprechend Kompatiblen entsprechend 9, 128. Eine Veränderung des Stack Frames sollten Sie allerdings erst dann vornehmen, wenn Sie eine entsprechende Fehlermeldung bzw. Fehlerkondition hierzu zwingt. Der typische Anwender muß also niemals durch *STACKS* die Standardwerte verändern.

VDISK.SYS

Virtuelles Laufwerk definieren (RAM-Disk)

DEVICE=VDISK.SYS {<Größe> {<Sektorgröße> {<Einträge> {/e:<Max>}}}}

Wollen Sie eine oder mehrere RAM-Disks einrichten, so können Sie dies durch den Gerätetreiber VDISK.SYS erreichen, der ab DOS-Version 3.0 auf der DOS-Diskette mitgeliefert wird. Beachten Sie bitte, daß manche DOS-Lizenzen diesen Treiber unter dem Namen RAMDRIVE.SYS oder RAMDISK.SYS anbieten. Die Verwendung und Bedeutung ist absolut identisch zu VDISK - wir wollen nachfolgend ausschließlich von VDISK.SYS sprechen.

Dabei müssen Sie für jede RAM-Disk, die Sie einrichten wollen, einmal den Treiber VDISK.SYS aufrufen. DOS vergibt dann automatisch die entsprechenden Laufwerksbezeichnungen für die RAM-Disks: Haben Sie eine Festplatte, so ist die erste RAM-Disk unter der Bezeichnung D anzusprechen, bei zwei Festplatten entsprechend mit der Bezeichnung E. Verfügen Sie über ein oder zwei Laufwerke und keine Festplatte, so wird die erste RAM-Disk mit C angesprochen. Alle weiteren RAM-Disks schließen sich hieran an.

RAM-Disks sind praktisch "Diskettenlaufwerke", die im Hauptspeicher simuliert werden. Sie können Dateien laden und speichern, sich ein Inhaltsverzeichnis ausgeben lassen und alles andere, was Sie auch mit den physikalisch vorhandenen Laufwerken machen können. Einige Kommandos wie *SUBST* und *JOIN* sind mit RAM-Disks nicht anzuwenden, dies ist allerdings bei den entsprechenden Kommandos auch vermerkt und wenig sinnvoll.

RAM-Disks haben Vor- und Nachteile. Der klare Vorteil ist die extrem hohe Zugriffsgeschwindigkeit. Beispielsweise lohnt es sich, häufig verwendete Batchdateien in eine RAM-Disk zu kopieren, da hier die Ausführungszeit extrem verkürzt wird. Auch ist ein Speichern von Temporärdateien - beispielsweise bei Compilern -, die später nicht mehr benötigt werden, auf eine RAM-Disk sehr praktisch. Der Nachteil ist die Tatsache, daß RAM-Disks nicht eben wenig Speicher benötigen, den Sie vielleicht für andere Anwendungen dringender brauchen. Zweiter Nachteil ist, daß alle Daten beim Ausschalten - oder schlimmer - bei einem Stromausfall verloren gehen. Benötigt man die Daten auch noch später, so muß man diese Daten vor dem Ausschalten auf ein externes Datengerät kopieren und darf dies auf keinen Fall vergessen.

Sie haben als Anwender jedoch die Möglichkeit, die Größe der anzulegenden RAM-Disk durch Parameter zu beeinflussen. Die Parameter haben im einzelnen folgende Bedeutung:

<Größe> gibt in KByte die Kapazität der RAM-Disk an. Um eine komplette Diskette im Speicher zu halten, wären hier beispielsweise 360 KByte erforderlich (die AT-Disketten mit 1,2-Megabyte kann man nur im Speicher halten, wenn entsprechend viel Speicher als Speichererweiterung zur Verfügung steht). Sie können jede beliebige Kapazität zwischen 1 KByte und dem verfügbaren Speicher auswählen; DOS korrigiert die ausgewählte Kapazität in dem Fall, daß nach dem Einrichten der RAM-Disk weniger als 64 KByte für Programme und Daten an Speicher frei wären - Ihre Angabe wird dann entsprechend verringert. Der Defaultwert dieser Option beläuft sich auf 64 KByte.

<Sektoren> definiert die Größe der simulierten Sektoren. Dabei können die Sektoren 128, 256 oder 512 Byte groß sein, jeder andere Wert wird aufgerundet. Je größer die Sektoren sind, desto größer ist die Ausführungsgeschwindigkeit - allerdings mit dem Nachteil, daß am Ende von Dateien unter Umständen einiges an Platz vergeudet wird. Der Defaultwert dieser Option beträgt 128.

<Einträge> definiert die Anzahl der maximal möglichen Dateieinträge in das Inhaltsverzeichnis der RAM-Disk. Standardmäßig beläuft sich dieser Wert auf 64. Sie können jeden beliebigen Wert von 2 bis 512 angeben, wobei DOS diesen Wert so korrigiert, daß die Einträge einen Sektor füllen. Jeder Dateieintrag benötigt 32 Byte. DOS belegt einen Eintrag für das Diskettenlabel.

Die Option */e:<Max>* kann nur bei AT-Rechner verwendet werden - also auch bei den entsprechenden Geräten der PS/2-Serie und allen 386er-Computern. Durch Angabe dieser Option wird der Speicher jenseits der 1-MByte-Grenze (Speichererweiterung) verwendet, der für alle DOS-Versionen inkl. 3.3 nicht zu verwenden ist. Ferner können Sie definieren, wie viele Sektoren auf einmal aus der RAM-Disk eingelesen werden können. Dieser Wert *<Max>* liegt zwischen 1 und 8, der Standardwert ist 8.

Befindet sich die Datei VDISK.SYS nicht im Hauptverzeichnis, so müssen Sie unbedingt den kompletten Pfad der Datei definieren. Folgendes Kommando würde eine RAM-Disk einrichten, die eine Kapazität von

200 KByte hat. Es werden Sektoren zu 512 Byte verwendet und 64 Dateieinträge sollen möglich sein (diese Angabe kann entfallen, da Defaultwert):

```
DEVICE=\vdisk.sys 200 512 64
```

Im folgenden Beispiel gehen wir von denselben Eigenschaften der RAM-Disk aus, jedoch sollte der Speicher jenseits der 1-MByte-Grenze verwendet und höchstens 5 Sektoren auf einmal gelesen werden:

```
DEVICE=\vdisk.sys 200 512 64 /e:5
```

Die im obigen Beispiel angelegte RAM-Disk benötigt 200 KByte plus 2048 Byte für die 64 Einträge (64*32 = 2048), was bei einer Sektorenkapazität von 512 Byte genau vier Sektoren entspricht. Der insgesamt benötigte Speicher beträgt also:

```
200 * 1024 = 204 800 Byte
 64 *   32 =   2 048 Byte
--------------------------
     Gesamt: 206 848 Byte
```

Im *VDISK*-Kommando werden lediglich die Zahlenangaben gelesen, was das Einbinden von Kommentaren in das Kommando ermöglicht:

```
DEVICE=\vdisk.sys Kapazität=200 Sektorgröße=512 Einträge=64
```

ist gleichbedeutend mit:

```
DEVICE=\vdisk.sys 200 512 64
```

Es wird dennoch im ersten Fall keine Fehlermeldung ausgegeben. Diese Möglichkeit der Kommentierung der Parameter an VDISK sollte man sich durchaus zunutze machen, damit man stets weißt, was mit den entsprechenden Zahlenwerten gemeint ist, ohne in diesem Buch nachschlagen zu müssen.

7.4 Beispiele für die Konfigurationsdatei

Das Erstellen von Konfigurationsdateien ist eine Kunst für sich - das beweisen die Anfragen von Lesern, aber auch meine eigenen Bemühungen immer wieder. Die Möglichkeiten in der Datei CONFIG.SYS sind sicherlich nötig und auch begrüßenswert, jedoch für den Laien wenig verständlich. Auch erfahrene PC-Anwender und Programmierer haben aber bei dem einen oder anderen Problem durchaus Schwierigkeiten, sich der Konfigurationsdatei optimal zu bedienen.

Aufgabe dieses Kapitels soll es sein, Ihnen einige Vorschläge für Konfigurationsdateien an die Hand zu geben. Sie brauchen dann nur noch die Beispiele einzugeben und können so sicher sein, daß Ihre Anforderungen an das System auch tatsächlich erfüllt werden.

Welche Kommandos sollten in jedem Fall in einer Konfigurationsdatei enthalten sein? Wichtigstes Kommando ist sicherlich *COUNTRY*. Nur wenn Sie durch diesen Befehl die Landeskennung definiert haben, werden Systemzeit und -datum im deutschen Format dargestellt. Es ist weitgehend unbekannt, daß DOS nicht nur für diese beiden Darstellungsformate die Landeskennung benötigt. Anwenderprogramme können die Landeskennung und entsprechende Parameter abfragen. DOS liefert dann weitere Informationen wie beispielsweise das Währungssymbol - auf Deutschland bezogen also "DM". Ferner wird dem Programm mitgeteilt, daß zum Trennen von Tausenderstellen der Punkt und als Dezimalpunkt das Komma verwendet werden soll - also genau entgegengesetzt zum amerikanischen Standard. Definieren Sie aus diesem Grund als erstes Kommando

```
COUNTRY=049
```

Sofern Sie mit einer DOS-Version ab DOS 3.3 arbeiten, muß an dieser Stelle noch die Datei definiert werden, in der diese länderspezifischen Daten gespeichert sind. DOS findet diese Daten in der Datei COUNTRY.SYS, die sich auf Ihrer Systemdiskette befindet. Sofern sich die Datei im Hauptverzeichnis der Diskette oder Platte befindet, von der Sie das System starten, brauchen Sie den Dateinamen nicht zu definieren. Befindet sich die Datei aber beispielsweise im Systemverzeichnis Ihrer Festplatte - wir gehen von dem Verzeichnis \DOS aus - so muß der komplette Pfadname der Datei definiert werden, wie im folgenden Beispiel:

```
COUNTRY=049,,\dos\country.sys
```

Ersetzen Sie bitte den Pfadnamen, sollte sich die Datei bei Ihnen in einem anderen Verzeichnis befinden. Der mittlere Parameter wird von uns weggelassen. Er dient der Bezeichnung der zu verwendenden Zeichensatztabelle. Wir gehen davon aus, daß Sie zunächst die Standard-IBM-Zeichensatztabelle verwenden wollen, die den Code 437 besitzt, so daß Sie anstelle obigen Beispiels auch folgendes Kommando definieren könnten:

```
COUNTRY=049,437,\dos\country.sys
```

Nun sollte der ANSI-Gerätetreiber installiert werden. Sie können sich im folgenden Kapitel 7.5 von den Leistungsmöglichkeiten von ANSI überzeugen. Manche Programme benötigen diesen Treiber unbedingt - wenn Sie allerdings hiervon keinen Gebrauch machen wollen, so hat ANSI aber auch keine negativen Einflüsse auf den Betrieb. Wollen Sie aber beispielsweise einige Tasten Ihrer Tastatur umprogrammieren, so ist ANSI für Sie unerläßlich. Aus diesem Grunde sollte das nächste Kommando der *ANSI*-Befehl sein:

```
DEVICE=ansi.sys
```

Auch hier gilt wieder: Sollte sich der Gerätetreiber nicht im Hauptverzeichnis der Diskette oder Festplatte befinden, von der Sie das System starten, so muß der komplette Pfadname der Datei definiert werden. Befindet sich die Datei ANSI.SYS also beispielsweise im Systemverzeichnis \DOS Ihrer Festplatte, so definieren Sie das Kommando entsprechend wie folgt:

```
DEVICE=\dos\ansi.sys
```

Hiernach empfehlen sich die Definitionen für das Mengengerüst der Dateiverwaltung. Es sollen gleichzeitig bis zu 20 Dateien offen sein können und hierzu ebenfalls 20 Dateipuffer verwendet werden. Die nächsten beiden Kommandos sollten entsprechend lauten:

```
FILES=20
BUFFERS=20
```

Sollten Sie eine Datenbank verwenden, die ausdrücklich mehr Dateien oder Puffer benötigt, so erhöhen Sie diese Werte einfach entsprechend. DOS kann davon keinen Schaden nehmen. Es gilt lediglich zu beachten, daß pro Puffer 528 Byte des Systems benötigt werden.

Es ist sehr vorteilhaft, ein laufendes Programm jederzeit durch die Tastenkombination <Ctrl>-<C> abbrechen zu können. Aus diesem Grunde sollten Sie das *BREAK*-Kommando verwenden, um dies nicht nur während der Ausgabe eines Zeichens auf dem Bildschirm, sondern auch während eines Disketten- oder Plattenzugriffes zu ermöglichen. Das nächste Kommando sollte also lauten:

```
BREAK=on
```

Das wäre bislang das Wesentliche für eine Konfigurationsdatei. Je nach verwendetem Systemverzeichnis, verwendeter DOS-Version und Ansprüchen sieht Ihre Konfigurationsdatei nun wie folgt aus:

```
COUNTRY=049,437,\dos\country.sys
DEVICE=\dos\ansi.sys
FILES=15
BUFFERS=15
BREAK=on
```

Nun empfiehlt sich abschließend vielleicht noch eine RAM-Disk. Im folgenden Beispiel wird eine RAM-Disk mit einer Kapazität von 150 KByte definiert. Jeder Sektor der RAM-Disk umfaßt 256 Byte. Es werden 100 Einträge im Hauptverzeichnis vorgesehen:

```
DEVICE=\dos\vdisk.sys 150 256 100
```

Sofern Sie Besitzer eines ATs mit wenigstens 900 KByte RAM sind, können Sie das sogenannte Extended Memory Ihres Rechners für die RAM-Disk nutzen, so daß Ihnen kein Speicherplatz im Hauptspeicher verloren geht. Definieren Sie hierzu lediglich die Option */e* am Ende des Kommandos:

```
DEVICE=\dos\vdisk.sys 150 256 100 /e
```

In diesem Fall empfiehlt es sich natürlich, die Speicherkapazität entsprechend großzügiger auszulegen.

Diese Konfigurationsdatei sollte für den Standardgebrauch ausreichend sein. In Kapitel 7.2 ist beschrieben, wie Sie eine Konfigurationsdatei erstellen können. Entsprechende Abweichungen der hier genannten Kommandos können Sie der Befehlsbeschreibung in Kapitel 7.3 entnehmen.

7.5 Der Gerätetreiber ANSI.SYS

Wie bereits kurz erwähnt, liegt der Schwerpunkt der ANSI-Sequenzen bei der Bildschirmausgabe und der Tastaturkontrolle (siehe auch ANSI.SYS-Treiber im Kapitel 7.3). Um die ANSI-Sequenzen einzurichten, ist in der Konfigurationsdatei folgendes Kommando notwendig:

```
DEVICE=ansi.sys
```

Vergessen Sie dabei nicht, den kompletten Pfadnamen der Datei ANSI.SYS anzugeben, wenn sich diese nicht im Hauptverzeichnis befindet.

Normalerweise kann es nie schaden, den ANSI-Treiber auf jeden Fall zu installieren, selbst dann, wenn Sie selber keinen Gebrauch von den Möglichkeiten dieses Treibers machen. Alle Anwenderprogramme, die diesen Treiber benötigen, laufen dann aber einwandfrei - hätten Sie den Treiber nicht installiert, würden Sie sich vielleicht fragen, was die Fehlerquelle ist und in diesem Zusammenahng nicht direkt an den ANSI-Treiber denken.

Der Gerätetreiber ANSI.SYS ist auch dann aktiv, wenn Programme der höheren Programmiersprachen *BASIC*, *PASCAL*, *C* oder anderer Sprachen ausgeführt werden. Durch die definierten Escape-Sequenzen können Sie den Bildschirm löschen, den Cursor positionieren und vieles mehr. Jede Escape-Sequenz beginnt mit den beiden Codes 01Bh (27_{dez}) und 05Bh (91_{dez}), als ASCII-Darstellung ^[[. In den verschiedenen Programmiersprachen gibt es die entsprechenden Kommandos, um diese Codes zu erzeugen - ferner können Sie die Codes unter DOS durch die

<Alt>-Taste generieren bzw. beim *PROMPT*-Kommando durch die *$e*-Option einleiten.

Wenn Sie Programme erstellen, die die ANSI-Sequenzen benutzen, so ist die Funktionstüchtigkeit dieser Programme auf anderen Rechnern nur dann gewährleistet, wenn auch dort der ANSI-Treiber geladen worden ist. Übrigens wird die Ausgabegeschwindigkeit durch Installation des ANSI-Treibers kaum beeinträchtigt, Sie brauchen also keine Geschwindigkeitsverluste zu befürchten.

Im folgenden sollen Ihnen zunächst einmal alle unter ANSI definierten Steuersequenzen vorgestellt werden. Dabei werden alle Parameter *kursiv* dargestellt.

J — *Bildschirm löschen.*
Der gesamte Bildschirm wird gelöscht.

K — *Rest der Zeile löschen.*
Ab der Cursorposition bis zum Ende der Zeile wird gelöscht.

*x;y*H — *Cursorposition definieren.*
Der Cursor wird positioniert an Spalte *x*, Zeile *y*. Sollte einer der Parameter oder beide fehlen, so wird 1 angenommen.

*x*A — *Cursor hochbewegen.*
Der Cursor wird um genau *x* Zeilen nach oben bewegt, wobei der Cursor nur bis zur ersten Zeile hochbewegt werden kann, danach wird das Kommando ignoriert. Fehlt die Angabe des Parameters *x*, so wird der Cursor um eine Zeile nach oben bewegt. Die Spalte des Cursors bleibt hierbei unverändert.

*x*B — *Cursor runterbewegen.*
Der Cursor wird um *x* Zeilen nach unten bewegt, wobei der Cursor nur bis zur letzten Zeile herunter bewegt werden kann, danach wird das Kommando ignoriert. Fehlt die Angabe des Parameters *x*, so wird der Cursor um eine Zeile nach unten bewegt. Die Spalte des Cursors bleibt unverändert.

*x*C — *Cursor nach rechts bewegen.*
Der Cursor wird um *x* Spalten nach rechts bewegt, wobei der Cursor nur bis zur letzten Spalte bewegt werden kann, danach wird das Kommando ignoriert. Fehlt die Angabe des Parameters *x*, so wird der Cursor um eine Spalte nach rechts bewegt. Die Zeile des Cursors bleibt unverändert.

*x*D *Cursor nach links bewegen.*
Der Cursor wird um *x* Spalten nach links bewegt, wobei der Cursor nur bis zur letzten Spalte bewegt werden kann, danach wird das Kommando ignoriert. Fehlt die Angabe des Parameters *x*, so wird der Cursor um eine Spalte nach links bewegt. Die Zeile des Cursors bleibt unverändert.

s *Aktuelle Cursorposition merken.*
Siehe hierzu auch das folgende Steuerzeichen.

u *Gemerkte Cursorposition wieder einnehmen.*
Siehe hierzu auch das vorangehende Steuerzeichen.

6n *Cursorpositionskontrolle senden.*
Siehe hierzu auch das folgende Steuerzeichen.

*x;y*R *Cursorstandardposition setzen.*
Die Cursorposition, die Sie hier definieren, wird automatisch eingenommen, wenn Sie die vorangehende Steuersequenz senden.

=*x*h *Bildschirmmodus definieren.*

x	Bedeutung
0	40 * 25 Monochrom
1	40 * 25 Farbe
2	80 * 25 Monochrom
3	80 * 25 Farbe
4	320 * 200 Punkte (Farbe)
5	320 * 200 Punkte (Monochrom)
6	640 * 200 Punkte (Monochrom)

*x;y;...z*m *Bildschirmattribut setzen.*

x	Bedeutung
0	Keine
1	Hell (Fett)
2	Normal
3	Italic (Kursiv)
5	Blinkend
6	Schnelles Blinken
7	Invertierte Darstellung
8	Unsichtbar
30	Schwarzer Vordergrund
31	Roter Vordergrund
32	Grüner Vordergrund
33	Gelber Vordergrund
34	Blauer Vordergrund
35	Magenta Vordergrund
36	Cyan Vordergrund
37	Weißer Vordergrund
40	Schwarzer Hintergrund
41	Roter Hintergrund
42	Grüner Hintergrund
43	Gelber Hintergrund
44	Blauer Hintergrund
45	Magenta Hintergrund
46	Cyan Hintergrund
47	Weißer Hintergrund
48	Hochgestellt
49	Tiefgestellt

Die vorangehenden Steuersequenzen könnten beispielsweise bei der neuen Hercules-Plus-Karte an Bedeutung gewinnen, da alle aufgeführten Attribute im normalen Textmodus dieser Karte dargestellt werden können.

*x;y;..*p *Taste x mit Zeichenkette y+..+z belegen.*
Diese Steuersequenz dient dazu, die Tastatur Ihres Rechners beliebig umzudefinieren. Ferner können Sie auf eine einzige Taste eine beliebig lange Zeichenkette legen, die bei Betätigung dieser Taste dann auf dem Bildschirm erscheint. Auf diese Weise können Sie beispielsweise auf einen einzigen Tastendruck ein komplettes DOS-Kommando ausführen lassen. Zeichenketten müssen in Anführungszeichen eingeschlossen sein, ferner können Sie jedes beliebige ASCII-Zeichen in dezimaler Schreibweise angeben. Die einzelnen Angaben müssen durch ein Semikolon voneinander getrennt werden, wobei vor dem abschließenden *p* kein Semikolon erscheinen darf.

Nun folgt zunächst noch eine Tabelle, aus der Sie die sogenannten *Extended Codes* entnehmen können. Es handelt sich hierbei um die Cursortasten, die Funktionstasten sowie die Kombinationen mit den Tasten <Ctrl> bzw. <Alt>. Alle hier aufgeführten Tasten werden durch eine Null gefolgt durch den angegebenen Code definiert. Betätigen Sie beispielsweise die Taste <F1> auf Ihrer Tastatur, so werden nacheinander die beiden ASCII-Codes 0 *und* 59 generiert. Diese beiden Codes benötigen Sie dann, wenn Sie eine Taste umdefinieren bzw. mit einer Zeichenkette belegen wollen.

Tastencodes in Verbindung mit <Alt>

Taste	Code	Taste	Code
Alt-A	30	Alt-F1	104
Alt-B	48	Alt-F2	105
Alt-C	46	Alt-F3	106
Alt-D	32	Alt-F4	107
Alt-E	18	Alt-F5	108
Alt-F	33	Alt-F6	109
Alt-G	34	Alt-F7	110
Alt-H	35	Alt-F8	111
Alt-I	23	Alt-F9	112
Alt-J	36	Alt-F10	113
Alt-K	37	Alt-1	120
Alt-L	38	Alt-2	121
Alt-M	50	Alt-3	122
Alt-N	49	Alt-4	123
Alt-O	24	Alt-5	124
Alt-P	25	Alt-6	125
Alt-Q	16	Alt-7	126
Alt-R	19	Alt-8	127
Alt-S	31	Alt-9	128
Alt-T	20	Alt-0	129
Alt-U	22	Alt-'-'	130
Alt-V	47	Alt-'='	131
Alt-W	17		
Alt-X	45		
Alt-Y	44		
Alt-Z	21		

Tastencodes mit <Shift>:

Taste	Code	Taste	Code
Shift-F1	84	Shift-F7	90
Shift-F2	85	Shift-F8	91
Shift-F3	86	Shift-F9	92
Shift-F4	87	Shift-F10	93
Shift-F5	88	Shift-Tab	15
Shift-F6	89		

Tastencodes mit <Ctrl>:

Taste	Code	Taste	Code
Ctrl-F1	94	Ctrl-PrtSn	114
Ctrl-F2	95	Ctrl-Cur-Links	115
Ctrl-F3	96	Ctrl-Cur-Rechts	116
Ctrl-F4	97	Ctrl-End	117
Ctrl-F5	98	Ctrl-PgDn	118
Ctrl-F6	99	Ctrl-Home	119
Ctrl-F7	100	Ctrl-PgUp	132
Ctrl-F8	101		
Ctrl-F9	102		
Ctrl-F10	103		

Restliche Tastencodes (Cursortasten):

Taste	Code	Taste	Code
F1	59	Home	71
F2	60	End	79
F3	61	Cursor Hoch	72
F4	62	Cursor Runter	80
F5	63	Cursor Links	75
F6	64	Cursor Rechts	76
F7	65	PgUp	73
F8	66	PgDn	81
F9	67	Ins	82
F10	68	Del	83

Wir wollen Ihnen nun noch einige Beispiele vorstellen, die den Gebrauch der ANSI-Sequenzen verdeutlichen soll. Dabei wurde $e verwendet für den ASCII-Code 27dez. Sollten Sie also nicht mit Hilfe des *PROMPT*-Kommandos doe Steuerzeichen verwenden (beispielsweise in BASIC), so ersetzen Sie das Zeichen $e einfach durch den ASCII-Code 27.

Wollen Sie beispielsweise an der Cursorposition Zeile 11 Spalte 22 den Text *Versuch* ausgeben lassen, so erreichen Sie dies durch das Kommando

```
PROMPT $e[11;22fVersuch
```

Sie können durchaus auch mehreren ANSI-Sequenzen hintereinander senden; hierzu ist es lediglich erforderlich, die beiden einleitenden Zeichen Esc[zu wiederholen. Im folgenden Beispiel wird zunächst der Bildschirm gelöscht und dann der eben definierte Text ausgegeben:

```
PROMPT $e[J$e[11;22fVersuch
```

Nehmen wir einmal an, Sie wollen die beiden Tasten y und z vertauschen, so daß Sie eine amerikanische Tastatur erhalten. Wir wollen dieses Problem über das *PROMPT*-Kommando lösen, jedoch vertauschen wir zunächst einmal lediglich die Kleinbuchstaben:

```
PROMPT $e["y";"z"p$e["z";"y"p
PROMPT
```

Wenn Sie dieses Kommando eingegeben haben, werden die beiden Tasten <y> und <z> vertauscht sein. Das zweite *PROMPT*-Kommando ist notwendig, um das Standardsystemprompt wiederzuerhalten. Um den Tasten nun die eigentlichen Bedeutungen wieder zuzuordnen, müssen Sie folgendes eingeben:

```
PROMPT $e["z";"y"p$e["y";"z"p
PROMPT
```

Sie dürfen dieses Kommando auf keinen Fall in zwei Befehlszeilen unterteilen - wenn Sie das tun, können Sie eine der beiden Tasten überhaupt nicht mehr benutzen, da dann auf beiden Tasten derselbe Code liegt. Selbst die Taste <Alt> hilft dann nicht mehr weiter.

Wollen Sie auf eine Taste eine ganze Zeichenkette legen, so ist dies auch nicht viel schwieriger. Nehmen wir einmal an, Sie wollten auf die Tastenkombination <Alt>-<D> hin den Bildschirm löschen und dann das aktuelle Inhaltsverzeichnis ausgeben. Zunächst müssen Sie den Code der Tastenkombination <Alt>-<D> in der Tabelle nachschlagen. Die Kombination hat die Codes 0;32. Diese Codes müssen Sie dann in der Steuersequenz zum Umdefinieren der Tastatur verwenden:

```
PROMPT $e[0;32;"cls";13;"dir";13p
```

Die Kommandos können Sie in Anführungszeichen eingeschlossen direkt angeben. Der Code 13 steht für die Taste <Return>, führt also das vorangehende Kommando aus. Wollen Sie die alte Bedeutung der Tasten <Alt>-<D> wiedererlangen, so geschieht das durch folgendes Kommando:

```
PROMPT $e[0;32;0;32p
```

Im Kapitel 6.9 befindet sich ein Beispiel, mit dem Sie einige DOS-Kommando nur durch die Tasten <Alt> und den Anfangsbuchstaben des Kommandos auf den Bildschirm bekommen.

Hinweis:

1) Manche Anwenderprogramme funktionieren nicht mehr, wenn die Tastatur umbelegt worden ist. *WORD* beispielsweise macht sehr viel Gebrauch von den <Alt>-Kombinationen. In diesem Fall sollten Sie die Tastatur vor dem Gebrauch dieser Anwenderprogramme wieder mit der Standardbelegung versehen.

2) Sofern Sie mit Hilfe des *PROMPT*-Kommandos innerhalb einer Batchprozedur eine Reihe von Steuerzeichen ausgeben wollen, ist unbedingt darauf zu achten, daß der Echomodus eingeschaltet ist. Vor dem ersten *PROMPT*-Kommando muß sich also auf jeden Fall ein *ECHO ON* befinden.

8. Der DOS-Debugger

Mit dem Begriff *DEBUG* hat es einiges auf sich - unter anderem wohl eine der meisterzählten Legenden in der Computerbranche. Findet man in einem Programm einen Fehler, so spricht man von einem *Bug*, will man diesen Fehler beseitigen, von *Debuggen* - auch im deutschen Sprachgebrauch.

Vor langer Zeit, als Computer noch riesige Monstren und nur einem kleinen Teil der Menschheit vorbehalten waren, arbeiteten die Rechengehirne noch mit Relais (1. Generation). Zu dieser Zeit hatte ein bestimmter Programmierer seine Not, weil sein Programm nicht korrekt ablaufen wollte - obwohl alle eventuellen Fehlerquellen überprüft waren. So kam es, daß man die Hardware des Rechners auf Defekte untersuchte, was damals natürlich sehr sinnvoll war. Sie müssen sich vorstellen, daß *jede* Speicherstelle *(*Bit*) ein* etwa fingergroßes Relais war und nicht wie heute hunderttausende von Speicherstellen auf 1 mm^2 Platz fanden. Nach langer mühseliger Arbeit fand man ein Relais, das nicht korrekt arbeitete - das nicht korrekt arbeiten konnte, weil eine tote verkohlte Wanze zwischen den Kontakten des Relais saß und somit ein Schließen verhinderte.

Nun, das amerikanische Wort für Wanze ist *Bug*, und die Programmierer meinten, daß sie das Programm durch das Entwanzen (*Debuggen*) wieder zum Laufen bekommen haben. Natürlich findet heute keine Wanze mehr auf einem *Bit* Platz, aber - was die Amerikaner einmal gelernt haben, das vergessen sie so schnell nicht mehr. So haben sich die Bezeichnungen *Bug* und *Debugger* bis in den heutigen Tag hineingerettet.

8.1 Das Arbeiten mit DEBUG

Der *Debugger* mit dem Namen *DEBUG* ist einer der DOS-Disketten beigefügt. Er stellt ein Hilfsprogramm zum Anzeigen und Korrigieren von allen Speicherplätzen im Rechner dar, dabei können Sie die dezimale und die hexadezimale (sedezimale) Schreibweise für Zahlen verwenden. *DEBUG* hilt Ihnen beim Drucken von Speicherauszügen, beim Laden und Speichern von Speicherbereichen. Durch die Möglichkeit von *DEBUG*, bestimmte Spuren und Sektoren zu laden, ist *DEBUG* bedingt auch ein Diskettenmonitor.

Die eindeutige Stärke von *DEBUG* liegt aber in seiner eigentlichen Aufgabe, der Fehleranalyse von Programmen. Sie können sich die Register der CPU alle zu jeder Zeit ausgeben lassen und diese beeinflussen. Es ist möglich, ein Programm im sog. Einzelschrittmodus ablaufen zu lassen (*TRACE*-Modus), so daß Sie nach jedem Maschinenbefehl alle Register ausgegeben bekommen und die Auswirkungen des gerade ausgeführten Befehls kontrollieren können. Es besteht aber auch die Möglichkeit, eine bestimmte Anzahl von Befehlen ablaufen zu lassen und dann zu stoppen sowie sogenannte *Breakpoints* (Unterbrechnungspunkte) zu definieren, bei deren Erreichen *DEBUG* die Ausführung des Programmes automatisch unterbricht.

Das sogenannte Promptsymbol von *DEBUG* ist das Minuszeichen (-). Erscheint das Prompt, so können Sie jedes der unten angegebenen Kommandos eingeben und ausführen lassen.

Geben Sie bei Aufruf von *DEBUG* keinen Dateinamen an, so wird der aktuelle Speicherbereich bearbeitet. Sie können dann mittels der Kommandos *N* und *L* eine Datei nachladen. Neben ausführbaren Programmen können Sie mit *DEBUG* auch Textdateien laden und ändern. Beachten Sie bei EXE-Dateien, daß diese nicht von *DEBUG* bearbeitet werden können, da sie verschiebbar sind (*DEBUG* speichert keine EXE-Dateien ab, das Laden und Ausgeben einer EXE-Datei ist allerdings ohne Einschränkung möglich). Wollen Sie dennoch eine EXE-Datei bearbeiten, so wandeln Sie zunächst durch *EXE2BIN* in eine BIN- bzw. COM-Datei um und laden Sie sie dann oder benennen Sie die Dateikennung durch *RENAME* anders. Dies sollten Sie aber nur dann tun, wenn sich im Programm selbst *nichts* verschiebt, d.h. Sie machen keine Korrekturen am Programmcode, der sich auf die Reihenfolge der Kommandos auswirkt.

Nach dem Starten von *DEBUG* werden die Segmentregister alle automatisch auf die unterste Speichergrenze gesetzt. Der Instruction Pointer IP wird mit 0100h definiert, da hier nahezu alle Programme starten (zumindest die COM-Programme). Alle weiteren Register außer SP werden auf Null gesetzt. Das Registerpaar BX/CX enthält die Länge des eventuell eingeladenen Programms.

Speicheradressen können bei den Kommandos mit oder ohne Segmentangabe gemacht werden. Fehlt die Segmentadresse, so wird automatisch DS angenommen, außer bei den Kommandos *G*, *L*, *T*, *U* und *W*, hier wird das Codesegment zugrunde gelegt. Als Segmentadresse können sowohl die Segmentregister selbst als auch absolute Segmentangaben verwendet werden. Führende Nullen können entfallen. Folgende Adressen sind korrekte Angaben einer segmentierten Adresse:

LESEN SIE MIR JETZT FOLGENDEN HEX-DUMP VOR...

```
300
cs:2076
ss:500
```

Ist es notwendig, einen Speicherbereich zu definieren, so können Sie entweder zwei Hexadezimalwerte getrennt durch ein Leerzeichen eingeben, oder Sie geben einen Startwert und die Länge ein - ebenfalls durch ein Leerzeichen getrennt. Die Länge (in Hexadezimal) wird durch ein *L* angeführt. Eine Segmentangabe erfolgt in diesem Fall nur einmal, da der Speicherbereich sich natürlich auf ein Segment bezieht. Beinhaltet CS den Wert $196A_{hex}$, so geben folgende 6 Kommandos alle den Speicherbereich 196A:0100 bis 196A:019F an:

```
100 19f
100 l1a0
cs:100 19f
cs:100 l1a0
196a:100 19f
196a:100 l1a0
```

Es ist auch möglich, eine Liste von Werten einzugeben. In diesem Fall trennen Sie die einzelnen Angaben durch ein Leerzeichen voneinander:

```
e ds:4000 20 21 22 23 24 84 3e 9d 9d 2e
```

Wollen Sie ein ASCII-Zeichen oder eine ganze Zeichenkette (String) definieren, so schließen Sie dieses Zeichen bzw. diese Zeichen in Anführungszeichen ein. Soll in der Zeichenkette selbst ein Anführungszeichen vorkommen, so geben Sie zwei Anführungszeichen hintereinander an.

```
31 32 "345""6789"     ergibt 12345"6789
```

8.2 Die Kommandos von DEBUG

Nun sollen zunächst einmal alle Befehle von *DEBUG* in ihrer alphabetischen Reihenfolge erklärt werden. Dabei stellt der erste Buchstabe immer den Befehl selbst dar, danach folgen die für das Kommando evtl. notwendigen Parameter.

a<Adresse> Assemble

Eingabe von 8086/8088-Mnemocodes; der 8087-Befehlssatz (Mathe-Coprozessor) wird vn *DEBUG* unterstützt. Es handelt sich nicht um einen symbolischen Assembler, so daß Symbole hier nicht verwendet werden dürfen. Alle Maschinenbefehle müssen Angaben enthalten, ob wort- oder byteweise operiert wird: *byte* steht für byteweise und *word* für wortweise Operation. Die numerischen Angaben müssen alle in hexadezimaler Form erfolgen.

```
a 1000
1af0:1000 inc byte ptr [1fff]
1af0:1003 dec word ptr [1ffd]
1af0:1006 db "Hier steht ein String"
1af0:101a db fd, 3, 09
1af0:101d dw 2000, 9dfe
1af0:1021 movsb
```

c<Bereich> <Adresse> Compare

Der Befehl *C* vergleicht zwei Speicherbereiche miteinander. Dabei wird der angegebene *<Bereich>* verglichen mit dem Bereich, der an *<Adresse>* beginnt. Werden Differenzen innerhalb dieser beiden Bereiche aufgefunden, so werden sie in folgender Form angezeigt:

```
<Adresse1> <Byte1> <Byte2> <Adresse2>
```

<Adresse1> befindet sich in *<Bereich>* und *<Adresse2>* im zweiten Bereich ab *<Adresse>*. Zusätzlich werden die beiden entsprechenden Speicherinhalte ausgegeben.

d<Bereich>	Dump

Durch das D-Kommando wird ein sogenannter *Hexdump* des angegebenen Speicherbereiches erstellt. Dabei werden sowohl die Hexadezimalwerte als auch die ASCII-Werte ausgegeben. ASCII-Werte, die nicht druckbar sind, werden durch einen Punkt ersetzt. Je Zeile werden 16 Byte nebeneinander gedruckt. Sollte lediglich eine Startadresse definiert worden sein, so werden 128 Byte ausgedruckt. Fehlt auch die Startadresse, so wird der Bereich ab CS:0100 bzw. ab der letzten ausgedumpten Adresse gedruckt. Folgendes Kommando druckt den Bereich ab 4000:420e - es werden 300_{hex} Byte ausgegeben:

```
d 4000:420e l300
```

e<Adresse> <Liste>	Enter

Durch das *E*-Kommando haben Sie die Möglichkeit, Speicherstellen zu verändern. Dabei ist es möglich, Speicherstellen zu editieren oder direkt Werte in den Speicher zu schreiben. Geben Sie hinter dem Kommando *E* eine Werteliste *<Liste>* an, so werden die dort aufgeführten Werte im Speicher abgelegt. Sie können in der Liste Hexadezimalwerte und Zeichenketten angeben.

Haben Sie keine Werteliste definiert, so können Sie eine Speicherstelle nach der anderen editieren. Jeder Wert wird in Hexadezimal angezeigt, gefolgt von einem Punkt. Betätigen Sie die <Leertaste>, um diese Speicherstelle unverändert zu lassen und die Taste <->, um eine Stelle zurückzuspringen. Wollen Sie eine Speicherstelle ändern, so geben Sie einen Hexadezimalwert ein (*DEBUG* springt nach Eingabe eines Wertes automatisch weiter). Beachten Sie, daß Sie an dieser Stelle ausschließlich Hexadezimalwerte eingeben können.

Den Editiermodus beenden Sie, indem Sie die Taste <Enter> betätigen. Nach jeweils 16 Byte wird wieder die entsprechende Speicheradresse ausgegeben.

```
e 2000:3331 43 90 "Gesamtsumme:"

e 2000:3331
2000:3331 20. 01  ff. 02   31. ff
```

f<Bereich> <Liste> — Fill

Mit dem Kommando *F* können Sie einen Speicherbereich mit einem oder mehreren Werten *f*üllen. Der definierte *<Bereich>* wird mit den in *<Liste>* definierten Werten gefüllt. Wollen Sie beispielsweise den gesamten Bildschirm mit dem Wort "DOS" füllen, so geben Sie folgenden Befehl im Debugger ein:

```
fb000:000 lfa0 "D" 09 "O" 09 "S" 09 20 07
```

Benutzer von Farbbildschirmen müssen an Stelle von B000hex den Wert B800hex angeben, damit es funktioniert. Um den Bildschirm zu löschen, würde folgendes Kommando ausreichen:

```
fb000:000 lfa0 20
```

g{=<Start>}{<Unt1> {<Unt2>...{*<Unt0>*}}} — Go

Durch das Kommando *Go* wird die Ausführung eines Maschinenprogrammes begonnen. Wird keine Startadresse definiert, so wird an der Adresse CS:IP mit der Ausführung begonnen. Achten Sie darauf, daß *<Start>* das erste Byte eines Maschinenbefehls sein muß.

Haben Sie *<Start>* definiert, so wird das Maschinenprogramm an der angegebenen Stelle gestartet, das Registerpaar CS:IP also mit dem Wert *<Start>* geladen. Nur wenn Sie die Startadresse definieren, können Sie bis zu 10 Unterbrechungspunkte angeben. Wird einer dieser Unterbrechungspunkte beim Programmablauf erreicht, so wird in *DEBUG* zurückgekehrt.

```
g=0100 0110 0212 9fd
```

h<Wert1> <Wert2> **Hex**

Mit diesem Kommando berechnen Sie die Summe und die Differenz zweier Hexadezimalwerte. Die Ergebnisse werden nebeneinander ausgegeben. Der erste Wert stellt die Summe dar, der zweite Wert die Differenz:

```
h 2c78 421

3099  2857
```

Findet bei der Subtraktion ein Übertrag statt, so ist das Ergebnis der Subtraktion eine im Zweierkomplement dargestellte Zahl.

i<Adresse> **Input**

Der PC verfügt über einige Ports, die den Rechner mit der Außenwelt verbinden. Mit dem I-Kommando lesen Sie eine beliebige Portadresse ein, beispielsweise vom Videocontroller. Wollen Sie zum Beispiel die Portadresse des Modusregisters vom Videocontroller auslesen, so können Sie dies erreichen durch das Kommando

```
i3d8h
```

l<Adresse> <Laufwerk> <Start> <Sektoren> Load

Geben Sie das *L*-Kommando ohne Parameter ein, so wird die beim Aufruf von *DEBUG* bestimmte Datei geladen bzw. die Datei, die Sie zuletzt mittels des *N*-Kommandos definiert haben. Beachten Sie, daß Sie den Dateinamen der gewünschten Datei nicht beim *L*-Kommando angeben können, sondern vorher das *N*-Kommando benutzt werden muß. Werden Parameter angegeben, so fungiert das *L*-Kommando als Diskettenmonitor und Sie können beliebige Sektoren von Diskette oder Platte laden.

Die Laufwerksangabe ist kein Buchstabe, sondern eine Ziffer von 0 bis 255 mit 0=A, 1=B etc. Laden Sie Sektoren direkt, so wird die Kontrolle zum Laden an DOS übergeben. Definieren Sie dann den ersten Sektor sowie die Anzahl der zu ladenden Sektoren.

```
l           Laden der letzten Datei
l 4000      Laden der letzten Datei an 04000h
l 200 2 0 d Lädt an Adresse CS:200 von Laufwerk C 13
            Sektoren, beginnend bei Sektor 0.
```

m<Bereich> <Adresse> Modify

Mit dem Kommando *M* kopieren Sie einen beliebigen Bereich *<Bereich>* an die definierte Adresse *<Adresse>*. Das *M*-Kommando erstellt übrigens immer eine korrekte Kopie, selbst wenn sich die Speicherbereiche überlappen sollten.

```
m 3000 2ff 3999
```

n<Dateiname> {<Para1> {<Para2> .. *{<Paran>}}}*	Name

Mittels des *N*-Kommandos wird die zu ladende Datei spezifiziert. Verwenden Sie hiernach das *L*-Kommando, um diese Datei auch tatsächlich in den Speicher zu laden. Hinter dem Dateinamen können Sie beliebig viele Parameter angeben, die von *DEBUG* dem auszuführenden Programm zur Verfügung gestellt werden, als wären die Parameter beim Programmaufruf angegeben worden.

```
n textomat.exe demo.txt
```

o<Adresse><Byte>	Output

Wollen Sie an eine Portadresse einen Wert schicken, so erreichen Sie das durch das *O*-Kommando. Sie können auf diese Weise beispielsweise den Bildschirmmodus ändern o.ä., um Ihr Programm unter anderen Bedingungen zu testen.

q	Quit

Durch das *Q*-Kommando wird der Debugger *DEBUG* ohne jede Sicherheitsabfrage und ohne Speichern der korrigierten Datei verlassen. Wollen Sie Ihre Korrekturen abspeichern, so verwenden Sie vorher das *W*-Kommando.

r{<Register>} Register

Durch das *R*-Kommando können Sie die CPU-Register anzeigen lassen und korrigieren. Wollen Sie die Inhalte aller Register angezeigt bekommen, so geben Sie dieses Kommando ohne Parameter ein. Mit Angabe eines Parameters wird Ihnen der Inhalt des entsprechenden Registers angezeigt. Sie können dann dessen Wert editieren, oder Sie betätigen <ENTER>, um das Register unverändert zu lassen. Folgende Registernamen sind *DEBUG* bekannt:

```
AX BX CX DX CS DS ES SS DI SI BP SP F IP (oder PC)
```

Wollen Sie das Flagregister ändern, so können Sie ein oder alle Flags getrennt durch Leerzeichen verändern. Dazu bedienen Sie sich folgender Codes:

Flag	Flag gesetzt	Flag gelöscht
Overflow	OV (Overflow)	NV (No Overflow)
Direction	DN (Down)	UP (Up)
Interrupt	EI (Enabled)	DI (Disabled)
Sign	NG (Negative)	PL (Plus)
Zero	ZR (Zero)	NZ (Nonzero)
Aux Carry	AC (Aux Carry)	NA (No Auxiliary)
Parity	PE (Parity even)	PO (Parity odd)
Carry	CY (Carry)	NC (No Carry)

Wollen Sie beispielsweise im Flagregister das Interruptflag und das Carryflag löschen, so geben Sie folgenden Befehl ein:

```
-r f
OV DN EI ZR NA PO CY  -  di nc
```

s<Bereich> <Liste> Save

Mittels des *S*-Kommandos können Sie Zeichen oder Zeichenketten innerhalb eines Speicherbereiches auffinden. Dabei wird jede Adresse, die dieses Zeichen oder diese Zeichenkette beinhaltet, in der Form <Segment>:<Offset> ausgegeben. Es wird nicht zwischen Groß- und

Kleinschrift unterschieden. Suchen Sie beispielsweise einmal alle Zeichenketten "fehler":

```
s 0100 ffff "fehler"
6abd:3a94
```

t{=<Start> {<Anzahl>}} — Trace

Um den Einzelschrittmodus von *DEBUG* zu starten, benutzen Sie das *T*-Kommando. Geben Sie keine Startadresse *<Start>* an, so wird an der aktuellen Position CS:IP mit der Einzelschrittausführung begonnen. Nach jedem Maschinenbefehl werden alle CPU-Register angezeigt. Durch erneute Eingabe von *T* ohne Parameter wird der nächste Maschinenbefehl ausgeführt usw.

Geben Sie den Parameter *<Start>* an, so wird mit der Programmausführung an der Adresse *<Start>* begonnen. Nach jedem Maschinenbefehl wird die Ausführung angehalten und alle CPU-Register angezeigt. Benutzen Sie dann das Kommando *T*, um die Ausführung des Programmes im Einzelschrittmodus fortzuführen.

Wird neben *<Start>* auch *<Anzahl>* definiert, so werden *<Anzahl>* Befehle nacheinander ohne Unterbrechung ausgeführt und erst dann mit dem Einzelschrittmodus begonnen.

```
t          | Starte an CS:IP    (1 Kommando)
t=0400     | Starte an CS:0400  (1 Kommando)
t=0400 8   | Starte an CS:IP    (8 Kommandos)
```

u{<Bereich>} — Unassemble

Mit dem U-Befehl können Sie sich Speicherbereiche disassemblieren lassen (*unassemble*). Es werden Ihnen Segment, Adresse, Hexbytes und Mnemocode jeder Befehlszeile ausgegeben. Geben Sie nur eine Startadresse an, so werden 32 Byte disassembliert. Fehlt auch die Angabe der Startadresse, so werden 32 Byte ab CS:IP ausgegeben.

```
u 2000
20FE:2000  BAFFFE      MOV   DX,FEFF
20FE:2003  2E          CS:
20FE:2004  8A0E2020    MOV CH,[2020]
```

w{<Adresse> {<Lw> {<Start> {<Sektn>}}}} Write

Das *W*-Kommando dient dem Abspeichern eines Speicherbereiches. Geben Sie keine Sektornummern an, so wird die mittels des *N*-Kommandos definierte Datei durch das *W*-Kommando zurückgeschrieben.

<Laufwerk> ist ein hexadezimaler Wert mit 0=A, 1=B etc. Durch die Möglichkeit, Sektoren direkt zu laden und zu speichern, ist *DEBUG* auch eine Art Diskettenmonitor. Dateien mit der Endung EXE oder HEX können nicht zurückgeschrieben werden (benennen Sie die Dateien durch *RENAME* um, oder machen Sie daraus durch das *EXE2BIN*-Kommando eine COM-Datei). *DEBUG* gibt eine Fehlermeldung aus. Seien Sie vorsichtig, wenn Sie sektororientiert schreiben. Hier können unter Umständen wichtige Daten, die FAT oder das Inhaltsverzeichnis überschrieben werden. Alle Dateien wären unter Umständen nicht mehr lesbar.

9. Anhänge

9.1 Landes- und Tastaturcodes

Sofern Sie von den länderspezifischen Sonderheiten, die DOS Ihnen bietet, Gebrauch machen wollen, muß mit dem *SELECT*- oder *COUNTRY*-Kommando in der Konfigurationsdatei der sogenannte Landescode definiert werden. DOS unterscheidet beispielsweise die Datumsdarstellung sowie die Trennzeichen an Tausenderstellen oder aber auch den Dezimalpunkt in Abhängigkeit vom definierten Landescode. Auch die Sortierfolge des *SORT*-Befehles ist davon abhängig. Die unterstützten Länder sind in untenstehender Tabelle aufgeführt. Geben Sie den dreistelligen Code nach dem *COUNTRY*-Befehl an.

Den Tastaturcode benötigen Sie ebenfalls bei *SELECT* oder beim *KEYB*-Kommando. Arbeiten Sie mit einer DOS-Version vor 3.3, so sind Sie auf fünf Tastaturtreiber beschränkt. Siehe hierzu auch in Kapitel 4, *KEYB*.

Land	Landescode	Tastaturcode
Arabische Länder	785	
Australien	061	US
Belgien	032	BE
Dänemark	045	DK
West Deutschland	049	GR
Finnland	358	SU
Frankreich	031	FR
Großbritannien	044	UK
Hebräische Länder	972	
Italien	039	IT
Kanada engl.	001	US
Kanada frz.	002	CF
Lateinamerika	003	LA
Niederlande	031	NL
Norwegen	047	NO
Portugal	351	PO
Schweden	046	SV
Schweiz dtsch.	041	SF
Schweiz frz.	041	SG
Spanien	034	SP
USA	001	US

9.2 ASCII-Tabelle

Dez.	Hex	Zeichen	Dez.	Hex	Zeichen	Dez.	Hex	Zeichen	Dez.	Hex	Zeichen
0	00		32	20		64	40	@	96	60	
1	01	☺	33	21	!	65	41	A	97	61	a
2	02	●	34	22	"	66	42	B	98	62	b
3	03	♥	35	23	#	67	43	C	99	63	c
4	04	♦	36	24	$	68	44	D	100	64	d
5	05	♣	37	25	%	69	45	E	101	65	e
6	06	♠	38	26	&	70	46	F	102	66	f
7	07	•	39	27	'	71	47	G	103	67	g
8	08	◘	40	28	(	72	48	H	104	68	h
9	09	○	41	29	)	73	49	I	105	69	i
10	0A	◙	42	2A	*	74	4A	J	106	6A	j
11	0B	♂	43	2B	+	75	4B	K	107	6B	k
12	0C	♀	44	2C	,	76	4C	L	108	6C	l
13	0D	♪	45	2D	-	77	4D	M	109	6D	m
14	0E	♫	46	2E	.	78	4E	N	110	6E	n
15	0F	☼	47	2F	/	79	4F	O	111	6F	o
16	10	►	48	30	0	80	50	P	112	70	p
17	11	◄	49	31	1	81	51	Q	113	71	q
18	12	↕	50	32	2	82	52	R	114	72	r
19	13	‼	51	33	3	83	53	S	115	73	s
20	14	¶	52	34	4	84	54	T	116	74	t
21	15	§	53	35	5	85	55	U	117	75	u
22	16	▬	54	36	6	86	56	V	118	76	v
23	17	↨	55	37	7	87	57	W	119	77	w
24	18	↑	56	38	8	88	58	X	120	78	x
25	19	↓	57	39	9	89	59	Y	121	79	y
26	1A	→	58	3A	:	90	5A	Z	122	7A	z
27	1B	←	59	3B	;	91	5B	[	123	7B	{
28	1C	∟	60	3C	<	92	5C	\	124	7C	¦
29	1D	↔	61	3D	=	93	5D	]	125	7D	}
30	1E	▲	62	3E	>	94	5E	^	126	7E	~
31	1F	▼	63	3F	?	95	5F	_	127	7F	⌂

Dez.	Hex	Zeichen	Dez.	Hex	Zeichen	Dez.	Hex	Zeichen	Dez.	Hex	Zeichen
128	80	Ç	160	A0	á	192	C0	└	224	E0	α
129	81	ü	161	A1	í	193	C1	┴	225	E1	ß
130	82	é	162	A2	ó	194	C2	┬	226	E2	Γ
131	83	â	163	A3	ú	195	C3	├	227	E3	π
132	84	ä	164	A4	ñ	196	C4	─	228	E4	Σ
133	85	à	165	A5	Ñ	197	C5	┼	229	E5	σ
134	86	å	166	A6	ª	198	C6	╞	230	E6	µ
135	87	ç	167	A7	º	199	C7	╟	231	E7	τ
136	88	ê	168	A8	¿	200	C8	╚	232	E8	Φ
137	89	ë	169	A9	⌐	201	C9	╔	233	E9	Θ
138	8A	è	170	AA	¬	202	CA	╩	234	EA	Ω
139	8B	ï	171	AB	½	203	CB	╦	235	EB	δ
140	8C	î	172	AC	¼	204	CC	╠	236	EC	∞
141	8D	ì	173	AD	¡	205	CD	═	237	ED	φ
142	8E	Ä	174	AE	«	206	CE	╬	238	EE	ε
143	8F	Å	175	AF	»	207	CF	╧	239	EF	∩
144	90	É	176	B0		208	D0	╨	240	F0	≡
145	91	æ	177	B1	▒	209	D1	╤	241	F1	±
146	92	Æ	178	B2	▓	210	D2	╥	242	F2	≥
147	93	ô	179	B3	│	211	D3	╙	243	F3	≤
148	94	ö	180	B4	┤	212	D4	╘	244	F4	⌠
149	95	ò	181	B5	╡	213	D5	╒	245	F5	⌡
150	96	û	182	B6	╢	214	D6	╓	246	F6	÷
151	97	ù	183	B7	╖	215	D7	╫	247	F7	≈
152	98	ÿ	184	B8	╕	216	D8	╪	248	F8	°
153	99	Ö	185	B9	╣	217	D9	┘	249	F9	∙
154	9A	Ü	186	BA	║	218	DA	┌	250	FA	·
155	9B	¢	187	BB	╗	219	DB	█	251	FB	√
156	9C	£	188	BC	╝	220	DC	▄	252	FC	η
157	9D	¥	189	BD	╜	221	DD	▌	253	FD	^{2}
158	9E	₧	190	BE	╛	222	DE	▐	254	FE	■
159	9F	ƒ	191	BF	┐	223	DF	▀	255	FF	

9.3 Tastencodes

Die Funktionstasten eignen sich besonders gut zur Belegung mit häufig benutzten Befehlen. Sie programmieren die Funktionstasten mit Hilfe des *PROMPT*-Kommandos. Dies ist nur dann möglich, wenn Sie in der Konfigurationsdatei CONFIG.SYS den ANSI-Gerätetreiber installiert und damit die in Kapitel 3 beschriebenen ANSI-Sequenzen ermöglicht haben. Nachfolgend die erweiterten Codes für die Funktionstasten, die dem Code 0 folgen:

Funktions-taste	Standard	Shift	Ctrl	Alt
F1	59	84	94	104
F2	60	85	95	105
F3	61	86	96	106
F4	62	87	97	107
F5	63	88	98	108
F6	64	89	99	109
F7	65	90	100	110
F8	66	91	101	111
F9	67	92	102	112
F10	68	93	103	113

Um beispielsweise die Funktionstaste in Verbindung mit der Taste Alt mit dem Kommando "dir" zu belegen, ist folgendes *PROMPT*-Kommando nötig:

```
PROMPT $e[0;104;"dir";13p
```

9.4 Länderspezifische Zeichensatztabellen

Quelle: IBM Deutschland GmbH

Hex-Ziffer 1. → 2. ↓	0-	1-	2-	3-	4-	5-	6-	7-	8-	9-	A-	B-	C-	D-	E-	F-
-0		►		0	@	P	`	p	Ç	É	á	░	└	╨	α	≡
-1	☺	◄	!	1	A	Q	a	q	ü	æ	í	▒	┴	╤	β	±
-2	☻	↕	"	2	B	R	b	r	é	Æ	ó	▓	┬	╥	Γ	≥
-3	♥	‼	#	3	C	S	c	s	â	ô	ú	│	├	╙	π	≤
-4	♦	¶	$	4	D	T	d	t	ä	ö	ñ	┤	─	╘	Σ	⌠
-5	♣	§	%	5	E	U	e	u	à	ò	Ñ	╡	┼	╒	σ	⌡
-6	♠	▬	&	6	F	V	f	v	å	û	ª	╢	╞	╓	µ	÷
-7	•	↨	'	7	G	W	g	w	ç	ù	º	╖	╟	╫	τ	≈
-8	◘	↑	(	8	H	X	h	x	ê	ÿ	¿	╕	╚	╪	Φ	°
-9	○	↓	)	9	I	Y	i	y	ë	Ö	⌐	╣	╔	┘	Θ	•
-A	◙	→	*	:	J	Z	j	z	è	Ü	¬	║	╩	┌	Ω	·
-B	♂	←	+	;	K	[	k	{	ï	¢	½	╗	╦	█	δ	√
-C	♀	∟	,	<	L	\	l			î	£	¼	╝	╠	▄	∞	ⁿ
-D	♪	↔	-	=	M	]	m	}	ì	¥	¡	╜	═	▌	φ	²
-E	♫	▲	.	>	N	^	n	~	Ä	Pt	«	╛	╬	▐	ε	■
-F	☼	▼	/	?	O	_	o	⌂	Å	ƒ	»	┐	╧	▀	∩	

Quelle: IBM Deutschland GmbH

Hex-Ziffer 1. → 2. ↓	0-	1-	2-	3-	4-	5-	6-	7-	8-	9-	A-	B-	C-	D-	E-	F-
-0		►		0	@	P	`	p	Ç	É	á	░	└	ð	Ó	-
-1	☺	◄	!	1	A	Q	a	q	ü	æ	í	▒	┴	Đ	β	±
-2	☻	↕	"	2	B	R	b	r	é	Æ	ó	▓	┬	Ê	Ô	=
-3	♥	‼	#	3	C	S	c	s	â	ô	ú	│	├	Ë	Ò	¾
-4	♦	¶	$	4	D	T	d	t	ä	ö	ñ	┤	─	È	õ	¶
-5	♣	§	%	5	E	U	e	u	à	ò	Ñ		┼	ı	Õ	§
-6	♠	▬	&	6	F	V	f	v	å	û	ª	Â	ã	Í	µ	÷
-7	•	↨	'	7	G	W	g	w	ç	ù	º	À	Ã	Î	þ	¸
-8	◘	↑	(	8	H	X	h	x	ê	ÿ	¿	©	╚	Ï	Þ	°
-9	○	↓	)	9	I	Y	i	y	ë	Ö		╣	╔	┘	Ú	¨
-A	◙	→	*	:	J	Z	j	z	è	Ü	¬	║	╩	┌	Û	·
-B	♂	←	+	;	K	[	k	{	ï	ø	½	╗	╦	█	Ù	¹
-C	♀	∟	,	<	L	\	l	|	î	£	¼	╝	╠	▄	ý	³
-D	♪	↔	-	=	M	]	m	}	ì	Ø	¡	¢	═	¦	Ý	²
-E	♫	▲	.	>	N	^	n	~	Ä	×	«	¥	╬	Ì	¯	■
-F	☼	▼	/	?	O	_	o	⌂	Å	ƒ	»	┐	¤	▀	´	

Quelle: IBM Deutschland GmbH

Hex-Ziffer 1. → 2. ↓	0-	1-	2-	3-	4-	5-	6-	7-		8-	9-	A-	B-	C-	D-	E-	F-
-0		►		0	@	P	`	p		Ç	É	á	░	└	╨	α	≡
-1	☺	◄	!	1	A	Q	a	q		ü	À	í	▒	┴	╤	β	±
-2	☻	↕	"	2	B	R	b	r		é	È	ó	▓	┬	╥	Γ	≥
-3	♥	‼	#	3	C	S	c	s		â	ô	ú	│	├	╙	π	≤
-4	♦	¶	$	4	D	T	d	t		ã	õ	ñ	┤	─	╘	Σ	⌠
-5	♣	§	%	5	E	U	e	u		à	ò	Ñ	╡	┼	╒	σ	⌡
-6	♠	▬	&	6	F	V	f	v		Á	Ú	ª	╢	╞	╓	µ	÷
-7	•	↨	'	7	G	W	g	w		ç	ù	º	╖	╟	╫	τ	≈
-8	◘	↑	(	8	H	X	h	x		ê	Ì	¿	╕	╚	╪	Φ	°
-9	○	↓	)	9	I	Y	i	y		Ê	Õ	Ò	╣	╔	┘	Θ	∙
-A	◙	→	*	:	J	Z	j	z		è	Ü	¬	║	╩	┌	Ω	·
-B	♂	←	+	;	K	[	k	{		Ì	¢	½	╗	╦	█	δ	√
-C	♀	∟	,	<	L	\	l	|		Ô	£	¼	╝	╠	▄	∞	ⁿ
-D	♪	↔	-	=	M	]	m	}		ì	Ù	¡	╜	═	▌	φ	²
-E	♫	▲	.	>	N	^	n	~		Ã	Pt	«	╛	╬	▐	ε	■
-F	☼	▼	/	?	O	_	o	⌂		Â	Ó	»	┐	╧	▀	∩	

Quelle: IBM Deutschland GmbH

Hex-Ziffer 1. → 2. ↓	0-	1-	2-	3-	4-	5-	6-	7-	8-	9-	A-	B-	C-	D-	E-	F-
-0		►		0	@	P	`	p	Ç	É	¦	░	└	╨	α	≡
-1	☺	◄	!	1	A	Q	a	q	ü	È	´	▒	┴	╤	ß	±
-2	☻	↕	"	2	B	R	b	r	é	Ê	ó	▓	┬	╥	Γ	≥
-3	♥	‼	#	3	C	S	c	s	â	ô	ú	│	├	╙	π	≤
-4	♦	¶	$	4	D	T	d	t	Â	Ë	¨	┤	─	╘	Σ	⌠
-5	♣	§	%	5	E	U	e	u	à	Ï	¸	╡	┼	╒	σ	⌡
-6	♠	▬	&	6	F	V	f	v	¶	û	³	╢	╞	╓	µ	÷
-7	•	↨	'	7	G	W	g	w	ç	ù	¯	╖	╟	╫	τ	≈
-8	◘	↑	(	8	H	X	h	x	ê	¤	Î	╕	╚	╪	Φ	°
-9	○	↓	)	9	I	Y	i	y	ë	Ô	⌐	╣	╔	┘	Θ	∙
-A	◙	→	*	:	J	Z	j	z	è	Ü	¬	║	╩	┌	Ω	·
-B	♂	←	+	;	K	[	k	{	ï	¢	½	╗	╦	█	δ	√
-C	♀	∟	,	<	L	\	l	|	î	£	¼	╝	╠	▄	∞	ⁿ
-D	♪	↔	-	=	M	]	m	}	‗	Ù	¾	╜	═	▌	φ	²
-E	♫	▲	.	>	N	^	n	~	À	Û	«	╛	╬	▐	ε	■
-F	☼	▼	/	?	O	_	o	⌂	§	ƒ	»	┐	╧	▀	∩	

Quelle: IBM Deutschland GmbH

Hex-Ziffer 1. → 2. ↓	0-	1-	2-	3-	4-	5-	6-	7-	8-	9-	A-	B-	C-	D-	E-	F-
-0		►		0	@	P	`	p	Ç	É	á	░	└	╨	α	≡
-1	☺	◄	!	1	A	Q	a	q	ü	æ	í	▒	┴	╤	β	±
-2	☻	↕	"	2	B	R	b	r	é	Æ	ó	▓	┬	╥	Γ	≥
-3	♥	‼	#	3	C	S	c	s	â	ô	ú	│	├	╙	π	≤
-4	♦	¶	$	4	D	T	d	t	ä	ö	ñ	┤	─	╘	Σ	⌠
-5	♣	§	%	5	E	U	e	u	à	ò	Ñ	╡	┼	╒	σ	⌡
-6	♠	▬	&	6	F	V	f	v	å	û	ª	╢	╞	╓	µ	÷
-7	•	↨	'	7	G	W	g	w	ç	ù	º	╖	╟	╫	τ	≈
-8	◘	↑	(	8	H	X	h	x	ê	ÿ	¿	╕	╚	╪	Φ	°
-9	○	↓	)	9	I	Y	i	y	ë	Ö	⌐	╣	╔	┘	Θ	•
-A	◙	→	*	:	J	Z	j	z	è	Ü	¬	║	╩	┌	Ω	·
-B	♂	←	+	;	K	[	k	{	ï	ø	½	╗	╦	█	δ	√
-C	♀	∟	,	<	L	\	l	|	î	£	¼	╝	╠	▄	∞	ⁿ
-D	♪	↔	-	=	M	]	m	}	ì	Ø	¡	╜	═	▌	φ	²
-E	♫	▲	.	>	N	^	n	~	Ä	Pt	«	╛	╬	▐	ε	■
-F	☼	▼	/	?	O	_	o	⌂	Å	ƒ	¤	┐	╧	▀	∩	

9.5 Funktionen des Debuggers DEBUG

Der Debugger *DEBUG* wird mit jeder DOS-Version ausgeliefert und befindet sich auf der Systemdiskette. *DEBUG* wird als Maschinensprache-editor und als Testhilfe benutzt. Eine komplette Beschreibung des *DEBUG*-Kommandos finden Sie in Kapitel 8.

Bei *DEBUG* besteht jedes Kommando aus nur einem Zeichen. Den meisten Kommandos folgen Parameter, die untereinander mit Leerzeichen zu trennen sind.

Kommando	Funktion
a<Adresse>	Zeilenassembler aktivieren
c<Adreßbereich> <Adresse>	Speicherbereiche vergleichen
d<Adreßbereich>	Hex-Dump von Speicherbereich
e<Adresse><Werteliste>	Dateneingabe an Speicheradr.
f<Adreßbereich> <Liste>	Füllen eines Speicherbereiches
g<=Start> <b0..b9>	Programm starten mit Breakpoints
h<Wert1> <Wert2>	Summe/Differenz bilden
i<Adresse>	Portadresse auslesen
l<Adresse> <Sektorstart>	Programm an Adresse laden
m<Adreßbereich> <Adresse>	Speicherbereich kopieren
n<Dateiname> <Par1..Parn>	Datei und Parameter definieren
o<Port> <Byte>	Byte an Port senden
q	Debugger verlassen
r<Register>	Register sichten/ändern
s<Adreßbereich> <Liste>	Suchen von Zeichen(ketten)
t<=start> <Anzahl>	Einzelschrittmodus
u<ADreßbereich>	Disassemblieren
w<Adresse> <Sektorstart>	Speichern von Speicherbereich

9.6 Befehle in EDLIN

EDLIN ist ein Zeileneditor, der seit der ersten DOS-Version mitgeliefert wird. Mit Hilfe von *EDLIN* können Sie kleine Textdateien (ASCII-Dateien) erstellen und editieren.

Jeder Befehl des *EDLIN* besteht aus nur einem Zeichen. Parameter gehen den *EDLIN*-Kommandos grundsätzlich voran. Mehrere Parameter sind durch Kommata voneinander zu trennen.

Befehl	Syntax
Anhängen	[Zeilenzahl]A
Anzeigen	[Erste Zeile],[Letzte Zeile]P
Einfügen	[Zeile]I
Ende	E
Ersetzen	[Erste Zeile][,Letzte Zeile]?R[Text][F6][Text]
Kopieren	[Erste Zeile],[Letzte Zeile],Zielzeile[,Anzahl]C
Laden	[Zielzeile]T[Dateiname]
Listen	[Erste Zeile][,Letzte Zeile]L
Löschen	[Erste Zeile][,Letzte Zeile]D
Quitt	Q
Speichern	[Zeilenanzahl]W
Suchen	[Erste Zeile][,Letzte Zeile]?S[Text]
Verschieben	[Erste Zeile][,Letzte Zeile],ZielzeileM
Zeilenende	Ctrl-C

9.7 Steuerzeichen für PROMPT

Das *PROMPT*-Kommando dient zur Definition des Systemprompts. Einige Steuerzeichen erlauben eine zusätzliche Kontrolle über das Systemprompt, wie beispielsweise das Einfügen des Systemdatums o.ä. Nachfolgend sind diese Steuerzeichen, die an beliebiger Stelle und beliebig häufig im *PROMPT*-Befehl verwendet werden können, aufgeführt.

Code	Bedeutung
$b	Pipesymbol (¦).
$d	Systemdatum im Format tt.mm.jj darstellen.
$e	Escapezeichen (01bh).
$g	Größer-als-Symbol (>).
$h	Backspace löscht das vorangehende Zeichen.
$l	Kleiner-als-Symbol (<).
$n	Aktuelles Laufwerk.
$p	Aktuelles Verzeichnis des aktuellen Laufwerkes
$q	Gleichheitszeichen (=).
$t	Darstellen der Systemzeit in der Form hh:mm:ss.tt.
$v	DOS-Versionsnummer.
$_	CR/LF; Wagenrücklauf/Zeilenvorschub = Neue Zeile.
$$	Dollarzeichen ($).

9.8 Editieren mit DOS

Jede eingegebene DOS-Kommandozeile kann jederzeit editiert werden, beispielsweise wenn sich Fehler eingeschlichen haben. Es dienen dazu einige Funktionstasten, die in nachfolgender Tabelle aufgeführt sind.

Taste	Funktion
F1	Kopiert ein Zeichen aus dem Puffer
F2x	Kopiert alle Zeichen bis zum Auftreten von x
F3	Kopiert bis Ende der gepufferten Eingabezeile
F4x	Überspringt alle Zeichen bis zum Auftreten von x
F5	Kopieren der EIngabezeile in den Puffer
F6	Dateiendezeichen ^Z
INS	Einfügemodus ein-/ausschalten
DEL	Löschen eines Zeichens aus dem Eingabepuffer
ESC	Eingabe verwerfen und neue Eingabezeile beginnen

9.9 Datei- und Gerätenamen

Bei Datei- und Verzeichnisnamen sind nicht alle Zeichen erlaubt, die über die Tastatur eingegeben werden können. Folgende Zeichen sind gestattet:

- Die Buchstaben A - Z
- Die Ziffern 0 - 9
- Sonderzeichen wie !#$%^()&-_~{}'@

Nicht erlaubt sind alle Zeichen, die unter DOS unter anderem auch als Kommandos dienen, beispielsweise zur Umleitung der Ein- oder Ausgabe etc. Es handelt sich dabei im einzelnen um folgende Zeichen:

- +=[]*?:;".,<=|\/
- <Leerzeichen> und <Tabulator>
- sowie alle anderen Sonderzeichen

Name	Gerät
A:	Erstes Diskettenlaufwerk
B:	Zweites Diskettenlaufwerk oder virtuelles Laufwerk
C:	Erste Harddisk oder RAM-Disk
D:	Zweite Harddisk oder RAM-Disk
E:	RAM-Disk
F:-Z:	Weitere RAM-Disks oder SUBST-Laufwerke
CON:	Konsole (Bildschirm und Tastatur)
PRN:	Erster Paralleldrucker
LPT1:	Erster Paralleldrucker
LPT2:	Zweiter Paralleldrucker
LPT3:	Dritter Paralleldrucker
AUX:	Erste serielle Schnittstelle
COM1:	Erste serielle Schnittstelle
COM2:	Zweite serielle Schnittstelle
COM3:	Dritte serielle Schnittstelle
COM4:	Vierte serielle Schnittstelle
NUL:	Null Device (Dummy Device oder 'Mülleimer')

9.10 Dateikennungen

Nachfolgend sind einige der gängigsten Dateikennungen aufgeführt, die von Programmen aber auch vom Betriebssystem selbst verwendet werden. Sie sind nicht an diese Dateikennungen gebunden, jedoch empfiehlt sich diese Verwendung, um unnötige Verwechslungen zu vermeiden.

Ext	Dateiart
C	C-Quellprogramm
$$$	Temporärdatei
APP	Application-Datei (GEM)
ASM	Assembler-Quellprogramm
BAK	Automatisch erstellte Sicherheiskopie
BAS	BASIC-Quellprogramm
BAT	Batchdatei
BIN	Binärdatei (Beispielsweise durch EXE2BIN erzeugt)
CHK	Durch CHKDSK rekonstruierte Daten (Hilfsdatei)
COM	Befehlsdatei
CPI	Code Page (Zeichensatztabelle)
CRF	Cross-Reference-Datei (XREF)
DIF	Lotus-Dateien
DOC	Textverarbeitungsdatei (WordPerfect, Multimate)
EXE	Befehlsdatei
FW	Framework-Arbeitsdatei
FW2	Framework2-Arbeitsdatei
GEM	GEM-Datei
GEN	Ventura-Arbeitsdatei
HEX	Hexadezimal-Datei (Zwischencode)
LOG	Logbuch des BACKUP-Programms
LIB	Bibliotheksdatei (Für Linker)
LST	List-Datei (Bearbeitetes Quellprogramm)
MAP	Kontrolldatei des Linkers
OBJ	Objektdatei (Compiliertes/Assembliertes Programm)
PAS	Pascal-Quellprogramm
REC	Durch RECOVER erzeugte Hilfsdatei
REF	Cross-Reference-Datei des Assemblers
SIK	Sicherheitskopie (WORD)
SLD	Arbeitsdatei von AUTOCAD
SYS	Systemdatei (DEVICE-Befehl)
TMP	Temporärdatei
TXT	Textdatei (Textomat)

9.11 Die IBM-Tastatur

Diese Tastaturbezeichnungen werden in diesem Handbuch verwendet.	Diese Tasturbezeichnungen finden Sie eventuell auf Ihrer Tastatur.
Alt	ALT, Sonderzeichen
End	END, Ende
Home	HOME, Pos1
Ctrl	CTRL, STRG, Strg, CONT, KTRL
Del	Lösch, Löschen, DEL, DELETE, Entf
Ins	Einfg, Einfügen, INS, INSERT
Enter	ENTER, RETURN, NEXT ↵ ↵
Esc	Escape, ESCAPE, Eing Lösch
Backspace	BACK, Rück ← ←
Shift	⇧ △ ≣
Tab	TAB ⇤ ⇥ ⇤ ⇥
PgUp	Bild ⬆ ↑ Seite ▲
PgDn	Bild ⬇ ↓ Seite ▼
Groß	CapsLock, CAPS-LOCK, Groß/Klein
Abbr	Scroll Lock
Num ⇩	Num Lock
Druck *	PrtSc *

10. Stichwortverzeichnis